Christoph Morgenthaler

Der religiöse Traum

Christoph Morgenthaler

Der religiöse Traum

Erfahrung und Deutung

Verlag W. Kohlhammer
Stuttgart Berlin Köln

Die Deutsche Bibliothek – CIP-Einheitsaufnahme

Morgenthaler, Christoph:
Der religiöse Traum : Erfahrung und Deutung / Christoph
Morgenthaler. - Stuttgart ; Berlin ; Köln : Kohlhammer, 1992
   ISBN 3-17-011073-X

Umschlagbild: »Der Traum der Könige«.
Autun, Kathedrale Saint-Lazare, 12. Jh.

Inhaltsverzeichnis

Vorwort   9

Einleitung   11

    Erfahrung, Deutung und Hermeneutik des religiösen Traums   12
    Traum und Theologie   14
    Aufbau, Sachlogik und Poesie   15

Teil I: Traum, Selbstauslegung und Religion   17

    1. Traumreise nach Nordamerika   17

    2. Wunsch, Illusion und Religion: Sigmund Freud   21

        Traum, Rache und Schlaf   21
        Lesephantasien, Traumanalyse und Selbstanalyse   22
        Vom manifesten Traum zur latenten Traumbedeutung und zurück   24
        Wunsch und Religion   27
        Traum, Kindheit und Religion   28
        Trauer und Vater-Gott   30
        Symbolik und Religion   32
        Traumdeutung und Psychotherapie   33
        Traum, Selbstauslegung und Religionskritik   34

    3. Archetyp, Ganzheit und Religion: Carl Gustav Jung   36

        Kompensation und Zielgerichtetheit   36
        Traum, Symbol und Archetyp   39
        Anima, Individuation und Selbst   40
        Ganzheit und Religion   43
        Natürliche Religion und Konfession   44
        Gedanken, Erinnerungen, Träume   46
        Traum, Selbstauslegung und Mythos   48

    4. Existenz, paradoxes Sein und Religion: Medard Boss   51

        Ein »merkwürdiger Schalentraum«   51
        Traumexistenz und Wachexistenz   53
        Die Beziehung zum Göttlichen im Traum   54
        Der Traum und seine Auslegung   56
        Daseinsanalyse und Selbstauslegung   58

    5. Religiöse Bedeutung im Hexalog: ein hermeneutisches Modell   60

        Perspektivisch verstehen lernen?   61
        Religiöse Bedeutungsbildung im Hexalog   62
        Dimensionen des religiösen Traums   67

6. Der religiöse Traum als soziales Phänomen 69

    Inhaltsanalyse als soziale Hermeneutik 69
    Der religiöse Traum: Arbeitsdefinition, Quellen, Häufigkeit 70
    Elemente der religiösen Bedeutungsbildung im Hexalog 72
    Religiöser Traum und religiöse Erfahrung 78

7. Gottes vergessene Sprache —
    religiöser Traum und wissenschaftlicher Mythos 81

    Schulebildung und wissenschaftlicher Mythos 83
    Religiöse Bedürfnisse und ihre Vergesellschaftung 84
    Theologie als kritische Theorie religiöser Erfahrung 85

Teil II: Traum, Dialektik des Selbst und Glaube 91

1. Pastoralpsychologie, Theologie und Traum 91

    Pastoralpsychologie als hermeneutische Vermittlungsdisziplin 92
    Hermeneutik und Bekenntnis 94
    Dialektisches Selbst und religiöser Traum 97

2. Symbolische Gewalt und Solidarität im Traum 100

    Mythopoetischer Voyeurismus 100
    Traumpoesie und Mythopoesie 102
    Religiöse Gewalt und Solidarität in Frauenträumen 103
    Männertraum-Religion 110
    Mythopoesie und Hermeneutik des Selbst 111
    Praktische Theologie als kritische Theorie
    symbolischer Solidarität und Gewalt 114

3. Religiöser Traum, Institution, Rolle und Selbst 116

    Die Symbolisierung des institutionellen Tabus 118
    Person, Rolle und Institution 119
    Kreise der Traumauslegung 120
    Ich und Selbst zwischen Rolle und Bedürfnis,
    Kultur und Trieb 124
    Hermeneutik des Selbst und Institution 128

4. Traum und religiöse Entwicklung 132

    Religiöses Urteil und Traum 133
    Religiöse Entwicklung und Traum 136
    Internalisierung und Externalisierung
    des religiösen Urteils im Traum 138
    Glaubensentwicklung und Hermeneutik des Selbst 139
    Praktische Theologie als kritische Theorie eines
    habitualisierten religiösen Bewusstseins 141

5. Traum, poetisches Selbst und theologische Sprache 143

    Das poetische Selbst des Träumenden 143
    Die dem menschlichen Wesen eingehauchte Bestimmung 145
    Poetisches Selbst und religiöse Kreativität 146
    Ironie, Religion und das Traumgelächter 148
    Poesie und Hermeneutik des Selbst 151
    Poetisches Selbst und theologische Sprache 152

6. Hermeneutik des Traums 156

    Texte im Texttraum 156
    Der Texttraum als Gegenübertragung auf den Text 158
    Texte als Analytiker im Traum 161
    Die Versuchung: Tiefenpsychologie und Exegese 162
    Hermeneutik des Traums und Hermeneutik des Selbst 168
    Praktische Theologie als Rezepotionsästhethik 169

7. Traum-Handlung 171

    Alltagshandlung und Traum-Handlung 171
    Metaphorische Handlungsräume 174
    Traum-Handlung und Motivstruktur:
    eine Grammatik religiöser Motive 176
    Traum-Handlung als Gleichnishandlung 179
    Hermeneutik des Selbst und Traum-Handlung 181
    Praktische Theologie als konkrete und
    kritische Traum-Handlungstheorie 182

Schluss:
Pastoralpsychologie als Annäherung des Geistes an den Geist 185

    Anmerkungen 189

    Literaturliste 197

VORWORT

Ich habe einen Traum...
Martin Luther Kings Vision einer Welt, in der eines Tages die Söhne und Töchter früherer Sklavinnen und die Töchter und Söhne früherer Sklavenhalter miteinander am Tisch der Geschwisterlichkeit sitzen werden, ist mir bei der Arbeit an diesem Buch immer wieder in den Sinn gekommen. Ich hätte seine Seiten nicht geschrieben, wenn ich nicht einen ähnlichen Traum träumte. Ich glaube, dass die Träume der Nacht ihren unverzichtbaren Beitrag zum »Tagtraum« des Glaubens leisten und zeigen, dass diese Welt nicht das bleiben muss, was sie zu sein scheint.
Bücher — auch »Traumbücher« — gibt es ja eigentlich genug. Bücher haben sich heute daran zu bewähren, dass sie die schleichende Apokalypse nicht nur mit einem Wust von Papier in Gang halten, sondern sich ihr gleichzeitig entgegenstellen. Ich möchte mit meinen Überlegungen zum »religiösen Traum« einen kleinen Stein der Hoffnung aus dem Berg der Verzweiflung hauen. Traum und Religion, die sich im religiösen Traum finden, zeigen eine »Möglichkeit des Andersseins« in unserer Zeit. Sie berühren, um uns zu bewegen; sie verwirren, um unseren Blick vom Vordergründigen zu lösen; sie nehmen gefangen, um uns zu befreien; sie führen über uns hinaus, um uns zueinander und zu uns selbst zu bringen. In ihnen ist nicht nur Rückzug und Zuflucht; in ihnen lebt Hoffnung, Protest, Phantasie und die Kraft, sich nicht zu arrangieren, sondern über das hinauszugehen, was am Tag sichtbar ist. So habe ich selber in der Arbeit am Thema viele neue Einsichten gewonnen und hoffe, etwas von der Faszination der Fragestellung werde für die Leserin und den Leser spürbar.
Vielen bin ich zu Dank verpflichtet. Katharina Fuhrer und Pia Moser danke ich für anregende Gespräche, die inhaltsanalytische Arbeit an Träumen und die sorgfältige Prüfung des Texts. Christoph Müller danke ich für Ermutigung und kritische Hinweise, Ferdinand Fitz für die Korrektur des Manuskripts, Daniel Ryser für die Graphiken und Jürgen Schneider für die Beratung von seiten des Verlags. Mein Dank gilt auch allen jenen Träumerinnen und Träumern, die mich Anteil haben liessen an ihren Träumen und diese zur Publikation freigaben. Ein besonderer Dank geht an meine Frau und unsere Kinder. Sie haben dafür gesorgt, dass der Familientisch in der für sie nicht eben traumhaften Zeit meiner Arbeit am Traumbuch ein eckiger, fröhlicher, frecher und liebevoller Tisch der Geschwisterlichkeit blieb. Nicht zuletzt deshalb gilt:

Ich habe einen Traum...

Christoph Morgenthaler   Bern, Epiphanias 1992

EINLEITUNG

Im Traum erwache ich nackt in einem Raum, in dem noch andere Personen anwesend sind. Ich greife nach der Bettdecke, die auf den Boden gerutscht ist, um meine Blösse zu bedecken. Doch als ich die Decke wieder über mich ziehen will, ertönt ein grimmiges, mächtiges und unheilvolles Knurren aus den Tiefen des Bodens, der am anderen Ende der Decke verborgen liegt. Ein starker Zug wird ausgeübt, der verhindert, dass ich mich wieder zudecken kann.

Was bedeutet dieser Traum eines Theologen?[1] Er kann vieles bedeuten. Was bedeutet er aber wirklich? Was bedeutet mir ein Traum? Was bedeuten Träume überhaupt? Und: was macht einen Traum zum religiösen Traum? Um diese Fragen geht es im vorliegenden Buch.

Solche Fragen stellen sich uns immer wieder, an den Rändern der Nacht und mitten am Tag. Beeindruckt, verwirrt, schweissgebadet oder laut lachend erwachen wir aus einem Traum, sammeln die Reste der Traumerinnerung zusammen und fragen uns unwillkürlich, was denn bedeuten soll, was im Körper noch nachklingt und uns — offensichtlich träumend und nicht wachend — soeben widerfahren ist. Die Traumwelt ist zwar versunken und mit ihr unser Traum-Ich. Um so mehr drängt die Frage nach der Bedeutung der Traumerinnerung für die Welt des Tages.

Was bedeutet ein Traum? Es ist nicht einfach, auf diese Frage zu antworten. Die Schwierigkeiten liegen auf der Seite der Traumerfahrung und auf der Seite der Traumdeutung. Der Traum selber ist bereits vielschichtig, gebrochen, fragmentarisch und aus dem Dunkeln geboren. Wir können das Erlebnis der Traumexistenz nur in der Rückschau — suchend, in die Nacht zurücktappend, rekonstruierend und vielleicht auch ergänzend — herüberholen ans Tageslicht. Dort erst wird dieses Erlebnis wirklich zum »Traum« und verliert es seine Gegenwärtigkeit. Sein Sinn beginnt zu schillern, sobald wir uns ihm deutend nähern: Was heisst es, im Traum zu erwachen? Was bedeutet die Bettdecke? Wer ist es denn, der da knurrt und bedrohlich verhindern will, dass eine Blösse wieder bedeckt wird? Der Traum ist in sich als Bilderrebus ein Rätsel.

Die Schwierigkeiten liegen aber auch auf seiten der Deutung. Woran sollen wir uns orientieren, wenn wir die Traumbedeutung bei Tag erschliessen wollen? Sollen wir unseren Einfällen und Intuitionen folgen? Sollen wir uns dem Lexikon der Traumdeutung anvertrauen, das zu Traumsymbolen eine feststehende Bedeutung anzugeben weiss? Sollen wir analytische Werkzeuge einsetzen, die Fassade des Traumes auseinandernehmen und den Sinn in den Verstecken des Unbewussten aufspüren? Oder sollen wir gar das innere Gespräch mit dem grimmigen Knurren aufnehmen, das so offensichtlich böswillig im Traumbeispiel agiert? Die Frage nach der Bedeutung eines Traums stellt sich ausgehend von der individuellen Traumerfahrung; sie stellt sich aber auch von der Seite der sozialen Modelle der Traumdeutung her. Um beides soll es im folgenden gehen: um die Erfahrung des Traums und um seine Deutung.

Der Träumer des Beispieltraums erzählt, wie er am Vorabend mit einem akademischen Kollegen in eine schwierige Diskussion um Fragen der Interpretation von Texten und Erfahrungen verwickelt worden war. Diese hatte ihn irgendwie eingeschüchtert. In der Nacht lag er in einem ihm fremden Bett, bekam zu warm und stiess die Bettdecke weg, bis ihn fröstelte. Als er sich nach dem Traum wieder zu orientieren suchte, kam er spontan zu folgender Deutung: »Um warm und sicher zu sein, bin ich darauf angewiesen, meine Nacktheit und Verwundbarkeit mit einer Decke der Bedeutung zu bedecken, die meinem Leben Zusammenhang und mythischen Sinn gibt. Doch immer ist da diese mächtige, hintergründige und knurrende Gegenwart von Kräften aus den Tiefen meines Lebens, die es geformt haben und immer noch weiter formen. Sie legen meine Nacktheit offen. Die Decke ist so dünn, und immer wieder wird sie weggerissen, gerade wenn ich sie nötig habe. Ich bleibe ausgesetzt und verwundbar«.[2]

Die Frage nach dem Sinn des Traums stellt sich also nicht nur auf der Ebene der individuellen Traumerfahrung und der sozialen Traumdeutung. Sie stellt sich auch als Frage nach der Bedeutung von Bedeutung, als Frage nach dem Sinns des Sinns. Der Beispieltraum und Träume allgemein stellen in exemplarischer Form die Frage nach der Bedeutung und die Frage nach der Bedeutung solcher Bedeutung für unser Leben. Die Antwort des Träumers, mit der er für sich persönlich die offene Frage nach der Bedeutung seines Traumes vorläufig schliesst, ist eindeutig: Menschliches Leben ist grundlegend auf Bedeutung angewiesen. Bedeutung bedeckt unsere existentielle Nacktheit und Verletzlichkeit. Sie wird bedroht durch Kräfte, die wir nur beschränkt beeinflussen können und denen wir doch widerstehen müssen, wenn wir sinnvoll leben wollen. Sinnerfahrung ist nichts Selbstverständliches. Sie wird dem unheilvollen Knurren aus der Tiefe, dem Unsinn und dem Nichts abgerungen.

Religiöse Träume sind eng mit diesem Bedeutungsproblem verbunden. Auch in ihnen geht es um die Sinnfrage. Woraufhin ist Sinn im Traum zu entwerfen? Woher ist Sinn auch im Dunkel der Nacht zu gewinnen? Der Sinn dieser sinnstiftenden Erfahrung im religiösen Traum kann nur durch Auslegung gefunden werden. Die Frage nach dem religiösen Traum ist deshalb eng verbunden mit der Frage nach Bedeutung, sinnvoller Auslegung von Erfahrung und den Kunstregeln dieser Auslegung, der Hermeneutik.

Erfahrung, Deutung und Hermeneutik des religiösen Traums

Die beiden Begriffe Erfahrung und Deutung markieren das grundsätzliche — auch wissenschaftstheoretische und philosophische Problem — das hier gestellt ist. Ich definiere es als hermeneutisches Problem und will es beispielhaft am religiösen Traum und seiner Deutung analysieren. Es geht dabei in mehrfacher Form um das Verhältnis von Erfahrung und Deutung. Es geht um das Verhältnis von Erfahrung und Deutung im religiösen Traum selbst und bei der Interpretation des religiösen Traums; es geht damit aber auch um das Verhältnis von Erfahrung und Deutung in der Bestimmung des Religiösen (im Traum) und schlussendlich um das Verhältnis von Erfahrung und Deutung überhaupt.

Erfahrung und Deutung werden einander in unterschiedlichen Modellen der Traumdeutung und Traumforschung je wieder anders zugeordnet. Diese Regeln der Zuordnung leiten die Deutung einer Erfahrung und die Erfahrung einer Deutung. Es sind hermeneutische Regeln, Erfahrungsregeln der Auslegung und Interpretation. Hermeneutik verstehe ich dabei als Wissenschaft jener methodologischen Prinzipien, die einer Interpretation zugrunde liegen. Genauer noch: Hermeneutik ist die Wissenschaft jener Interpretationsregeln, die dort ins Spiel kommen, wo Bedeutung fraglich, umstritten und bedroht ist und Bruchstellen von Erfahrung und Deutung sichtbar werden, wie eben beim Übergang von der Nacht in den Tag.

Was können wir aus der Traumpsychologie für eine Kunstlehre des Verstehens lernen, welche auch für Pastoralpsychologie und Praktische Theologie aufschlussreich wird? Diese Frage bezeichnet eine dritte Linie der Auseinandersetzung, die sich durch das ganze Buch zieht: Ich gehe von der These aus, dass es ein ursprüngliches Interesse von Theologie, Praktischer Theologie und Pastoralpsychologie am religiösen Traum gibt. Im

Traum und im religiösen Traum — so sind sich klassische psychoanalytische und neuere kognitiv orientierte Ansätze der Traumforschung einig — kommt eine Aktivität des Selbst[3] zum Ausdruck, die höchst eindrücklich, instruktiv und lebenswichtig ist. Die Auseinandersetzung mit dem religiösen Traum erbringt deshalb viele Einsichten, die für eine Hermeneutik religiöser Erfahrung und eine Hermeneutik des Selbst, des religiösen Bewusstseins und der religiösen Handlung relevant sind und die ich systematisch entwickeln möchte.

Traumerfahrung und Traumdeutung werden hier also unter verschiedenen Gesichtswinkeln als Modellfall interpretatorischer Arbeit, als Königsstrasse, als »Via regia« zur hermeneutischen Frage verstanden. Die hermeneutische Frage erweist sich nicht nur als zentrales Problem der neueren Theologiegeschichte. Sie wird immer deutlicher auch zur integrativen Perspektive neuerer pastoralpsychologischer und -theologischer Entwürfe.[4] Einen solchen Entwurf hat auch der Träumer unseres ersten Beispieltraums, Charles Gerkin, vorgelegt. In einer anregenden Arbeit (Gerkin 1989), die im englischen Sprachbereich grosse Aufmerksamkeit gefunden hat, unternimmt er den Versuch, pastorale Beratungsarbeit als hermeneutisches Unterfangen grundsätzlich und methodologisch zu begründen. Er schliesst dabei an die Formulierung Anton Boisens, des Ahnvaters der amerikanischen Pastoralpsychologie an, der mit seinem Postulat, Menschen als lebende Dokumente des Glaubens — »Living Human Documents« — zu verstehen, zu einer radikalen Neuorientierung der pastoralen Ausbildung und der theologischen Arbeit inspiriert hatte. Gerkin nimmt Boisens Formulierung wörtlicher, als sie bisher verstanden wurde. In einem weitgespannten, integrativen Argumentationsgang vermag er zu zeigen, wie sich das menschliche Selbst in einer Geschichte der Auslegung von Erfahrung bildet und nur durch immer neue Selbstauslegung bestehen kann. Hermeneutische Überlegungen aus Philosophie, Psychoanalyse und Theologie vermögen je andere Aspekte dieser Selbstauslegung deutlich zu machen. Diese Disziplinen bauen dabei auf sehr unterschiedlichen paradigmatischen Bildern der zentralen Wahrheiten menschlicher Wirklichkeit auf. Jede der entsprechenden Fachsprachen entwickelt ein Vokabular von Worten und Vorstellungsbildern, mit denen das Geheimnis menschlicher Erfahrung und menschlichen Verhaltens interpretiert und wenn möglich auch erklärt werden kann.

Eine hermeneutische Theorie, die für die Praktische Theologie relevant ist, verbindet diese Sprachwelten im Blick auf eine bestimmte Aufgabe — Gerkin geht es insbesondere um Seelsorge und Beratung —, indem sie sowohl die Grenzen als auch die Berührungspunkte der Sprachwelten ergründet. Dieser hermeneutische Ansatz wird praktisch aufschlussreich im Zusammenhang mit der Sicht des menschlichen Selbst, die Gerkin in der Auseinandersetzung mit hermeneutischen Überlegungen aus Psychoanalyse, Philosophie und Theologie entwickelt: Dieses Selbst ist ein Interpret, sein Leben ein fortlaufender Prozess der Interpretation und der hermeneutischen Selbst-, Fremd- und Weltauslegung. Seelsorge und Beratung sind deshalb in Analogie dazu auch als Prozesse der Interpretation und Reinterpretation menschlicher Erfahrung zu begründen und methodisch auszugestalten.

Erfahrung und Deutung eines Traums erweisen sich als ein beispielhafter Fall dieser hermeneutischen Aktivität des Selbst. Erfahrung und Deutung des religiösen Traums verbinden sich im hermeneutischen Prozess der Selbstauslegung zu Bedeutung und Sinn. Ein Verständnis der Prozesse, die dabei wirken, ist für Seelsorge und Beratung gleichermassen aufschlussreich. In der Auseinandersetzung mit der Thematik des religiösen Traums können wir zugleich Wege und Werkzeuge hermeneutischer Arbeit erkunden, die für die Praktische Theologie insgesamt wichtig sind.

Traum und Theologie

Die Hermeneutik des (religiösen) Traums ist gewiss ein »exzentrischer Ausgangspunkt«, von dem wir uns zentralen Fragen der Praktischen Theologie nähern. Diese Hermeneutik könnte aber gerade in ihrer Randständigkeit zum Verbindungsglied zwischen Sozialwissenschaften und Theologie und damit zu einem exemplarischen Fall praktisch-theologischer Reflexion werden.

Der Einsatz bei den Träumen bedeutet allerdings noch mehr. Er zeigt auch mein theologisches Interesse am religiösen Traum. Dieses kommt im folgenden oft nur indirekt zum Ausdruck, begründet aber den vorliegenden pastoralpsychologischen Ansatz. Bereits zu Beginn möchte ich deshalb dieses Interesse deutlich nennen. Es ist ein subjektives Interesse an meinen eigenen Träumen, das ich immer deutlicher auch als theologisches Interesse verstehen lernte. Es ist gewachsen in meiner eigenen Geschichte der Weltauslegung.

Ich suche nach einer menschenfreundlichen Theologie, welche sich auch mit der Nachtseite des Menschen solidarisiert und auseinandersetzt und die aussenseiterische Subjektivität nicht nur am Rande der Gesellschaft, sondern in jedem einzelnen Menschen entdeckt und stark macht. Träume sind mir bei diesem Bemühen wichtig. Ich meine, Theologie solle — wenn auch zögernd — einen Fuss in jenes Terrain im gesellschaftlich kolonialisierten Subjekt setzen, an dessen Rändern das Unbewusste brodelt, und Ausgetriebenem, Verrufenem und Flüchtigem offen begegnen. Träume sind mir auch dabei eine Hilfe. Diese Theologie will sich von Traumhandlungen inspirieren lassen; ihr Boden ist die Möglichkeit und ihre Sorge gilt verdrängter Qual. Sie bezieht Prozesse der Selbstauslegung in ihre Arbeit mit ein und fördert die subjektive Selbsterschliessung, ohne sie unter ein theologisches Verdikt zu stellen oder zum Nabel der Welt zu machen. Sie erkundet die »Möglichkeit des Andersseins« (Watzlawick 1986) und möchte jene psychischen Wege begehen lernen, die von der Möglichkeit zur Wirklichkeit des Andersseins führen. Auch dabei sind mir Träume eine Hilfe. Ich suche zuletzt und zuerst nach einer Theologie, die sich von einem Traum inspirieren lässt, der Tag und Nacht durchdringt: dem Traum vom aufrechten Gang, von der Befreiung der Phantasie, von Gerechtigkeit, Frieden und Bewahrung der Schöpfung.

So ist dieses Buch eine theologische Liebeserklärung an den Traum. Träume machen es einem dabei allerdings nicht einfach. Sie zieren sich und wehren sich auch gegen liebevolle Vereinnahmungen. Träume stehen nicht unter dem Diktat der frommen Attitüde und der gefalteten Hände, nicht unter dem Diktat der Logik und Zweckrationalität, nicht unter dem Diktat des aufgesetzten Sinns und der ästhetischen Vollkommenheit und auch nicht unter dem Diktat der Arbeitsteilung und der Moderne. Der Frömmigkeit, dem Sinn, der Logik, der Ästhetik, der Zweckrationalität und Moderne beugen sie sich nur unwillig. Sinn ist aus ihnen nur zu gewinnen an der Schwelle zum Unsinnigen, Schönheit nur an der Grenze des Ekels, Zweckrationalität nur in der fragmentarischen Handlung, Frömmigkeit nur am Tor der Spötter. Vielleicht sind es gerade diese »Eigensinnigkeiten«, an denen meine Liebe zu den Träumen wächst. Sie ist Liebe für das Randständige und Ausdruck der Überzeugung, dass Theologie nur vom Rand her zentral werden kann. Sie ist Liebe für das Flüchtige und Zerbrechliche. Träume sind wehrlos, dem Vergessen, der individuellen Verdrängung, dem wissenschaftlichen Zugriff, der Verchristlichung und religiösen Beweihräucherung ausgesetzt. Ich möchte sie in Schutz nehmen.

Meine Liebeserklärung gilt auch den Träumenden. Als Träumende erfahren wir den kleinen Exodus der Nacht ins Land, wo Milch und Honig fliesst. Wie Träumende — so verheisst uns der Glaube — sollen wir am Tag mehr Gnade erfahren, als wir uns träumen lassen. »Als der Herr wandte Zions Geschick, da waren wir wie Träumende, da war unser Mund voll Lachens und unsere Zunge voll Jubels« (Psalm 126,1.2).

Aufbau, Sachlogik und Poesie

Damit sind die wesentlichen Interessen dieser Arbeit genannt, aus denen sich ihr Aufbau ableiten lässt: In Teil I geht es um die Erarbeitung der hermeneutischen Fragestellung. Ausgehend von den Theoriemodellen Freuds, Jungs und der phänomenologischen Schule soll die Frage nach dem Traum zuerst unter dem Vorzeichen der Deutung aufgenommen werden. An einzelnen Traumbeispielen, an unterschiedlichen Modellen der Traumdeutung und an ihrer Wirkungsgeschichte soll die Frage nach der Verbindung von allgemeiner Psychologie und Religionspsychologie in einer Hermeneutik des Selbst immer neu aufgegriffen werden. In Teil II geht es darum, das Verständnis der Pastoralpsychologie weiterzuentwickeln, zu dem wir in den Analysen des ersten Teils vordringen. Pastoralpsychologie soll selber als hermeneutische Theorie und hermeneutisches Bemühen begründet werden. Sie nimmt Impulse aus den Sozialwissenschaften auf, sieht sich aber auf der anderen Seite herausgefordert, eigene Forschungsperspektiven zu entwickeln, die theologisch im »Geist des Lebens« (Moltmann 1991b) begründet sind. Anschliessend daran geht es darum, verschiedene Aspekte der religiösen Traumerfahrung genauer zu analysieren, die — vor dem Hintergrund neuerer Traumforschung in kognitiver Psychologie, Entwicklungspsychologie, Sozialpsychologie und Poetik — für die hermeneutische Frage besonders aufschlussreich sind. Es scheint mir von erheblicher anthropologischer und theologischer Bedeutung, dass wir — wie die experimentelle Traumforschung nachweisen kann — jede Nacht rund zwei Stunden träumend verbringen, im Verlaufe eines sechzigjährigen Lebens also fast fünf Jahre in turbulente Träume verwickelt sind.[5] Am Schluss unseres Weges steht ein Rückblick und Ausblick: Kann eine Pastoralpsychologie des religiösen Traums, wie ich sie zu entwickeln versuche, als Ausdruck einer Reflexion »im Geist«, ja, als Spiritualität verstanden werden?

Die Arbeit besitzt also zwei Schwerpunkte, die an der zentralen Achse der pastoralpsychologischen und theologischen Überlegungen orientiert sind, mit denen Teil II einsetzt. Die beiden Schwerpunkte unterscheiden sich im Duktus ihrer Argumentation. Der erste Teil ist auf die pastoralpsychologischen und theologischen Überlegungen hin orientiert. Der zweite Teil findet dort seinen Ausgangspunkt. Im ersten Teil geht es um die Geschichte der Modelle der Deutung religiöser Träume, im zweiten um Perspektiven der Erforschung der religiösen Traumerfahrung. Im ersten Teil geht es in immer neuen Variationen um das Thema von Religion und religiöser Erfahrung, im zweiten um Religion und religiöse Erfahrung in ihrem dialektischen Bezug auf Glaube und Theologie. Im ersten Teil geht es um die Erkundung von Religion als Illusion, Re-ligio oder »Lichtung« des Seins; im zweiten Teil geht es darum, die prophetische Dimension des Religiösen zu erschliessen. Im ersten Teil steht die individuelle Auslegung des Selbst, das sich im Eigenen findet, im Zentrum der Aufmerksamkeit, im zweiten Teil die Poesie des dialektischen Selbst, das sich im anderen verliert und findet. Im ersten Teil werden die Interessen der Analyse vor dem Logos der wissenschaftlichen Vernunft ausgewiesen; im zweiten Teil wird, was vernünftig erscheint, im Zusammenhang mit dem Pneuma, dem göttlichen Geist des Lebens aufgehoben. Im ersten Teil geht es um die Erarbeitung eines integrierenden hermeneutischen Modells; im zweiten um die Diversifizierung dieses Modells in eine Vielfalt von neuen Perspektiven.

Ich berücksichtige dabei ein weites Spektrum von Träumen mit einem je unterschiedlichen »Sitz im Leben«. Ich arbeite gerne experimentierend und immer wieder überrascht mit eigenen Träumen. Viele Anstösse zur vorliegenden Arbeit gingen von dieser persönlichen Traumarbeit aus. Sie bietet deshalb — besonders in Teil II — immer wieder den Hintergrund und Ausgangspunkt von Überlegungen. Als Leserin oder Leser sollen Sie einen Eindruck erhalten, woher ich komme und wie meine Überlegungen zur Hermeneutik der Träume in der persönlichen Auseinandersetzung mit Träumen geboren worden sind. Träume habe ich auch in der Arbeit als Pfarrer kennengelernt. Träume reden gerade in Extremsituationen — bei nahendem Tod oder nach dem Verlust eines Angehörigen — oft eine deutliche Sprache. Träume erweisen sich für mich auch bei längerer Begleitung von Menschen in persönlichen Lebenskrisen immer wieder als Hilfe. In Traumgruppen, an Veranstaltungen der Universität und der Pfarrer- und Lehrerfortbildung habe ich Träume auch in ihrer pädagogischen Funktion als Wege zu pastoralpsychologischer Arbeit und in ihrer gemeinschaftsbildenden Kraft schätzen gelernt. Träume sind nicht zuletzt auch ein literarisches Phänomen geworden. Die Literatur zum Thema Traum ist unübersehbar.[6] Immer wieder spielen in dieser Literatur — und in der folgenden Darstellung — Träume als Brücke eines Gedankenganges eine hervorragende Rolle. Diesem Buch liegt eine umfangreiche Sekundäranalyse von literarisch festgehaltenen »religiösen Träumen« zugrunde.[7]

Verbindung der verschiedenen Elemente des Buches schaffen also nicht nur die logischen Konstruktionen und denkerischen Seile, die ich zu spannen versuche. Klebstoff und Sprengstoff meiner Überlegungen sind die Träume selber. Sie verbinden und unterbrechen die Reflexion, sie umspielen und unterlaufen sie, führen in die Enge und ins Weite. Sie inspirieren ein Denken, das ich im Verlauf der Arbeit ganz neu entdeckte: Die »pensée sauvage«, das Querdenken des Narren in mir. Träume machen Mut zum schelmischen Augenzwinkern bei der hehren wissenschaftlichen Beschäftigung und lassen fragen, ob nicht auch das Selbst eines Menschen, der sich wissenschaftlich betätigt, poetisches Selbst bleiben kann.

Die Wahl der argumentativen Ebene entspringt jedenfalls einem Entscheid: Ich möchte Träume nicht in erster Linie auf den Seziertisch psychologischer Analytik oder den Prägestock theologischer Normierung legen. Ich wünsche mir, dass der folgende Überlegungsgang in seinem Rhythmus, seinen Bildern und seiner Komposition das Träumen spiegelt und einen Raum der Solidarität und nicht der strukturellen symbolischen Gewalt schafft. Die Erinnerung an die Träume bedeutet immer auch Erinnerung an das noch nicht ganz erloschene andere Sein, an Fülle, Verwicklung, Qual und Ekstase. Solche Erinnerung möge als Gegengift gegen theologische Langeweile und wissenschaftliche Genickstarre dienen. Wie die Träumenden können vielleicht auch jene sein, die denken.

So schreibe ich das vorliegende Buch mit Hoffnung: Lichtbilder der Nacht sollen die Schattenbilder des Tages aufhellen. Der Exodus im Traum soll den Weg in eine wache, neue Wirklichkeit bahnen, die Gnade des allnächtlichen Andersseins ins Gelächter des Morgens einmünden und die der Dunkelheit abgerungenen Metaphern sollen die Gleichnisse des Alltags beflügeln. Die in der Nacht mit Tränen säen, mögen am Tag mit Jubel ernten.

TEIL I

TRAUM, SELBSTAUSLEGUNG UND RELIGION

1. Traumreise nach Nordamerika

Am 20. August 1909 trafen sich Sigmund Freud, Carl Gustav Jung und der ungarische Freud-Schüler Sandor Ferenczi in Bremen, um von dort aus mit einem Dampfer des Norddeutschen Lloyd in die Vereinigten Staaten zu fahren.[1] Sie waren von Stanley Hall zum 20-Jahr-Jubiläum der Clark University in Worcester eingeladen worden. Freud freute sich, dass Jung mitreiste. »Für mich macht es die Reise zu etwas ganz anderem, Bedeutungsvollem. Ich bin nun sehr gespannt, wie alles werden wird«, so schrieb er in einem Brief an Pfister.[2] Schon beim Zusammentreffen in Bremen kam es zu einem merkwürdigen Zwischenfall. Beim Besuch im vornehmen Speiselokal »Essighaus« erzählte Jung — von Freud zum Alkoholgenuss überredet — ausgiebig über prähistorische Friedhöfe und Moorleichen, die in der Nähe gefunden worden waren. Freud wurde dabei unruhig; er fragte Jung mehrmals ärgerlich, was dieses Gesprächsthema bedeuten solle. Schliesslich fiel er bei Tisch in Ohnmacht. Später sagte er, er sei davon überzeugt gewesen, dieses Geschwätz über Leichen heisse, dass Jung ihm den Tod wünsche.
Am nächsten Tag begann die Schiffahrt auf der »George Washington«. Freud, Jung und Ferenczi deuteten während der Seereise gegenseitig ihre Träume. Dabei zeigten sich erste feine Bruchspuren in einer Freundschaft, die später mit geradezu tragischer Konsequenz wirklich in Brüche ging. Jung berichtet über ein erstes Ereignis, das zu einer Verstimmung führte. Er versuchte, einen Traum Freuds zu deuten und bat diesen, ihm einige Details aus seinem Privatleben mitzuteilen, dann liesse sich noch mehr zu dem Traum sagen. Freud lehnte ab, denn er könne doch seine Autorität nicht riskieren. Dadurch — so erzählt Jung im Rückblick — habe Freud für ihn seine Autorität verloren und ihrer Beziehung einen schweren Stoss versetzt: »Freud stellte persönliche Autorität über Wahrheit« (1963, 162).
Ein Traum erwies sich als besonders brisant. Jung träumte (163):

Ich war in einem mir unbekannten Hause, das zwei Stockwerke hatte. Es war »mein Haus«. Ich befand mich im oberen Stock. Dort war eine Art Wohnzimmer, in welchem schöne alte Möbel im Rokokostil standen. An den Wänden hingen kostbare alte Bilder. Ich wunderte mich, dass dies mein Haus sein sollte und dachte: nicht übel! Aber da fiel mir ein, dass ich noch gar nicht wisse, wie es im unteren Stock aussähe. Ich ging die Treppe hinunter und gelangte in das Erdgeschoss. Dort war alles viel älter, und ich sah, dass dieser Teil des Hauses etwa aus dem 15. oder aus dem 16. Jahrhundert stammte. Die Einrichtung war mittelalterlich, und die Fussböden bestanden aus rotem Backstein. Alles war etwas dunkel. Ich ging von einem Raum in den anderen und dachte: Jetzt muss ich das Haus doch ganz explorieren! Ich kam an eine schwere Tür, die ich öffnete. Dahinter entdeckte ich eine steinerne Treppe, die in den Keller führte. Ich stieg hinunter und befand mich in einem schön gewölbten, sehr altertümlichen Raum. Ich untersuchte die Wände und entdeckte, dass sich zwischen den gewöhnlichen Mauersteinen Lagen von Backsteinen befanden; der Mörtel enthielt Backsteinsplitter. Daran erkannte ich, dass die

Mauern aus römischer Zeit stammten. Mein Interesse war nun aufs höchste gestiegen. Ich untersuchte auch den Fussboden, der aus Steinplatten bestand. In einer von ihnen entdeckte ich einen Ring. Als ich daran zog, hob sich die Steinplatte, und wiederum fand sich dort eine Treppe. Es waren schmale Steinstufen, die in die Tiefe führten. Ich stieg hinunter und kam in eine niedrige Felshöhle. Dicker Staub lag am Boden, und darin lagen Knochen und zerbrochene Gefässe wie Überreste einer primitiven Kultur. Ich entdeckte zwei offenbar sehr alte und halb zerfallene Menschenschädel.

Freud interessierte sich vor allem für die beiden Schädel. Er kam immer wieder auf sie zu sprechen und legte Jung nahe, in diesem Zusammenhang einen Wunsch herauszufinden. Jung wusste natürlich nur zu gut, dass Freud geheime Todeswünsche vermutete. Auf die Frage, von wem wohl die Schädel stammten, gab Jung schlussendlich an: von seiner Frau und seiner Schwägerin — »denn ich musste doch jemanden nennen, dem den Tod zu wünschen sich lohnte!«, fügt er in seinen Erinnerungen bei (164). Er war von dieser Antwort alles andere als überzeugt und hielt sie für eine Lüge. Er wollte Freuds Reaktion testen und ihn im Sinne seiner eigenen Doktrin hinters Licht führen. Freud schien — so Jung — durch die Antwort »wie befreit. Ich erkannte daran, dass er solchen Träumen hilflos gegenüberstand« (164). Seine eigenen Vermutungen zur Bedeutung des Traums mochte er Freud nicht vorzulegen. Er fühlte sich unsicher, fürchtete Unverständnis und heftigen Widerstand und wollte seine Freundschaft nicht aufs Spiel setzen.
Jung selber interpretierte seinen Traum als eine Vorahnung zur Theorie des »kollektiven Unbewussten«. Viele Fragen hatten ihn an den Vortagen beschäftigt: »Auf welchen Prämissen beruht die Freudsche Psychologie? Zu welcher Kategorie des menschlichen Denkens gehört sie? In welchem Verhältnis steht ihr fast ausschliesslicher Personalismus zu den allgemeinen historischen Voraussetzungen?«(165). Jung verstand den Traum als Antwort. Das Haus stellte mit seinen verschiedenen Stockwerken eine »Geschichte aufeinander folgender Bewusstseinslagen«, eine Art »Strukturdiagramm der menschlichen Seele« (165) dar: Das Wohnzimmer stünde für das Bewusstsein und im Erdgeschoss begänne bereits das Unbewusste. In der Höhle glaubte Jung die Seele des primitiven Menschen, die an die Tierseele grenze, zu erkennen. So vermittelte der Traum Jung eine Ahnung des kollektiven, archetypischen »A priori« der persönlichen Psyche und wurde zum Leitbild seiner weiteren theoretischen Arbeit.
Nach der erfolgreichen Reise schien das Verhältnis zuerst ungetrübt. Im Oktober 1911 wünschte Freud Jung noch viel Erfolg bei seinem »Feldzug gegen die Adler-Rotte«, aber schon bald darauf verschlechterte sich ihr Verhältnis aufgrund von persönlichen und theoretischen Differenzen. Bei einem Zusammentreffen in München im November 1912 erlitt Freud erneut einen Ohnmachtsanfall, auch diesmal im Zusammenhang mit der Thematik der Vatertötung. Jung schrieb kurz darauf mit »helvetischer Klotzhaftigkeit« (Freud/Jung 1906ff., 584) zwei ausgesprochen grobe Briefe an Freud. In diesen warf er Freud unter anderem vor, er habe sich aus Furcht vor Autoritätsverlust nicht analysieren lassen und habe daher die eigene Neurose nicht überwunden. »Sie wissen ja, wie weit ein Patient mit Selbstanalyse kommt, nämlich nicht aus der Neurose heraus — wie Sie. Wann Sie dann selber einmal ganz komplexfrei geworden sind und gar nicht mehr Vater spielen an Ihren Söhnen, denen Sie beständig auf die schwachen Punkte zielen, indem Sie sich selber einmal dort aufs Korn nehmen, dann will ich in mich gehen und meine lasterhafte Uneinigkeit mit mir selber Ihnen gegenüber mit einem Mal ausrotten« (594). Freud brach darauf die persönlichen Beziehungen mit Jung ab. Im Juli 1914 trat Jung mit der Ortsgruppe Zürich aus der internationalen psychoanalytischen Vereinigung aus. Die Konflikte, die auf der Amerikareise kurz aufgeflackert waren, hatten zum endgültigen Bruch geführt.

Die Träume der Traumreise erwiesen sich so als Zündstoff. Die Traumdeutung wurde auf der Reise nach Worcester nicht nur zum Ort persönlicher Abgrenzungen. Auf dem Weg zur ersten interkontinentalen Anerkennung der Psychoanalyse — auf dem Ozean zwischen Bremen und New York — kündigten sich in den Differenzen der Deutung eines Traums auch bereits jene vielen Spaltungen an, die den fortlaufenden »Widerstreit« im neuen wissenschaftlichen und kulturellen Paradigma der Psychoanalyse begründen sollten.[3] Die Wurzeln dieses Widerstreits greifen tief. Mit Freud und Jung begegneten sich auf der »George Washington« nicht nur zwei Pioniere der Erforschung des Unbewussten. Es trafen ein älterer und ein jüngerer Mann aufeinander, der Sohn des Wollhändlers Jakob und der Sohn des Landpfarrers Johann Paul Achilles, der Wiener und der Zürcher, der Kosmopolit und der Helvetier, der Jude und der Christ, der »Osten« und der »Westen« der jungen Psychoanalyse. Und: es begegneten sich zwei Menschen, die unterschiedlich träumten. Die Episode zeigt im Ansatz auch die unterschiedlichen Stile des Träumens der beiden grossen Begründer der Traumpsychologie unseres Jahrhunderts. Jungs opulente Traumszenerien — so hat eine Inhaltsanalyse gezeigt[4] — sind eher spärlich von Menschen bevölkert, vielmehr »objektorientiert« mit Gebäuden und Gegenständen gefüllt. Bei Freud hingegen kommen erheblich mehr Personen vor. Freud berichtet ferner zweimal so viele interaktionelle Träume wie Jung. Das entspricht dem Durchschnitt aller Träumenden. Jung liegt weit darunter. Diese Ergebnisse stehen im Einklang mit dem Lebensstil der beiden. Während Freud sozialen Kontakt immer suchte, war Jung ein Einzelgänger, der die freie Natur liebte.

In der unterschiedlichen Deutung des Traums vom fremden Haus mit den vielen Stockwerken deuten sich letztlich auch die unterschiedlichen Theorien des Traums und der Religion an, die Freud und Jung später trennten. Der Traum führte Jung zu intensiver Forschung in antiker Mythologie, die zuerst in einer totalen Verwirrung endete, wie er in der Autobiographie schreibt, sich nach und nach aber zu jenem Werk verdichtete, das den Bruch mit Freud beschleunigte. Im entscheidenden Schlusskapitel dieses Buches — es handelt sich um »Wandlungen und Symbole der Libido« — meinte Jung im Inzest regelmässig einen hochreligiösen Inhalt und nur in den allerseltensten Fällen eine persönliche Komplikation entdecken zu müssen (1963, 171). Der Traum vom Haus mit den unterschiedlichen Stockwerken wies Jung als Leitbild den Weg zu einer Tiefenpsychologie, für die die Frage der Religiosität von zunehmender Bedeutung wurde.

Damit berühren wir nun aber auch den Kern der hermeneutischen Fragestellung. Der eine Traum kann offensichtlich unterschiedlichste Bedeutung erhalten. In dieser unterschiedlichen Auslegung zeigen sich unterschiedliche persönliche Eigenarten, eine je andere Biographie, ein bestimmtes Verständnis von Religiosität und unterschiedliche theoretische Modellbildungen. Die »hermeneutischen Zirkel« Freuds und Jungs überschnitten sich zuerst in der Traumdeutung und drifteten dann mehr und mehr auseinander. Die Episode zeigt im Brennglas der Träume also jenes Problem, dem wir uns im folgenden stellen wollen: das Problem der Hermeneutik, das sich in der Frage nach jenen offenen und versteckten Regeln zuspitzt, die eine Interpretation leiten, gerade dort, wo Deutungen brüchig werden.

Der Konflikt zwischen Freud und Jung, zuerst ein Konflikt divergierender Deutungsmuster von Erfahrung, wurde zum Konflikt von Schulen. Die Wahrnehmungsdifferenz verdichtete sich zur theoretischen Differenz, die theoretische Differenz verstärkte die Wahrnehmungsdifferenz. Letztlich gerieten, von der Traumdeutung ausgehend, zwei unterschiedliche Modelle der Hermeneutik in Konflikt. Die Fissuren im neuen psychoanalytischen Paradigma zeigten sich wahrscheinlich nicht von ungefähr gerade an der Traumdeutung. Träume besitzen eine eigenartige Qualität. Sie bringen das Bewusstsein in Kontakt mit vorbewussten Wünschen, so lehrt Freud. Sie wirken kompensatorisch, meint Jung. Träume sprengen Raster des Denkens und Fühlens. Sie destabilisieren. An ihnen wird deutlich, wo Unterschiede liegen.

Ich setze bei der Darstellung der klassischen Positionen der Traumdeutung mit Bedacht hier ein. Ich will mein hermeneutisches Modell nicht im Schoss einer grossen Mutter-theorie entwickeln, sondern bewusst von den Bruchstellen und Randbereichen des Ver-stehens her. Ich meine, dies sei der angemessene Ort einer Hermeneutik in der heutigen gesellschaftlichen Wirklichkeit. Nicht zuletzt als Folge des Bruchs zwischen Jung und Freud konkurrieren heute eine Vielzahl von Deutungsmodellen der Erfahrung auch auf dem Boden der Traumforschung miteinander. Die grossen Erzählungen und Theorien haben abgedankt, so charakterisiert Lyotard (1986) den Zustand des postmodernen Wis-sens. Das gilt auch für die grossen Erzählungen der Aufklärung. Davon ist nicht zuletzt Freuds Modell der Psychoanalyse betroffen. Die Traumreise zeigt, genau betrachtet, je-nen Moment, in dem im Namen des Unbewussten der aufklärerische und religionskriti-sche Anspruch der Psychoanalyse grundlegend in Frage gestellt wurde.

Ich meine: Eine zeitgenössische Hermeneutik — auch eine Hermeneutik des religiösen Traums — muss von solchen Bruchstellen her entwickelt werden. Wir können nicht so tun, als stünden wir noch am Anfang der Geschichte der Trauminterpretation und Reli-gionspsychologie. Es gehört vielmehr zur heutigen gesellschaftlichen und pastoralpsy-chologischen Wirklichkeit, dass wir uns einer Vielfalt divergierender Deutungsmuster im Bereich von Traum und Religion gegenübersehen.[5] Wir müssen Formen der Interpreta-tion entwickeln, die einen Umgang mit dieser Vielfalt erlauben. Wir müssen eine Herme-neutik auch des religiösen Traums entwickeln, die nicht nur defensiv auf diese Vielfalt reagiert, sondern auch ihre Chance erkennt. Diese Hermeneutik will das einzelne nicht ins postulierte Allgemeine auflösen und den Traum des Einzelnen nicht in ein vorgefer-tigtes Theoriegebäude einfügen. Ziel dieser Hermeneutik ist ein hermeneutisches Instru-mentarium, das es erlaubt, das Einzigartige, Unterschiedliche, Besondere und Neue zu beschreiben, ja, letztlich hervorzubringen. Dieses Neue ist eine Auslegung, die Neues schafft und neue Bedeutung in die soziale Wirklichkeit hineinträgt.

In den folgenden Kapiteln werde ich zuerst die traumhermeneutischen Modelle Freuds und Jungs ausführlich darstellen. Es soll dabei sichtbar werden, wie Freud und Jung je zu ihrer Sicht des Traums gelangen und wie sich darin auch ihre Geschichte der Selbst-auslegung und Auseinandersetzung mit der Religion niederschlägt. Medard Boss wird anschliessend als Vertreter einer dritten Richtung der Traumarbeit zu Wort kommen. Die phänomenologische Traumauslegung schritt unter dem Ruf: »Zurück zu den Phäno-menen!« zur radikalen Kritik der Metatheorie der beiden grossen Schulen der Traumdeu-tung. Die theoretischen Annahmen der drei Pioniere der Traumauslegung werden anhand von religiösen Träumen illustriert. In weiteren Kapiteln dieses ersten Teils möchte ich die hermeneutischen Implikationen der drei Positionen der Traumdeutung verdeutlichen, ein integratives hermeneutisches Modell entwickeln und dieses mit inhaltsanalytischen Me-thoden überprüfen. Zudem will ich zeigen, wie die verschiedenen Modelle der Traum-deutung in der Pastoralpsychologie aufgenommen worden sind. Daraus lassen sich Schlussfolgerungen zur Hermeneutik der Traums, der Religion und des religiösen Selbst ableiten.

2. Wunsch, Illusion und Religion: Sigmund Freud

»Die Traumdeutung« erschien am 4. November 1899 und trug auf dem Titelblatt doch bereits die Jahrzahl jenes Jahrhunderts, das sie als epochales Werk prägen sollte.[1] Nach Freuds eigener Beurteilung ist sie sein Hauptwerk. Im Vorwort zur zweiten Auflage — sie erschien 1909, nachdem das Buch in den ersten sechs Jahren in nur 351 Exemplaren verkauft und weitgehend totgeschwiegen worden war — schrieb Freud: »In den langen Jahren meiner Arbeit an den Neuroseproblemen bin ich wiederholt ins Schwanken geraten und an manchem irre geworden; dann war es immer wieder die Traumdeutung, an der ich meine Sicherheit wiederfand« (1900, 23). Träume erschlossen Freud die »Via regia zur Kenntnis des Unbewussten im Seelenleben« (577). So bezeichnete Freud die »Traumdeutung« auch 1931 im Rückblick als sein Hauptwerk: »Dieses Buch enthält, auch nach meinem gegenwärtigen Urteil, die wertvollsten Entdeckungen, die zu machen ich das Glück hatte. Solche Einsicht fällt einem nur einmal im Leben zu«.[2] Wenn wir uns im folgenden mit der Traumdeutung beschäftigen und mit Freud unseren Blick durch diese »Fensterlücke« auf das Innere des »seelischen Apparats« (1900, 227) richten, setzen wir also an einem zentralen Punkt der Geschichte und Theoriebildung der Psychoanalyse ein.[3]

»Nun ist das Ganze so auf eine Spaziergangsphantasie angelegt. Anfangs der dunkle Wald der Autoren (die die Bäume nicht sehen), aussichtslos, irrwegreich. Dann ein verdeckter Hohlweg, durch den ich den Leser führe — mein Traummuster mit seinen Sonderbarkeiten, Details, Indiskretionen, schlechten Witzen,— und dann plötzlich die Höhe und die Aussicht und die Anfrage: Bitte, wohin wünschen Sie zu gehen?« So umschreibt Freud den Gang seiner Gedanken in den Eingangskapiteln der Traumdeutung in einem Brief an seinen Freund Fliess.[4] Wir werden Freud auf diesem Weg nicht Schritt um Schritt folgen, sondern vom vorgezeichneten Pfad hier und dort abweichen, an einigen Nebenschauplätzen länger haltmachen und dann mit grossen Schritten weitereilen. Das ergibt unser besonderes Interesse: die Frage, wie im Ganzen der »Traumdeutung« Freuds Auseinandersetzung mit Religion aufscheint. Die grossen religionspsychologischen Arbeiten Freuds sind später entstanden. Es ist eine reizvolle Aufgabe, den frühen Spuren seiner Religionskritik in der »Traumdeutung« nachzugehen. Hier sind die Ursprünge der analytischen Religionspsychologie auf ihrem ureigensten Gebiet zu finden.[5] So ziehe ich auch Träume zur Illustration wichtiger Grundgedanken heran, die in unserem Zusammenhang aufschlussreich sind. Es wird sich dabei zeigen, ob nicht — wie dies Freud im Blick auf die Träume lehrt — dieser Nebenschauplatz in der »Traumdeutung« eben gerade jener Ort ist, an dem wichtige Antriebe Freuds verborgen wirken.

Traum, Rache und Schlaf

Eines Morgens erwachte Freud im Hochsommer, in einem Höhenort in Tirol, mit dem Wissen, geträumt zu haben:

Der Papst ist gestorben.

Die Deutung dieses kurzen, nicht visuellen Traums (239) gelang ihm nicht. Er erinnerte sich nur der einen Anlehnung für den Traum, dass in der Zeitung kurze Zeit vorher ein leichtes Unwohlsein »Seiner Heiligkeit« gemeldet worden war. Aber im Laufe des Vormittags fragte seine Frau: »Hast du heute morgens das fürchterliche Glockenläuten gehört?« Freud erinnerte sich nicht, aber meinte jetzt seinen Traum zu verstehen: Er war die Reaktion seines Schlafbedürfnisses auf den Lärm gewesen, durch den die »frommen Tiroler« ihn wecken wollten. »Ich rächte mich an ihnen durch die Folgerung, die den Inhalt des Traumes bildet, und schlief nun ganz ohne Interesse für das Geläute weiter« (239).

Welche Aspekte der Freudschen Traum- und Religionstheorie lassen sich an diesem ersten Traum verdeutlichen? Wie alle persönlichen Traumberichte Freuds besticht auch dieses Beispiel durch seine Frische, erlaubt erste Antworten auf die Frage nach dem Grund des Träumens und lässt zugleich vieles offen.

Alle Träume — und der genannte Traum in besonderer Weise — sind in gewissem Sinne Bequemlichkeiträume, Wunscherfüllungen im Dienste des Schlafs: Der Traum ist »nicht der Schlafstörer ... sondern der Schlafhüter« (1916/17, 141). Dieser Schlafwunsch kann sich nur dann erfüllen, wenn Störungen der Aussenwelt abgewehrt und so umgedeutet werden, dass der Schlafende nicht geweckt wird. »Die Träume sind Beseitigungen schlafstörender (psychischer) Reize auf dem Wege der halluzinierten Befriedigung« (148). Das Glockenläuten der Tiroler muss durch die Schlagzeile vom Papsttod abgeschirmt werden, damit Freud in Ruhe einem neuen Morgen (und einer epochalen psychologischen Entdeckung) entgegenträumen kann.

Freud setzt dabei voraus: Im Schlaf tritt eine Regression ein, die ältere und primitivere Arbeitsweisen der Psyche hervortreten lässt. Der Bewegungsapparat ist gesperrt und die Verdrängung, die Wünsche verschiedenster Herkunft am Tag in Schach hält, herabgesetzt. Damit ergibt sich die Möglichkeit der Traumbildung, die von äusseren und inneren Reizen ausgeht. Vielfältige Quellen liefern dabei Trauminhalte und Traumenergie: ein unbewusster Wunsch, der verdrängt wurde, eine aktuelle somatische Erregung, die einen Wunsch wecken kann, ein vorbewusster Gedankengang mit allen ihm anhängenden Konfliktregungen oder ein Tagesrest, der durch ein unbewusstes Element verstärkt wird. Der schlafende Mensch versucht, die störenden Reize durch die Bildung eines Traums zu beseitigen, dessen manifester Inhalt — in verkleideter und entstellter Form — den Wunsch erfüllt.

Als Tagesrest in unserem ersten Beispieltraum nennt Freud die Zeitungsnachricht von einer leichten Übelkeit »Seiner Heiligkeit«. Dieser Rest kehrt wieder in der geträumten Todesnachricht, die das Gebimmel der Glocken abschirmen soll. Freud nennt zudem einen Wunsch als Motiv: die Rache an den frommen Tirolern, die ihn aus dem Schlaf wecken wollten. So ist auch dieser Traum eine Kompromissbildung. Ichgerecht wirkt er als Hüter des Schlafs durch die Erledigung der schlafstörenden Reize des Glockenläutens der frommen Tiroler, esgerecht als halluzinierte Wunscherfüllung einer verdrängten Triebregung. Die Traumarbeit führt von den latenten Traumgedanken zum manifesten Traum. Die Zensur stellt dabei Bedingungen. Nur umgearbeitet, komprimiert und chiffriert gelangen Gedanken und sich an sie anklammernde Wünsche in den Traum. Rachegelüste verwandeln sich in eine Todesnachricht.

Lesephantasien, Traumanalyse und Selbstanalyse

Nun fällt mir auf, dass sich Freud um eine Deutung des Beispieltraums bemüht, zuerst aber keine finden kann. Erst durch die Bemerkung seiner Frau kommt er auf die richtige Fährte. Als Leser soll ich dazu gebracht werden — so scheint mir plötzlich —, diesem Traum keine grössere Bedeutung beizumessen als die, Freud gegen das Erwachen geschützt zu haben. Das macht mich aufmerksam. Fast scheint mir Freud etwas erleichtert. Ich soll wohl nicht weiter nachfragen. Auch der Wunsch nach Rache an den frommen Tirolern erscheint mir wie ein Zugeständnis und zugleich wie eine Verhüllung. Rache ja, aber wirklich nur am frommen Gebimmel von Glocken?

Bei Freud habe ich gelernt, dass mit diesem Wunsch aus der Gegenwart auch ein Wunsch verbunden sein kann, der tiefer in die Biographie zurückreicht. Die Erklärungsketten reihen sich bei anderen Traumdeutungen in die ferne Kinderzeit. Hier schweigt sich Freud aus. Meine Phantasien kommen in Bewegung, Assoziationen zu Freuds Biographie füllen die Leerstelle: Freud war Jude in einer katholisch dominierten Umwelt. — Frühe religiöse Eindrücke von katholischen Kirchen und katholischer Volksfrömmigkeit vermittelte ihm eine Kinderfrau. Daneben stand der Einfluss des chassidischen Milieus seines Vaters. — Die Ablehnung der vom Katholizismus geprägten kulturellen und politischen Umwelt traf ihn im Zentrum seines Schaffens. — Freud weist an anderen Träumen nach, dass mit Todessymbolen im Traum Todeswünsche verbunden sein können ... Auch das Schweigen spricht in diesem Zusammenhang, und selbst Freuds Deutung verbirgt nur unvollkommen das Hin- und Herschwanken zwischen der Reverenz für »Seine Heiligkeit« und der Verachtung der frommen Tiroler und ihres fürchterlichen Glockengelärms. Gehe ich zu weit, wenn ich annehme, der Traum und auch die selbstanalytische Deutung seien durchsetzt von Abwehr?

Doch halten wir inne! Wir drängen uns hier in jenen privaten Raum, den Freud für sich beansprucht. Neben den Schwierigkeiten der Selbstanalyse ist es vor allem eine berechtigte Sorge, die ihn immer wieder hemmte: »Man hat eine begreifliche Scheu, soviel Intimes aus seinem Seelenleben preiszugeben, weiss sich dabei auch nicht gesichert von der Missdeutung der Fremden. Aber darüber muss man sich hinwegsetzen können« (1900, 125). Wenig später fügt er in einer Anmerkung hinzu: »Immerhin will ich es nicht unterlassen, in Einschränkung des oben Gesagten anzugeben, dass ich fast niemals die mir zugängliche vollständige Deutung eines eigenen Traumes mitgeteilt habe. Ich hatte wahrscheinlich recht, der Diskretion der Leser nicht zuviel zuzutrauen« (125, Anm. 1). Bevor wir uns aber abwenden, möchte ich doch fragen, was denn meinen Blick gebannt hatte. Warum interessiert mich, was hinter der Fassade dieses Traumberichts versteckt liegt? Bin ich betroffen als Theologe? Werden in mir selber Rachegelüste wach? Beunruhigt mich die Aggressivität Freuds? Und: Warum verändert sich beim Schreiben dieses Abschnitts die Zeitungsnotiz von der Übelkeit immer wieder unwillkürlich zu einer Notiz über den Tod des Papstes, so dass ich mich in acht nehmen muss, nichts Falsches zu schreiben? Die Traumanalyse wird durch die Lesephantasien zur Selbstanalyse. Ich meine, damit werde ein weiterer wesentlicher Aspekt der Traumdeutung Freuds sichtbar. Ich pflichte Schott (1985) bei, der meint, der selbstanalytische Aspekt der ganzen Entwicklung der Freudschen Psychoanalyse würde im allgemeinen unterschätzt und sei nicht aufgearbeitet. Psychoanalyse hat sich als wissenschaftliche Disziplin wesentlich auch aus dem selbstanalytischen Prozess heraus entwickelt, den Freud bei sich in Gang setzte. Es geht nach Schott nicht an, die Traumdeutung im Rückblick als genialen theoretischen Entwurf zu bezeichnen, die Selbstanalyse Freuds zu heroisieren und dadurch zu einem unerreichbaren Vorbild zu machen. Vielmehr bringt es Gewinn, die selbstanalytische Dimension der Freudschen Psychoanalyse systematisch zu berücksichtigen.

Die »Traumdeutung« ist im wesentlichen ein Dokument dieses selbstanalytischen Prozesses, in dem Freud stets zwischen selbstanalytischen und analytischen Gedanken hin- und herwechseln kann. Wer sie liest, soll dazu angemacht werden, in der Identifikation mit Freud an sich selbstanalytisch nachzuvollziehen, was dieser vormacht. Als Lesender werde ich damit sozusagen nicht nur Schüler, sondern auch Kontrollanalytiker von Freud. Grundlegend ist dabei die Zweipoligkeit dieses analytischen Prozesses: Lesende sollen dazu gebracht werden, einzusehen, dass sie — so gut wie Freud — eigentlich anders sind, als sie meinen, das heisst in sich das Unbewusste als wirkende Kraft anerkennen müssen. Dies geschieht im Nachvollzug der Traumdeutung (oder auch der Psychopathologie des Alltagslebens).

Dabei kommt es zu Übertragungsvorgängen. Schott differenziert: Der Begriff der Übertragung geht nach Freuds ursprünglichem Verständnis in der Traumdeutung eigentlich von Innerpsychischem aus. Das Unbewusste überträgt dem Vorbewussten seine Dynamik, die sich dann in den Träumen widerspiegelt. Wer sich selber wie Freud analysiert, wird zu einer »Gegenübertragung« geführt, kann die falsche Verbindung von Unbewusstem und Bewusstseinsinhalt nach rückwärts auflösen und so zu einer angemesseneren Wahrnehmung der Wirklichkeit kommen. Beim Lesen werde ich in diesen Prozess der Auflösung von innerpsychischen Übertragungen miteinbezogen, indem sich eine unbewusste Übertragung auf Freud entwickelt. Gerade dort, wo die Identifikation mit Freud bei der Lektüre nicht mehr ohne weiteres gelingt — an den Bruchstellen des Verständnisses —, kann besonders intensiv ein Prozess der Selbstaufklärung einsetzen.

Zwei Prozesse sind für einen solchen selbstanalytischen Vorgang bestimmend: die Selbstbeobachtung, die den Prinzipien der freien Assoziation folgt, und die Selbstüberwindung, die Widerstände gegen die Zumutungen der »Traumdeutung« und die Deutung eigener Träume beiseite räumen muss. Dieser selbstanalytische Prozess verdichtet sich in der synthetischen Arbeit. Einsichten, die Freud aus der Selbstanalyse gewinnt, werden in theoretischen Konzepten objektiviert. Durch diese tritt Freud sich selber gegenüber und lädt Leserin und Leser ebenfalls zu einer solchen Selbstdistanzierung ein.[6]

Ich meine, dass durch dieses Arbeitsmodell nicht nur ein grundlegend neues Verständnis der therapeutischen Beziehung und des medizinischen Denkens möglich wurde. Die selbstreflexive Dimension ist auch für eine analytische Religionspsychologie grundlegend, die sich als Hermeneutik des Selbst versteht. Freuds Religionspsychologie ist an ihrem Ursprung eine reflexive Bemühung um die eigene Geschichte und die in ihr wirksamen religiösen Prägungen und zugleich ein Versuch, die Leserin und den Leser seines Werks in diesen Prozess miteinzubeziehen. Bevor ich mich diesen religionspsychologischen Zusammenhängen wieder zuwende, seien die Grundelemente der Theorie des Traums, wie sie sich aus dem (selbst)analytischen Prozess herauskristallisierten, kurz umrissen und am Beispiel des Traums vom Tod des Papstes illustriert.

Vom manifesten Traum zur latenten Traumbedeutung und zurück

Die Traumarbeit kann, so hat der erste Traumbericht gezeigt, Ausgesprochenes und Unausgesprochenes, Wünsche und Gedanken in einem einzigen Satz verdichten. Wie kommt es dazu?

Freud setzt beim Traum an, bleibt aber nicht bei ihm. Der manifeste Trauminhalt — »Der Papst ist gestorben« — umfasst alle Aspekte dessen, woran sich der Träumende nach dem Erwachen bewusst erinnert und was in jeder beliebigen Form im Gedächtnis haften bleibt. Dieses Material ist zwar aus dem Erleben abgeleitet. Doch beruht die Traumtheorie nicht auf der Würdigung des manifesten Trauminhalts, sondern bezieht sich auf den Gedankeninhalt, welcher durch die Deutungsarbeit hinter dem Traum zu erkennen ist. So hat der Analytiker — und wir dürfen beifügen: Freud als Selbstanalytiker — »die Beziehungen des manifesten Trauminhalts zu den latenten Traumgedanken zu untersuchen und nachzuspüren, durch welche Vorgänge aus den letzteren der erstere geworden ist« (1900, 280). Der manifeste Trauminhalt ist eine »Bilderschrift ..., deren Zeichen einzeln in die Sprache der Traumgedanken zu übertragen sind« (280).

Alles, was sich hinter der Fassade des manifesten Traums versteckt, nennt Freud den latenten Trauminhalt. Der Begriff bezieht sich auf alle die Elemente eines Traums, die nicht manifest sind, sondern erst durch die Arbeit der Deutung aufgedeckt werden. Es sind im wesentlichen: Körpererregungen und somatische Reizquellen während des Schlafs (wie das Läuten der Glocken), wenn sie sich mit einem unbewussten Wunsch verbinden können; unbewusste Wünsche und Strebungen des Es (wie der Rachewunsch), die von der Zensur, der Abwehr des Ichs daran gehindert werden, im Wachleben ins Bewusstsein oder auch nur ins Vorbewusstsein zu gelangen; latente Traumgedanken wie aktuelle vorbewusste Neigungen und Wünsche oder indifferente Eindrücke des Wachlebens (wie die Zeitungsnachricht über den Papst) oder mit früheren Erlebnissen verknüpfte vorbewusste Gedanken.

Die dynamisch unbewussten Wünsche sind dabei am wichtigsten. Ohne sie kommt es nicht zum Traum. Tagesreste werden oft verarbeitet, gehören zu den latenten Traumgedanken, sind aber nicht die Triebkraft des Traums. Freud fasst dies in einen berühmten Vergleich: »Um es in einem Gleichnis zu sagen: Es ist sehr wohl möglich, dass ein Tagesgedanke die Rolle des Unternehmers für den Traum spielt; aber der Unternehmer, der, wie man sagt, die Idee hat und den Drang, sie in Tat umzusetzen, kann doch ohne Kapital nichts machen; er braucht einen Kapitalisten, der den Aufwand bestreitet, und dieser Kapitalist, der den psychischen Aufwand für den Traum bereitstellt, ist alle Male und unweigerlich, was immer auch der Tagesgedanke sein mag, ein Wunsch aus dem Unbewussten« (534f.).

Freud unterscheidet also den kognitiven und den motivationalen Teil des Traums, Traumgedanke und Wunschmotiv, Bedeutung und Trieb. Sie sind konflikthaft ineinander verflochten. Traumgedanken sind sinnreich, zusammenhängend und geordnet, ein »psychischer Komplex von allerverwickeltstem Aufbau. Die Stücke desselben stehen in den mannigfaltigsten logischen Relationen zueinander; sie bilden Vorder- und Hintergrund, Bedingungen, Abschweifungen, Erläuterungen, Beweisgänge und Einsprüche« (1901, 672f.). Diese Traumgedanken sind eine Klasse psychischen Materials zwischen dem manifesten Inhalt und der Bedeutung des Traums. Aus ihnen »entwickelten wir die Lösung des Traumes« (1900, 280).

Freud nennt die Verwandlung latenter Traumgedanken und Wünsche in den manifesten Traum die Traumarbeit. Sie setzt ein, weil Inhalte des latenten Trauminhalts für die »Zensur« anstössig sind. Zensur ist die verdrängende Macht der Psyche; sie wird im Vorbewussten ausgeübt und ist Ausdruck internalisierter sozialer Erwartungen. »Unter dieser Zensur stellen wir uns aber keine besondere Macht vor, sondern wählten diesen Ausdruck für die den Traumgedanken zugewandte Seite der das Ich beherrschenden, verdrängenden Tendenzen. Gehen wir in die Struktur des Ichs weiter ein, so dürfen wir im Ichideal und den dynamischen Äusserungen des Gewissens auch den Traumzensor erkennen« (1914, 64). Die Traumarbeit verdichtet das psychische Material, verschiebt seine affektiven Besetzungen und stellt es in Bildern und dramatischen Situationen dar. »Traumarbeit« ist also die Überführung der Traumgedanken in den Trauminhalt. Sie ist nach Freud nicht eigentlich schöpferisch, entwickelt keine ihr eigentümliche Phantasie, urteilt und schliesst nicht; sie bewirkt nichts anderes als Verdichtung, Verschiebung, Veranschaulichung und ein inkonstantes letzte Stückchen deutender Bearbeitung, eine Art philosophischer Arbeit. Betrachten wir diese Mechanismen der Traumarbeit im einzelnen noch genauer!

Die erste Leistung der Traumarbeit ist die Verdichtung. Der Traum vom Papsttod zeigt sie eindrücklich. Freud versteht unter Verdichtung die Tatsache, dass der manifeste Traum weniger Inhalt als der latente hat, also eine Art von abgekürzter Übersetzung des letzteren ist. Die Verdichtung kann einmal fehlen, sie ist in der Regel vorhanden, sehr häufig enorm und schlägt niemals ins Gegenteil um. Sie kommt dadurch zustande, dass gewisse latente Elemente überhaupt ausgelassen werden, von manchen Komplexen des latenten nur ein Brocken in den manifesten Traum übergeht oder latente Elemente, die etwas Gemeinsames haben, für den manifesten Traum zu einer Einheit verschmolzen werden (1916/17, 179). Diese Verdichtung dient der Erzeugung von Wahrnehmungsintensitäten. Sie löst logische Beziehungen der latenten Traumgedanken auf und folgt den Gesetzen der Ähnlichkeit, Gemeinsamkeit und Übereinstimmung. Alles, was sich verbinden lässt, wird in einer neuen Einheit zusammengezogen.

Die Verschiebung ist neben der Verdichtung der zweite Hauptmechanismus der Traumarbeit. Verschiebung ist unbewussten Vorgängen eigentümlich. Durch den Prozess der Verschiebung kann eine Vorstellung den ganzen Betrag ihrer emotionalen und wunschbezogenen Besetzung an eine andere abgeben, durch die Verdichtung die ganze Besetzung mehrerer anderer an sich nehmen. Die Verschiedenheit von Traumgedanken und Trauminhalt ergibt sich vornehmlich aus der Verschiebung, »die einerseits die psychisch hochwertigen Elemente ihrer Intensität entkleidet und anderseits auf dem Wege der Überdeterminierung aus minderwertigen neue Wertigkeiten schafft, die dann in den Trauminhalt gelangen. Wenn das so zugeht, so hat bei der Traumbildung eine Übertragung und Verschiebung der psychischen Intensitäten der einzelnen Elemente stattgefunden, als deren Folge die Textverschiedenheit von Trauminhalt und Traumgedanken erscheint« (1900, 307). Im Traum wird als Hauptsache hervorgerückt, was in den Traumgedanken nur Nebensache ist und umgekehrt. Das Wesentliche der Traumgedanken erfährt im Traum nur eine beiläufige und wenig deutliche Darstellung. »Traumverschiebung und Traumverdichtung sind die »beiden Werkmeister, deren Tätigkeit wir die Gestaltung des Traumes hauptsächlich zuschreiben dürfen« (307).

Freud ist nicht sicher, ob er die sekundäre Bearbeitung noch zur eigentlichen Traumarbeit zählen will; in den späteren Schriften unterscheidet er sie deutlicher als in den frühen. Die sekundäre Bearbeitung wirkt aber ähnlich wie die anderen Mechanismen: »Es ist die Rücksicht auf Verständlichkeit, welche die letzte Überarbeitung des Traums veranlasst; hierdurch ist aber auch die Herkunft dieser Tätigkeit verraten. Sie benimmt sich gegen den ihr vorliegenden Trauminhalt, wie unsere normale psychische Tätigkeit überhaupt gegen einen beliebigen ihr dargebotenen Wahrnehmungsinhalt. Sie fasst ihn unter Verwendung gewisser Erwartungsvorstellungen, ordnet ihn schon bei der Wahrnehmung unter der Voraussetzung seiner Verständlichkeit, läuft dabei Gefahr, ihn zu fälschen, und verfällt in der Tat, wenn er sich an nichts Bekanntes anreihen lässt, zunächst in die seltsamsten Missverständnisse« (1901, 679).

Von den Mechanismen der Traumarbeit ist nur die sekundäre Bearbeitung ein Strukturierungsprozess. Verdichtung und Verschiebung sind eigentlich Zerstörungsvorgänge, die eine Menge heterogener Elemente zurücklassen. Der Traum ist einem »Brecciagestein vergleichbar, aus verschiedenen Gesteinsbrocken mithilfe eines Bindemittels hergestellt, so dass die Zeichnungen, die sich dabei ergeben, nicht den ursprünglichen Gesteinseinschlüssen angehören« (1916/17, 188).

Der Traum — so meint Freud — gleicht der Psychose wegen seines Charakters der halluzinatorischen Wunscherfüllung. Als Kompromissbildung zwischen dem Anspruch einer verdrängten Triebregung und dem Widerstand einer zensurierenden Macht ist er auch mit der Neurose vergleichbar. Er ist aber kein pathologisches Phänomen. Vielmehr gilt: Der Traum ist ein Produkt der Seele. Er ist nicht sinnlos, nicht absurd, sondern ein »vollgültiges psychisches Phänomen« (1990, 141). Ja, Träumen ist eine besondere Form des Denkens, die durch die Bedingungen des Schlafzustandes ermöglicht und durch die Traumarbeit geschaffen wird. »Der Traum ist nicht das ›Unbewusste‹, er ist die Form, in welche ein aus dem Vorbewussten oder selbst dem Bewussten des Wachlebens erübrigter Gedanke dank der Begünstigungen des Schlafzustandes umgegossen werden konnte. Im Schlafzustand hat er die Unterstützung unbewusster Wunschregungen gewonnen und dabei die Entstellung durch die ›Traumarbeit‹ erfahren, welche durch die fürs Unbewusste geltenden Mechanismen bestimmt wird« (1920, 275).

Blicken wir zurück, bevor wir uns ein weiteres Traumbeispiel vor Augen führen. Traumdeutung ist ein Prozess, durch den man (auf Umwegen) vom manifesten Traum zur latenten Bedeutung gelangt. »Traumgedanken und Trauminhalt liegen vor uns wie zwei Darstellungen desselben Inhaltes in zwei verschiedenen Sprachen, oder besser gesagt, der Trauminhalt erscheint uns als eine Übertragung der Traumgedanken in eine andere Ausdrucksweise, deren Zeichen und Fügungsgesetze wir durch die Vergleichung von Original und Übersetzung kennenlernen sollen. Die Traumgedanken sind uns ohne weiteres verständlich, sobald wir sie erfahren haben. Der Trauminhalt ist gleichsam in einer Bilderschrift gegeben, deren Zeichen einzeln in die Sprache der Traumgedanken zu übertragen sind« (1900, 280).

Wunsch und Religion

Freud[7] berichtet von einer Dame, die als Kind wiederholt geträumt habe,

der liebe Gott habe einen zugespitzten Papierhut auf dem Kopfe.

»Wie wollen Sie das ohne die Hilfe der Träumerin verstehen? Es klingt ja ganz unsinnig.« So fragt Freud seine Leser und Leserinnen und fährt fort: »Es ist nicht mehr unsinnig, wenn uns die Dame berichtet, dass man ihr als Kind bei Tische einen solchen Hut aufzusetzen pflegte, weil sie es nicht unterlassen konnte, auf die Teller ihrer Geschwister zu schielen, ob eines von ihnen mehr bekommen habe als sie. Der Hut sollte also wie ein Scheuleder wirken« (1916/17, 132). Mit Hilfe dieser »historischen Auskunft« und eines weiteren Einfalls der Träumerin ist der Traum leicht zu deuten: »›Da ich gehört hatte, der liebe Gott sei allwissend und sehe alles‹, sagt sie, ›so kann der Traum nur bedeuten, dass ich alles weiss und alles sehe wie der liebe Gott, auch wenn man mich daran hindern will‹« (132).

Der Traumbericht illustriert ein zentrales Moment der Traumtheorie noch einmal in aller Deutlichkeit: Der Traum ist die verkleidete Erfüllung eines Wunsches. Bei Kinderträumen wird dies in der Regel besonders deutlich, meint Freud. Aber auch Erwachsene sind mehr Kind in ihren Träumen, als sie denken. Je tiefer man sich in die Analyse der Träume einlässt, desto häufiger wird man auf die Spur von Kindheitserlebnissen geführt, welche im latenten Trauminhalt als Quellen dienen. »Der Traum ist die (verkleidete) Erfüllung eines (unterdrückten, verdrängten) Wunsches« (1900, 175). Später: »Der Traum ist der Versuch einer Wunscherfüllung« (1933, 471). Er ist eine Leistung des Systems des Unbewussten, »welches kein anderes Ziel seiner Arbeit als Wunscherfüllung kennt und über keine anderen Kräfte als die der Wunschregungen verfügt« (1900, 541).

Wir erhaschen durch die Fensterlücke dieses Traums auch einen Blick auf die innere Seelenlandschaft, die nach Freud Religion begründet: Religiosität und infantile Illusion, Religion und Wunsch hängen unmittelbar zusammen. Wie Ricœur (1974a) gezeigt hat, geht es Freud vor allem darum, einen empirischen und theoretischen Zusammenhang zu klären, nämlich den »zwischen Glauben und Wunsch; der wahre Gegenstand der analytischen Religionskritik ist die Strategie des Wunsches, der sich in der religiösen Aussage verbirgt« (243). Religiöse Vorstellungen sind »nicht Niederschläge der Erfahrung oder Endresultate des Denkens, es sind Illusionen, Erfüllungen der ältesten, stärksten, dringendsten Wünsche der Menschheit; das Geheimnis ihrer Stärke ist die Stärke dieser Wünsche« (Freud 1927, 164). Diesem Zusammenhang versucht Freud mit grosser Hartnäckigkeit auf die Spur zu kommen. Hinter dem manifest Religiösen soll das Latente, das regelmässig ebenfalls Wünsche verbirgt, aufgedeckt werden. Diese Aufklärung erweist letztlich auch Religion als — allerdings schädliches — Element in einer Kette psychischer Zusammenhänge.

Freud formuliert im Zusammenhang des Traumbeispiels auch einen wesentlichen Grundsatz der Technik der Traumdeutung. Die Einfälle der Träumerin verhelfen zur Deutung eines Traums, der sonst unverständlich und unsinnig bliebe. Die Träumerin wird in der Psychoanalyse dazu angehalten, frei zu assoziieren. Das heisst, sie soll keinen Einfall ausschliessen, auch wenn sich eine der vier Einwendungen gegen ihn erhebt, er sei zu unwichtig, zu unsinnig, gehöre nicht hierher oder er sei zu peinlich für die Mitteilung. Das Wissen um die eigentliche Traumbedeutung wird durch den Widerstand in Schach gehalten. Die Technik der freien Assoziation erlaubt es, diesem Widerstand ein Schnippchen zu schlagen, denn die spontanen Einfälle weisen Träumenden und Therapeuten regelmässig den Zugang zur Bedeutung des Traums. Die assoziativen Gedankenketten führen zu zentralen, sich wiederholenden Vorstellungen, aus denen der Analytiker mit Hilfe der Kenntnis der Psychopathologie der Kranken und der Traumsymbole den verdrängten Wunsch (aus dem Bereich der infantilen Sexualität und Aggression) ableiten kann. Dies gilt auch für den Selbstanalytiker Freud und sein Verhältnis zur Religion.

Traum, Kindheit und Religion

Besonders aufschlussreich ist dafür eine Reihe von Rom-Träumen Freuds. Freud wäre gerne nach Rom gereist. Trotzdem kam es lange nicht dazu. Eine Reise wurde unterbrochen. Gesundheitliche Gründe liessen einen Aufenthalt nicht ratsam erscheinen. In Träumen tauchte aber Rom immer wieder auf (1900, 205). Rom liess ihn nicht los. Rom war mehr.

So träumte ich denn einmal, dass ich vom Coupéfenster aus Tiber und Engelsbrücke sehe; dann setzt sich der Zug in Bewegung, und es fällt mir ein, dass ich die Stadt ja gar nicht betreten habe. ... Ein andermal führt mich jemand auf einen Hügel und zeigt mir Rom vom Nebel halb verschleiert und noch so ferne, dass ich mich über die Deutlichkeit der Aussicht wundere.

Der Inhalt des zweiten Traums sei reicher, als er ausführen möchte, bemerkt Freud, das Motiv,»das gelobte Land von ferne sehen«, im zweiten Traum leicht zu erkennen (205). Freud braucht diese Rom-Träume in seinem Gedankengang, um den unüberwindbaren Infantilismus der menschlichen Psyche zu zeigen.[8] Diese Romträume leben aus tieferen Sehnsüchten als dem rezenten Wunsch, nach Rom zu kommen. Einige Zusammenhänge nennt Freud, andere verschweigt er offensichtlich.

Im ersten Romtraum lässt er uns allein die Fäden entwirren, die zur Engelsbrücke und zur Burg mit dem gleichen Namen führen. Dies ist nicht schwierig, wenn man daran denkt, dass dieses Gebäude, zugleich Papstresidenz und römisches Kaisermausoleum ist. Es symbolisiert verschwundene imperiale Grösse, unter der die Juden als Volk in der Vergangenheit zu leiden hatten, und die Macht der Katholischen Kirche, die nicht weniger Leid verursachte und die Freud in der Gegenwart mit Recht zu fürchten hatte. Das Gebäude steht in Rom, das aber auch jene Antike darstellt, der schon lange Freuds Bewunderung galt. Nach Rom zu reisen ist also zutiefst ambivalent für den Juden Freud, bedeutet sehnsüchtige Versuchung und möglichen Verrat. So wird Freud im Traum denn auch von der Eisenbahn hinweggenommen. Der Traum schützt ihn so vor dem Verrat;

die Immobilität, zu der er Freud im Zugcoupé verurteilt, verrät die Stärke der Versuchung, die abgewehrt werden muss.

Auch der zweite Rom-Traum wird nur in Ansätzen gedeutet. Freud lässt uns nicht im unklaren, dass er vieles im unklaren lässt. Doch bereits der eine Hinweis lässt einiges erschliessen: »das gelobte Land von ferne sehen«. Freud beeilt sich zu sagen, dies sei ein Klischee, wie wenn er die Bedeutung dieser Assoziation herunterspielen möchte. Traum und Redeart führen offensichtlich zur Bibel. Freud sieht sich an Stelle des Mose, dort wo Jahwe den Propheten auf den Berg Nebo steigen lässt, um ihm von weitem Kanaan, das versprochene Land zu zeigen, das er wegen seiner Sünden nie wird betreten können, von dem er aber weiss, dass es sein Volk in Besitz nehmen wird. Im biblischen Kontext ist diese Offenbarung zugleich Belohnung und Strafe. Endlich darf Mose das Land sehen, bald darauf muss er sterben. Die Übereinstimmung mit dem Traum ist vollkommen. »Jemand« führt Freud auf einen Hügel; das heisst doch: er handelt nicht in aller Freiheit, sondern gehorcht, wie Moses, einer transzendenten Notwendigkeit. Und dort — trotz Nebel und Entfernung — erscheint der Gegenstand seiner Sehnsucht, wie in magischem Licht. Ihm wird es aber sowenig wie Moses vergönnt sein, die gelobte Stadt in Besitz zu nehmen. Rom bleibt im Traum unerreichbar, wie als Strafe für irgendeine unbekannte Sünde. Gefangen genommen im Zauberzirkel der heiligen und verbotenen Stadt identifiziert sich Freud mit der grossen Figur des Mose. Das bietet innere Vorteile: narzisstische Befriedigung, aber auch Schutz gegen die Verurteilung, die einen Abtrünnigen treffen könnte. Wenn Freud Moses ist, dann hat er nichts gemeinsam mit jenen Renegaten, denen er gleichen könnte. Er steht ausserhalb jeden Verdachts. Auch Rom, gesehen als Kanaan, ist genügend verkleidet: Es ist nur das Land dunkler, unkultivierter und götzenverehrender Völker. Die Rechnung des Traums geht allerdings nicht auf. Freud liebt Rom. Er möchte es besuchen. Das Traumbild erweist sich als Verkehrung dieses Wunsches und als Abwehrmanöver gegen die Angst, die er weckt.

Freud spürt den Zusammenhängen im Umfeld der Rom-Träume weiter nach. Eine erste tiefreichende Kindheitserinnerung tauchte während der letzten Italienreise auf, nachdem er den Tiber gesehen und »schmerzlich bewegt« achtzig Kilometer weit von Rom entfernt umgekehrt war. »Ich war ja auf den Spuren Hannibals gewandelt; es war mir sowenig wie ihm beschieden, Rom zu sehen ... Hannibal, mit dem ich diese Ähnlichkeit erreicht hatte, war aber der Lieblingsheld meiner Gymnasialjahre gewesen; wie so viele in jenem Alter, hatte ich meine Sympathien während der punischen Kriege nicht den Römern, sondern dem Karthager zugewendet. Als dann im Obergymnasium das erste Verständnis für die Konsequenzen der Abstammung aus landesfremder Rasse erwuchs und die antisemitischen Regungen unter den Kameraden mahnten, Stellung zu nehmen, da hob sich die Gestalt des semitischen Feldherrn noch höher in meinen Augen. Hannibal und Rom symbolisierten dem Jüngling den Gegensatz zwischen der Zähigkeit des Judentums und der Organisation der katholischen Kirche. Die Bedeutung, welche die antisemitische Bewegung seither für unser Gemütsleben gewonnen hat, verhalf dann den Gedanken und Empfindungen jener früheren Zeit zur Fixierung. So ist der Wunsch, nach Rom zu kommen, für das Traumleben zum Deckmantel und Symbol für mehrere andere heiss ersehnte Wünsche geworden, an deren Verwirklichung man mit der Ausdauer und Ausschliesslichkeit des Puniers arbeiten möchte und deren Erfüllung zeitweilig vom Schicksal ebensowenig begünstigt scheint wie der Lebenswunsch Hannibals, in Rom einzuziehen« (207f.).

Noch weiter zurück führt die Erinnerung an eine Erzählung des Vaters: »Da kommt ein Christ daher, haut mir mit einem Schlag die Mütze in den Kot und ruft dabei: ›Jud, herunter vom Trottoir!‹« In den Augen des kleinen Sigmund hatte der Vater sich nicht heldenhaft genug für einen grossen, starken Mann gewehrt. »Ich stellte dieser Situation, die mich nicht befriedigte, eine andere gegenüber, die meinem Empfinden besser entsprach, die Szene, in welcher Hannibals Vater, Hamilkar Barkas, seinen Knaben vor dem Hausaltar schwören lässt, an den Römern Rache zu nehmen. Seitdem hatte Hannibal einen Platz in meinen Phantasien« (208). Die Spuren der Erinnerung führen noch weiter zurück in die Kindheit zu einem Buch über Napoleon, einem der ersten Bücher, das dem lesefähigen Kind in die Hände fiel — Napoleon war wie Hannibal über die Alpen gezogen — und zum »kriegerischen Verkehr« mit einem Spielkameraden in den ersten Lebensjahren.

Die Rom-Träume machen die tiefe Ambivalenz des Juden Freud deutlich. Die selbstanalytische Aufhellung der biographischen Zusammenhänge zeigt, dass das wirkliche Rom und das Rom der Phantasien nicht identisch sind. Sie zeigt die Macht der inneren Bilder und infantilen Wünsche und zerreisst zuletzt den Schleier des Illusionären. 1909 meint Freud in einer Einfügung der zweiten Auflage der »Traumdeutung« zum Wunsch, Rom zu besuchen: »Ich habe seither längst erfahren, dass auch zur Erfüllung solcher lange für unerreichbar gehaltenen Wüsche nur etwas Mut erfordert wird«; 1925 fügt er noch bei, dass er dann ein »eifriger Rompilger« geworden sei.[9] Er musste Rom nicht mehr als Hannibal erobern oder als Mose von ferne lassen. Wo »Es« war, war »Ich« geworden.

Darin liegt die zentrale Errungenschaft der Psychoanalyse. Die Traumdeutung war nicht nur deshalb für die Entwicklung des Denkens Freuds wichtig geworden, weil sie einen Zugang zu einem bisher unverständlichen Bereich der Psyche eröffnete. Sie wurde vor allem wichtig, weil sie Freud zeigte, wie zentral innere Vorstellungen, Phantasien, Wünsche und Ängste sind. Hatte er bisher daran gearbeitet, die Krankheiten seiner hysterischen Patientinnen dadurch zu erklären und zu heilen, dass er sie auf objektive sexuelle Verführung und Ausbeutung durch die Väter zurückführte, wurde es ihm in seiner selbstanalytischen Arbeit — gerade durch die Auseinandersetzung mit Träumen — ganz deutlich: Wichtiger sind die Phantasien, wichtiger ist das, was Menschen wünschen und von Wünschen geleitet mit ihrer inneren Realität tun. Sein Denken als vierzigjähriger, umstrittener, bisher noch nicht sehr erfolgreicher Mann wurde dadurch nochmals bis in die Tiefe erschüttert. Dieser Umbruch war nicht möglich ohne die Auseinandersetzung mit seinem jüdischen Erbe, ohne die Kritik an der christlichen Religion und ohne die Auseinandersetzung mit Jakob, seinem Vater.

Trauer und Vater-Gott

Die schmerzliche Erinnerung an den Vater zieht sich durch die ganze »Traumdeutung«. Trauer, Scham und Beschämung, Schuldgefühl und Rechtfertigung, Zärtlichkeit und Rebellion, Verschwiegenheit und Verrat, die Kritik am Vater, die ihn nicht zerstören darf und in Kritik an Gott umschlägt, hinterlassen tiefe Spuren. Wir wollen auch ihnen ein kleines Stück Wegs folgen.

Die Traumdeutung erwies sich nicht nur als ein Stück von Freuds Selbstanalyse, sondern als seine Reaktion auf den Tod seines Vaters, »also auf das bedeutsamste Ereignis, den einschneidendsten Verlust im Leben eines Mannes. Nachdem ich dies erkannt hatte, fühlte ich mich unfähig, die Spuren dieser Einwirkung zu verwischen« (1900, 24). Diese Auseinandersetzung zeigt sich an vielen Stellen der Traumdeutung: in Träumen, in Assoziationen, nicht zuletzt in Fehlleistungen bei der Niederschrift der Traumdeutung, die Freud später selber aufhellt oder ihm von anderen vorgerechnet werden.[10] Besonders bewegend und nahe zur Gottesproblematik kommt diese Auseinandersetzung in der Deutungsarbeit eines »revolutionären Traums« (220) zum Ausdruck. Hier sei nur dessen Ende wiedergegeben:

Ich bin wieder vor dem Bahnhofe, aber zu zweit mit einem älteren Herrn, erfinde einen Plan, um unerkannt zu bleiben, sehe diesen Plan aber auch schon ausgeführt. Denken und Erleben sind gleichsam eins. Er stellt sich blind, wenigstens auf einem Auge, und ich halte ihm ein männliches Uringlas vor (das wir in der Stadt kaufen mussten oder gekauft haben). Ich bin also ein Krankenpfleger und muss ihm das Glas geben, weil er blind ist. Wenn der Kondukteur uns so sieht, muss er uns als unauffällig entkommen lassen. Dabei ist die Stellung des Betreffenden und sein urinierendes Glied plastisch gesehen.

In den Assoziationen Freuds zu diesem Traum häufen sich die Bezüge zur Gottesproblematik. Die Blindheit auf einem Auge könnte bedeuten: Die Szene mit dem Uringlas verbindet sich mit der Erinnerung an die traurige Genugtuung, dass der Vater in seinen letzten Lebenstagen wie ein Kind das Bett beschmutzt hatte. — Er ist einäugig wie Odhin, der Göttervater. — Ein stark revolutionäres Buchdrama taucht — verbannt zwar in den Anmerkungsapparat und dennoch eindrücklich — auf, in dem Gott-Vater als paralytischer Greis schmählich genug behandelt wird. Dort heisst es: Wille und Tat sind bei ihm eins, und er muss von seinem Erzengel, einer Art Ganymed, abgehalten werden zu schimpfen und zu fluchen, weil diese Verwünschungen sich sofort erfüllen würden. Überhaupt geht »der ganze rebellische, majestätsbeleidigende und die hohe Obrigkeit verhöhnende Inhalt des Traums auf Auflehnung gegen den Vater zurück« (226, Anm.3). Eine besonders schmerzliche Kindheitserinnerung ist damit verbunden. Als sich der kleine Sigmund einst am Abend vor dem Schlafengehen über das Gebot der Diskretion hinwegsetzte, Bedürfnisse nicht im Schlafzimmer der Eltern und in deren Anwesenheit zu verrichten, liess der Vater in einer Strafrede darüber die Bemerkung fallen, aus dem Buben würde nichts werden. »Es muss eine furchtbare Kränkung für meinen Ehrgeiz gewesen sein, denn Anspielungen an diese Szene kehren immer in meinen Träumen wieder und sind regelmässig mit Aufzählungen meiner Leistungen und Erfolge verknüpft, als wollte ich sagen: Siehst du, ich bin doch etwas geworden« (225). Religiös ist dieser Traum von seinem manifesten Inhalt her gewiss nicht zu nennen, aber die in die Anmerkungen verbannten Assoziationen enthalten die Keimzellen einer religionskritischen Theorie, die im 20. Jahrhundert wie keine andere Auswirkungen zeitigen würde. Ja, Religionstheorie und Traumdeutung kommen hier in enge Berührung. Religion ist wie der Traum ein Phantasiegebilde, das mit infantilen Wünschen und Ängsten verbunden ist. Die Entwicklung der Religion versteht Freud später als regressive Erneuerung der infantilen Schutzmächte, die die religiöse Denkhemmung aufrechterhalten. Vorsehung »kann der gemeine Mann sich nicht anders als in der Person eines grossartig erhöhten Vaters vorstellen« (1930, 206). So ist die Denkhemmung Ausdruck eines Vaterkomplexes. Der Neurotiker scheitert deshalb am Leben, weil er einen zentralen Entwicklungskonflikt nicht lösen kann. Er vermag nicht jene Ambivalenz zwischen aggressiven und libidinösen Strebungen auszugleichen, in der sich der junge Mann befindet, der seinen Vater zugleich als Rivale und Vorbild erlebt. Von Schuld gepeinigt, verfällt er dem Wiederholungszwang und versucht, in einem unwirksamen Ritual seine aggressiven Impulse ungeschehen zu machen.
Kann man vermuten, dass Freud, gerade durch den Tod des Vaters hin- und hergeworfen, bei der Verarbeitung seiner eigenen ambivalenten Gefühle in der Selbstanalyse, deren Kern die Traumdeutung ist, über diesen Entwicklungskonflikt hinwegzukommen versuchte, im revolutionären Aufstand gegen den Vater seine eigene Grösse fand und zugleich mit Gott-Vater abrechnete? Wie ein Echo auf jene frühe Szene klingen jedenfalls die Worte: »Derselbe Vater (die Elterninstanz), der dem Kind das Leben gegeben und es vor den Gefahren desselben behütet hat, belehrte es auch, was es tun darf und was es

unterlassen soll, wies es an, sich bestimmte Einschränkungen seiner Triebwünsche gefallen zu lassen, liess es wissen, welche Rücksichten auf Eltern und Geschwister von ihm erwartet werden, wenn es ein geduldetes und gern gesehenes Mitglied des Familienkreises und später grösserer Verbände werden will. ... Alle diese Verhältnisse trägt dann der Mensch unverändert in die Religion ein« (1933, 591). Die Beseitigung des Vaters als Grundlage der Religion entspricht der Beseitigung wissenschaftlicher Väter (gerade in der Traumdeutung) und der Auseinandersetzung mit dem eigenen Vater Jakob als Bedingungen der Begründung einer neuen wissenschaftlichen Gemeinschaft.

Symbolik und Religion

Die »Traumdeutung« ist das eine von zwei Büchern, die Freud mit jeder neuen Auflage mehr oder weniger systematisch auf den neuesten Wissensstand brachte.[11] Das Einzelthema, das am meisten Zusätze erhielt und schliesslich 1914 zu einer Neugruppierung der Kapitel führte, war die Traumsymbolik. Dies spiegelt eine Entwicklung der Traumtheorie, die in der weiteren Diskussion der Psychoanalyse zu vielen Missverständnissen führte. Die Problematik sei an einem weiteren »religiösen Traum« illustriert. Es ist der Traum einer »Frau aus dem Volke, deren Mann Wachmann ist« (1900, 360):

... Dann sei jemand in die Wohnung eingebrochen und sie habe angstvoll nach einem Wachmann gerufen. Dieser aber sei mit zwei »Pülchern« einträchtig in eine Kirche gegangen, zu der mehrere Stufen emporführten; hinter der Kirche sei ein Berg gewesen und oben ein dichter Wald. Der Wachmann sei mit einem Helm, Ringkragen und Mantel versehen gewesen. Er habe einen braunen Vollbart gehabt. Die beiden Vaganten, die friedlich mit dem Wachmann gegangen seien, hätten sackartig aufgebundene Schürzen um die Lenden gehabt. Vor der Kirche habe zum Berg ein Weg geführt. Dieser sei beiderseits mit Gras und Gestrüpp verwachsen gewesen, das immer dichter wurde und auf der Höhe des Berges ein ordentlicher Wald geworden sei.

Das Beispiel wurde 1911 in die dritte Auflage der Traumdeutung aufgenommen. In Anmerkungen wird die Übersetzung der Traumsymbole mitgeliefert: Kirche oder Kapelle haben als Vagina zu gelten, Stufen als Symbol des Koitus, der Berg als mons veneris, der Wald als crines pubis; die Wachmänner mit Helm, Ringkragen und Mantel sind phallischer Natur. Schürzen um die Lenden bedeuten die beiden Hälften des Hodensackes. »Die verwendeten Symbole erkennen Sie ohne Mühe« — davon geht Freud in den Vorlesungen zur Einführung in die Psychoanalyse (1916/17, 199) dann bereits fast selbstverständlich aus und überlässt es getrost seinen Leserinnen und Lesern, ob die Auslegung mit Hilfe von Sexualsymbolen willkürlich und gezwungen genannt werden soll.

Der Traum und seine Deutung zeigt ein technisches und ein inhaltliches Problem. Freud war offensichtlich sicherer geworden in seinem Urteil über das Religiöse im Traum. Es ist zu dechiffrieren und letztlich nur Bemäntelung des Phallischen, der Sexualität, des Dramas des Ödipus. Das Suchen und Tasten, die schmerzhafte Auseinandersetzung mit dem Religiösen findet hier nicht mehr statt. Das Urteil ist gesprochen, die Theorie verfestigt, die Distanzierung gelungen, die Position des Analytikers etabliert. Dem entspricht das technische Problem, das auftaucht.

Bei den bisher besprochenen Träumen war es immer der Träumer oder die Träumerin selber, die den Schlüssel zur Deutung lieferte. Hier ist es der aussenstehende, psychoanalytisch Wissende, der diesen Traum mit Hilfe der Sonden der psychoanalytischen Symbollehre deutet. Lorenzer (1970) hat die Geschichte des psychoanalytischen Symbolbegriffs aufgearbeitet und hervorgehoben, dass es zu einer wichtigen Zwischenphase in der Entwicklung des Freudschen Denkens kam, der unter dem Einfluss von Stekel den Symbolen einen stärkeren Eigenwert zugestand, dies dann aber zurücknahm. Symbolisierung ist ein wichtiges Ausdrucksmittel für verdrängtes Material. Das Symbol ist »ein stellvertretender anschaulicher Ersatzausdruck für etwas Verborgenes, mit dem es sinnenfällige Merkmale gemeinsam hat oder durch innere Zusammenhänge assoziativ verbunden ist. Sein Wesen liegt in der Zwei- oder Mehrdeutigkeit«.[12] Der Symbolismus steht in der Nähe des primitiven Denkens. Symbole sind darstellbar, zensurfrei und eignen sich deshalb zur Traumentstellung, besonders weil sie häufig Sexuelles symbolisieren. »Es liegt ... nahe anzunehmen, dass es der Traumzensur bequem ist, sich der Symbolik zu bedienen, da diese zu demselben Ende, zur Fremdartigkeit und Unverständlichkeit des Traumes, führt« (1916/17, 177). Der Träumer braucht die Symbolik, ohne ihre Bedeutung zu kennen; sie wird in der Assoziation auch nicht aufgedeckt und, wenn zur Kenntnis gebracht, abgestritten. Die Deutung der Symbole ist »strenggenommen eine zweite, auxiliäre Methode der Traumdeutung« (1900, 247, Anm.1). »Die Symbolik ist vielleicht das merkwürdigste Kapitel der Traumlehre. Vor allem: Indem die Symbole feststehende Übersetzungen sind, realisieren sie in gewissem Ausmasse das Ideal der antiken wie der populären Traumdeutung, von dem wir uns durch unsere Technik weit entfernt hatten. Sie gestatten uns unter Umständen, einen Traum zu deuten, ohne den Träumer zu befragen, der ja zum Symbol ohnedies nichts zu sagen weiss. Kennt man die gebräuchlichen Traumsymbole und dazu die Person des Träumers, die Verhältnisse, unter denen er lebt, und die Eindrücke, nach welchen der Traum vorgefallen ist, so ist man oft in der Lage, einen Traum ohne weiteres zu deuten, ihn gleichsam vom Blatt weg zu übersetzen. Ein solches Kunststück schmeichelt dem Traumdeuter und imponiert dem Träumer; es sticht wohltuend von der mühseligen Arbeit beim Ausfragen des Träumers ab« (1916/17, 160f.). So schreibt Freud in den »Vorlesungen zur Einführung in die Psychoanalyse« und schränkt den Wert dieser Kenntnis für die Therapie zugleich ein. »Lassen Sie sich aber hierdurch nicht verführen. Es ist nicht unsere Aufgabe, Kunststücke zu machen. Die auf Symbolkenntnis beruhende Deutung ist keine Technik, welche die assoziative ersetzen oder sich mit ihr messen kann. Sie ist eine Ergänzung zu ihr und liefert nur in sie eingefügt brauchbare Resultate« (161).

Traumdeutung und Psychotherapie

Welche Bedeutung hat die Traumdeutung denn nun in der analytischen Kur? Anfänglich galt sie nicht nur als Königsweg zum Unbewussten, sondern auch als das nützlichste Werkzeug psychoanalytischer Technik. Die Akzente verschoben sich, bereits in den Ansichten Freuds, vollends dann in der weiteren Entwicklung der psychoanalytischen Theorie und Praxis.

Freud hatte in verschiedenen Nachträgen zur Traumdeutung (1911, 1923) klar gemacht, dass Trauminterpretation nie eine Kunst für sich selbst werden dürfe; sie müsse der Behandlung aufgrund freier Assoziation untergeordnet bleiben. Eine vollständige Deutung eines Traums ist im Rahmen einer Psychoanalyse meist weder praktisch realisierbar noch therapeutisch erwünscht.

Es wurde zudem immer deutlicher, dass es ohne Widerstand keinen Königsweg zum Unbewussten gibt. Auch im Traum wirkt dieser Widerstand, im Dunkeln, Widersprüchlichen, nicht Erhellbaren. So warnt Freud geradezu: »Man hüte sich im allgemeinen davor, ein ganz besonderes Interesse für die Deutung der Träume an den Tag zu legen ... Man läuft sonst Gefahr, den Widerstand auf die Traumproduktion zu lenken und ein

Versiegen der Träume hervorzurufen« (1911, 152). Die Wurzeln dieses Widerstandes, der sich in der Übertragung spiegelt, wurde zum zentralen Brennpunkt psychoanalytischer Behandlung.

Ein Traum ist in der analytischen Kur also eine Form der Mitteilung unter anderen. Traumdeutung soll nicht als eine Kunst um ihrer selbst betrieben werden, sondern bleibt jenen Regeln unterworfen, die die Ausführung der Kur überhaupt beherrschen. Wer sich in einer Therapie an einen Traum erinnert oder ihn vergisst, die Analytikerin oder den Analytiker mit Träumen überschwemmt oder am Trockenen sitzen lässt, der tut dies im Rahmen der Übertragung. Details der Art und Weise der Mitteilung sprechen zusammen mit vielen anderen Mitteilungen vom Unbewussten in der therapeutischen Beziehung, das aufgehellt werden soll, damit Ich werden kann, wo Es war. Träume werden so zu Verbindungsgliedern in der Kette der Assoziationen mit einer besonderen Bedeutung für das Verständnis des Übertragungswiderstands. Träume erscheinen andererseits gerade in der Übertragungssituation als besonders aussagekräftig, weil Patienten ihren Analytikern zuliebe Vergessenes und Verdrängtes im Traum aktivieren. So besteht denn für Freud auch kein Zweifel daran, »dass innerhalb einer Analyse weit mehr des Verdrängten im Anschluss an Träume zutage gefördert wird als mit Hilfe der andern Methoden« (1923, 266).[13]

Traum, Selbstauslegung und Religionskritik

Wir haben gesehen, wie der selbstanalytische Prozess der Traumdeutung und seine wissenschaftliche und therapeutische Nutzung zum grossen Durchbruch und zur Begründung einer neuen Wissenschaft führten. Dieser Durchbruch wird in vieler Art wichtig für eine Hermeneutik des religiösen Traums und des Selbst, an der ich arbeite.

Auf der Ebene der Theorie will die Psychoanalyse die religiöse Überhöhung des Traums durch eine wissenschaftliche Erklärung ersetzen. »Die Alten, denen der Traum als göttliche Sendung galt, brauchten nach einer Reizquelle für ihn nicht zu suchen; aus dem Willen der göttlichen oder dämonischen Macht erfloss der Traum, aus deren Wissen oder Absicht sein Inhalt. Für die Wissenschaft erhob sich alsbald die Frage, ob der Anreiz zum Träumen stets der nämliche sei oder ein vielfacher sein könne, und damit die Erwägung, ob die ursächliche Erklärung des Traumes der Psychologie oder vielmehr der Physiologie anheimfalle« (1900, 48). Deuten heisst also zuerst: erklären, wie der Traum zustande gekommen ist. Dies ist wesentlich für eine wissenschaftliche Traumanalyse. So heisst »einen Traum deuten, seinen ›Sinn‹ angeben, ihn durch etwas ersetzen, was sich als vollwichtiges, gleichwertiges Glied in die Verkettung unserer seelischen Aktionen einfügt« (117). Von Anfang an versteht Freud den Traum allerdings als einen »seelischen Akt«, der gegenüber einer einseitig physiologischen Erklärung sein eigenes Gewicht hat. Deuten bedeutet deshalb »von einer dunklen Ahnung geleitet« einen verborgenen Sinn im Traum aufzuspüren (117). Darin weiss sich Freud klar von fast allen bisherigen Entwürfen der Traumdeutung geschieden. Dort, wo bisher nur Unsinn und Zufall vermutet wurden, kann durchaus Sinn erschlossen werden. Psychoanalyse findet so zu ihrer wesentlichsten Einsicht in einem heftigen Widerstreit gegen herrschende religiöse und wissenschaftliche Theorien. Die Hermeneutik des Traums ist von allem Anfang an dem wissenschaftlich behaupteten Unsinn und dem religiös postulierten Übersinn abgerungen.

Diese Hermeneutik muss gerade deshalb — wie Ricœur (1974) überzeugend nachgewiesen hat — eine Hermeneutik des Verdachts werden, welche die Oberfläche des Traumphänomens durchdringt, die Strategie des Wunsches in der Bedeutung aufzudekken sucht und dem hinterlistigen Selbst auf die Schliche kommen will. Ziel dieser Hermeneutik des Verdachts ist eine Rekonstruktion von Sinn, der aus angebbaren Gründen nicht (mehr) anerkannt werden kann. Dieser Neugewinn von Bedeutung soll Aufklärung möglich machen. Diese ist nicht möglich in abstrakter Form. Sie entwickelt sich in Form einer Geschichte und einer dem Unbewussten abgerungenen Gegengeschichte, die Neues, eben einen alles in Frage stellenden Widerstreit in der individuellen Biographie Freuds hervorzubringen vermochte, der für viele andere dann zum Vorbild wurde.

Freuds grundlegende Bedeutung für eine Hermeneutik des Selbst ist deshalb zu betonen. Freud geht es letztlich um eine Verstehenslehre, auch wenn er in vielen seiner Überlegungen von naturwissenschaftlichen Loyalitäten noch gehemmt ist. Traumauslegung und Selbstauslegung, Analyse und Selbstanalyse, die Hermeneutik des Traums und die Hermeneutik der eigenen Lebensgeschichte verbindet er unlösbar miteinander. Träume und Traumtheorie stehen damit sozusagen in einem hermeneutischen Zirkel: Träume und ihre selbstanalytische Deutung provozieren die Entwicklung entscheidender theoretischer Gedanken; theoretische Konzepte, die Freud entwickelte, beeinflussen die Wahrnehmung der Träume. Durch einen hermeneutischen Umweg über die Träume, die ins Unbewusste führen, kommt es zu einer veränderten Selbstwahrnehmung, die Veränderung, Therapie, Überwindung von Trauer, Trennung und Schmerz ermöglichen. Dieser Interpretationsprozess ist ein dynamischer Vorgang, in dem psychische Energien in einem Spiel und Gegenspiel miteinander in Spannung stehen. Sinn und Wunsch sollen im Leben durch Analyse, durch eine Hermeneutik, die Symbol und Trieb verbindet, miteinander vereint werden.

Ein wichtiges Element dieser Auslegung des Selbst ist die kritische Auseinandersetzung mit dominierenden kulturellen und religiösen Traditionen, in die Freuds Selbst- und Fremdauslegung eingebettet ist. Man findet zwar in der »Traumdeutung« auf den ersten Blick kaum einen »religiösen Traum«. Religiöse Träume werden regelmässig demaskiert. Eingelagert in viele andere Assoziationen sind Freuds eigene Träume aber untrennbar mit seinem Leben verbunden und deshalb auch viel grundlegender und schmerzlicher mit dem religiösen Schicksal, der »Conscience juive« verbunden, als es zuerst den Anschein hat. Eine Hermeneutik des Verdachts, die bei Freud in die Schule gegangen ist, lässt sich auch von dieser Oberfläche nicht täuschen.

Die Entdeckungen der »Traumdeutung« werden so letztlich auch zum inneren Bewegungsgrund der psychoanalytischen Religionskritik, wie ich zu zeigen versuchte. Die selbstanalytische Auseinandersetzung wurde zur fundamentalen Entdeckung: Das katholische Rom verliert seine Gefährlichkeit durch Aufklärung; der Phantom-Vater, der sich in Träumen und Phantasien zeigt, ist nicht der reale Vater. So kann auch das innere Bild des Gott-Vaters seine bannende Kraft verlieren, wenn seine Herkunft geklärt ist, und wird es möglich, zu einer erwachsenen Haltung des tragischen Realismus zu kommen. Die Provokation des Religiösen, der Verdacht und die Aufklärung, werden so zur analytischen Urposition.

So ist Freuds Theorie nicht ohne Widersprüche. Die »Traumdeutung« zeigt die Spuren einer heftigen, konfliktbesetzten und schmerzlichen Auseinandersetzung mit dem eigenen Erbe, das nicht unwesentlich ein religiöses Erbe war. Die Traumdeutung zeigt aber auch ein Bemühen, gerade religiöse Träume von Patientinnen und Patienten immer wieder reduktiv zu erklären.[14] Wird die Selbstanalyse in vieler Hinsicht zur Grundlage des Verständnisses psychischer Prozesse, trifft dies auf die Deutung des religiösen Traums nicht zu. Vielleicht war der mit Religion verbundene Schmerz doch zu tief. Die Frage nach dem Eigenwert des Religiösen ist auf alle Fälle eine jener Bruchstellen im Werk Freuds, die enorm anregend gewirkt haben. Jung setzt hier ein.

3. Archetyp, Ganzheit und Religion: Carl Gustav Jung

Bereits 1900 hatte Jung Freuds »Traumdeutung« gelesen und das Buch wieder weggelegt, weil er es nicht begriff. Erst etwas später — 1903 — entdeckte er Verbindungen zu seinen eigenen Überlegungen. Aufgrund seiner Experimente mit Wortassoziationen interessierte er sich vor allem für den Begriff der Verdrängung. 1907 kam es zum ersten Treffen mit Freud, nachdem sich Jung öffentlich für dessen Ideen eingesetzt hatte, was ihm viele Freunde kostete und seine akademische Karriere bedrohte. In ihren frühen Begegnungen waren sie sich einig, dass der Traum der Königsweg zum Unbewussten sei. Wenn Unbewusstes wirklich bei der Entstehung einer Neurose bedeutsam ist, dann erfüllt auch der Traum als »unmittelbare Äusserung dieses Unbewussten« (1947, 148) eine praktisch-therapeutische Aufgabe. Der »Zweck der Traumanalyse« besteht in der »Auffindung und Bewusstmachung bisher unbewusster Inhalte, die für die Erklärung oder Behandlung einer Neurose als belangreich angesehen werden« (149). Sie ermöglicht einen Einblick in die Struktur seelischer Ätiologie, der zugleich durch Bewusstmachung therapeutisch wirkt. Ohne die Hypothese des Unbewussten hingegen wäre der Traum nur ein »lusus naturae, ein sinnloses Konglomerat zerbröckelter Tagesreste« (149).
Wie Freud nähert sich Jung dem Traum von der therapeutischen Erfahrung her. Er will sich mit einem möglichst offenen Geist den Bildern und dem Drama des Traums aussetzen. Ein Minimum von zwei Hypothesen scheinen ihm aber — ähnlich wie Freud — nötig, um den Mut zu haben, überhaupt mit Träumen umgehen zu können. Es ist zum einen »die theoretische Erwartung, dass ein Traum überhaupt einen Sinn habe« (157), zum andern die Annahme, »dass der Traum der bewussten Erkenntnis etwas Wesentliches hinzufüge, und dass mithin ein Traum, der dies nicht tut, ungenügend gedeutet sei« (158). Diese zwei Grundannahmen sind nötig, andere sind als Hypothesen blosse Handwerksregeln. Trotz solcher Gemeinsamkeiten kam es zum Bruch zwischen Freud und Jung. Worin schieden sich die Geister?

Kompensation und Zielgerichtetheit

Viele Träume Freuds spiegeln das ärztliche und akademische Milieu Wiens, in dem er sich bewegte. Ist es Zufall, dass Jung, der Pfarrerssohn, in jener Schrift, in der er 1916 nach dem Bruch mit Freud eine erste Zusammenfassung eigener Gesichtspunkte zur Traumpsychologie liefert, mit einem ganz anderen Beispieltraum einsetzt? Es ist kein eigener Traum, kein Traum über eine Injektion, sondern der folgende Traum eines jungen Mannes (1916, 269):

Ich stehe in einem fremden Garten und pflücke von einem Baum einen Apfel. Ich schaue mich vorsichtig um, ob mich auch niemand sieht.

Auch Jung geht davon aus, dass die Assoziationen eines Träumenden den Traumsinn erschliessen. Unserem Träumer fällt zuerst eine Jugenderinnerung an einen Birnendiebstahl und eine Begegnung mit einer Dame ein, die ihm zwar gleichgültig war, die aber am Vortag des Traums unerklärlicherweise ein schlechtes Gewissen zurückgelassen hatte. Seine Gedanken gehen dann zur Paradiesszene und der Tatsache, dass er eigentlich nie verstanden habe, warum das unerlaubte Essen des Apfels so schlimme Folgen für die Ureltern zeitigte. Er habe sich über die Ungerechtigkeit Gottes immer geärgert. Gott habe die Menschen doch so geschaffen, wie sie sind, mit all ihrer Neugierde und Begehrlichkeit. Zudem fällt dem Träumer der Vater ein, der ihn einmal scharf bestrafte, als er Mädchen heimlich beim Baden beobachtet hatte. Schlussendlich gesteht er einen Liebeshandel mit einem Zimmermädchen ein, das er am Vorabend des Tages getroffen hatte (269f.). Diese Assoziationen führen zum Traumsinn. Es sind kontextbezogene, nicht »uferlose« (1947, 158f.) freie Assoziationen, betont Jung. Frei assoziieren wie die Freudianer könne man auch zu einer Verbottafel oder einem Zeitungstext. Man komme damit zwar zu den Komplexen aber nur ausnahmsweise zur Bedeutung eines Traums. Die Assoziationen seien vielmehr wie Blätter eines Blütenstandes im Kontext des Traums zu sehen. Als Kontext gelten die spezielle Lebenslage und Konfliktsituation des Träumenden, der körperliche, geistige und seelische Zustand, die Situation am Arbeitsplatz, die zwischenmenschlichen Beziehungen und die anderen Träume der jeweiligen Traumserie. Die Kontextaufnahme ist eine »einfache, beinahe mechanische Arbeit« (1945, 316) und bedeutet, dass »bei jeder hervorstechenden Einzelheit des Traumes durch die Einfälle des Träumers festgestellt wird, in welcher Bedeutungsnuance sie ihm erscheint« (315).

Wichtiger als diese technischen Akzentverschiebungen sind grundsätzliche Unterschiede in der Sichtweise des Traums. Jung gesteht durchaus zu, dass dieser Traum vom Apfelraub seine Ursache — »Causa« — besitze, die sich mit Freud als unerledigter Wunsch identifizieren lasse, der unter der Fuchtel der Zensur im Traum seine verhüllte Erfüllung finde. Dieser kausalen stellt er nun aber eine finale Deutung des Traums entgegen. »Wozu dient dieser Traum? Was soll er bewirken?« (1916, 271). Diese Leitfragen erlauben einen anderen Zugang zum assoziierten Material.

In den Assoziationen zum Beispieltraum sticht das Moment der Schuld im erotischen Handeln hervor. Jung nimmt an, »es sei eine dem Träumer unbewusste Neigung oder Tendenz vorhanden, sein erotisches Erleben ihm als Schuld darzustellen« (271). Offenbar weiss er nicht, so folgert Jung, dass er sein erotisches Handeln auch als moralisch unrichtig verwerfen könnte. Ob tradierte Moralität sinnvoll oder sinnlos sei, will Jung in diesem Zusammenhang nicht diskutieren, sondern bloss bemerken, »dass die Menschheit offenbar sehr gute Gründe hatte, diese Moral zu erfinden, sonst wäre wahrhaftig nicht einzusehen, warum sie einem stärksten Begehren Schranken entgegengesetzt hat. Wenn wir diese Tatsache würdigen, so müssen wir diesen Traum als sinnreich erklären, indem er nämlich dem jungen Manne eine gewisse Notwendigkeit vor Augen führt, sein erotisches Handeln einmal unter dem Gesichtspunkt der Moral ins Auge zu fassen« (271f.).

Jung illustriert daran das folgende, grundlegende Prinzip für das Verständnis der Träume: »Wir können in diesem Traum eine balancierende Funktion des Unbewussten erkennen, welche darin besteht, dass diejenigen Gedanken, Neigungen und Tendenzen der menschlichen Persönlichkeit, welche im bewussten Leben zuwenig zur Geltung kommen, andeutungsweise in Funktion treten im Zustande des Schlafes, wo der Bewusstseinsprozess in hohem Masse ausgeschaltet ist« (272). In Übereinstimmung mit seinem Freund Maeder definiert Jung den Traum als »spontane Selbstdarstellung der aktuellen Lage des Unbewussten in symbolischer Ausdrucksform«.[1] Er versteht also Träume nicht als Wunscherfüllung. Dies hält er für einen längst überholten Standpunkt. Die Inhalte des Traums können auch »unerbittliche Wahrheiten, philosophische Sentenzen, Illusionen, wilde Phantasien, Erinnerungen, Pläne, Antizipationen, telepathische Visionen, irrationale Erlebnisse und Gott weiss was sonst noch sein« (1947, 157). Sie besitzen in der Regel kompensierende Funktion.

Jung versteht die Kompensation als Grundprinzip des psychischen Verhaltens überhaupt. »Die Seele als ein selbstregulierendes System ist balanciert wie das Leben des Körpers. Für alle exzessiven Vorgänge treten sofort und zwangsläufig Kompensationen ein, ohne sie gäbe es weder einen normalen Stoffwechsel, noch eine normale Psyche« (162f.). Der Traum wird so »Informations- und Kontrollorgan und darum das wirksamste Hilfsmittel beim Aufbau der Persönlichkeit« (163). Jung setzt ihn »in engste Beziehung zur Bewusstseinslage, ja, ich muss sogar behaupten, dass ein Traum ohne Kenntnis der bewussten Situation überhaupt nie auch nur mit annähernder Sicherheit gedeutet werden kann« (164). So hält Jung wie Freud den Traum für ein normales psychisches Phänomen, das unbewusste Reaktionen oder spontane Impulse an das Bewusstsein vermittelt.

Der Traum ist eine zweckmässige Reaktion der Psyche, »indem er zu einer gegebenen Bewusstseinslage das unbewusste, dazu konstellierte Material in einer symbolischen Kombination dem Bewusstsein zuführt« (1916, 281). Damit wird der Funktionsbegriff in gewisser Weise auch eingeengt: Es gibt nichts Bestimmtes, das bezweckt wird. Es zählt einzig der Bezug auf das Bewusstsein. Der Traum trägt so zur »Selbststeuerung des psychischen Systems« (1945, 318) bei. Die Natur des psychischen Prozesses besteht in einem dialektischen Wechselspiel zwischen Gegensatzpaaren, besonders dem Bewussten und Unbewussten. Je rigider und einseitiger die bewusste Haltung ist, die kompensiert wird, desto wahrscheinlicher nehmen die Träume lebhaft alptraumartige Züge an und wiederholen sich mit einem stark bewusstseinskontrastierenden Inhalt. Das Unbewusste ist sozusagen anderer Meinung als das Bewusste; es ist dem Bewusstsein gegenüber autonom (317).

Der kausale Standpunkt — so kritisiert Jung die Traumdeutung Freuds und seiner Schüler — führe leicht zu einer Gleichförmigkeit der Bedeutungen wie zu einer Eintönigkeit der Deutung und verleite dazu, einem Symbol eine feste Bedeutung zu verleihen. »Die finale Betrachtungsweise dagegen sieht im veränderten Traumbild den Ausdruck einer veränderten psychologischen Situation. Sie kennt keine festen Symbolbedeutungen« (1916, 273f). Diese finale Betrachtungsweise versucht, aus den verschiedenen Traumsymbolen nicht reduktiv den immer gleichen Traumwunsch, das einfache und elementare Begehren, herauszuschälen. Für diesen Standpunkt liegt das Sinnreiche gerade in der Verschiedenheit der symbolischen Ausdrücke im Traum und nicht in deren Eindeutigkeit. Ein verändertes Traumbild ist immer Ausdruck einer veränderten psychologischen Situation. Das Symbol im Traum hat »mehr den Wert einer Parabel ...; es verhüllt nicht, sondern es lehrt. Die Apfelszene erinnert deutlich an das Moment der Schuld, zugleich verhüllt sie die Tat der ersten Eltern« (274).

Die Kompensation einer einseitig amoralischen Haltung ist also der Zweck unseres Beispieltraums. Er erhellt eine Situation innerhalb des Entwicklungsprozesses der Individuation des jungen Mannes. Zur bewussten nennt er die unbewusste Seite. Beide zusammen bilden sie erst das Ganze. Das Unbewusste stellt sich selber in Form von Projektionen dar, weist auf unbewusste Persönlichkeitsanteile, will Selbsterkenntnis und Individuation.

Eine solche Sicht des Traums ist nach Jung therapeutisch von grosser Bedeutung. »Der Traum schildert die innere Situation des Träumers, deren Wahrheit und Wirklichkeit das Bewusstsein gar nicht oder nur widerwillig anerkennt« (1947, 151). Der Traum wird so — wie Zucker im Urin — zur »diagnostisch verwertbaren Tatsache« (152). Er hat daneben aber auch eine prognostische Funktion: Er zeigt, wo eine Therapie einsetzen muss. Neben dem »Warum« besitzt auch das »Wozu« einer psychischen Erscheinung wie der Träume therapeutische Bedeutung. Initialträume können in einer Therapie beispielsweise eine Vorahnung der analytischen Lage sein, deren richtige Erkenntnis therapeutisch von grösstem Belang ist.

Der Traum öffnet in unserem Beispiel dem jungen Mann für manches die Augen, über das er vorher gedankenlos hinweggegangen war. »Indem er aber darüber hinwegging, ging er über sich selbst weg, denn er besitzt eine moralische Kritik und ein moralisches Bedürfnis wie irgendein anderer Mensch. Wenn er also ohne Berücksichtigung dieses

Umstandes zu leben versucht, so lebt er einseitig und unvollständig, sozusagen inkoordiniert, was für das psychologische Leben die gleichen Folgen hat wie eine einseitige und unvollständige Diät für den Körper« (1916, 274). Die — auch durch Traumdeutung mögliche — Assimilation derjenigen Funktionen, welche bisher kaum oder nicht zur Entfaltung gekommen waren, bedeutet für die praktische Individualerziehung eine grosse Hilfe. Träume sind gesundheitsfördernd. Sie tragen Erinnerungen, Einsichten und Erlebnisse ans Bewusstsein heran, wecken Schlafendes in der Persönlichkeit und decken Unbewusstes in den Beziehungen auf.

Traum, Symbol und Archetyp

Die Traumsymbolik ist also im Blick auf die jeweilige Bewusstseinslage zu verstehen. Die Traumsymbole — Garten, Baum, Apfel — sind Ausdruck der symbolbildenden Kraft der Psyche und erfüllen unterschiedliche Funktionen: Sie sind im Unbewussten spontan entstehende Bedeutungsträger, die einen noch relativ unbekannten Inhalt optimal ausdrücken und die unanschauliche, instinktive Triebwelt in ein anschauliches Bild übersetzen. Diese werden so bewusstseinsnäher und können teilweise in das Ich integriert werden. Symbole bilden eine Art »Transformatoren« psychischer Energie, welche die Libido von einem Erlebnisbereich in einen anderen überleiten. Sie besitzen oft eine synthetische Funktion, indem sie unvereinbare Gegensätze in einem Bild vereinigen, eine lebendige Beziehung zwischen dem Ich und dem Unbewussten schaffen und so auch Gegensätze zwischen dem Bewussten und dem Unbewussten zur Integration bringen. Durch die Integration unbewusster Inhalte in das Bewusstsein entwickelt sich aus der Fähigkeit der Psyche, Symbole zu bilden, eine transzendente Funktion, welche die Gegensätze der Bedürfnisse des Selbst und des Ichs in Beziehung bringt.[2] Die Bedeutung der Symbole steht nur relativ fest. Die je besondere Bedeutung eines Traumbilds muss — wie im Beispiel — aus dem individuellen Kontext und der persönlichen Geschichte des Träumenden herauskristallisiert werden. Eine Symboldeutung hat dabei ebensosehr mit intuitivem Verstehen und emotionaler Antwort wie mit begrifflicher Abstraktion zu tun.

Der Apfeltraum illustriert aber noch einen weiteren wichtigen Aspekt der Traumarbeit. Die parabolische Gleichnissprache der Träume ist Ausdruck einer entwicklungsgeschichtlich älteren Art des Denkens, wie sie etwa in der Gleichnissprache der Bibel anzutreffen ist. Diese Gleichnissprache ist ein archaisches Überbleibsel. »Zugleich ist in unserem Beispiel der Apfelraub eines der typischen Traummotive, das in vielen verschiedenen Abwandlungen in vielen Träumen wiederkehrt. Ebenso ist dieses Bild ein wohlbekanntes mythologisches Motiv, das uns nicht nur in der Paradieserzählung, sondern ausserdem noch in zahlreichen Mythen und Märchen aus allen Zeiten und Zonen entgegentritt. Es ist eines der allgemein menschlichen Bilder, die in jedem zu jeder Zeit autochthon wieder auftreten können« (1916, 276).

Belesenheit und Vertrautheit mit den Bildern und Motiven aus Religion, Mythologie, Folklore, Märchen, Drama und Kunst ist für die Traumarbeit deshalb nötig. Kompensatorisches und mythisches Element verbinden sich so, »dass jeder Mensch in gewissem Sinne die ganze Menschheit und ihre Geschichte repräsentiert. ... Wessen die Menschheit bedurfte, bedarf gegebenenfalls auch der einzelne. Es ist daher nicht erstaunlich, dass in den Träumen religiöse Kompensationen eine grosse Rolle spielen« (278). Dies ist gerade in unserer Zeit vielleicht in vermehrtem Masse der Fall und scheint Jung eine natürliche Folge des vorherrschenden Materialismus unserer Weltanschauung.

Amplifikation — die Kunst, ein bestimmtes Traumbild zum symbolischen und mythischen Erinnerungsschatz vergangener Erfahrung der Menschheit in Beziehung zu setzen — ist legitim und nötig. Trotzdem rät Jung den Analytikerinnen und Analytikern, persönliche Assoziationen zurückzuhalten. Praktisch, so warnt Jung, ist es »oft geradezu ein Fehler, Symbole auf Archetypen zu beziehen. Zentral ist die zum Bewusstsein relative Bedeutung der Träume« (1947, 167). Für die therapeutische Arbeit mit Träumen hält er es vielmehr für wichtig, mit möglichst wenig Theorie zu arbeiten. Hilfreich ist die Maxime: Nur nicht verstehen wollen! »Das Verstehen von Träumen ist nämlich eine so schwierige Sache, dass ich es mir schon längst zur Regel gemacht habe, wenn mir jemand einen Traum erzählt, vor allem einmal zu mir selber zu sagen: ›Ich habe keine Ahnung, was dieser Traum bedeutet.‹ Nach dieser Feststellung kann ich dann daran gehen, den Traum zu untersuchen« (1945, 313).

So zeigen schwer verständliche Träume zuerst immer das Unverständnis des Therapeuten oder der Therapeutin. Das Verständnis eines Traums darf nicht erzwungen werden, sondern muss ein Einverständnis sein, das die Frucht gemeinsamer Überlegung ist. »Wer bewusste Suggestion vermeiden will, muss also eine Traumdeutung so lange als ungültig ansehen, bis jene Formel gefunden ist, die das Einverständnis des Patienten erreicht« (1947, 156). Therapeutinnen und Therapeuten müssen offen bleiben, »in jedem einzelnen Falle eine ganz neue Traumtheorie zu entdecken« (156f.). »Die stereotype Auslegung von Traummotiven ist abzulehnen; gerechtfertigt sind nur spezifische, durch sorgfältige Kontextaufnahmen eruierbare Bedeutungen. Auch wenn man eine grosse Erfahrung auf diesem Gebiete besitzt, so ist man doch immer wieder genötigt, vor jedem Traum sein Nichtwissen sich einzugestehen und, auf alle vorgefassten Meinungen verzichtend, sich auf etwas gänzlich Unerwartetes einzustellen« (1945, 316).

Die Sprache des Traums besitzt ihre Wurzeln in der Erfahrung der Alten, der Primitiven und Kinder. Die symbolische Bildwelt der Mythen, Märchen, Legenden und Phantasien enthüllt eine Form des Denkens und Erfahrens, die in Kontrast steht zur zielgerichteten, verbalen und begrifflichen Denkweise des modernen, wissenschaftsorientierten Menschen. Dieses Denken ist primär darauf aus, sich an die objektive Realität von Dingen, Personen und Ereignissen anzupassen. Es konnte nur durch eine enorme Anstrengung des Ichs erworben werden. Der Preis dafür ist hoch, denn das rationale Denken hat den Menschen von der vergessenen Sprache der Instinkte getrennt. Das Denken, das in Träumen zum Ausdruck kommt, ist in Imagination und Subjektivität verwurzelt und hat eine spontane und autonome Qualität, welche vom Ich wenig Anstrengung verlangt. Die offensichtliche Alogik des Traums ist ein Ausdruck des archaischen, aber überlegenen Wissens aus der instinktiven Schicht der Psyche. Die Sprache der Metaphern und Bilder, der Allegorien und Symbole zeigt eine bemerkenswerte Präzision der Einsicht und des Ausdrucks, wenn wir ihre Logik verstehen lernen.

So haben Träume eine persönlich-entwicklungsorientierte und kollektiv-universelle Bedeutung. Oft sind die beiden Ebenen auch in komplexer Form im unbewussten psychischen Leben miteinander verwoben. Der Analytiker oder die Analytikerin muss die Schichten unterscheiden und sie je auf die bewusste Situation der Träumenden beziehen können.

Anima, Individuation und Selbst

Längere Traumserien beleuchten etwas, was in Einzelträumen nicht so deutlich zum Vorschein kommt: »Es ist dies eine Art von Entwicklungsvorgang in der Persönlichkeit. Zunächst erscheinen einem die Kompensationen als jeweilige Ausgleichungen von Einseitigkeiten oder Ausbalancierungen gestörter Gleichgewichtslagen. Bei tieferer Einsicht und Erfahrung dagegen ordnen sich diese anscheinend einmaligen Kompensationsakte einer Art von Plan ein. Sie scheinen unter sich zusammenzuhängen und in tieferem Sinne einem gemeinsamen Ziel untergeordnet zu sein, so dass eine lange Traumserie nicht mehr als ein sinnloses Aneinanderreihen inkohärenter und einmaliger Geschehnisse erscheint, sondern als ein wie in planvollen Stufen verlaufener Entwicklungs- oder Ordnungsprozess. Ich habe diesen in der Symbolik langer Traumserien sich spontan ausdrückenden unbewussten Vorgang als Individuationsprozess bezeichnet« (1945, 319). Die Deutung eines solchen Prozesses setzt Kenntnisse auf mythologischem und folkloristischem Gebiet, Wissen um die Psychologie der Primitiven und die vergleichende Religionswissenschaft voraus. Grosse Träume sind jene Träume, in denen das Archetypische deutlich wird. Dies zeigt sich besonders in den Individuationsträumen.

Traumsymbole besitzen also eine wichtige Bedeutung auch im Individuationsprozess: »Traumsymbole des Individuationsprozesses sind im Traum auftretende Bilder archetypischer Natur, welche den Zentrierungsvorgang beziehungsweise die Herstellung eines neuen Persönlichkeitszentrums schildern« (1944, 59). Solche archetypischen Träume lassen sich auch ohne Kenntnis des besonderen persönlichen Kontextes verstehen; sie sind zu deuten im Gesamtzusammenhang einer Traumserie. »Es ist, wie wenn uns nicht ein Text, sondern viele vorlägen, welche die unbekannten Termini von allen Seiten beleuchten, so dass die Lektüre aller Texte an sich schon genügt, um die Sinnschwierigkeiten jedes einzelnen aufzuklären« (63).

Betrachten wir diesen Entwicklungsprozess genauer am Beispiel der Geschichte eines Traumsymbols in einer langen Traumserie eines wissenschaftlich gebildeten jüngeren Mannes. Zum erstenmal taucht dieses Symbol im folgenden Traum auf (69):

Ich bin umgeben von vielen unbestimmten Frauengestalten. Eine Stimme in mir sagt:
»Ich muss erst weg vom Vater.«

Frauengestalten begegnen dem jungen Mann im Anschluss an diesen Traum in vielerlei Form, in Träumen und visuellen Eindrücken. Er sieht eine verhüllte Frauengestalt auf einer Treppe sitzen. — Die Gestalt entschleiert ihr Gesicht. Es leuchtet wie die Sonne. — Im Schlafland weist die unbekannte Frau den Weg. — Die Mutter giesst Wasser in das Becken der Schwester. — Die unbekannte Frau steht auf einem Globus und betet die Sonne an. — Nymphen umgeben den Träumer und sagen: »Wir waren ja immer da. Du hast uns nur nicht bemerkt« (109). — Eine Frau wirft ihm vor, er bekümmere sich zuwenig um sie. Es ist eine Uhr da, auf der es fünf Minuten vor ... ist.

Wer ist diese Frau? Sie ist offensichtlich eine Unbekannte, keine dem Träumer vertraute Bezugsperson. Die Gestalt scheint deshalb nicht auf ein »Objekt« in der Realität des Träumers zu verweisen. Sie ist nur zu verstehen, wenn sie als Personifikation des Unbewussten verstanden, also nicht objektal, sondern subjektal gedeutet wird.[3] So verstanden enthüllt bereits der erste Traum von den Frauengestalten die Identität dieses psychischen Komplexes. Diese Frauen sind Feen oder lockende Sirenen und Lamien. »Damit ist hingewiesen auf die weibliche Natur des Unbewussten« (71). Die unbekannte Frau — technisch als Anima bezeichnet —, die in den anschliessenden Träumen immer wieder auftaucht, personifiziert die autonome Tätigkeit dieses Unbewussten. Die Belebung der psychischen Atmosphäre zeigt sich im Satz: »Ich muss erst weg vom Vater«, — Jung ergänzt — »›um dann dem Unbewussten, das heisst der Lockung der Frau folgen zu können‹. Der Vater als Vertreter des traditionellen Geistes, wie er sich in Religion und allgemeiner Weltanschauung äussert, steht ihm dabei im Wege« (69). Diese einseitige Verhaftung am Intellektuellen soll einer richtigen Formel für die Korrelation von Bewusstem und Unbewusstem weichen, in der die Persönlichkeit die angemessene mittlere Stellung einnimmt.

Anstelle der rationalistischen Durchdringung des Unbewussten bereitet sich in den frühen Träumen der Serie die »Solificatio«, die Erhellung des Unbewussten vor. Das Lebenswasser, das die Mutter ins Becken der Schwester giesst — »ein treffliches Symbol für das Lebendige des seelischen Wesens« (94), — bedeutet die Ersetzung der Mutter durch die Anima. Sie wird damit zum lebensspendenden Faktor, zu einer seelischen Wirklichkeit, welche der Vaterwelt und jenem Geist, der in der Kirche einen irdischen Leib angezogen hat, unverträglich gegenübersteht. Als Sonnenanbeterin und Nymphe enthüllt sie ihre Zugehörigkeit zur Antike, in die sie wegen der einseitigen christlich-rationalistischen Neuzeit im Unbewussten der Menschheit regredieren musste. Die Auseinandersetzung mit der Anima verdichtet sich in der Folge der Traumreihe mehr und mehr in Symbolkonfigurationen, die Jung als Mandala-Symbole versteht.

Als Puppenfrau, die nicht spricht und zu der nicht gesprochen wird, steht sie neben dem Träumer, einem Arzt und einem Mann mit Spitzbart. — In einem weiteren Traum weiss man nicht, ob sie zum Arzt, zum Träumer oder zu einem Piloten gehört. — Mit dem Träumer, dem Vater und einem bestimmten Freund fährt sie einen Fluss hinunter.— Im quadratischen Raum sitzt sie dem Träumer gegenüber, der ihr Porträt zeichnen soll. — Als dunkle, unbekannte Frau sitzt sie mit dem Träumer am runden Tisch. Sie schreibt ihm in einem Brief, sie habe Schmerzen im Uterus. — Sie führt ihn, als er unter höchster Lebensgefahr den Pol entdecken muss. — Sie erscheint als Unbekannte und sagt, sie werde wiederkommen, man habe jetzt das Fest der Sonnenwende.

In solchen Symbolen, in denen die Vier — die Quaternität — eine grosse Rolle zu spielen beginnt, stellt die Frau die »minderwertige«, das heisst undifferenzierte seelische Funktion des Gefühls dar, die in den Kreis der Ganzheit — die Frau am runden Tisch — aufgenommen wird und Kunde von schmerzhaften Vorgängen im Lebenszentrum und vom psychischen Wendepunkt gibt. So ist die Anima eines der Symbole des Selbst in den Träumen, das einen Prozess der Zentrierung anzeigt. »Man kann sich kaum des Eindrucks erwehren, als ob der unbewusste Prozess sich spiralförmig um ein Zentrum bewege, dem er sich langsam annähert, wobei die Eigenschaften der ›Mitte‹ sich immer deutlicher abzeichnen. Man könnte vielleicht auch umgekehrt sagen, dass der an sich unerkennbare Mittelpunkt wie ein Magnet auf die disparaten Materialien und Vorgänge des Unbewussten wirke und diese allmählich wie in ein Kristallgitter einfange« (253). Das zentrale Symbol drängt sich immer wieder erneuert durch das scheinbare Chaos dramatischer Entwicklungen der individuellen Psyche; die persönliche Psyche scheint wie ein scheues Tier fasziniert und geängstigt zugleich um diesen Mittelpunkt herumzujagen, immer fliehend und doch stets näherrückend.

Dieses Zentrum nennt Jung das Selbst. Es zeigt sich im Mandalasymbol — einer Art Kernatom der Psyche (216) —, ist eine autonome seelische Tatsache, eine Art Ziel des gerichteten psychischen Prozesses. Es ist ein a priori bestehender Typus, ein »Archetypus, welcher dem kollektiven Unbewussten inhärent und daher dem individuellen Werden und Vergehen entzogen ist« (258). Im Verlaufe der Entwicklung der Individuation kommt es zu einem immer genaueren Erfassen dieses Apriori, des geheimen Pols, um den sich letztlich alles dreht. »Jedes Leben ist schliesslich eine Verwirklichung eines Ganzen, das heisst eines Selbst, weshalb man die Verwirklichung auch als Individuation bezeichnen kann« (259).

Ganzheit und Religion

Dieser Prozess der Individuation und Selbstwerdung verdichtet sich in einem Traum mit ausdrücklich religiösem Inhalt.[4]

Ich komme in ein besonderes, weihevolles Haus, das »Haus der Sammlung«. Im Hintergrund sind viele Kerzen, die in einer besonderen Form mit vier nach oben zulaufenden Spitzen angeordnet sind. Aussen an der Türe des Hauses steht ein alter Mann. Es gehen Leute hinein. Sie sprechen nichts und stehen regungslos, um sich innerlich zu sammeln. Der Mann an der Türe sagt von den Besuchern des Hauses: »Sobald sie wieder heraustreten, sind sie rein.« *Nun gehe ich selbst in das Haus hinein und kann mich ganz konzentrieren. Da spricht eine Stimme:* »Was du tust, ist gefährlich. Die Religion ist nicht die Steuer, die du bezahlen sollst, um das Bild der Frau entbehren zu können; denn dieses Bild ist unentbehrlich. Wehe denen, welche die Religion als Ersatz für eine andere Seite des Lebens der Seele gebrauchen; sie sind im Irrtum und werden verflucht sein. Kein Ersatz ist die Religion, sie soll als letzte Vollendung zur andern Tätigkeit der Seele hinzukommen. Aus der Fülle des Lebens sollst du deine Religion gebären; nur dann wirst du selig sein!« *Bei dem besonders laut gesprochenen letzten Satz höre ich ferne Musik: einfache Akkorde auf einer Orgel. Etwas daran erinnert an das Feuerzaubermotiv von Wagner. Als ich nun aus dem Hause trete, da sehe ich einen brennenden Berg, und ich fühle:* »Ein Feuer, das nicht gelöscht werden kann, ist ein heiliges Feuer«.

Der junge Mann ist von diesem Traum tief beeindruckt. Er ist ein feierliches und bedeutsames Ereignis, das zusammen mit ähnlichen Erfahrungen eine tiefgreifende Veränderung in seiner Einstellung dem Leben und der Menschheit gegenüber zustande bringt.
Der Traum ist nach Jung dicht bepackt mit religiösen Symbolen. Dies zeigt die Amplifikation. Besonders aufschlussreich scheint zum Beispiel die Anordnung der Kerzen. Vergleiche führen Jung zu Parallelen in der Religionsgeschichte (zur Quadratur des Kreises und zum Hermaphrodit) und erhellen die Bedeutung dieser Gestaltungen. Jung versteht sie als Symbole der Quaternität, die numinosen Charakter hat, als Ausdruck einer Gottesidee, die im bewussten Geist des modernen Menschen gänzlich fehlt. Die Quaternität steht als ein uraltes, vermutlich prähistorisches Symbol immer mit der Idee einer weltschaffenden Gottheit in Zusammenhang. »Wir können daher schliessen, dass das spontan in den Träumen moderner Menschen produzierte Symbol etwas Ähnliches meint — nämlich den inneren Gott« (1939, 63). Diese mystische Idee wird durch Träume geradezu aufgenötigt.
Jung präzisiert: »Es wäre ein bedauerlicher Irrtum, wenn jemand meine Beobachtungen als eine Art Beweis für die Existenz Gottes auffassen wollte. Sie beweisen nur das Vorhandensein eines archetypischen Bildes der Gottheit, und das ist alles, was wir, meines Erachtens, psychologisch über Gott aussagen können. Aber da es ein Archetypus von grosser Bedeutung und starkem Einfluss ist, scheint sein relativ häufiges Vorkommen eine beachtenswerte Tatsache für jede Theologia naturalis zu sein. Da das Erlebnis dieses Archetypus die Eigenschaft der Numinosität hat, oft sogar in hohem Masse, kommt ihm der Rang einer religiösen Erfahrung zu« (64). Das Gottesbild entspricht also einem psychologischen Tatsachenkomplex und stellt so eine bestimmte Grösse dar, mit der sich operieren lässt. »Es bleibt aber eine Frage jenseits aller Psychologie, was Gott an sich sei. Ich bedaure, dergleichen Selbstverständlichkeiten wiederholen zu müssen« (1916, 307). Religiöse Erfahrung ist ein »besonderer seelischer Zustand. ... Und wenn sie überhaupt eine Bedeutung hat, so bedeutet sie denen, die sie haben, alles« (1939, 67).

Die Stimme des Mannes — er tritt in der Traumserie an die Stelle der Frau, der Anima — entstammt dem Selbst des Träumers, dem »Zentrum seiner ganzen, unbegrenzten und undefinierbaren psychischen Persönlichkeit« (43). Sie spricht Jung sozusagen aus dem Herzen: Religion ist kein Ersatz; sie soll als letzte Vollendung zur Tätigkeit der Seele hinzukommen. »Aus der Fülle des Lebens sollst du deine Religion gebären, nur dann wirst du selig sein«. Dieses Unbewusste übt also Religionskritik: »»Du versuchst es mit der Religion, um deinem Unbewussten zu entfliehen. Du benutzest sie als Ersatz für einen Teil des Lebens deiner Seele. Aber Religion ist die Frucht und der Höhepunkt der Vollständigkeit des Lebens, das heisst eines Lebens, welches beide Seiten enthält‹« (44). Gegenüber den Befürchtungen des Träumers — er glaubt, diese Träume zeigten, dass er verrückt werde, und ist so den Vorurteilen unserer Zeit der Religion gegenüber verhaftet —, ist die Stimme »schockierend unkonventionell: sie nimmt die Religion ernst, stellt sie an die Spitze des Lebens, eines Lebens, das ›beide Seiten‹ enthält, und zerstört so die teuersten intellektuellen und rationalistischen Vorurteile« (45). »Nach dieser Auffassung fällt die Religion mit der Ganzheit zusammen; ja, sie erscheint als Ausdruck der Integration des Selbst in der ›Fülle des Lebens‹« (1944, 230).

Die gewöhnliche Religion, Jung will sie lieber Konfession nennen, scheint den weitverbreiteten offensichtlichen Zweck zu haben, »unmittelbare Erfahrung zu ersetzen durch eine Auswahl passender Symbole, die in ein fest organisiertes Dogma und Ritual eingekleidet sind« (1939, 46). Ja, Konfessionen verteidigen den Menschen erfolgreich gegen die unmittelbare religiöse Erfahrung. Solange diese Verteidigung nützt, will sie Jung nicht herunterreissen. Wenn die Träume diese schützende Theorie zerstören, will er aber die umfangreichere Persönlichkeit unterstützen.

Natürliche Religion und Konfession

Diese Spannung zwischen natürlicher Religion und Konfession zeigt sich auch am folgenden Traum eines Jungen, den Jung in einem seiner Traumseminare deutet (1936ff., 446f.):

Ich spielte mit meinem Bruder Meinrad im Zimmer. Plötzlich erschien am Himmel eine rote Kugel, die sich unserem Hause näherte. Ich sah durch das Fenster. Wie die Kugel im Hause angelangt war, öffnete sich dieselbe und »Gott« kam heraus. Das war ein leuchtendes Dreieck mit Strahlen und in der Mitte war eine Figur, die wie »Gott« aussah. Aber es war eine junge Figur, kein alter Mann, auch nicht der Heiland. Es sah ein bisschen der Abbildung in meiner Bibel ähnlich: ein Oberkörper mit segnenden Armen im Dreieck. Dann spielte ich im Garten. Dort sah ich das Weltende. Ich stand auf einer Wiese dabei. Der Mond und die Sterne fielen herunter auf die Erde. Ich sah das an. Dann sah ich Jesus am Himmel allein. Menschen waren keine da. Dann kam ich in den Himmel. Der war ein Theater. Eine Bühne war da. Darüber war eine schwebende Wolke. Und dann war auf der Bühne ein Thron. Darauf sah ich die Dreifaltigkeit (so wie sie gewöhnlich dargestellt wird, als alter Mann, als Heiliger Geist und Christus). Dann war Gott verschwunden. Ein »Geist« kam. Der hatte ein grünes Gesicht. Es erschreckte mich. Ich war noch auf der Bühne mit ihm. Es war Winter. Ich stürzte mich auf den Teufel und tauchte ihn in den Schnee hinein. Dann wachte ich auf.

Der Junge ist katholisch, offensichtlich sehr religiös erzogen und stammt aus einer Stadt, so vermerkt Jung, die 1940 gelegentlich bombardiert wird. »Sonst ist mir nichts Nachteiliges bekannt« (447). Im Gespräch mit den Teilnehmerinnen und Teilnehmern des

Seminars entwickelt Jung Schritt um Schritt eine Deutung des Traums, die die Spannung von Dogma und natürlichem religiösem Symbol zeigen will. Die runde Kugel — »das allrunde kosmische Wesen, die Weltseele, das Rotundum, das Runde« (447) — enthält offensichtlich »das religiöse Zentrum, das im Traum dieses Jungen sich natürlich zuerst als Gott entpuppt« (448). Eine Urvorstellung wird perzipiert in den religiösen Vorstellungen, die er bereits hat. Die Spannung findet sich wieder im Bild vom leuchtenden Dreieck, das aussieht wie Gott und doch anders ist; im Zentrum steht ein unbekannter junger Mann, der auch nicht Christus ist. Das Unbewusste enthält etwas Undogmatisches, das mit den dogmatischen Formen nur unangemessen erfasst werden kann. Das Unbewusste sagt: »Also bitte, es ist etwas anderes, als du meinst« und setzt sich soweit durch, dass sich der Träumer nicht mehr drücken kann. Nun läuft er in den Garten. Er verlässt das Haus, das eingeschlossene Bewusstsein, die dogmatische Form, innerhalb derer er das Neue zu rezipieren versucht. Er kann es nur annähernd an Christus angleichen »und ist nun gewissermassen mit der unerträglichen Tatsache konfrontiert, dass er in diesen Räumen drin etwas Neues hat, was gar nicht hineinpasst« (449). Im Garten ist Raum gegen oben — bis zum Sirius — , noch weiter draussen auf der Wiese sieht der Junge Mond und Sterne fallen, der Herr Jesus wird im Himmel allein gelassen. Der Junge wird in den Himmel gehoben, der Himmel erscheint selber als ein Theater und Gott verschwindet. Diese Traumvorstellungen entwerten das Überkommene und Konfessionelle. »Mit dem Theaterzauber ist es also nichts« (450). Erst jetzt »kommt es eben richtig« (450): ein Geist mit grünem Gesicht taucht auf. Es ist Chidr, so amplifiziert Jung, »der Engel des Angesichts, der sichtbare Allah, der deuteros theos, der zweite Gott, ein anschaulicher Gott. Er geht als Mensch in alle Dinge, deshalb heisst er auch der Grüne, weil er auch die Vegetation ist« (450). Ein Headman auf seiner Afrikareise — ein Sufi — habe Jung dies erzählt. Der Junge erschrickt. Dort, wo die heilige Dreifaltigkeit war, wo die christliche Dogmatik vorgespielt wird, dort ist er mit diesem Grünen allein. Noch ist Winter. Wo Chidr ist, wird es grünen. Der Junge muss im Grünen aber noch den Teufel sehen. »Also wenn es nicht Vater und Sohn und Heiliger Geist ist, muss es der Teufel sein!« (451).

In einer späteren Seminarstunde nimmt Jung das Thema noch einmal auf und zeigt in langen Exkursen in arabische Legenden und in den Koran, dass dieser Chidr »der nie ermüdende Wanderer und Belehrer und Berater frommer Menschen, der Weise in göttlichen Dingen, der unerwartete Besucher, der aber unwürdigen Menschen seinen Besuch versagt, der Unsterbliche« ist (455). Als Naturgeist hat er Anteil an der vom Christentum postulierten Korruptheit und kann also leicht als Teufel verstanden werden. »Und wenn nun diese Anschauung auftritt anstelle einer entwerteten Dogmatik, so müssen wir das auffassen wie ein kompensatorisches Verhältnis. Nämlich: er tritt anstelle des unbelebt gewordenen Dogmas. Das Dogma enthält nicht mehr das ›pneuma zoés‹, den Geist des Lebens, und dann tritt unweigerlich der Naturgeist ein. Immer tritt nämlich das ein, was vorher verworfen war; ›der Stein, den die Bauleute verworfen, ist zum Eckstein geworden‹« (458). Die dogmatische Vorstellung ist verblüht, es ersteht eine Chidr-ähnliche Figur.

Auf die Frage eines Hörers, ob man dies alles so deuten könne, dass Christus von den Menschen verlassen sei und das Dogma nichts mehr Menschliches an sich habe, antwortet Jung: »Da ist schon was dran, natürlich. Der Mensch ist eben ein bisschen heruntergefallen, und die Trinität ist so weit weg. Denken Sie an den modernen Protestantismus von Karl Barth, wo Gott ›totaliter aliter‹ ist, so dass man nicht einsehen kann, wie eine Beziehung stattfinden kann. Wenn etwas total anders ist, kann es auch nicht mehr auf mich einwirken. Die beiden gehen sich dann auch gar nichts mehr an. Gott geht die Menschheit überhaupt nichts an und die Menschheit Gott nicht« (459).

Wesentliche Züge der Jungschen Religionspsychologie widerspiegeln sich nochmals in dieser Seminarstunde: vor allem die Spannung zwischen Dogma und natürlichem Symbol, die kritische Funktion des natürlichen Symbols, das spannungsvolle Verhältnis von kulturellen religiösen Traditionen — verfestigt in Dogmen, die ursprünglich auch wie Träume waren — und der spontanen, kompensatorischen Kraft der individuellen Psyche und der in ihr wirksamen übergeschichtlichen Archetypen. Diese Spannung von Natur und Dogma, Erfahrung und Tradition, kindlicher Neugier und väterlicher Konfessionalität, die Jung gegen Schluss seines Wirkens immer deutlicher herausarbeitete, geht zurück auf die Anfänge seines eigenen Lebensweges. Institutionalisierter religiöser Kosmos und individueller Mythos stehen einander von Anfang an gegenüber, in der Geschichte Carl Gustavs und seines Vaters Johann Paul Achilles.

Gedanken, Erinnerungen, Träume

»Mein Leben ist die Geschichte einer Selbstverwirklichung des Unbewussten« (1962, 10). Mit diesen Worten beginnt Jung sein letztes grosses Werk, seine autobiographischen Aufzeichnungen. Er widmete sich dieser Arbeit zuerst eher von aussen gedrängt, dann mehr und mehr mit innerem Engagement, immer aber auch wieder mit Zweifel und Zögern. Wissenschaftliche Überlegungen werden einem solchen Entwicklungsgang nicht gerecht. »Was man der inneren Anschauung nach ist, und was der Mensch sub specie aeternitatis zu sein scheint, kann man nur durch einen Mythus ausdrücken. Er ist individueller und drückt das Leben genauer aus als Wissenschaft« (10). So beginnt Jung im dreiundachtzigsten Lebensjahr, den Mythos seines Lebens zu erzählen. »Ich kann jedoch nur unmittelbare Feststellungen machen, nur ›Geschichten erzählen‹. Ob sie wahr sind, ist kein Problem. Die Frage ist nur, ist es mein Märchen, meine Wahrheit?« (10). Traumgeschichten sind wesentlich für diese Wahrheit, Träume und Imaginationen bezeichnet Jung als »Urstoff meiner wissenschaftlichen Arbeit« (11). An ihnen verdeutlicht er denn auch die Stationen seines Weges. Die beiden Eckträume, der erste und der letzte der Träume, die Jung in seinen Erinnerungen erzählt, zeigen, wie weit weg und wie nahe sich Anfang und Ende dieses Weges waren.

Mit drei oder vier Jahren erlebte Jung seinen ersten Traum, an den er sich erinnern konnte, »und der mich sozusagen mein Leben lang beschäftigen sollte« (18f.). Das Pfarrhaus, in dem er einen Teil seiner Kindheit verbrachte, stand allein beim Schloss Laufen und hinter dem Hof des Messmers lag eine grosse Wiese. Auf dieser Wiese sah Jung im Traum plötzlich ein dunkles, rechteckiges, ausgemauertes Loch in der Erde, das er noch nie zuvor gesehen hatte. Zögernd und furchtsam stieg er eine Steintreppe hinunter, die in die Tiefe führte, und kam in einen langen, rechteckigen Raum in dämmrigem Lichte. In der Mitte lief ein roter Teppich vom Eingang bis zu einer niedrigen Estrade, auf der ein wunderbar reicher goldener Thronsessel, ein richtiger Königssessel wie im Märchen stand.

Darauf stand nun etwas. Es war ein riesiges Gebilde, das fast bis an die Decke reichte. Zuerst meinte ich, es sei ein hoher Baumstamm ... Das Gebilde aber war von merkwürdiger Beschaffenheit: es bestand aus Haut und lebendigem Fleisch, und obendrauf war eine Art rundkegelförmigen Kopfes ohne Gesicht und ohne Haare; nur ganz oben auf dem Scheitel befand sich ein einziges Auge, das unbewegt nach oben blickte. Im Raum war es relativ hell, obschon es keine Fenster und kein Licht hatte. Es herrschte aber über dem Kopf eine gewisse Helligkeit. Das Ding bewegte sich nicht, jedoch hatte ich das Gefühl, als ob es jeden Augenblick wurmartig von seinem Throne herunterkommen und auf mich zu kriechen könnte. Vor Angst war ich wie gelähmt. In diesem unerträglichen Augenblick hörte ich plötzlich meiner Mutter Stimme wie von aussen und oben, welche rief: »Ja, schau ihn dir nur an. Das ist der Menschenfresser!«

Der Knabe Carl Gustav bekam einen Höllenschrecken und erwachte, schwitzend vor Angst. Der Traum beschäftigte ihn Jahre hindurch. Erst viel später entdeckte Jung, dass das Gebilde ein Phallus und erst nach Jahrzehnten, dass es ein ritueller Phallus war. »Der Phallus dieses Traums scheint auf alle Fälle ein unterirdischer und nicht zu erwähnender Gott zu sein. Als solcher ist er mir durch meine ganze Jugend geblieben und hat jeweils angeklungen, wenn vom Herrn Jesus Christus etwas zu emphatisch die Rede war. Der ›hêr Jesus‹ ist mir nie ganz wirklich, nie ganz akzeptabel, nie ganz liebenswert geworden, denn immer wieder dachte ich an seinen unterirdischen Gegenspieler als an eine von mir nicht gesuchte, schreckliche Offenbarung« (19). Durch diesen Traum wurde er in die Geheimnisse der Erde eingeweiht, es war eine Art Initiation in das Reich des Dunkeln. »Damals hat mein geistiges Leben seinen unbewussten Anfang genommen« (21).

Die ganze Spannung eines konfliktbeladenen und einsamen religiösen Weges deutet sich in dieser Exposition des persönlichen Mythos an. Jung litt als Pfarrerssohn daran, dass er seinen Vater an einer Theologie zerbrechen sah, die ihm keinen Halt zu geben vermochte, weil sie — wie Jung meinte — nicht mit Erfahrung gesättigt und auf jene dunkle Tiefe bezogen war, die ihm selber in seinem Initialtraum so wuchtig und unverständlich entgegengetreten war und die er nach und nach gestalten lernte, zuerst spielerisch-figürlich, später in seinen Schriften und Überlegungen. In einem Brief an einen protestantischen Theologen schreibt Jung: »Die Tragik meiner Jugend war, dass ich meinen Vater sozusagen vor meinen Augen am Problem seines Glaubens zerbrechen und eines frühen Todes sterben sah. Das war das objektive Ereignis, das mir für die Bedeutung der Religion die Augen öffnete«.[5] Soviel stand für ihn fest, »dass keiner der mir bekannten Theologen ›das Licht, das in der Finsternis schien‹, mit eigenen Augen gesehen hatte, sonst hätten sie keine ›theologische Religion‹ lehren können. Mit der ›theologischen Religion‹ konnte ich nichts anfangen; denn sie entsprach nicht meinem Gotteserlebnis. Ohne Hoffnung auf Wissen forderte sie auf zu glauben. Das hatte mein Vater mit grösster Anstrengung versucht und war daran gescheitert ... Als die Erzsünde des Glaubens erschien mir die Tatsache, dass er der Erfahrung vorausgriff« (1963, 99).

Jung fühlte sich einsam; seine ganze Jugend könne unter dem Begriff des Geheimnisses verstanden werden, meinte er. »So war damals schon meine Beziehung zur Welt vorgebildet, wie sie heute ist: auch heute bin ich einsam, weil ich Dinge weiss und andeuten muss, die die andern nicht wissen und meistens auch gar nicht wissen wollen« (47). Wie ein Echo dieser Einsamkeit erscheint der letzte Traum der Erinnerungen. Allein in religiöser Einsamkeit findet Jung Gemeinschaft mit seinem Selbst, in dem ihm Menschheit und Gottheit begegnen (326):

In jenem ... Traum befand ich mich auf der Wanderschaft. Auf einer kleinen Strasse ging ich durch eine hügelige Landschaft, die Sonne schien und ich hatte einen weiten Ausblick ringsum. Da kam ich an eine kleine Wegkapelle. Die Tür war angelehnt und ich ging hinein. Zu meinem Erstaunen befand sich auf dem Altar kein Muttergottesbild und auch kein Crucifix sondern nur ein Arrangement aus herrlichen Blumen. Dann aber sah ich, dass vor dem Alter auf dem Boden, mir zugewandt, ein Yogin sass — im Lotus-Sitz und in tiefer Versenkung. Als ich ihn näher anschaute, erkannte ich, dass er mein Gesicht hatte. Ich erschrak zutiefst und erwachte an dem Gedanken: Ach so, das ist der, der mich meditiert. Er hat einen Traum, und das bin ich. Ich wusste, dass wenn er erwacht, ich nicht mehr sein werde.

Jung versteht den Traum — er hatte ihn 1944 nach einer Krankheit geträumt — als ein Gleichnis. Sein Selbst begebe sich in die Versenkung und meditiere seine irdische Gestalt, ja nehme irdische Gestalt an, um in die dreidimensionale Welt zu kommen, »wie wenn sich jemand in einen Taucheranzug kleidet, um ins Meer zu tauchen« (326). Das Selbst begibt sich der jenseitigen Existenz in einer religiösen Einstellung, in irdischer Gestalt kann es die Erfahrungen der dreidimensionalen Wirklichkeit machen und sich durch grössere Bewusstheit um ein weiteres Stück verwirklichen. Damit wird die gewöhnliche Einstellung umgekehrt. Unsere Basis ist meist das Ichbewusstsein, ein im »Ichpunkt zentriertes Lichtfeld, das unsere Welt darstellt. Von hier aus schauen wir eine rätselvolle Dunkelwelt an und wissen nicht, wieweit ihre schattenhaften Spuren von unserem Bewusstsein verursacht werden, oder wieweit sie eigene Realität besitzen« (327). Die Tendenz des Traums geht dahin, dieses Verhältnis von Ichbewusstsein und Unbewusstem geradezu umzukehren und das Unbewusste als Erzeuger der empirischen Person darzustellen. Die Gestalt des Yogin verkörpere gewisserweise die »pränatale Ganzheit«. Diese unbewusste Ganzheit ist der eigentliche »spiritus rector alles biologischen und psychischen Geschehens. Sie strebt nach totaler Verwirklichung, also totaler Bewusstwerdung im Fall des Menschen. Bewusstwerdung ist Kultur im weitesten Sinne und Selbsterkenntnis daher Essenz und Herz dieses Vorgangs. Der Osten misst dem Selbst unzweifelhaft ›göttliche‹ Bedeutung bei, und nach alter christlicher Anschauung ist Selbsterkenntnis der Weg zur cognitio Dei« (327).

Traum, Selbstauslegung und Mythos

Ich frage zum Schluss wiederum nach dem Gewinn der Analyse für eine Hermeneutik des religiösen Traums und des religiösen Selbst.

Zum einen ist deutlich: Jung hat die Traumforschung und die therapeutische Nutzung des Traums um wichtige Aspekte erweitert, indem er — um Beispiele zu nennen — die finale Bedeutung des Traums in den Vordergrund rückte, den manifesten Gehalt des Traumes in seiner Bedeutung erkannte, neben der wunscherfüllenden weitere Funktionen des Traums beschrieb, die Aufgabe der Träume in einem weiten Entwicklungszusammenhang deutlich machte, vorsichtig eine Differenzierung von Subjekt- und Objektstufe in die Traumdeutung einführte und die Bedeutung kultureller Traditionen für den Inhalt des Traums betonte. Der Hermeneutik des Zweifels setzte er eine Hermeneutik des Glaubens entgegen. Den Phänomenen ist ihr Recht zu lassen. Die Wirklichkeit ist nicht trügerischer Schein, hinter den es zuerst zurückzufragen, den es grundsätzlich zu bezweifeln gilt. Die Wirklichkeit ist vertrauenswürdig, auch die Traumoberfläche ist ein sicherer Boden psychologischer Darstellungen. Die freudsche Hermeneutik des Zweifels sieht im Manifesten also die Verhüllung und Maskierung des Latenten und betreibt Interpretation als Illusionsabbau; die jungsche Hermeneutik des Glaubens sieht im Manifesten die Enthüllung und Offenbarung des Latenten und betrachtet Interpretation als Bereicherung.

Diese Entdeckungen sind wichtig auch für die Hermeneutik religiöser Träume. Religiöse Träume besitzen für Jung eine besondere Bedeutung. Sie bilden — gerade mit ihrem numinosen Gehalt — oft entscheidende Wendepunkte im Prozess der Individuation, an denen das Selbst sich integrativ durchsetzt. Jung versteht Träume und insbesondere religiöse Träume also stärker als Freud in ihrem Eigenwert als Medien der (religiösen) Selbstauslegung.

Damit verbunden ist eine psychologische Rekonstruktion des Begriffs religiöser Erfahrung. Religiöse Erfahrung vermittelt den Anschluss an die universalen archetypischen Tiefenstrukturen der individuellen Psyche, deren zentraler organisierender Archetyp — das Selbst- und Gottesbild — Jung mit psychologischen Mitteln beschreiben zu können meinte. Religiöse Erfahrung ist als Phänomen deshalb ebenso ernst zu nehmen wie andere Formen der Erfahrung. Sie muss nicht dechiffriert und auf ein darunterliegendes Fremdes bezogen werden, das das eigentlich psychisch Wirksame wäre. Sie ist in ihrem phänomenalen und psychischen Eigenwert zu achten und in ihrer Funktion für die Individuation zu würdigen.

Ganzheit ist Ziel der Individuation, die ihrerseits ein Prozess der Zentrierung und Differenzierung ist, in dem Polaritäten ausbalanciert werden. Religiöse Bedeutung wird also primär in ihrer Funktion für innerpsychische Zusammenhängen bestimmt. Diese Sicht beeinflusst auch die Theorie der Religion. Jung verbindet Religion mit Vorstellungen der psychischen Zentrierung, Differenzierung, Balance und Ganzheit. Religion hat — unabhängig von der Frage nach ihrem transzendenten Gegenstand — ihre entscheidende Funktion im Prozess der Individuation und Ganzwerdung des einzelnen.

Dieser Prozess ist nach Jung gesteuert durch das umfassende Selbst, das über mehr Einsicht verfügt als das bewusste Ich und numinose Qualität besitzt. So besteht Selbstauslegung wesentlich darin, einen autonomen psychischen Prozess zu anerkennen und im Bewusstsein nachzuvollziehen. Selbstauslegung ist an der Teleologie des Selbst auszurichten, das zielgerichtet Vervollkommnung der Ganzheit der Persönlichkeit anstrebt. Sie ist im wesentlichen ein innerpsychischer Prozess im Spannungsfeld von bewusstem Ich und umfassendem Selbst, in dem die subjektiven Manifestationen des Unbewussten auf den in der Tiefe der Seele a priori angelegten archetypischen Urgrund zurückbezogen werden. Diesen Vorgang versteht Jung— gerade im Rückblick der »Gedanken, Träume und Erinnerungen« — als einen Prozess der Rekonstruktion eines persönlichen Mythos, in dem Träume als »Urstoff« (1963, 11) der wissenschaftlichen Arbeit eine entscheidende Funktion erfüllten.

Jungs Entwicklung liest sich geschlossener als die Freuds. Sie ist eben im Rückblick — »mythologisch« — rekonstruiert. Jung ist sich der Problematik bewusst und bejaht sie auch: Er schreibt seinen individuellen Mythos. Auch für ihn persönlich gilt, dass Religion, die kritische Auseinandersetzung mit dem etablierten Christentum und die Entwicklung einer persönlichen Religiosität, zum wesentlichen Faktor der Individuation wird. In diesem Prozess der Selbstauslegung wird ein persönlicher Mythos zentral, dessen Motive im Initialtraum angelegt sind. Es ist nicht Hannibal und nicht Moses, die den Bezugspunkt abgeben; es ist auch nicht primär das familiäre Beziehungsdrama. Es ist der Mythos vom rituellen Phallus in der Unterwelt, der Mythos vom dunklen Gegengott in der Tiefe, dessen Geheimnisse Jung zu entschleiern versuchte.

Selbstauslegung bedeutet deshalb in dieser Sicht: zu einem neuen persönlichen Mythos zu kommen, der Antworten auf die ewigen Fragen des Menschseins erlaubt. Dieser Mythos kompensiert die etablierten religiösen Mythen des Christentums und bietet der sich individuierenden Seele einen differenzierteren Nahrungsgrund ihrer Entwicklung als die einseitig bewusstseinsorientierten und fixierten Konfessionalismen. Das Selbst wird im therapeutischen Prozess auf diesen archetypischen, mythischen Hintergrund zurückbezogen, der eigentlich projizierte Psychologie, oder doch zumindest von grosser psychologischer Weisheit ist.

Das Selbst gewinnt so selber mythische Qualität. In immer neuen Variationen erweist sich die individuelle Geschichte und auch die Geschichte der Kulturen im schlimmeren Fall als eine Entfremdung von den dynamischen Tendenzen und Strukturen des Selbst, im heilsamen Fall als ihre Wiederholung in der Rückbindung.

Auch bei Jung wird die Bedeutung der kritischen Auseinandersetzung mit dem religiösen Milieu, der kulturellen Tradition des Christentums dabei klar ersichtlich. Im Raum des Pfarrhauses und seiner Nachwirkungen erweist sich gerade die Auseinandersetzung mit religiösen Träumen als ein wichtiger Schritt in der Ablösung vom Vater. Anders als Freud, der seine Pointe in der Kritik des etablierten Christentums fand — und im Geheimen dabei stark aus seinen jüdischen Quellen schöpfte —, konnte Jung diese religiöse Basis nicht psychologisch reduktiv auflösen, ohne den Boden zu zerstören, auf dem er selber gross geworden war. Er konnte sich Freud gerade in der Religionspsychologie nicht anschliessen und musste die Libido anders deuten. Im Raum des Christentums und seiner kulturellen Prägungen musste er eine Basis zur Kritik dieser Religion finden. Er fand sie im Kontrapunkt seines persönlichen Mythos, von dessen Auslegung her er die Erfahrungsferne der väterlichen Theologie kritisieren konnte und zugleich den biographischen Urgrund eines alternativen Zugangs zur Religiosität fand. In seinem eigenen Selbstverständnis verliess er wohl nie ganz den Raum des christlichen Glaubens, so wie er ihn auslegte. Das innere Bild des Vaters wirkte gerade in der Negation eines konfessionell gebundenen Christentums nach. Zugleich fand Jung — darin Freud ähnlich — in seiner psychologischen Auslegung des Glaubens zu einem tieferen Verhältnis zur Religion und in der streng systematischen, geradezu geometrischen Konzeption seiner Religionspsychologie auch zu einer gewissen Nähe zur systematischen Theologie seines Vaters zurück.

4. Existenz, paradoxes Sein und Religion: Medard Boss

Medard Boss vertritt eine dritte Perspektive auf das Träumen und den religiösen Traum, die phänomenologische Sicht.[1] Er begann seine Arbeit auf dem Boden der klassischen analytischen Traumdeutung. Den ersten Einblick in den unübersehbaren Reichtum der Träume seiner Patienten verschaffte Boss Freuds Traumtheorie. Nach und nach häuften sich aber in seiner Praxis die Träume, deren Gehalt sich mit diesem Schlüssel »nicht ohne unerträgliche Gewaltanwendung« (1953, 7) erschliessen lassen wollte. In einer langjährigen Arbeitsgemeinschaft mit Jung und Maeder lernte er auch deren Traumauffassung schätzen, kam aber zu demselben kritischen Fazit, »dass auch sie immer gleich an Stelle des unmittelbar gegebenen Phänomens nur Erklärungen setzten, die die Träume aus etwas Nicht-Traumhaftem, aus etwas hinter den Erscheinungen bloss Angenommenem, gedanklich Erschlossenem abzuleiten versuchten« (7f.). So notwendig diese Traumtheorien als Durchgangsstufen auch waren, Boss drängte sich als Aufgabe auf, »wiederum von allen Traumtheorien und Traumhypothesen abzulassen, um ganz bei den Traumerscheinungen selbst verweilen zu können und nur das zu bedenken, was uns diese von ihnen selbst her kundgeben« (8).

Damit ist der Ausgangspunkt seiner Überlegungen mit aller Deutlichkeit markiert. »Nur nichts hinter den Phänomenen suchen; sie selbst sind die Lehre!«[2] Diese Maxime Goethes berücksichtigt Boss in einer an Husserl und Heidegger orientierten phänomenologisch-daseinsanalytischen Auslegung des Traums. Das führt ihn zu einer radikalen, auf die Wurzeln von Wach- und Traumbewusstsein zurückgehenden Wissenschaftskritik. Anstelle genetischer, struktureller oder funktioneller Erklärungen soll die phänomenologische Wesensschau des Traums treten.

Boss lehnt den metapsychologischen Rahmen Freuds und Jungs ab und will den Traum nicht als mehr oder weniger verhülltes und verhüllendes Resultat verschiedener psychischer Instanzen und auch nicht als Ausdruck archetypischer Strukturen verstehen, sondern als Ausdruck eines für einen Menschen spezifischen »In-der-Welt-Seins«, das es aufgrund von »Sehübungen«, das heisst einer genauen Analyse des manifesten Trauminhalts, zu verstehen und auf die tägliche Wirklichkeit zu beziehen gilt. Die Bedeutung des Traums erschliesst sich im Phänomen des Traums. Es gibt nicht eine latente und eine manifeste Ebene des Traums, es gibt nur eine Grösse: die Seinsweise, die Existenzverfassung eines konkreten Menschen. »Ob ein Mensch wach ist oder ob er träumt, immer trägt sich in den Ereignissen beider Verfassungen ein und dasselbe Dasein aus, stets ist es die Selbigkeit einer menschlichen Existenz, die sich als eine Identität durch das Wachen und Träumen hindurchhält« (1953, 238).

Ein »merkwürdiger Schalentraum«

In seiner grundlegenden Arbeit zur Traumauslegung hebt Boss (1953) die phänomenologische Arbeit an Träumen von alltäglichen Meinungen, bewusstseinspsychologischen und symbolischen Deutungen ab und sucht zu zeigen, wie in der phänomenologischen Wesensschau des Geträumten Anliegen Freuds und Jungs aufgehoben und überwunden sind. Er entwickelt diese Beweisführung anhand eines Beispieltraums, der in einem zentralen Ausschnitt wiedergegeben sei. Am 3. August 1950 berichtet eine zweiunddreissigjährige, psychisch und physisch gesunde Frau, der Boss eine weit überdurchschnittliche Intelligenz, eine grosse natürliche Fähigkeit zur Introspektion und einen unbestechlichen Wahrheitswillen akkreditiert, von einem Traum, in dem sie mit ihrer Familie in ihrem gemütlichen Esszimmer an einem attraktiv gedeckten Tisch in ruhiger Behaglichkeit ein herrliches Essen einnimmt und dies — in Erinnerung an ihren Hochzeitstag — geniesst (86). Sie fährt fort:

Ich schaute meinen Mann und meine Kinder an und fühlte mich ihnen so recht von Herzen zugetan, fühlte mich ihnen allen, besonders aber meinem ältesten Sohn, ganz nahe. Und merkwürdig, während dieser zum Beginn des Traumessens an seinem gewohnten Platze an dem mir gegenüberliegenden Ende des Tisches sass, war er nun plötzlich wie durch Zauberei ganz nahe bei mir, unmittelbar zu meiner rechten Seite. Im Traume selbst aber war es mir gar nicht als merkwürdig aufgefallen, dass er unversehens an einem andern Ort war, ohne dass er selbst oder die andern sich deswegen hätten körperlich rühren müssen; es war ganz selbstverständlich. Ebenso natürlich erschien es mir, dass dann, wie ich so glücklich inmitten meiner Familie sass, plötzlich farbenprächtige Brücken, kräftig leuchtenden Regenbogen vergleichbar, sich in kühnen Schwüngen über den Tisch zwischen mir und meinen Angehörigen ausspannten. Auf diesen Brücken schwebte eine grosse, goldig schimmernde Schale zwischen uns hin und her; am längsten aber verweilte sie jeweilen in der Nähe meines Lieblingssohnes.

Der schöne Eindruck wird im Schlussteil des Traums getrübt durch den Einbruch von Gedanken und Traumbildern, die »Russen« könnten kommen und die Idylle zerstören. Mit grosser Willensanstrengung verscheucht die Frau diese Gedanken.

Boss setzt mit seiner Hauptkritik an Freud und Jung folgendermassen ein. Er wirft den traditionellen Traumtheorien vor, dass sie »die Dinge des Traumes zuerst zu blossen Abbildungen von ›realen‹ Gegenständen abwerten, nur um sie gleich darauf wieder mit um so mannigfaltigeren psychisch-symbolischen Projektionen aus des Traumsubjektes eigenem Unbewussten auszustatten« (115). Freud und Jung stimmten trotz aller Unterschiede darin überein, »dass die ›symbolische‹ Anreicherung der Dinge immer nur von Gnaden einer menschlichen Psyche geschehe« (110). Brücke und Schale im Beispieltraum würden einer positivistischen Weltreduktion gemäss zuerst einmal radikal aus ihrem vollen Dingwesen und aus dem in ihnen versammelten Reichtum an Verweisungszusammenhängen herausgerissen, als nackte Gegenstände aus bestimmten Materialien und mit festgelegtem Zweck verobjektiviert. Zur reinen Tatsächlichkeit würde dann sekundär ein symbolischer Bedeutungsgehalt hinzugesehen, zum Beispiel den des Verbindens und Kommunizieren-Könnens. Für Freud würde der symbolische Gehalt der Brücke und der Schale in einer libidinösen Bedeutung gründen. Der gegenständlichen Eignung der Dinge zum Menschengebrauch entsprechend bekommt die Brücke einen männlichen, die Schale einen weiblichen Bedeutungsgehalt.

Wie zeigt sich die Brücke aber unmittelbar von ihr selbst her, falls wir sie nicht vorerst zu einem blossen Gegenstand skelettieren? Boss erteilt Heidegger das Wort: »Die Brücke schwingt sich ›leicht und kräftig‹ über den Strom. Sie verbindet nicht nur schon vorhandene Ufer. Im Übergang der Brücke treten die Ufer erst als Ufer hervor. Die Brücke lässt sie eigens einander gegenüberliegen. Die andere Seite ist durch die Brücke gegen die eine abgesetzt. Die Ufer ziehen auch nicht als gleichgültige Grenzstreifen des festen Landes den Strom entlang. Die Brücke bringt mit den Ufern jeweils die eine und die andere Weite der rückwärtigen Uferlandschaft an den Strom. Sie bringt Strom und Ufer und Land in die wechselseitige Nachbarschaft. Die Brücke versammelt die Erde als Landschaft um den Strom.« Die Schilderung weiterer Verweisungszusammenhänge zieht sich selber dahin wie ein Strom und endet in folgenden Worten: »Die Brücke überschwingt bald in hohen, bald in flachen Bogen Fluss und Schlucht; ob die Sterblichen das Überschwingende der Brückenbahn in der Acht behalten oder vergessen, dass sie immer schon unterwegs zur letzten Brücke, im Grunde danach trachten, ihr Gewöhnli-

ches und Unheiles zu übersteigen, um sich vor das Heile des Göttlichen zu bringen. Die Brücke sammelt als der überschwingende Übergang vor die Göttlichen. Mag deren Anwesen eigens bedacht und sichtbarlich bedankt sein wie in der Figur des Brückenheiligen, mag es verstellt oder gar weggeschoben bleiben.«[3]
Willig zeigen die Dinge also von sich aus, dass sich alle heute noch gültigen Psychologien nur dadurch in die Not bringen, von Symbolen überhaupt reden zu müssen, weil sie das Wesen der Dinge viel zu dürftig denken. Die Rede von Symbolen erweist sich nach Boss nicht nur als überflüssig, sondern als irreführend.»In einer gedanklich nicht vorgängig destruierten Welt begegnen uns jedoch faktisch sämtliche Dinge inmitten eines je besonderen, tausendfältigen, geschichtlichen Bewandtniszusammenhanges« (114f.).
Auch eine Unterscheidung von Objekt- und Subjektstufe der Deutung lehnt Boss ab. Die Anwesenheit von Dingen und Personen in einem Traum erklärt sich nicht dadurch, dass unbewusste Instanzen auf der Traumbühne ihren Auftritt absolvieren. Das Wesen eines träumenden Menschen ist vielmehr in einer erstaunlichen Weltkonzentration besonders oft und intensiv auf eine einzige, ganz bestimmte Grundstimmung versammelt.»Der versammelten, geschlossenen Grundstimmung entsprechend wird nichts anderes als jene Dinge und Menschen in die jeweiligen Traumwelten eingelassen, deren Wesen und Seinsart, deren Verhaltensweisen genau derjenigen entsprechen, in der sich der Träumer aus seiner Stimmung heraus gerade bewegt. Denn nur in die Bereiche dieser Dingstrukturen und Gebärden, dieser Verhaltungsweisen hinein ist seine Welt offen, der Träumer selbst zur Wahrnehmung erschlossen. Dafür kann dann ein Träumer in diese der konzentrierten Traumstimmung entsprechenden Bereiche von Seinsarten und Verhaltungsweisen hinein um so hellsichtiger werden« (128f.). So spiegeln auch regenbogenfarbene Brücken und die schwebende, goldschimmernde Schale das »so reich gestimmte Existieren eines liebenden Menschen« und vermögen »aus ihrem eigenen vollen Wesensgehalt heraus die der ekstatischen Offenheit der Träumerin entsprechende, Erde und Himmel, Menschliches und Göttliches umspannende Glückswelt in vollkommener Weise zu gebärden« (128).

Traumexistenz und Wachexistenz

Boss vergleicht in seinen grundlegenden Werken (1953, 1975) Traumexistenz und Wachexistenz unter phänomenologischem Blickwinkel und lehnt sich dabei an die Heideggersche Analyse des menschlichen Daseins als »Lichtung« an. Ein Mensch ist immer schon in sich ekstatischer Weltentwurf, Helligkeitsbereich, Aufbruch der Weltoffenheit. Zugleich ist er räumlich, zeitlich, geschichtlich, sterblich, leiblich bestimmt und in diesem Sinne auch begrenzter Offenheitsbereich des Seins.
Träumen und Wachen sind gleich »autochthone Verfassungen oder Zustände einer und derselben menschlichen Existenz« und gehören wesensmässig in einem »je-meinigen und je einzigartigen, sich lebenslänglich durchhaltenden menschlichen Da-sein und Selbst-sein zusammen« (1975, 215). »In der Weise eines weltoffenen Lichtung-Seins existierend ist das Menschenwesen immer schon so bei den sich ihm zeigenden Begebenheiten, dass es sich stets so oder anders — ihren Zuspruch vernehmend — ihnen antwortend zu ihnen verhält« (219). Keine einzige dem wachen Menschen mögliche Beziehung ist im Traum unmöglich. Träumende können wissentlich nachdenken, lügen, Träume deuten, erwachen, künstlerisch gestalten, moralisch bewerten, prophetisch vernehmen, die eigene Sterblichkeit bedenken und eine Beziehung zum Göttlichen erfahren.[4]

Doch gibt es auch Unterschiede zwischen Tag- und Nachtbewusstsein: Wir leben träu-
menderweise nicht in einer freieren, sondern genau besehen in einer unfreieren Form des
Existierens, nämlich gebunden an sinnenhaft-wahrnehmbar Gegenwärtiges, nur sehend,
nicht »einsehend«. Eine träumende Selbstbetrachtung ist selten; sie ist immer vermittelt
durch äusserliche Gegebenheiten. Im Traum werden auch nicht einfach Gedanken in Bilder verwandelt. »Stets sind wir vielmehr von Anfang an auf das Anwesende selbst bezogen, das sich uns jeweils von ›draussen‹, von seinem Ort her zeigt, an dem es sich in
unserem Weltoffenheitsbereich befindet« (230). »Der das Geträumte wiedererinnernde
Erwachende dagegen mag in seinem nachfolgenden Wachzustand umso viel hellsichtiger
sein, dass ihm das sinnenhaft wahrnehmbar Geträumt-Gewesene — auch wenn es während des Träumens nicht mit eigenem Verhalten zu tun hatte — ihn nun als Wachen auf
ungegenständliche Charakterzüge seines eigenen Selbst-Seins verweist, die denen der
Traumgegebenheiten ihrem Wesen nach analog sind« (242).

Eine Auseinandersetzung zwischen Theorien des Traumes ist deshalb ein Ringen um
diese Grundsicht des Menschen. Ein Psychotherapeut, der das Wesen des Menschen im
Sinne Heideggers zu verstehen versucht, wird — so Boss (1953) — von einer vollen
Heilung erst reden, »wenn sich ein bisher kranker Mensch gleichsam als ein Licht aus
der Verborgenheit des Seins zu begreifen vermag, in dessen Schein sich alle Dinge und
Mitmenschen ihrem eigenen Wesen nach entfalten dürfen« (139). So kann das daseinsanalytische Denken für einen Patienten dann hilfreich werden, wenn es nicht blosse intel-
lektuelle Spielerei bleibt, sondern ihn bis in sein Zentrum hinein erhellt, durchdringt und
verwandelt. Träumende können so zur »heilenden Erfahrung der ursprünglichen, sub-
jektlosen Seinszugehörigkeit des Menschen und zu einem neuen und echteren Verhältnis
zum Wesen aller Dinge« (141) geführt werden.

Die Beziehung zum Göttlichen im Traum

Als eine der vielen Daseinsweisen im Träumen und Wachen nennt Boss »die Möglichkeit
eines Existierens im Bezug zu einem Seienden, das wir Götter oder Gott nennen. Diese
religiöse Bezugsmöglichkeit spielt heute beim träumenden Menschen eine um so grössere
Rolle, je mehr sie bei den Wachenden verschüttet ist. Es ist eine überaus häufige Erfahrung unserer analytischen Praxis, in den Träumen von Menschen, die in ihrem bisherigen wachen Leben völlig den irdischen Dingen zugewandt waren, plötzlich einen möglichen Bezug zum Himmel und zu den Himmlischen aufleuchten zu sehen. Solches ereignet sich allein dadurch, dass man diese Menschen einfach sich aussprechen und damit
ganz zu sich selbst kommen lässt, ohne dass von seiten des Analytikers auch nur ein
Wort über Religion geäussert wird« (162).

Ein beruflich erfolgreicher Geschäftsmann aus protestantischer Familie, schon lange betont zynischer Atheist und mit einer starken Triebhaftigkeit ausgestattet, die ihn oft mehrere Frauen pro Tag als Sexualobjekte konsumieren liess, war in seinem zweiundvier-
zigsten Lebensjahr plötzlich impotent geworden. Damit hatte das Leben seinen Sinn für
ihn verloren, und er wurde schwer depressiv. Im sechsten Monat der psychotherapeuti-
schen Behandlung träumte er (Boss 1953, 166):

Ich trete in einen klösterlichen Raum eines weit über dem Fluss liegenden Gebäudes.
Unten im Tal sehe ich ein Elektrizitätswerk oder eine Fabrik, in der die Arbeiter emsig
wie in einem Ameisenhaufen herumwimmeln. Ich unterhalte mich mit einem hohen ka-
tholischen Priester, denke daran, das klösterliche Gebäude, in dem ich mich eben auf-
halte, dem Priester abzukaufen, um ein Weekendhaus daraus zu machen. Doch sehe ich,

dass es zu hoch über dem Flusse liegt. Schliesslich verabschiedet sich der Preister von mir, weil er in die Kirche hinaufsteigen muss, die noch höher oben am Berge liegt, um dort die Messe zu zelebrieren. Während des Abschiedes wird das Gesicht des Priesters mager und runzelig und schrumpft ein. Um so deutlicher sehe ich jetzt seine schönen Messgewänder. Dieser Ornat leuchtet nun in unbeschreiblicher Schönheit auf. Der Priester sagt noch im Weggehen, er werde wiederkommen.

Der Holzpfahl seiner neurotischen Impotenz hatte diesem Mann bereits bedeutet, dass er seinem Dasein noch anderes schuldig sei, als lediglich in seinem animalen, sexuellen Betrieb aufzugehen. Im Traum erschliesst sich ihm bereits in aller Deutlichkeit die »höhere« Region. Er ist schon ziemlich hoch oben über dem Betrieb des Tales. Träumend verzichtet er auf die Verwandlung des Klosters in ein Weekendhaus — Ort sexueller Orgien —, dafür erschliessen sich ihm neue Daseinsmöglichkeiten. »In die Traumwelt dieses Atheisten wird plötzlich ein hoher katholischer Priester hereingelassen. Mit seiner Erscheinung eröffnet sich dem Träumer die religiöse Sphäre. Noch kommt der Träumer freilich nicht recht mit, wird vom Priester zurückgelassen, als dieser sich zur Messe in die Kirche hinaufbegibt. Doch geht ihm mit nicht geringem Entsetzen im Welken des leiblichen Gesichtes des Priesters auf, wie vergänglich das rein animale, leibliche Leben des Menschen ist, wie rasch dessen Zeit abläuft. Zugleich bietet sich ihm in den um so strahlenderen Messgewändern die Welt der seelisch-geistigen Bezüge in ihrer höchsten Gestalt an« (166f.).
Nach Auskunft der Träumenden handelt es sich bei solchen Träumen um Erfahrungen ausgesprochen numinoser Art. Dieses Phänomen darf nicht um seinen Gehalt gebracht werden dadurch, dass man es durch Unterstellung psychischer Archetypen zu erklären versucht. Gönnen wir ihm seine volle Wirklichkeit, so spricht uns eine jede dieser Erfahrungen als ein faktisches »Numen«, »als ein wirklicher Wink des Göttlichen« (172) an. »Halten wir uns also von allen eigenmächtigen Konstruktionen fern, und bleiben wir der ›reinen‹ Tatsächlichkeit dieser Träume offen, dann werden wir in allen ihren Phänomenen« — Boss bezieht sich hier auf eine Reihe von Beispielträumen —, »im Zeus-Stier und im Tongott der Garden-party, in der Artemis des Wolkengebildes, wie im strahlenden Messgewande des katholischen Priesters, im steingehauenen Kreuz mit den Initialen Christi, im indischen Tempel und in dem Gandhi ähnlichen Heiligen, im Kruzifix mit dem diamantenen Fussnagel, wie in dem überirdisch schönen Licht des Domes und in den Engelmüttern eines noch viel früheren Traumes gar nichts anderes als eben diese Gestalten und nur sie sehen. Denn nur dann lassen wir sie so in ihrem eigenen Wesen, in dem sie sich uns von sich aus zeigten, als die unmittelbaren Erscheinungen des Göttlichen sein, wie es sich eben im Lichte der jeweiligen existentiellen Helle der Träumer offenbaren konnte« (172). Gerade so sind diese Träume »eine Mahnung mehr an den modernen Menschen, den geheimnisvollen Hintergrund des Seins aller Dinge nicht immer gleich durch irgendwelche der ihm vertrauteren, der technisch-gegenständlichen Welt entlehnten Begriffe bekannter machen zu wollen, sondern ihn in seiner Unbekanntheit und Unerforschlichkeit zu respektieren und auszuhalten« (173).
Das zeigen eindrücklich Träume vom »paradoxen Etwas«, die eine Frau seit ihrem elften Lebensjahr bis ins reife Alter immer wieder träumte (234):

Es ist dann immer etwas Grosses da, gar nichts sonst als dieses riesengrosse Etwas. Ich nehme es mit einem Sinne wahr, der über die gewöhnlichen Sinne hinausgeht. Ich kann dann dieses riesengrosse Etwas einerseits irgendwo greifen, aber gleichzeitig bin ich mitten in ihm wie es auch in mir. Es ist riesengross und zugleich ist es auch winzig klein, unmessbar klein; und gerade dieses ›Zugleich‹ ist so grossartig. Irgendwelche Angst ist nie dabei. Diese Träume sind mir immer erstaunlich eindrucksvoll erschienen, wobei das Erstaunen mit Ehrfurcht gemischt ist.

Boss will solche Träume als Hinweise darauf verstehen, dass es ein Verstehen der Dinge gibt, das unser alltägliches Wissen übersteigt. In einer Fragekaskade zeichnet sich ab, was Boss meint. Handelt es sich »vielleicht um das Aufblitzen der Einsicht, dass allem, was erscheinen kann, eine gegenständliche Form, ein sinnlich fassbares Mass sowohl wie zugleich etwas zukommt, das — den ›gewöhnlichen‹ Sinnen nicht wahrnehmbar — aller räumlichen Ausdehnung und jeder Gegenständlichkeit spottet? Sprechen diese Träume am Ende gar davon, dass das menschliche Wesen diesem ungegenständlichen, sinnlich nicht fassbaren, aber alles in sich fassenden Etwas so unmittelbar zugehört, dass der Mensch auf eine ganz besondere Weise mitten in ihm ist? Denn sagen nicht alle diese Träumer, sie befänden sich in diesem Etwas keineswegs so ›mitten drin‹, als steckten sie etwa innerhalb eines Hohlraumes, sondern viel eher derart, dass sie unablösbar in ihm und es in ihnen aufgehe? Lässt diese Art des ›Innen-Seins‹ wohl gar eine traumhafte Ahnung von dem den wachen Westlern so fremden Wissen östlicher Weisen zu, die als Ziel menschlichen Daseins die Überwindung des gegenständlichen intentionalen Denkens und die völlige Einswerdung von Ich und Ding sehen gelernt haben?« (235).

Der Traum und seine Auslegung

Die therapeutische Anwendung des phänomenologischen Traumverstehens ist vom Traumverständnis als solchem nach Boss (1975) streng zu unterscheiden. »Das sachgemässe Verstehen des bestimmten Vollzugs menschlichen In-der-Welt-seins, das einer im Augenblick seines Träumens eben austrug, und dessen er sich nach dem Erwachen erinnert, ist eine Sache. Eine ganz andere ist die psychotherapeutische Anwendung des Verstehens des träumend Erfahrenen beim Wieder-Erwachten. Allerdings hat dieses jenes zur Voraussetzung« (41). Trotz dieser Einschränkung besitzen Träume eine grosse therapeutische Bedeutung: Bisher unbekannte Bedeutsamkeiten gehen einem Menschen im Traum oft zum ersten Mal auf. In ihrer massiven, sinnenhaft wahrnehmbaren Gegenwärtigkeit sind Träume gleichsam ein »Wink mit dem Zaunpfahl«. Genaues Hinhören und Sehen auf die in den Traumbildern gegebenen Gegebenheiten, Bezüge und Nuancen ist deshalb auch in der therapeutischen Arbeit wichtig. Traumphänomene sind nicht auszulegen »als blosse Sinnbilder, von deren sinnenhafter Bildlichkeit man nach Art des metaphysischen Denkens zu einem übersinnlichen Sinn, von Anschaulichem zu Unanschaulichem zu transzendieren braucht. Das phänomenologische Auslegen will vielmehr das anschaulich in einem Traum Gegebene in seinem eigenen, vollen Gehalt sehen und sich aneignen« (1953, 137).

Dies sei an einem weiteren Traumbeispiel (Boss 1975, 89) erläutert. Ein vierzigjähriger Mann mit psychischen Problemen träumt:

Ich träumte gestern Nacht, mich hätte um fünf Uhr früh das Kirchengeläute geweckt. Es war der Pfarrer, der so früh die Glocken läutete. Ich ging sogleich zu ihm und sagte ihm alle Schande, dass er mich mit seinem Lärm so vorzeitig weckte. Ich sagte noch, er solle dies in Zukunft gefälligst unterlassen.

Zwei Dinge hebt Boss hervor: Zunächst einmal wird der Träumende wegen des Gewecktwerdens zur Unzeit wütend. Diese Traumerfahrung lässt den Therapeuten seinen wieder ganz erwachten Analysanden in der folgenden Analysestunde fragen, ob er auch wachend von einem Ungehaltensein über ein noch ganz anderes Gewecktwerden wisse? Prompt folgte die Antwort: »Ja, Sie stören mich mit Ihren Analytikerfragen, die mich auf Einsichten in meine Verfassung bringen, die ich gar nicht haben will« (89). Im Traum ging ihn die Bedeutsamkeit des Gewecktwerdens wie sein Widerwille dagegen erst und ausschliesslich von einem relativ peripheren »leiblichen« Gewecktwerden durch das fernherkommende Kirchengeläute eines Pfarrers an. Als Wachender vermag er nun bereits viel weiter zu sehen und zu verstehen. Der spontan geäusserte Widerstand gegen die daseinsanalytische Erhellung kann therapeutisch so abgebaut werden, dass dem Wiedererwachten der Traumbericht vom Zorn gegen den weckenden Pfarrer immer wieder unter die Nase gerieben wird und der Therapeut ihn so seinen grossen Widerstand gegen das therapeutische Gewecktwerden zu besserer Selbsterkenntnis gehörig spüren lässt.

Indessen weckt ihn nicht ein Analytiker, sondern ein Pfarrer. Versteckt sich hinter dem Pfarrer der Analytiker? Boss bezweifelt das Recht einer solchen deutenden Rekonstruktion. Wer ist jener, so fragt er, der den Analytiker in den Traumpfarrer zu verwandeln und ihn hinter diesem zu verstecken vermag, so dass eigens ein Therapeut kommen muss, um diese Vertauschung wieder umzukehren? Lässt man den Pfarrer einer echten phänomenologischen Bedeutungslehre getreu den Pfarrer sein, der er ist, wird man durch eine zusätzliche, therapeutisch wichtige Einsicht belohnt. Der Umstand, dass dieser Mensch träumend gerade nicht vom Analytiker, sondern von einem Pfarrer geweckt wird, führt zur therapeutisch entscheidenden Frage: »Wenn Sie sich den Sachverhalt Ihres Träumens vom Pfarrer noch einmal so recht vergegenwärtigen, vermögen Sie dann nicht im Wachen etwas davon zu spüren, dass Sie auch Ihre Analyse zu einem guten Teil als eine Art pfarrherrlichen Eingriffs empfinden, als Aufforderung zu einem konventionellen Sollen auf Geheiss eines Vertreters der öffentlichen, gesellschaftlichen Moral?« (91). Genau diese Intervention, die nur durch eine sorgfältige phänomenologische Unterscheidung von Bedeutsamkeiten möglich wurde, zeitigte bei diesem Kranken eine entscheidende therapeutische Wirkung, mehr als alles andere, was der Analytiker im Verlauf der Behandlung noch sprach, tat und unterliess.

Therapeutinnen und Therapeuten geben so Anstösse zu Überlegungen, inwiefern die in den Träumen auffindbaren Bezüge, Strukturen, Interaktionsformen und Lebensmöglichkeiten bei Tage besehen nicht auch sonst das »In-der-Welt-Sein« eines Menschen beeinflussen. Sie tun dies etwa mit der Frage: Inwiefern vermögen Sie nun bei Tage bereits weiter zu sehen als in der Nacht? Man hat »gegenüber sämtlichem Traumgeschehen erstens des genauesten zu bedenken, wofür, für welche Gegebenheiten das Existieren eines Träumenden offen, für wessen Anwesen-können es zugänglich ist. Dies gibt uns zugleich zu erkennen, wogegen sich die Offenheit seiner Traumwelt als verschlossen erweist. Zweitens bedarf es einer nicht minder strengen Untersuchung der Art und Weise, wie sich der Träumer jeweils zu dem sich ihm in seiner Traum-Welt-Offenheit Zeigenden verhält und insbesondere der Stimmung, aus welcher heraus er sich gerade so und nicht anders benimmt. Kann beides präzise erfasst werden, ist damit auch schon des Träumers gesamtes Existieren, das ihm im gegebenen Zeitpunkt des Träumens vollziehbar ist, umschrieben und gekennzeichnet. Alles andere ist willkürliche Zutat« (40).

Archetypische Deutungen werden von Boss strikte abgelehnt. Diese sind nach ihm gar nicht nötig, denn sie begraben das Individuelle zugunsten eines hineinprojizierten allgemeinen Sinns. Die Ablehnung einer subjektstufigen Deutung des Traums hat ebenfalls ihren therapeutischen Sinn. Die im Traum aufscheinenden Existenzmöglichkeiten sind oft nicht umsonst in einer dem Träumenden fremden Gestalt untergebracht. Sie können als eigene Existenzmöglichkeiten nur eben geahnt werden. Eine vorschnelle Deutung auf der Subjektstufe mobilisiert Abwehr. Die Offenheit des Träumenden für solche Existenzmöglichkeiten muss zuerst sorgfältig gefördert werden, zum Beispiel die Offenheit für den Wunsch, selber wach zu sein und sich nicht als unwillig Geweckter zu verstehen ...

Daseinsanalyse und Selbstauslegung

Boss kennt die Gnade der Geburt einer späten Stunde. Er wird am Busen der beiden grossen Traditionen der Traumdeutung gross und reisst sich dann erst — um so vehementer — los. In seiner Analyse der psychoanalytischen und tiefenpsychologischen Traumdeutung ist er gnadenlos scharf. Das Phänomen, das sie erhellen wollen, verfehlen sie. Indem sie den Traum ins Prokrustesbett falscher Voraussetzungen zwingen, hacken sie ihm sozusagen die Füsse ab und zerstören die Selbstentbergung des Seins im Träumen. Man mag diese Kritik als überspitzt zurückweisen. Für unseren Zusammenhang scheint mir doch erhellend, dass Boss genau erkannt hat, wie die psychologischen Schulen nicht nur zu hermeneutischen Theorien wurden, sondern in der Weiterentwicklung der psychologischen Wissenschaft die Aufgabe der Kultur übernahmen und ihrerseits nun normierend auf die Traumwahrnehmung einzuwirken begannen. Boss übt letztlich Kritik an der analytischen Kritik um der Aufklärung willen und macht deutlich, wie mächtig die psychologischen Theorien und die Position der Analytikerinnen und Analytiker im Geschäft der hermeneutischen Auslegung des Traums mittlerweile geworden waren.

Dem stellt er in entschiedener Akzentverlagerung nun die Enthaltung des Urteils — die ›Epoché‹ — und die phänomenologische Schau gegenüber, die den Traum in seiner Eigenart ins Zentrum einer unvoreingenommenen Betrachtung rücken wollen. Dabei braucht auch Boss eine Heimat, einen theoretischen Hintergrund, der ihm diese Kritik erlaubt. Es ist die Tradition der phänomenologischen Philosophie Husserls und Heideggers, die ihm den Schlüssel zur Traumauslegung und zur Kritik der Psychologie in die Hand gibt. So wie bei Freud die freie Assoziation und bei Jung letztlich die Amplifikation, ist es bei Boss die ›Epoché‹, die neue Bedeutung sichtbar macht, Weltoffenheit und Seinsentbergung ermöglicht. Die phänomenologische Urteilsenthaltung und Wesensschau werden zu methodologischen Grundprinzipien und erlauben den Ausstieg aus den etablierten kulturellen Sprachspielen um den Traum, die psychologische Sprachspiele geworden waren.

An jene Stelle, an die Freud das individuelle Triebschicksal und die kulturelle Tradition, Jung aber die Archaik der Archetypen und den individuellen Mythos der Individuation setzt, rückt Boss im Anschluss an Heidegger eine Seins-Ontologie. Wie kommt es überhaupt zur Synthese der Traumwelt? Welche grundlegenden transzendentalen Fähigkeiten des Menschen zeichnen sich darin ab? Und in welcher Weise verdankt der Mensch diese dem Sein selbst? Dort, wo Freud das Ich vermittelnd am Werk sah, Jung die überlegene und integrative Dynamik des Selbst zu erkennen meinte, entdeckt Boss die transzendentale Einheit des Subjekts, die ontologisch begründet ist. Das Subjekt findet zu sich, indem es seine paradoxe Einheit mit dem Sein selbst erkennt.[5]

Auch Boss kann das hermeneutische Problem letztlich nicht umgehen. Er findet wie Freud und Jung bestimmte Kunstregeln des Umgangs mit dem Traum, die ihn leiten. Diese sind zwar sozusagen spiegelverkehrt zu jenen Regeln formuliert, von denen die beiden klassischen Traditionen der Traumdeutung ausgehen. Und doch regulieren auch sie den Zugang zu den Träumen auf eine bestimmte Weise. Durch die ontologische Verankerung dieses Umgangs mit dem Traum wird die phänomenologische Sicht des Traums ihrerseits wieder verallgemeinert. Boss erhebt mit der Ontologie des Träumens, die er entwirft, letztlich einen genauso geschichts- und kulturübergreifenden Anspruch wie Jung mit seiner Lehre von den Archetypen. Trotzdem bleibt sein Ansatz konsequent auf das Phänomen des einzelnen Traums und auf den einzigartig Träumenden ausgerichtet.

Darin spiegelt sich auch ein verändertes gesellschaftliches Umfeld. Das Zürich der Nachkriegsjahre war nicht mehr im selben Masse kulturell homogen wie das Wien der Jahrhundertwende oder das Zürich der zwanziger und dreissiger Jahre. Der Einfluss der etablierten christlichen Tradition begann sich abzuschwächen. Der Pluralimus unterschiedlicher Wertorientierungen wurde deutlicher, die Notwendigkeit einer auf das Besondere und das Einzelne eingehenden Auslegung von Erfahrung drängte sich mehr und mehr auf.[6]

Mich beeindrucken die Sorgfalt, mit der Boss auf den Traum als Phänomen schauen lehrt, und seine Achtung vor dem Einzelnen und dem Besonderen, das sich nicht in allgemeinen Aussagen aufrechnen lässt. Boss hat damit neue Dimensionen einer differenzierten Sicht auch des religiösen Traums eröffnet. Er will zwar der Intention nach nicht in erster Linie therapeutisch verstanden sein.[7] Trotzdem kann der phänomenologische Ansatz auch therapeutisch wichtig werden. Gerade die Berücksichtigung des Besonderen bringt die Selbst- und Daseinserkenntnis eines einzelnen entscheidend vorwärts. So hat Boss wesentliche Vorarbeiten zu einer Hermeneutik geleistet, der es nicht um die Einheit der Deutung, sondern um die Vielfalt der Bedeutungen, um das Spezielle, ganz Besondere und nicht verrechenbare Individuelle geht. Er will die Träume gegen die deutende Vereinnahmung in Schutz nehmen und versucht, jeden Traum sozusagen als Sprachspiel für sich zu verstehen, das den Streit um die Wirklichkeit immer neu entfacht und aus sich je eine eigene Logik der Welterschliessung entlassen kann.

5. Religiöse Bedeutung im Hexalog: ein hermeneutisches Modell

Was bedeutet ein Traum? Er kann vieles bedeuten. Was bedeutet er aber wirklich? Wir haben drei einflussreiche Positionen in der Geschichte der Traumdeutung kennengelernt. Welche Antworten sind nun möglich auf jene Fragen, von denen wir ursprünglich ausgegangen sind? Gehen wir nochmals von einem Traum und seiner Deutung aus. Ein zweiunddreissigjähriger Mann träumt:

Ich steige vom Kirchturm einer Kleinstadt herab und betrete den Marktplatz, auf dem ein reges Leben und Treiben herrscht.

Pongratz (1990, 284ff.) verdeutlicht an diesem Traum die drei Zugänge zum religiösen Traum, die wir kennengelernt haben.»Nach Freud hätte uns der Turm als phallisches, der Marktplatz als ein weibliches Symbol zu gelten. Hier wünscht sich offenbar ein phallisch Isolierter die Beziehung zur Frau. Der Traum ist eine Wuscherfüllung, die sich der tieferen Analyse als Erfüllung eines Inzestwunsches enthüllt. Der Realisierung dieses Wunsches steht der Kirchturm entgegen, als ein Repräsentant der Lebens- und Leibfeindlichkeit. Mit dem Kirchturm identifiziert unser Träumer seinen Vater, der ein lebensfremder Kirchgänger gewesen, der sich in freudlosem Asketentum dem Anruf des Lebens entzogen hat. So fördert das Ansetzen des Freudschen Verstehensmodells eine spezielle Seite der Problematik dieses Mannes zutage: seine infantile Gebundenheit und sexuelle Unfreiheit. Er steht in einem Konflikt zwischen Trieb und Abwehr, Sexualität und Moralität, Es und Überich« (285).

»Andere Wesensseiten zeigt uns der Traum — so meint Pongratz —, wenn wir ihn in das Licht der Jungschen Traumlehre rücken. Dann dürfen wir den Kirchturm verstehen als Symbol der überindividuellen Ekklesia (Versammlung, Gemeinde), der katholischen (allgemeinen) Kirche, die den Anspruch der Herrschaft über die Herzen und Gewissen ihrer Kinder erhebt (Einfall des Träumers). Der Marktplatz kann in diesem Fall als Mandala gefasst werden, als archetypisches Sinnbild des Selbst. Kirchturm und Marktplatz stehen aber auch für Gott und Welt, ›Mutter Kirche‹ und ›Frau Welt‹, Geist und Natur, Jenseits und Diesseits. Der Traum hat hier deutlich eine kompensatorische Funktion. Er zeigt, was der Träumer noch nicht kann und nicht verwirklicht: die Befreiung seines Gewissens aus kollektiver Gebundenheit, die Loslösung von der beherrschenden Macht des Mütterlichen. Der Archetypus der Mutter und der des Selbst stehen sich feindlich entgegen. In anderer Sicht wird uns ein Konflikt gezeigt, dessen Krone gleichsam in den Raum religiöser Geistigkeit hinaufragt, und dessen Wurzeln sich tief in die Erde verzweigen« (285f.).

»Boss würde das Augenmerk auf die Traumgegenstände richten und in phänomenologischer Erhellung den vollen Dinggehalt des Kirchturms und des Marktplatzes herausarbeiten, etwa so: Weithin sichtbar ragt der Turm über die Häuser und den Marktplatz empor. Einem steinernen Finger gleich weist er nach oben zum Himmel, dem Sitz Gottes. Wer auf ihm steht, ist dem irdischen Treiben entrückt, klein erscheint ihm das Gewimmel des Marktes. Kaum eine andere Traumgestalt vermöchte deutlicher den Daseinsmodus der Lebensferne und des isolierten Geistes zu bezeugen als der Traum. Aber offenbar ist dieser Mann in diesem abständigen Weltbezug nicht mehr verfestigt. Die Zuwendung zum Leben erscheint ihm bereits als eine neue Möglichkeit der Daseinsverwirklichung. Denn der Marktplatz zeigt sich der phänomenologischen Besinnung als der Mittelpunkt städtischen Lebens. Er ist umsäumt von einladenden Gaststätten und den ersten Geschäften des Ortes mit ihren lockenden Schaufenstern. Seine Zierde aber ist das Rathaus, der Sitz der weltlichen Amtsgewalten. Mehrmals die Woche bieten die Bauern der Umgebung auf dem Marktplatz die frischen Erzeugnisse des Bodens an. Sonntags füllt ihn die bunte Schar der Mädchen und Burschen, — erotischer Lebensschwung hat sie hierher geführt. Der Marktplatz im Traum tut somit treffend kund, was unser Träumer versäumt, als er in der geistigen Höhe des Kirchturms weilte. Von ihr steigt er nun herab, um den Marktplatz zu betreten. Eine neue Möglichkeit menschlichen Daseins, eine bisher ungelebte Seite, über die er sich erhaben dünkte, beginnt sich in ihm zu regen. Seine Existenz wird um die Dimension der Horizontale bereichert, der Breite und Weite, der Leiblichkeit des pulsierenden Lebens, der Materialität als des Gegenpoles welt- und lebensferner Spiritualität. So weist der Traum im ganzen die Möglichkeit und den Beginn einer neuen Weise des Existierens aus; eine bisher unbekannte Region menschlichen In-der-Welt-Seins lichtet sich für unseren Träumer. Das Herabsteigen stellt sich in diesem Betracht dar als eine Ausweitung der Persinganzheit und damit im psychologischen Sinne als steigender Bewegungsduktus« (284f.).

Pongratz' Deutung[1] zeigt prägnant das theoretische und praktisch-therapeutische Problem, vor das wir nun gestellt sind: Psychotherapeutische Modelle sind immer auch hermeneutische Modelle, durch Regeln geleitete Wege der Auslegung und Bedeutungsbildung. Sie rekonstruieren die Bedeutung des Traums je in eine andere Richtung. Sie lassen je wieder eine andere wichtige Lebensthematik des Träumenden aufscheinen. Sie müssen sich gegenseitig nicht ausschliessen, meint Pongratz. Die verschiedenen Perspektiven können sich vielmehr ergänzen. So geht es in menschlicher Entwicklung um den genitalen Charakter (Freud), um die animalisch-irdische Existenz, aber eben auch um die geistig-religiöse, »um die Selbstwerdung, die gegensatzführende Einheit von Natur und Geist, Erde und Himmel, Gott und Mensch — um echte Menschwerdung« (286).

Perspektivisch verstehen lernen?

Das Traumbeispiel und seine Interpretation zeigt deutlich: Es gibt keine feste Bedeutung eines Traums, keine standpunktunabhängige Interpretation von Träumen. Ein und derselbe Traum kann sehr unterschiedliche Bedeutung annehmen. In der Trauminterpretation, in der Aneignung dieser fremden und bekannten, nahen und fernen »Welt« spiegeln sich die unterschiedlichsten theoretischen Annahmen und praktischen Interessen.

Im Nebeneinander der Deutungen und Bedeutungen zeigt sich das Problem, das alle folgenden Theorien des Traums und die heutige Auseinandersetzung mit Träumen bestimmt: der zunehmende Pluralismus der Schulen und schulebildenden Meinungen und Perspektiven zum Traum, zu den religiösen Träumen und letztlich auch zur religiösen Erfahrung. Man sieht auch hier jenen Prozess der gesellschaftlichen Differenzierung am Werk, der sich in den verschiedensten Lebensbereichen als Pluralismus von Perspektiven und Sinnorientierungen niederschlägt. Die psychoanalytische Bewegung begann sich bald nach ihren Anfängen in Schulen aufzuspalten. Die Schulen institutionalisierten sich, entwickelten ihre Sprachspiele, gaben sie weiter, differenzierten sich in sich selber. Das Nebeneinander unterschiedlicher Ansätze provoziert in der Folge dieser Entwicklungen die Frage, inwiefern theoretisch und praktisch-therapeutisch eine Integration der verschiedenen Modelle möglich ist: Sind diese Modelle als Perspektiven zu gebrauchen, um an das Phänomen des Traums und des Religiösen heranzukommen? Oder: Lassen sich die Modelle in einem übergeordneten theoretischen Konzept zusammenfassen?

Bevor ich mich diesen Fragen zuwende, ist aber auch festzuhalten, was die verschiedenen Ansätze trotz der Differenzen verbindet. Alle, die sich mit der psychologischen

Bedeutung der Träume theoretisch befassen, machen drei identische, wenn auch meist unartikulierte Annahmen: Erstens nehmen sie an, dass Träume eine Bedeutung haben und geordnete, nicht zufällige Ereignisse sind. Zweitens unterstellen sie, Träume seien bedeutungsvoll in dem Sinne, dass ihr Inhalt offen oder verdeckt auf das subjektive Wachleben des Träumenden bezogen ist. Drittens gehen sie davon aus, dass Träume eine bedeutungsvolle, wichtige psychologische Funktion erfüllen und ihren Beitrag zur Lebensbewältigung, zur Anpassung des einzelnen und zur Auseinandersetzung mit der Mitwelt leisten.[2] Es ist keineswegs selbstverständlich, von diesen Annahmen auszugehen. Sie bilden vielmehr so etwas wie Axiome, die jede psychologisch bedeutungsvolle Traumdeutung, also auch die Deutung religiöser Träume voraussetzt.[3]

Die Deutung des Religiösen unterscheidet sich bei Freud, Jung und Boss. Es erhält seine Bedeutung in seiner Verflechtung mit der gesamten Psyche. Träume sind wie das Lakmus-Papier der jeweiligen Religionspsychologie, die Dramatisierung der Theorie, ihre Gleichnisse. So wandelt sich je nach theoretischen Voraussetzungen auch die Bedeutung der religiösen Träume. Bei Freud sind sie Camouflage von Wünschen; dem Religiösen kommt auch im Traum kein Eigenwert zu. Für Jung sind sie Ausdruck des autonomen Unbewussten, enthalten bewusstseinskompensatorische Einsichten und bilden archetypische religiöse Strukturen der Psyche nach. Boss versteht sie als eigenständige »Lichtung« im Weltoffenheitsbereich eines Menschen, in der die Unverfügbarkeit des Seins und der Existenz jenseits von Sprache dem Menschen als bedeutsam aufgeht. Bei allen Unterschieden findet sich aber auch Gemeinsames in der Interpretation des oben angeführten Traums und religiöser Träume überhaupt. Der Kirchturm des Beispieltraums erscheint in der Freudschen Interpretation als isolierter Phallus, bei Jung als Symbol des bedrohlichen Archetyps der Mutter, bei Boss als Darstellung der Weltabgeschiedenheit. In allen drei Deutungen steht der Kirchturm für den Mangelcharakter religiöser Existenz. Der Traum, genauer: diese Be-Deutungen des Traums enthalten ein religionskritisches Element. Geschichtlich gewordene Religion erscheint als Einfluss, der die Subjektwerdung behindert. Therapeutische Aufklärung kann aus dieser selbstverschuldeten Abhängigkeit zu einer mündigen Form der Existenz hinführen.

Das Religiöse ist also ein Element der individuellen Entwicklung und wird bezogen auf die übergeordnete Grösse der Selbstwerdung. Es dient als Perspektive dieser Selbstwerdung, ist in erster Linie wichtig im Zusammenhang dieses therapeutischen Prozesses und verfällt der Kritik, dort wo es diesen Prozess behindert oder unterbindet. Bei allen verfällt das Religiöse letztlich der Subjektivierung.

Wie können wir in Kenntnis dieser Axiome und Ähnlichkeiten nun auch mit den theoretischen Unterschieden differenziert umgehen?

Religiöse Bedeutungsbildung im Hexalog

Pongratz bedient sich der Traumtheorien wie eines Schlüsselbundes, der jeweils andere Gemächer in der Architektur des Sinns entschlüsseln hilft. Er zaubert Bedeutungen wie die Kaninchen aus dem Zylinder des Traums. Er suggeriert damit eine vierte Position, die sich des hermeneutischen Prozesses bewusst ist, der sich zwischen Traum und Interpretation abspielt, und die sich dieses Wissen nutzbar macht. Die unterschiedlichen Perspektiven müssen nicht Verwirrung stiften, sie sind auch ein Reichtum. Sie können komplementär, sich ergänzend an einen Traum herangetragen werden. Welcher Wunsch kommt hier zum Ausdruck? Was wird kompensiert? Ist es der Wunsch nach Wiederherstellung der Einheit mit einer noch umfassenderen Muttertheorie, die alle ihre Kinder wieder unter ihre Flügel schart? Ist es der Versuch eines immer umfassenderen Zugriffs auf das Psychische? Ich verstehe Pongratz anders. Die Vielfalt der Traumdeutungsmodelle verheisst nicht nur elegante Zauberkünste der Bedeutung, sondern soll im Interesse eines umfassenden Verständnisses des Menschen, einer differenzierten Psychologie und einer nicht reduktiven therapeutischen Methodik bewahrt werden.[4]

Eines ist offensichtlich: Es ist ein komplexer Vorgang, einen Traum als religiösen Traum zu deuten. Immer wieder geht es darum, das Religiöse unter verschiedenen Gesichtspunkten auszuloten. Die Interpretation religiöser Träume bedeutet hermeneutische Rekonstruktion, Auslegung und Auslegeordnung des Religiösen unter bestimmten Aspekten. Lassen sich einige Grundelemente dieser Rekonstruktion nennen? Beruht die Rekonstruktion von Sinn auf bestimmten Annahmen und Operationen, die für die verschiedenen Modelle der Trauminterpretation je in unterschiedlicher Akzentuierung wichtig sind? Solche Grundelemente wären Eckwerte einer integrierenden Theorie des Traums und würden es zugleich erlauben, die Vielfalt der Deutungen nicht in einer Einheitskonzeption aufzulösen, sondern in einem vielgestaltigen Prozess der Interpretation zu bewahren und weiterzuentwickeln.

Seitz (1988) hat ein integrierendes Modell der Traumbedeutung entwickelt, das Antworten auf die gestellten Fragen erlaubt.[5] Als wesentliche Elemente jeder Trauminterpretation können folgende Dimensionen der Theorie und Praxis der Traumarbeit unterschieden werden: der Traum, der Information liefert, ein Träumer oder eine Träumerin, die an einer Deutung interessiert sind, eine Interpretin oder ein Interpret, die eine Interpretation zur Verfügung stellen, ein Bezugsgegenstand des Traums, an dem Bedeutung aufgewiesen wird, ein Zeichensystem, das die Interpretation strukturiert, und eine Anwendungssituation, in der der Traum konkretisiert wird. Bedeutung entsteht im Schnittbereich dieser Dimensionen, sie ergibt sich in einem Hexalog der Bedeutungsbildung, an dem die sechs genannten »Dialogpartner« beteiligt sind.

Ich übertrage das Modell auf das Problem der religiösen Bedeutungsbildung und setze mit der Darstellung bei einer Art hermeneutischem Dreieck ein, das in einem zweiten Argumentationsgang ins Sechseck des Hexalogs erweitert werden soll. Traumbedeutung entsteht, wenn ein Traum vorliegt, die Träumerin oder der Träumer an diesem Traum und seiner Bedeutung interessiert ist und jemand interpretierend den Prozess der Bedeutungsbildung in Gang setzt. Ich möchte die Elemente dieses Dreiecks einzeln kurz beschreiben und an den Konzeptionen Freuds, Jungs und Boss' illustrieren.

Der Traum als Information:

Das Bedeutungsproblem stellt sich, weil und wenn es überhaupt einen Traum als Niederschlag des Träumens gibt. Der Traum weckt den Wunsch nach Deutung, und an ihn stosse ich auch auf die Deutungsschranke. Dabei ist zu unterscheiden zwischen Traumereignissen, die »objektiv« registriert werden können, und dem subjektiven Traumbereich. Es kann »objektiv« (zum Beispiel in einem »Traumlaboratorium«) festgehalten werden, wann ein Traum auftaucht, auf welche Reize er reagiert, von welchen physiologischen Zuständen er begleitet ist und anderes mehr. Die Frage nach der Traumbedeutung entsteht allerdings meist erst im Zusammenhang der Ereignisse, die in der Traumwelt stattgefunden haben. Diese werden vom Träumenden erinnert und erzählt. Beide Quellen zusammen — so meint Seitz — ergeben die Information des Traumes: Es ist wichtig, was geträumt wurde und dass das Erinnerte wirklich ein Traum ist.

Traumtheorien unterscheiden sich darin, wie sie mit der Information des Traums umgehen. Besonders sorgfältig beachtet Boss den Informationsgehalt des Traums. Die Trauminformation wird mit ihren Verweisungszusammenhängen in sich und im Kontext der Lebenswelt phänomenologisch herausgearbeitet. Boss lehnt es ab, den Informationsgehalt des Traums als Weltoffenheitsbereich abzuwerten und nachträglich mit psychologischen Interpretationen wieder aufzubauen. So werden auch religiöse Verweisungszusammenhänge als ein Bereich der existentiellen Lichtung phänomenologisch zum Nennwert genommen. Religiöse Träume werden auch bei Jung in ihrem Inhalt als symbolische Ereignisse »ästimiert«.[6] Der Traum als Ganzes enthält die metaphorische Bildersicht, die zur kompensatorischen Einsicht werden kann. Zwar müssen Einzelelemente durch Assoziationen der Träumenden oft in ihrem Bedeutungsgehalt erschlossen werden. Doch der Traum erhält seinen Sinn als »Gestalt«, auf der Ebene der Beziehung der einzelnen Elemente zueinander. Freud versteht den Trauminhalt, also auch das Religiöse in den Träumen, als Fassade und Verkleidung von Wünschen. Dem manifesten Inhalt gilt der Verdacht. Und doch enthält er jene Ausgangspunkte für die freie Assoziation, die es ermöglichen, die zugrunde liegenden Traumgedanken und Wünsche zu erschliessen. Das Religiöse ist regelmässig Verhüllung, uneigentlicher Inhalt, Desinformation. Es verhüllt die wahren Wünsche im Hintergrund gar doppelt. Es ist an sich bereits eine Kompromissbildung, Ausdruck einer Illusion und erscheint als solches im Traum, der seinerseits als Informant eher hinterlistig seinen wahren Sinn in Form einer halluzinierten Wunscherfüllung drapiert.

Interpret und Interpretation:
Ihre Aussage enthüllen die Träume den geschulten Interpreten, die sie in den angemessenen psychologischen und religionspsychologischen Zusammenhang stellen und dabei sozusagen zwischen Traum und Träumenden vermitteln. In einer eigentümlichen Spannung vereinigen sich dabei Intuition, die nicht auf eine Formel oder einen klaren Begriff gebracht werden kann, und regelgeleitete, sich an einzelne Traumelemente anschliessende diskursiv-intellektuelle Vorgänge in einer Deutung, die auf das Ganze der Traumbedeutung zielt und doch das Ganze nie vollständig erfassen kann. Die Interpretation befasst sich mit dem Doppelsinn des Traums, mit seiner »intentionalen Struktur, die nicht im Verhältnis von Sinn und Sache besteht, sondern in einer Architektur des Sinns, in einem Verhältnis von Sinn und Sinn, von zweitem und erstem Sinn« (Ricœur 1974 a, 30). Die stärkste Position nimmt der Interpret und seine interpretierende Tätigkeit bei Freud ein. Regelmässig erweist sich die Interpretation — besonders wenn sie Religiöses betrifft — als Ent-Täuschung und Demaskierung. Sie leuchtet die Staffage des manifesten Traums soweit aus, dass ihr geheimer Hintergrund deutlich wird: Die infantilen Wünsche, die sich in religiösen Symbolen und Träumen niederschlagen, und die illusionären Gedanken, die sich vom Tage her des Traums bemächtigen. Kennzeichnend ist die analytisch-diskursive Akzentuierung. Gegen etabliert Religiöses richtet sich der intuitiv kritische Verdacht des Angehörigen einer religiösen Minderheit. Jung versucht, die Position des Interpreten immer wieder zu verunsichern. Gegenüber religiösen Phänomenen wirkt eine intuitive Sympathie, die wiederum auf ihre lebensgeschichtlichen Hintergründe hin befragt werden kann. Analytisch ist der Gang seiner Interpretation insofern, als die religiösen Phänomene auf zugrunde liegende archetypische Strukturen bezogen werden. Boss setzt sich kritisch von der Interpretenrolle ab, die von Freud und Jung definiert wird. Doch kommt auch er nicht umhin, seinerseits in gewisser Form zu interpretieren. Auch die phänomenologische »Epoché«, die Enthaltung vom eigenen Urteil, der geforderte Verzicht auf Interpretation im analytischen Sinn ist eine interpretatorische Regel.

Träumende:
Auch die Träumenden spielen in diesem Prozess der Bedeutungsbildung ihre Rolle: Sie sind nicht nur »Lieferanten« der Träume, die den Interpreten informieren; sie sind Autor oder Autorin ihres Traums, Schriftsteller, Produzentin, Schauspieldirektorin, Schauspie-

ler, Kulissenschieber, Souffleuse und Publikum in einem und interessieren sich nicht zuletzt für die Deutung des Traums.

Seitz betont die Wichtigkeit des Vorgangs der Rezeption des Traums und seiner Deutung. Wie gehen Träumende mit ihrem Traum und der Interpretation des Interpreten um? Seitz unterscheidet schematische und identifikatorische Aspekte bei der Traumrezeption. Dabei scheint die identifikatorische Aneignung eines Traums besonders wichtig: Träumende machen sich spontan oder vermittelt durch die Interpretation Teile des Traums zu eigen, sei es, dass sie sich damit identifizieren, wie sie sich mit religiösen Gehalten der Aussenwelt auch sonst identifizieren, sei es, dass sie sie als Projektionen aus dem eigenen Inneren anerkennen und ins Tagesbewusstsein heimholen. Religiös werden Träume oft gerade deshalb genannt, weil sie besonders intensive identifikatorische Prozesse bei der Aneignung auslösen.

So treffen sich Jung und Boss darin, dass sie betonen, religiöse Träume seien durch eine bestimmte Form der Rezeption charakterisiert. Sie nennen sie das Numinose dieser Erfahrung. Trauminhalte erweisen sich gerade dadurch als religiös, dass sie Menschen erschüttern, aufwühlen, in besonderer Weise angehen und bewegen. Gleichermassen wichtig sind für Jung und Freud die Assoziationen der Träumenden. So meinen beide, Regeln der Interpretation zu kennen, die es ihnen eigentlich erlaubten, den Traum als Text unabhängig von seiner Autorin oder seinem Autoren zu lesen und zu verstehen. Bei Freud verhelfen diese Regeln dazu, den manifest religiösen Inhalt eines Traumes soweit auseinanderzunehmen, dass sein Wunschhintergrund deutlich wird und mit ihm der eigentliche thematische Rahmen, in dem diese Träume anzusiedeln sind. Bei Jung ist es die Matrix der Archetypen, welche es erlaubt, den religiösen Gehalt eines Traumes zu nennen und herauszuarbeiten, ohne dass dabei der Träumende gefragt wird. Freud und Jung sind beide aber der Meinung, dass aus therapeutischen und auch theoretischen Gründen Träumende bei der Interpretation ein gewichtiges Wort mitzusprechen haben. Sie liefern die Assoziationen und sollen die Deutung annehmen.

Traum, Träumerin und Interpretin sind also bei der Deutung religiöser Träume in einem Dreieck der Interpretation aufeinander angewiesen: »Ohne Traum hat der Interpret nichts zu tun; ohne Interpret kann der Traum sein Angebot nicht absetzen; ohne Träumer erlahmt, wenn man so will, die Nachfrage« (Seitz 1988, 17). Dieses Bedeutungsdreieck erfasst aber immer noch nicht alle wichtigen Faktoren. Seitz erweitert dieses »Dreiergespräch« zu einem Hexalog, in dem drei weitere Aspekte in der Bedeutungsbildung eine wichtige Rolle spielen: der Gegenstand, die Situation und das Regelsystem der Interpretation. Religiöse Traumbedeutung entsteht im hermeneutischen Kreis des Sechsergesprächs.

Ich erläutere kurz auch diese Dimensionen des Hexalogs.

Gegenstand:
Die Frage nach dem Traumgegenstand stellt sich nicht einfach als Frage danach, wofür der Traum nun stehe. Sie liesse sich dann kurzschlüssig beantworten: Religiöse Träume stehen für das Religiöse, für die Begegnung mit Transzendenz. Sie eröffnen wie ein Fenster den Blick auf diesen Gegenstand. Dies ist aber zu einfach formuliert. Die dargestellten Positionen machen deutlich, dass dieser religiöse »Gegenstand« nicht einfach im Traum angelegt ist und nur umschrieben, abgetastet oder durch eine Deutung herauskristallisiert werden muss. Vielmehr zeigt sich deutlich, dass sich Träume als religiöse Träume durch die Aktivität des Interpretierenden und die Aufnahme des Träumenden erschliessen. Sie bewegen sich sozusagen durch interpretatorische Aktivität und rezeptorische Sogkraft in die Richtung eines bestimmten Bezugspunktes, der hier eben als Religion und religiöse Erfahrung bezeichnet wird.[7] Religiöse Bedeutung wird im Hexalog an

einem solchen Gegenstand aufgewiesen. Der Bezug auf diesen Gegenstand ist nicht statisch, sondern dynamisch, sich wandelnd und gerade so wirksam.

So ist für Freud die eigentliche Ebene der Traumdeutung erst erreicht, wenn es gelingt, hinter dem manifesten Trauminhalt die latenten Traumgedanken und Wünsche zu erschliessen. Gerade bei religiösen Träumen zeigen sich ganz andere Bezugspunkte auf der manifesten und latenten Ebene. Der latente Gegenstand religiöser Träume sind Beziehungen und infantile Wünsche. Der eigentliche Gegenstand, den die Deutung herauskristallisiert, erweist den vermeintlichen religiösen Inhalt als Illusion. Auch Jung ist bei der Erschliessung des Gegenstandes religiöser Träume nicht eindeutig. Gegenstand religiöser Träume sind zum einen die numinosen Wirkkräfte der archetypischen Strukturen. Religiöse Bedeutung zeigt sich immer wieder auch an der Selbstwerdung des einzelnen, an der Individuation, bei der religiöse Träume eine entscheidende Rolle ausüben. »Gegenstand« dieser Träume, an dem religiöse Bedeutung entwickelt wird, ist letztlich das träumende Subjekt. Boss erschliesst als Gegenstand religiöser Träume eine Sphäre des Daseins, eben das Religiöse, die nicht wieder durch Deutungen und Erklärungen verstellt werden darf, sondern unverstellt zur Wirkung kommen soll. Von einem »Gegenstand« zu sprechen, wäre ein Missgriff. Bezugspunkt der religiösen Träume ist das nicht objektivierbare »paradoxe Etwas«, das in allem ist und in dem alles ist, die abgründige Unergründlichkeit des Seins, die jegliches Phänomen — also auch religiöse Träume — aus sich entlässt.

System:

Traumbedeutung wird in den dargestellten Ansätzen ganz offensichtlich im Zusammenhang mit einem bestimmten psychologischen System entwickelt. Dieses Zeichensystem, das Regeln zur Transformation von Traumelementen in Bedeutung einer bestimmten Form enthält, wird nicht immer an der Oberfläche der Deutungen sichtbar, wirkt aber im Hintergrund um so entscheidender. Es hat intermediären Charakter, wie Seitz formuliert, liegt also zwischen Traum und Interpret oder Interpretin. »Insofern es aus Analysen von Traum-Produkten gewonnen werden kann, hat es analytischen Charakter, insofern es aus Modellvorstellungen konstruiert wird, hat es synthetischen Charakter« (23).

Das ist bei Freud, Jung und Boss gleichermassen deutlich feststellbar. Bei Freud und Jung ist dabei die umstrittene Frage des Verhältnisses von therapeutischer Praxis und Metatheorie angesprochen. Bei beiden setzt die Traumdeutung mit Interpretation in therapeutischer Arbeit ein. Bei beiden verfestigt sich aber das System der Interpretationsregeln soweit, dass es strukturierend auf weitere Traumdeutungen einwirkt. Dabei ist die Bedeutung der Religionstheorie für die Trauminterpretation bei beiden unterschiedlich. Wir fanden bei Freud zwar eine Religionstheorie im Kern bereits in der Traumdeutung angelegt. Im wesentlichen sind seine religionstheoretischen Schriften aber Spätwerke und stehen nur in indirektem Zusammenhang mit der Traumtheorie. Religionspsychologie ist nicht nötig, damit Träume richtig gedeutet werden können. Ganz anders sieht dies Jung. Bei ihm erweist sich die Religionstheorie als ein wichtiger Faktor in der Loslösung von Freud und in der angemessenen Deutung religiöser Träume im Zusammenhang der Individuation. Auch Boss' Nichtsystem hat System und enthält Interpretationsregeln, die er in kritischer Absetzung von den Systemen Freuds und Jungs gewann und die eigenständig wirksam werden.

Situation:

Träume erhalten ihre Bedeutung nicht zuletzt in einer bestimmten Situation. Traumbedeutung ergibt sich auch dadurch, dass die Interpretation in einer bestimmten Situation zu einer veränderten Einsicht und zu einem anderen Handeln führt. Der situative Bezug der

Bedeutungsbildung bezeichnet sozusagen den Übergang des Traums in die Praxis. Bei Boss, Jung und Freud ist dabei je eine andere Lebenspraxis im Blick, wenn es um religiöse Träume geht. Bei Freud wächst diese Praxis aus der Nüchternheit einer erwachsenen, tragischen Haltung, die Infantiles ablegt und das Gute tut, ohne noch transzendente Gründe dafür angeben zu wollen. Jung betont, dass Träume, auch numinose Träume, dem Menschen nicht die Entscheidung eines weiteren Lebens abnehmen. Es könne geradezu gefährlich sein, sich allzusehr an einen numinosen Inhalt zu verlieren. Ethisches Handeln ist das eigentliche Ziel religiöser Erfahrung. Kann sich in der Daseinsanalyse eine neue Form des Existierens erschliessen, in der das Religiöse als eigenständiger Seinsbereich verstanden und akzeptiert wird? so fragt Boss. Die religiöse Thematik eines Traumes kann dazu entscheidende Impulse geben.

Ich fasse zusammen: Es gilt auch für die Interpretation religiöser Träume, was Seitz (1988) im Blick auf eine allgemeine Theorie der Trauminterpretation formuliert, »dass ›Bedeutung‹ eine ausgesprochen dynamische Qualität hat. Traumbedeutung muss grundsätzlich als Resultat einer Interaktion, als Produkt eines Prozesses aufgefasst werden« (14). Bedeutung, auch religiöse Bedeutung, ist keine statische Eigenschaft des Traums, ist aber auch nicht beliebig. Vielmehr kann der Prozess der Bedeutungsbildung nachgezeichnet und können die Regeln dieser Bedeutungsbildung nun ausgesprochen werden. Dabei muss ein dialogisches Modell der Interpretation, das nur Traum und Träumende kennt, ausgeweitet werden zu einem Hexalog, zum hermeneutischen Rundgespräch. Seitz fasst den Prozess der Bedeutungsbildung in einer genetischen Definition zusammen: »Traumbedeutung ist das, was ein Traum dem Träumer an einem Gegenstand zeigt, wenn ihn (d. h. den Traum) ein Interpret in einer bestimmten Situation mit einem Zeichensystem zusammenbringt« (14).

Meine Interpretation wollte zeigen, dass das integrative Modell von Seitz im Zusammenhang der Deutung religiöser Träume auf verschiedene Schulen der Traumdeutung sinnvoll angewendet werden kann. Das Modell als Ganzes trägt metatheoretischen Charakter. Innerhalb des umfassenden Denkmodells setzen Freud, Jung und Boss die Akzente jeweils etwas anders. Bedeutung ist keine Eigenschaft eines Traums. Bedeutung entsteht durch Be-Deutung, durch interpretierendes Bemühen aufgrund bestimmter theoretischer Prämissen. Der Traum als offene Gestalt erlaubt es, dass sich Deutende in die Deutung einbringen. Die Bedeutung, die »gefunden« wird, sagt dabei mindestens soviel über die Theorie des Interpretierenden wie über die Wirklichkeit des Träumenden!

Dimensionen des religiösen Traums

Was charakterisiert denn nun religiöse Träume? Auch religiöse Träume gibt es nicht an sich. Religiös werden Träume durch ihre Be-Deutung. Noch genauer: Religiöse Traumbedeutung ist das, was ein Traum einer Träumenden an einem Gegenstand zeigt, wenn eine Interpretin diesen Traum in einer bestimmten Situation mit einem Regelsystem zusammenbringt. Religiöse Traumbedeutung ist also nicht nur vom Inhalt des Traums her zu bestimmen. Religiös wird ein Traum wegen der verschiedenen Bestimmungsmomente, die in die Interpretation eingehen. Religiös wird ein Traum dank seines Inhalts, dank des Träumenden, der seine Assoziationen und Interessen in die Interpretation einbringt und diese rezipiert, dank des Gegenstandes, der im Traum aufscheint, dank der Interpretation, dank der Situation, in der interpretiert wird, und dank des Zeichensystems, das dabei wirkt. Ein Traum kann zum religiösen Traum bereits dann werden, wenn nur ein Element dieses Hexalogs religiös besetzt ist.

Ich gehe also von einem vieldimensionalen Verständnis des religiösen Traums aus und leite sein Wesen nicht deduktiv von einem bestimmten Begriff von Religion ab, sondern erschliesse es im Sinn des dargestellten hermeneutischen Ansatzes vom Vollzug der Interpretation her. So kann eine Vielzahl von religiösen Manifestationen im Traum nachgezeichnet und müssen das Religiöse im Traum sowie der religiöse Traum nicht vorschnell unter einen Begriff gezwungen werden. Das Religiöse verfliesst dabei allerdings auch nicht ins Unbestimmte. Religiöse Träume sind in ihrer Bedeutung umschreibbar, auch wenn ich diesen Begriff sehr weit fasse.

Die Rede vom religiösen Traum ist also eigentlich eine Konstruktion, eine künstliche Rede. Diesen Traum gibt es gar nicht. Dieser Traum entsteht im Prozess der Interpretation. Er ist eingelagert in die Sprachspiele verschiedener psychologischer Schulen und wird beeinflusst durch die Kommunikation in diesen Schulen. Er ist nichts nur Individuelles. Er wird gerade durch seine Erinnerung und Auslegung zu einem Element der sozialen Kommunikation.

Das Regelsystem, das den Interpretationsvorgang steuert, ist dabei ein besonders wichtiges Verbindungsglied zwischen individueller Traumerfahrung und sozialer Traumbedeutung. Erfahrung und Deutung werden einander ja durch bestimmte Verfahrensregeln der Interpretation zugeordnet. Da wird assoziiert, amplifiziert, ausgelegt und Erfahrung immer neu mit Deutung verknüpft. Solche Regelsysteme sind Theorien, die schulebildend gewirkt haben. Sie enthalten soziale Repräsentationen, Vorstellungen, Gedanken und Wertorientierungen, die von verschiedenen Menschen geteilt werden.[8] Diese Repräsentationen wirken handlungssteuernd, regeln das kommunikative und interpretatorische Handeln in der Traumdeutung. Gerade durch dieses Traumdeutungsmodell, das bei therapeutisch Gleichgesinnten sozial anerkannt ist, werden die Träume in die Gemeinschaft der Interpretierenden zurückgeholt. Es sind nicht mehr religiöse und ritualisierte Deutungen, welche die religiösen Träume in eine Gemeinschaft von Interpretierenden zurückholen. Es sind wissenschaftliche Theorien, die diese Funktion übernehmen.

6. Der religiöse Traum als soziales Phänomen

Wie wurden die klassischen Positionen der Traumdeutung in der Religions- und Pastoralpsychologie aufgenommen? Welche Traditionen und Schulen der Interpretation des religiösen Traums bildeten sich dabei? Welche Elemente des Hexalogs religiöser Bedeutungsbildung werden bei der Auslegung religiöser Traumerfahrung besonders wichtig? Eine systematische Analyse religiöser Träume unterschiedlicher Herkunft soll uns nun einen empirisch breiter abgestützten Zugang zu diesen Fragen ermöglichen. Die »Kernbohrungen« in die Geschichte der Traumhermeneutik, die ich an drei bedeutenden Modellen der Traumdeutung durchzuführen versuchte, möchte ich durch eine breitere Untersuchung jener »Theorieschichten« ergänzen, die sich um die klassischen Positionen abgelagert haben oder in der Geschichte der Traumforschung neu aufgeworfen wurden. Der Horizont weitet sich also. Religiöse Traumerfahrung soll nicht nur als Resultat eines Interpretationsvorgangs im stillen therapeutischen Kämmerchen verstanden werden. Die Traumerfahrung des einzelnen wird, vermittelt durch den Traum selber, vermittelt aber auch durch die hermeneutischen Modelle der Traumdeutung, zur mitteilbaren, sozialen Erfahrung. Individuelle religiöse Traumerfahrung wird in der Fachliteratur verschriftlicht, verlegt, verkauft, verbreitet, gelesen, diskutiert, aufgenommen, weitererzählt und bestritten. Es bilden sich Traditionsreihen von Fragestellungen und Schulen der Interpretation des religiösen Traums. Individuelle religiöse Traumerfahrung wird so zur sozialen, in einem gesellschaftlichen Kontext verwurzelten Erfahrung. Der hermeneutische Zirkel erweitert sich ins Gesellschaftliche.

Als Grundlage dieser Untersuchung dient eine Sekundäranalyse von religiösen Träumen, die literarisch dokumentiert sind. Zum einen wurden Träume aus der allgemein-psychologischen Literatur gesammelt und ausgewertet, die in einem weiten Sinn im Zusammenhang mit dem Thema Religion stehen. Zum anderen wurden religiöse Träume aus religionspsychologischen und pastoralpsychologischen Publikationen analysiert, die sich monographisch mit dem Thema des religiösen Traums auseinandersetzen.

Inhaltsanalyse als soziale Hermeneutik

Inhaltsanalytischen Methoden[1] sind als Forschungsansatz in der Traumpsychologie nach 1970 zunehmend wichtig geworden. Sie gehören seit den bahnbrechenden Arbeiten von Hall/van de Castle (1966) zum klassischen Repertoire der psychologischen Traumforschung. In einer solchen Inhaltsanalyse geht es darum, Trauminhalte aufgrund umschriebener Kategorien zu erfassen und auszuwerten. Quantitative und qualitative Fragestellungen lassen sich so bearbeiten.

Ein Kabinettstück einer solchen Untersuchung legte Fischer (1978) vor. Er verglich inhaltsanalytisch Träume von Patientinnen und Patienten, die bei Analytikerinnen und Analytikern aus der Schule Freuds und Jungs in Behandlung waren. Zumindest am Anfang einer Psychoanalyse unterscheiden sich diese Träume in ihren Szenerien und Motiven. Freudianische Traumserien enthalten mehr triebdynamische und intensiv-affektive Inhalte, mehr sexuelle Phantasien und manifest sexuelle Szenen. Die Traumserien jungianischer Herkunft hingegen enthalten mehr regressive, der Vergangenheit zugewandte sowie auch von der Mythologie her bekannte Motive und Situationen. Sie zeigen zudem mehr und intensiver irrationale, vom Alltagsverständnis und der übrigen Erfahrung des Träumenden weit entfernte Inhalte und Situationen. Fischer vermutet, dass sich diese Unterschiede aus den unterschiedlichen theoretischen Ansätzen ergeben, welche die Wahrnehmung von Analytikern beiderlei Herkunft strukturieren, ihre therapeutischen

Interventionen leiten und die Patientinnen und Patienten bis in ihre Träumereien beeinflussen.

Eine solche Inhaltsanalyse erlaubt es, die hermeneutische Frage ins Soziale zu erweitern. Zusammenhänge zwischen individueller Traumerfahrung, Traumdeutung und sozialen Interpretationsmodellen werden deutlich, die eine monographische Analyse einzelner Träume kaum in den Blick bekommt. Eine Inhaltsanalyse, welche die sozialen Randbedingungen des Träumens systematisch miteinbezieht, schärft also den Blick für die sozialen Dimensionen des individuellen Traums. Inhaltsanalyse wird so zur kritischen Sozialwissenschaft.[2]

Die klassische hermeneutische Perspektive verändert und erweitert sich bei der inhaltsanalytischen Aufschlüsselung von Träumen. Anstelle der deutenden Bearbeitung einzelner Träume im Rahmen einer intimen Begegnung zwischen Klienten und Therapeuten tritt die objektivierende Analyse von Trauminhalten aufgrund umschriebener inhaltsanalytischer Kategorien. Entsprechend wird in den meisten dieser Untersuchungen der manifeste Gehalt des Traums kodiert. Die hermeneutische Fragestellung wird also sozusagen »operationalisiert«, das Vorverständnis in Kategorien verfestigt und interpersonell vergleichbar gemacht. Das führt zu einem Zuwachs an Vergleichbarkeit und Quantifizierbarkeit hermeneutischer Prozesse. Eine solche Analyse macht — trotz des Verlusts an Differenziertheit im Detail — Sinn, ja, sie besitzt kritische Sprengkraft. Sie zeigt die Vielfalt der Phänomene und ihre Grenzen, verhindert vorschnelle Generalisierungen und macht deutlich, dass Traumbedeutung nicht nur ein Resultat innerpsychischer, sondern auch sozialer Kräfte, nicht nur des Unbewussten im einzelnen, sondern des gesellschaftlich unbewusst regulierten Zusammenhangs von Erfahrungen ist. Dieser Forschungsansatz entspricht meinem hermeneutischen Verständnis, das an Rändern, Unterschieden und Bruchstellen von Deutungssystemen interessiert ist.

Der religiöse Traum: Arbeitsdefinition, Quellen, Häufigkeit

Wenn wir religiöse Träume untersuchen wollen, müssen wir allerdings zuerst unser Vorverständnis noch weiter klären. In der Diskussion des Hexalogs der Bedeutungsbildung hat sich gezeigt, dass Träume nicht einfach durch ihren Inhalt zu religiösen Träumen werden. Träume besitzen nicht eine religiöse Bedeutung, sie erhalten sie in einem komplexen Prozess der Interpretation, in dem die verschiedenen Faktoren, die das Modell des Hexalogs unterscheidet, wichtig werden. Dieses Verständnis des religiösen Traums möchte ich mir nun zunutze machen. In der allgemeinpsychologischen und pastoralpsychologischen Literatur unseres Jahrhunderts haben Mitarbeiterinnen und ich zusammen systematisch Träume gesucht, die in diesem weiten Sinn eine religiöse Bedeutung besitzen. Dabei wurden Träume berücksichtigt, die zumindest in einer Deutungsdimension des Hexalogs Bezüge auf Religiöses aufwiesen. Träume mit folgenden Merkmalen wurden also in die Sammlung aufgenommen:

— Träume, in denen Symbole, Riten, Orte und Texte vorkommen, die mit der Tradition des Christentums, einer anderen geschichtlich gewordenen Religion oder einem allgemeinen, neuzeitlichen Begriffs von Religiosität verbunden sind (Faktor Inhalt)

— Träume, die sich durch eine bestimmte Erfahrungsqualität (»numinos«, »erschütternd« etc.) auszeichnen, zu denen religiöse Assoziationen der Träumenden vorliegen oder die im Zusammenhang mit einer religiösen Entwicklungskrise stehen (Faktor Träumende)

— Träume, denen ein Interpret oder eine Interpretin eine religiöse Bedeutung geben (Faktor Interpretation)
— Träume, die durch Tagesereignisse ausgelöst worden sind, die in irgendeiner Weise mit Religion, Christentum, Glaube und Kirche zusammenhängen oder eine Wirkung haben, die als religiös verstanden wird (Faktor Situation)
— Träume, die durch das regulierende Zeichensystem mit einer religionspsychologischen Modellvorstellung verbunden werden (Faktor Regelsystem)
— Träume, die religiöse Bedeutung an einem bestimmten Gegenstand (z. B. einem psychischen, interpersonalen oder gesellschaftlichen Zusammenhang) aufweisen.

Im gesamten haben wir über tausend literarisch dokumentierte Träume bei der Analyse berücksichtigt. 260 religiöse Träume von 142 unterschiedlichen Träumenden, die von 25 Autorinnen und Autoren aufbereitet worden sind, haben wir detailliert inhaltsanalytisch untersucht. Die folgende Zusammenstellung zeigt, welche Publikationen berücksichtigt und wie viele Träume jeweils in die Sammlung aufgenommen wurden. Von einzelnen Autorinnen und Autoren wurde nur eine Zufallsauswahl von Träumen berücksichtigt, um ihnen im gesamten nicht ein allzu grosses Gewicht zu geben (ZA).

Allgemein-psychologische Literatur		Religions- und pastoral-psychologische Literatur	
Boss (1953) (1975)	20	Barz (1981)	18
Faraday (1984) ZA	25	Frenkle (1974)	12
Freud (1900)	15	Froboese-Thiele (1972) ZA	25
Garfield (1988)	8	Gunter (1983)	3
Gendlin (1987)	2	Hall (1979)	10
Jung (1916) (1936ff.)		Hark (1980) (1982)	
(1944) (1963)	17	(1987) ZA	25
Meltzer (1988)	5	Lückel (1981)	2
Sharpe (1984)	5	Morgenthaler (1990)	1
Ullman/Zimmerman (1986)	6	Riess (1987)	12
Williams (1984)	11	Sandford (1966)	24
Wyss (1988)	6	Stollberg (1987)	3
Pongratz (1990)	1	Taylor (1987)	1
		Wittmann (1987)	3
Total	121		139

Wie häufig träumen Menschen eigentlich religiös? Wie häufig deuten sie ihre Träume religiös oder werden sie religiös gedeutet? Es ist gar nicht so einfach, auf diese Frage eine Antwort zu finden. Das Diktum Jungs ist wohlbekannt, er habe jenseits der Lebensmitte noch keinen Menschen gefunden, dessen Grundproblem nicht das religiöse Problem gewesen sei.[3] Entsprechend häufig sollten religiöse Träume in diesem Zusammenhang denn auch sein. Trotzdem wissen wir eigentlich erschreckend wenig über den religiösen Traum, gemessen an dem, was wir wissen könnten. Einen Eindruck vermittelt die allgemein-psychologische Literatur, die nicht von vornherein ein besonderes Interesse an religiösen Träumen leitet. Auf rund 1000 Träume, die wir bei der Analyse berücksichtigten, fallen rund 100 »religiöse« Träume. Rund 10% der berichteten Träume können also als religiöse Träume bezeichnet werden.[4]

Das Resultat zeigt zum einen die Nützlichkeit unserer Definition: Sie vermag innerhalb der verschiedensten Traumformen doch einen bestimmten Bereich von Träumen mit spezifisch »religiöser Bedeutung« zu umschreiben. Religiöse Bedeutung im hier vorgeschlagenen Sinn ist also nicht gleichzusetzen mit Bedeutung überhaupt; sie ist spezifische Bedeutung, wenn auch mit fliessenden, weiten Grenzen. Zugleich wird deutlich, dass der »religiöse Traum« in der allgemein-psychologischen Literatur ein Randphänomen ist. Das Interesse am religiösen Traum ist ein spezifisches Interesse.

Die Daten, die uns zur Verfügung stehen, erlauben allerdings keine präzisen Antworten. In der untersuchten Literatur, auf die wir uns abstützen, begegnen uns ausnahmslos Träume, welche spontan oder im Rahmen einer Therapie erinnert wurden, nicht aber Träume, die systematisch und unter Zuhilfenahme der experimentellen Möglichkeiten der Traumforschung gesammelt wurden. Dies führt — das haben eine Reihe von Untersuchungen nachgewiesen — zu einer Verzerrung der Resultate. In Traumlaboratorien gesammelte Träume sind in ihren Inhalten und in ihrer Struktur viel alltäglicher als jene Träume, an die man sich gelegentlich spontan erinnert. Am häufigsten findet man in systematisch gesammelten Traumreihen geordnete und zusammenhängende Berichte über realistische Situationen, in denen Träumende mit anderen Personen zusammen handeln.[5]

Wir können also zum vornherein annehmen, dass die literarisch festgehaltenen religiösen Träume, auf die wir uns abstützen, in gewisser Weise Ausnahmecharakter tragen: Ihre Inhalte sind wahrscheinlich bizarrer, ihre Emotionalität ist intensiver, ihre Bedeutung für die Träumenden direkter ersichtlich und die Motivation zu einer Auseinandersetzung entsprechend grösser als bei systematisch gesammelten Träumen. Die Erinnerung solcher Träume unterliegt zudem wesentlich grösseren Veränderungen, Umdeutungen und Auslassungen. Wir haben es also bereits in diesem Zusammenhang mit einem Konstrukt zu tun: Was in der Literatur als religiöser Traum erscheint, ist ein Resultat mannigfaltiger Vorgänge der Auswahl und Rekonstruktion. Auch in diesem Sinn wirkt Inhaltsanalyse kritisch: Sie zeigt noch einmal den sozialen Charakter der Traumerfahrung und mahnt uns, das Besondere des religiösen Traumerlebnisses nicht zu schnell mit dem »literarischen« Bild des religiösen Traums zu verwechseln, das durch und durch sozial geprägt ist. Dies wird in der folgenden Analyse der verschiedenen Dimensionen der religiösen Bedeutungsbildung noch offensichtlicher.

Elemente der religiösen Bedeutungsbildung im Hexalog

Welches Gewicht erhalten in der Literatur die verschiedenen Dimensionen der religiösen Bedeutungsbildung? Wie werden die Elemente des Hexalogs zudem inhaltlich gefüllt? Ich suche Antworten auf diese Fragen, indem ich verschiedene Elemente des Hexalogs der Bedeutungsbildung aufgrund der Inhaltsanalyse exemplarisch beschreibe.

Träumende:
Träumer und Träumerin spielen in verschiedener Hinsicht im Prozess der Bedeutungsbildung eine Rolle: Sie träumen, liefern Assoziationen und rezipieren den Traum und

seine Interpretation. Dies alles geschieht in einem bestimmten sozialen und lebensgeschichtlichen Kontext. Die Traumsammlung erlaubt eine Skizze dieses Kontexts.

Von den insgesamt 142 Träumern und Träumerinnen, von denen wir Träume ausgewertet haben, sind 60 Männer und 79 Frauen (drei sind unklar).[6] Von 57 Träumenden wird das Alter vermerkt: 19% sind zwischen einem Jahr und zwanzig Jahren alt, 42% zwischen einundzwanzig und vierzig Jahren, 28% zwischen einundvierzig und sechzig und nur 11% über sechzig Jahre alt. Von nur 32 Träumerinnen und Träumern ist die Konfession angegeben. 28% sind Protestanten, 66% Katholiken; die übrigen gehören einer anderen Konfession oder Religion an. Von 35 Träumenden hören wir etwas über ihr kirchliches Engagement: Von 83% unter ihnen wird ausdrücklich ein kirchliches Engagement, von 17% ausdrücklich ein distanziertes Verhältnis zur Kirche vermerkt.

Von 48 Träumerinnen und Träumern wissen wir auch etwas über ihre berufliche Situation. Sie üben zu fast 30% kirchliche Berufe aus (Pfarrer, Priester, Theologe/Theologin, Katechetin, Gemeindeleiter). Es folgen: Angehörige helfender Berufe (10), Personen in Ausbildung (5), Künstler und Künstlerinnen (4), Lehrende (4), ein Ingenieur, ein Geschäftsmann, ein Doktor der Biologie, eine kaufmännische Angestellte und ein Zollbeamter. Damit ist unter den religiös Träumenden, soweit ihr Beruf angegeben wird, fast ausschliesslich die höhere Mittelschicht und Oberschicht vertreten. Die Mehrzahl der Träumenden hat eine humanistische Bildung. Von vielen Träumenden wird keine Angabe gemacht. Die Resultate lassen sich also nicht einfach verallgemeinern. Ein weiterer Hinweis ist in diesem Zusammenhang aber aufschlussreich. Es fällt auf, dass bei 26 von 57 Träumern der Beruf genannt, von 80 Träumerinnen hingegen nur zwanzigmal eine Berufstätigkeit vermerkt wird. Nur gerade in vier Fällen wird ausdrücklich festgehalten, dass es sich bei einer Träumerin um eine Hausfrau und Mutter handelt. Es ist anzunehmen, dass noch eine ganze Reihe Frauen in dieser Situation stehen. Den Autorinnen und Autoren scheint dies nicht besonders vermerkenswert...[7]

Bei 91 Träumern und Träumerinnen kennen wir den »Sitz im Leben« ihrer Träume: 47% der Träumer und Träumerinnen steuern Träume aus ihrem Alltag bei (informeller Sitz im Leben), 50% der Träumerinnen und Träumer befinden sich in Einzeltherapie, 3% in Gruppen.

Es überrascht deshalb nicht, wie häufig die Lebenssituation der Träumenden konfliktbesetzt ist. Von den 140 Träumerinnen und Träumern werden bei 8674 Konflikte genannt. Besonders häufig sind Konflikte in Ehe und Familie (29%) und allgemeine Entwicklungskrisen (23,5%). Spezifisch religiöse Krisen werden in 21% der Fälle genannt, psychopathologische Entwicklungen in 17% und Berufskrisen in 10% der Fälle.

Wir können annehmen, dass uns diese Zahlen ernst zu nehmende Hinweise auf das soziale Umfeld der Träumenden geben, auch wenn sie im einzelnen unvollständig und interpretationsbedürftig sind. Dieses Umfeld ist keineswegs repräsentativ für die Lebenssituation der Durchschnittsbevölkerung. Es sind mehrheitlich Frauen, von denen Träume berichtet werden; die Träume stammen von Menschen im mittleren Lebensalter; die Träumenden sind tendenziell eher kirchlich interessiert und engagiert; sie entstammen der Mittel- und Oberschicht und sind vorwiegend humanistisch gebildet. In vielen Fällen stehen sie in einer konflikthaften Phase ihrer Biographie. Es kommt in der Literatur zum religiösen Traum also eine ganz bestimmte Gruppe von Menschen zu Wort und ins Bild. Diese Gruppe entspricht in vielem der soziodemographischen Zusammensetzung kirchlicher Subkulturen, besonders kirchlicher Leitungsgremien. Kein einziger der Träume stammt nachweisbar von einem Industriearbeiter, von einer Asylantin oder von einem Stadtstreicher. Kinder und vor allem alte Menschen kommen kaum zu Wort. Der religiöse Traum, wie er in der Literatur erscheint, ist ein bestimmter Traum, der Traum einer weissen, bildungsbürgerlichen, mittelständischen und in der Mitte des Lebens stehenden Gruppe unserer Gesellschaft.

Traum:

Wesentlich für die Rede vom religiösen Traum ist die Tatsache, dass dieser Traum Information enthält, die nicht beliebig ist, sondern in einer bestimmten Weise eine Selektion von Symbolen, Metaphern, Handlungen etc. beinhaltet, an die sich andere Aspekte der »Be-Deutung« anschliessen lassen. Religiöse Inhalte in einem engeren oder weiteren Sinn sind deshalb wichtig für unser Verständnis von religiösen Träumen. Trauminhalte werden im einzelnen in späteren Kapiteln ausführlicher analysiert. Hier interessiert mich ein allgemeiner Aspekt. Wie viele der gesammelten Träume besitzen einen ausdrücklich religiösen Inhalt? Woher stammen die Inhalte? Stammen sie aus der Tradition des Christentums, einer anderen geschichtlich gewordenen Religion oder eines unspezifischen Begriffs von Religiosität? In nur 32 von 260 Träumen besitzt ein Traum, den wir schliesslich als »religiösen Traum« einstuften, einen Inhalt ohne erkennbaren Bezug auf Religiöses in einem weiten Sinn. In den anderen Träumen verteilen sich die religiösen Inhalte — aufgegliedert nach psychologischer Richtung — auf die folgenden Kategorien:

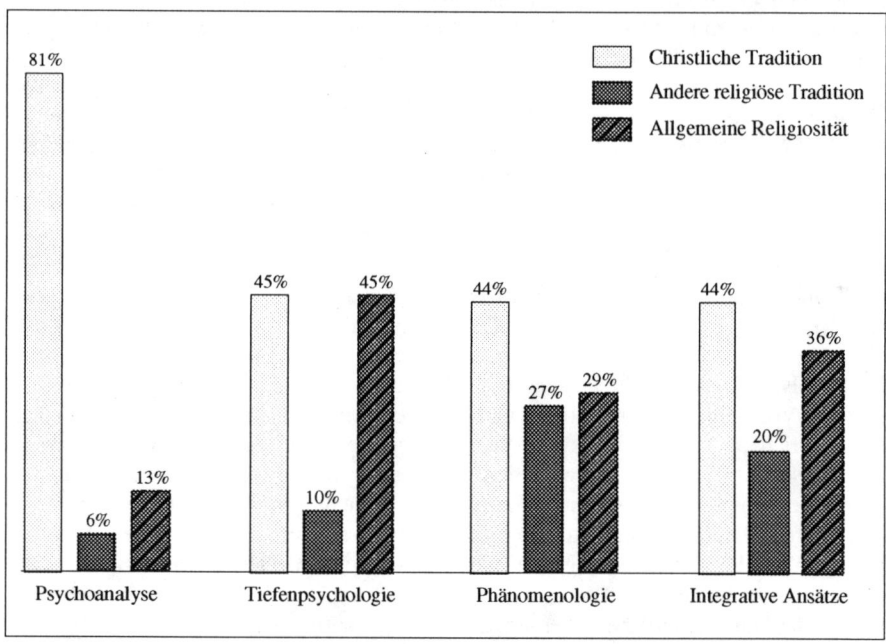

Zum einen zeigt sich, dass der Faktor »Inhalt« für die religiöse Bedeutung eines Traums eine erhebliche, wenn auch nicht ausschliessliche Bedeutung besitzt. Zudem wird deutlich, wie sich die geschichtlich gewordenen religiösen Traditionen, das heisst in unserem Fall vor allem die Traditionen des Christentums in der Symbolik des Traums niederschlagen. Eine Sonderstellung nimmt die tiefenpsychologische Schule ein. Träume aus dieser Tradition enthalten viele Symbole und Inhalte, die nur in einem allgemeinen — im Rahmen der Tiefenpsychologie C. G. Jungs bestimmbaren — Sinn von Religiosität als religiös bezeichnet werden können. In der Traumliteratur, die Jung folgt, scheint ein nichtkonfessioneller, geschichtlichen Religionen gegenüber unspezifischer Begriff des Religiösen am stärksten Fuss gefasst zu haben.

Interpretation:
Träume erschliessen sich im interpretativen Akt. So sind auch die analysierten religiösen Träume nicht loszulösen vom Akt dieser Interpretation. Meist geschieht die Interpretation durch Männer und Frauen mit Expertenstatus, die mit den Träumenden nicht identisch sind. Manchmal erscheint die Interpretation deutlich als Akt der Konsensfindung, manchmal deuten die Träumenden ihren Traum aber auch selber. Das Schwergewicht der Deutungsmacht liegt in der untersuchten Literatur eindeutig bei den Interpretinnen und Interpreten. In 69% der analysierbaren Fälle stammt die Deutung eines Traums von ihnen. In 31% der Fälle stammt die Deutung von den Träumenden selber oder ist von diesen doch klar ersichtlich beeinflusst.[8] Am stärksten an Träumerinnen und Träumern orientiert sind nicht die klassischen Schulen der Traumdeutung, sondern neuere, integrative Konzeptionen der Traumarbeit (Faraday 1984, Garfield 1988, Gendlin 1987, Ullman/Zimmerman 1986, Williams 1984). In der jungianischen Tradition stammen nur 20% der Deutungen von den Träumenden, in den integrativen Konzeptionen sind es hingegen 53%. Was etwa bei Faraday (1984) und Ullman/Zimmerman (1986) programmatisch formuliert ist, zeigt auch das untersuchte Traummaterial. In der Geschichte der Traumdeutung ist mit neueren Modellen der Traumarbeit offenbar eine Art »Individualisierungsschub« zu verzeichnen. Träumenden wird mehr Deutungsmach zugestanden. Und: Träumende nehmen die Deutungsmacht über ihre religiösen Träume mehr und mehr an sich.

Zeichensystem:
Interpreten schweben nicht in der Luft. Ihre Interpretation ist deutlich sichtbar an die jeweilige psychologische und religionspsychologische Schule gebunden, denen sie angehören. Das Zeichensystem — ich verstehe darunter mit Seitz (1988) das Set der die Interpretation regulierenden Regeln — wirkt als strukturierendes Hintergrundselement ihrer Deutungen. In der Deutung wird das Erlebnis des Traums zur sozialen Erfahrung und in Deutungszusammenhänge eingegliedert.

	Psycho-analyse			Tiefen-psychologie			Phäno-menologie			Integrative Ansätze		
	T	A	Tr	T	A	Tr	T	A	Tr	T	A	Tr
Allgemeinpsychologische Literatur	17	3	25	6	1	17	20	2	26	36	6	53
Pastoralpsychologische Literatur	—	—	—	56	8	129	—	—	—	9	5	10
Total	17	3	25	62	9	146	20	2	26	45	11	63

T: Anzahl Träumende, von denen Träume berichtet werden
A: Anzahl Autorinnen/Autoren, die Träume berichten
Tr: Anzahl analysierte Träume

Diese Zusammenstellung zeigt, wie die unterschiedlichen traumpsychologischen Zeichensysteme im untersuchten Material verteilt sind und welche Zeichensysteme in der Religions- und Pastoralpsychologie vor allem aufgenommen worden sind. Gewiss spiegelt sie gewisse Vorentscheide, die ich bei der Auswahl der Literatur getroffen habe. Trotzdem macht die Zusammenstellung einiges klar. Sie zeigt eine überdurchschnittliche Bedeutung des tiefenpsychologischen Zeichensystems in der allgemein-psychologischen und besonders der religions- und pastoralpsychologischen Literatur zum religiösen Traum. Religiöse Bedeutung wird in Träumen also, wenn überhaupt, häufig im Rahmen jener Tradition der Trauminterpretation rekonstruiert, die auf den Pfarrerssohn Jung zurückgeht. Ich möchte diesen Umstand seiner Bedeutung wegen noch detailliert betrachten (s. unten S. 81ff.). Das phänomenologische und psychoanalytische Zeichensystem wirkt in der allgemeinpsychologischen Literatur recht häufig bei der Deutung eines religiösen Traums. Beide Zeichensysteme werden in der religions- und pastoralpsychologischen Literatur zum religiösen Traum aber nicht rezipiert. Ähnliches gilt für ein integratives Regelsystem. Religiöse Traumbedeutung wird also in einem grossen Ausmass durch das tiefenpsychologische Regelsystem produziert.

Gegenstand:
Religiöse Bedeutung wird im Traum an einem bestimmten Gegenstand aufgewiesen. Religiöse Bedeutung wird in religiösen Träumen zum Beispiel an einem religiösen oder an einem nicht-religiösen Gegenstand aufgewiesen. So können wir fragen: Werden religiöse Sinnaussagen im Zusammenhang mit Situationen, Traditionen, Symbolen und Personen gemacht, die auch ausserhalb des Traums als religiös qualifiziert werden? Oder gilt umgekehrt, dass religiöse Sinnaussagen an einem Gegenstand entwickelt werden, der ausserhalb des Traums nicht einen primär religiös besetzten Sinn hat? Wird religiöse Bedeutung also zum Beispiel im Zusammenhang mit psychischen oder sozialen Objekten entwickelt? Auch hier sind einige Aussagen möglich. In 31% aller Fälle wird religiöse Bedeutung in einem Zusammenhang entfaltet, der auch ausserhalb des Traums als religiös zu qualifizieren ist. Ein bestimmtes Verständnis des Glaubens wird also zum Beispiel im Zusammenhang mit bestimmten kirchlichen Verhältnissen oder theologischen Doktrinen verdeutlicht. In 69% aller Fälle wird religiöse Bedeutung hingegen an einem »Gegenstand« entwickelt, der ausserhalb des Traums nicht primär religiös besetzt ist. Religiöse Bedeutung wird im Zusammenhang mit bestimmten psychologischen Konstrukten (z. B. dem Umgang mit dem »Schatten« oder der Sexualität), mit zwischenmenschlichen Beziehungen, institutionellen und gesellschaftlichen Zusammenhängen oder der Natur entwickelt. Auch hier unterscheiden sich die verschiedenen Schulen der Traumdeutung und die verschiedenen Autorinnen und Autoren. Wiederum sind die Unterschiede zwischen der jungianischen Tradition und den integrativen Ansätzen am markantesten. Wird religiöse Bedeutung in der jungianischen Tradition zu 74% im Zusammenhang mit innerpsychischem Geschehen entwickelt, geschieht dies in integrativen Ansätzen nur zu 43%; entwickeln integrative Ansätze religiöse Bedeutung zu 49% im Blick auf Beziehungen, Institutionen, Gesellschaft und Natur, so ist dies in der Tradition Jungs nur zu 20% der Fall. Der Individualisierung des Deutevorgangs in integrativen Ansätzen entspricht also keineswegs eine aufs Individuum konzentrierte Rekonstruktion religiösen Sinns. Diese findet sich eher in den klassischen Schulen der Trauminterpretation.

Konkretion:
Religiöse Bedeutung eines Traums entsteht nicht zuletzt dann, wenn ein Traum in bestimmter Weise auf eine Lebenssituation hin konkretisiert wird. Sie schlägt sich nieder in

veränderter Einsicht und Handlungsbereitschaft. Der Faktor »Konkretion«, der in einem hermeneutischen Modell leicht vergessen geht, ist in den untersuchten Träumen in vielen Fällen zu finden. In ungefähr 30% der Träume wird vermerkt, dass sich religiöse Bedeutung in einer neuen Einsicht niederschlägt, die für den weiteren Lebensweg wichtig ist. In 15% der Fälle wird festgehalten, dass sich infolge der Traumarbeit auch das Verhalten eines Träumers oder einer Träumerin gewandelt hat. Die untersuchte Literatur belegt also eindrücklich, wie religiöse Traumdeutung nicht vom Alltag isoliert umschrieben wird, sondern sich eben gerade in der Konkretion auf diesen Alltag hin bewährt.

Der Hexalog im Spiegel inhaltsanalytischer Empirie:
Wie wichtig sind — empirisch gesehen — zum Schluss die verschiedenen Elemente des Hexalogs für die religiöse Bedeutungsbildung? Auch zu dieser Frage erlaubt die Untersuchung einige Folgerungen.
Zum einen lässt sich zeigen, dass die verschiedenen Dimensionen des Hexalogs in den verschiedenen Schulen der Traumdeutung unterschiedlich wichtig sind. Die folgende Darstellung zeigt noch einmal einen Vergleich der tiefenpsychologischen und der integrativen Ansätze und macht deutlich, in welchem prozentualen Ausmass verschiedene Dimensionen des Hexalogs religiös qualifiziert sind. Bei der Dimension »Gegenstand« wird zudem unterschieden, ob religiöse Bedeutung an einer innerpsychischen oder ausserpsychischen Grösse entwickelt wird.

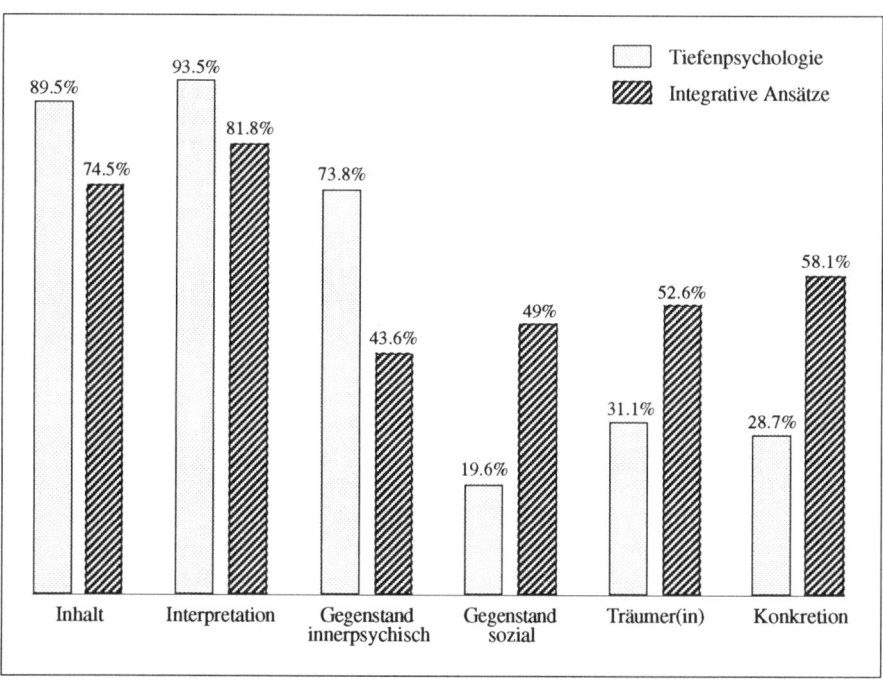

Die Elemente des Hexalogs werden also unterschiedlich gewichtet. Die Darstellung zeigt zudem noch einmal klar die Tendenz zur Individualisierung der Traumdeutung in den integrativen Ansätzen. Diese messen der Situation der Träumenden, ihren Assoziationen, der Art der subjektiven Akzeptanz und der Konkretion der Traumbedeutung in den Alltag erkennbar mehr Gewicht bei.[9]

Wie werden die verschiedenen Elemente des Hexalogs im Gesamt der untersuchten Literatur gewichtet? Die folgende Darstellung vermittelt einen zusammenfassenden Eindruck:

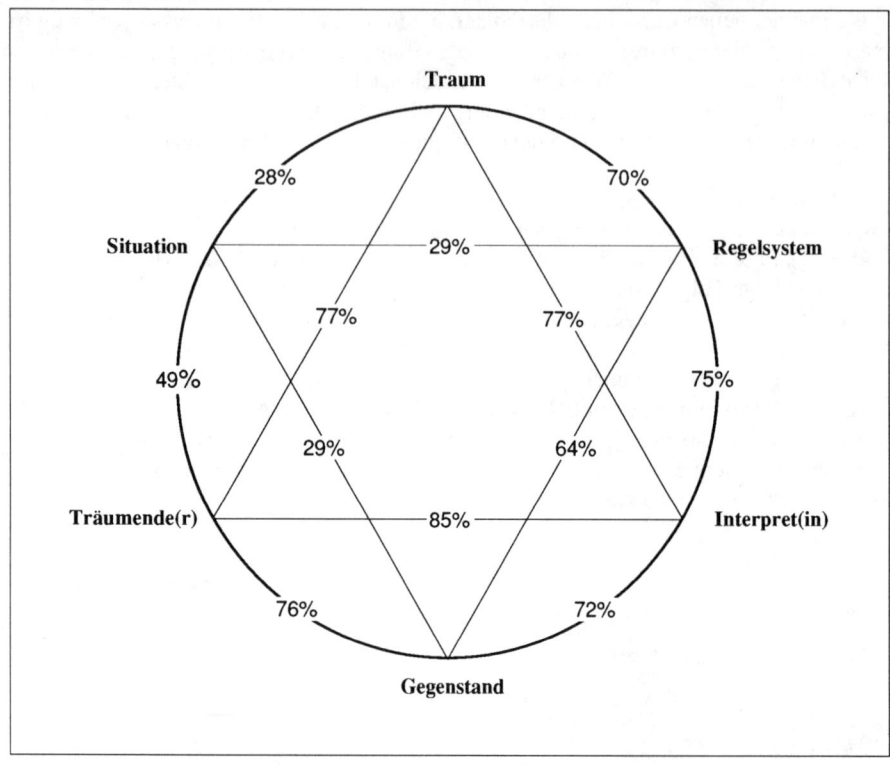

Die Darstellung zeigt, in wie vielen der untersuchten Träumen jeweils erkennbar zwei Faktoren des Hexalogs gemeinsam die religiöse Bedeutung eines Traums bestimmen. Besonders gross sind zum Beispiel die prozentualen Übereinstimmungen innerhalb jenes Dreiecks der Bedeutungsbildung, von dem ich bei der Diskussion des Hexalogs ausgegangen bin. In 77% der Träume sind miteinander religiöse Trauminhalte und religiöse Sinnelemente aus der Situation des Träumenden, in 77% der Fälle religiöse Inhalte und religiöse Deutungen und in 85% der Fälle Interpretationen und religiöse Elemente aus der Situation der Träumenden an der Bedeutungsbildung beteiligt. Die Darstellung zeigt, dass die Faktoren in einer gewissen Reihenfolge für die Bedeutungsbildung wichtig sind, dass aber kein Faktor unbedeutend ist. Das Modell, das Seitz entwickelt hat, scheint sich bei der Analyse religiöser Bedeutungsbildung zu bewähren.

Religiöser Traum und religiöse Erfahrung

Welche Schlussfolgerungen können wir nun ziehen? Ich halte einige Gesichtspunkte fest, die mir besonders wichtig erscheinen:
Eine eindimensionale Antwort auf die Frage nach dem Charakteristischen religiöser Träume ist nicht möglich. Traumerfahrung ist immer ein interpretativer Akt. In die Hermeneutik der Traumdeutung wirken die verschiedenen Dimensionen des Hexalogs als

strukturierende Faktoren. Die inhaltsanalytische Arbeit an religiösen Träumen hat dies bestätigt. Auch religiöse Bedeutung ist ein Resultat eines dynamischen Interpretationsvorgangs, in dem die verschiedenen Elemente des Hexalogs zusammenspielen. Die Akzente sind in verschiedenen psychologischen Schulen der Traumdeutung dabei unterschiedlich gesetzt.

Der Traum ist in diesem Modell nur ein Element der Bedeutungsbildung. Das hat Folgen für unser Verständnis der Hermeneutik des Selbst. Das hermeneutische Modell, das Seitz entwickelt hat und das ich reflexiv und inhaltsanalytisch auf die religiöse Traumbedeutung übertragen habe, bestätigt nochmals die grundlegende Einsicht, auf die wir bereits bei der Darstellung der klassischen Positionen der Traumdeutung gestossen sind: Träume sind ein Element einer Selbstauslegung, in der andere Faktoren ihren bedeutsamen Part spielen. Religiöse Bedeutungsbildung ist immer ein Akt der Selbstauslegung (Faktor Träumende) in einer bestimmten lebensgeschichtlichen Situation. Religiöse Bedeutungsbildung ist immer ein Akt der Interpretation, das heisst ein Akt der Sinnbildung, der den Träumenden meist in einem interpretierenden Du begegnet. Religiöse Bedeutungsbildung ist immer regelgeleitet und damit auch von sozialen Konventionen und Normen gesteuert. Religiöse Bedeutung entwickelt sich häufig an einem für die Träumenden wichtigen psychologischen Zusammenhang. Religiöse Bedeutung wird gerade auch so bedeutsam für das psychologische Selbst-, Fremd- und Weltverständnis. Religiöse Bedeutungsbildung führt zuletzt — durch neue Einsicht und verändertes Handeln — auch wieder in den konkreten Lebensalltag zurück.

Hermeneutik im so verstandenen Sinn geschieht in einem sozialen Zusammenhang. Durch die Selbstauslegung im Hexalog wird ein subjektives Erlebnis zur Erfahrung mit sozialer Bedeutung, in der sich das Besondere und das Allgemeine miteinander verbinden. Religiöse Erfahrung, so verstanden, ist existentielle Erfahrung im Kontext einer Sozietät. Das zeigt sich daran, wie die Traumauslegung immer im Zusammenhang mit einer bestimmten psychologischen Tradition, das heisst einem gruppenspezifischen Sprachspiel steht. Bestimmend für die Hermeneutik des religiösen Traums sind die psychologischen Traditionen, die sich in unserem Jahrhundert anschliessend an die Ahnväter der Traum- und Religionspsychologie gebildet haben. Diese Traditionen übernehmen in einem säkularisierten Kontext jene strukturierende und bedeutungsbildende Funktion, die in früheren Zeiten die Traditionen und Institutionen des Christentums für die Auslegung religiöser Erfahrung hatten. Diese Entwicklung steht im Zusammenhang mit der Psychologisierung des Alltags.[10] Religiöse Erfahrung wird eben gerade dadurch plausibel und sinnvoll, dass sie sich — interpretiert aufgrund von Regelsystemen — in einem Alltag verstehen lässt, der weitgehend psychologisiert ist. Die verschiedenen psychologischen Schultraditionen stellen also Gefässe zur Verfügung, in denen die Selbstauslegung des Subjekts, inklusive der Auseinandersetzung mit dem Religiösen in säkularisierter, von historisch gewordenen Religionen teilweise losgelöster und doch auch immer noch eng mit ihnen verbundener Form möglich wird.

In diesem Prozess der Bedeutungsbildung verwandelt sich das schattenhafte Erlebnis der Traumwelt in eine Erfahrung, in Erfahrung mit religiöser Bedeutung. Dieser Prozess ist komplex, das hat die Analyse gezeigt. Der Traum als religiöses Erlebnis wird also erst wirklich in einem hermeneutischen Prozess zur religiösen Erfahrung. Er besitzt diese Qualität nicht an sich. Daraus lassen sich meines Erachtens fundamentale Erkenntnisse über das Wesen religiöser Erfahrung überhaupt ableiten. Auch religiöse Erfahrung wird in einem dynamischen Deutungsprozess sozial definiert. Das Modell der Traumdeutung lässt sich als Beschreibungsmodell religiöser Erfahrung verstehen.

Religiöse Erfahrung ist nichts Elementares. Sie ist ein Konstrukt. Sie kann als grundlegende Erfahrung im Prozess der Selbstauslegung verstanden werden, die sozusagen eine dreifache Ausprägung besitzt. Sie ist existentielle Erfahrung, indem das Subjekt mit seinen Voraussetzungen, seiner Rezeptivität, seinem lebensgeschichtlichen Umfeld, seinen Interessen und Konkretionen an der religiösen Bedeutungsbildung elementar beteiligt ist. Sie ist mediale Erfahrung, insofern der Traum als Information, Bedeutungsfeld und System von symbolischen Beziehungen solche Erfahrung möglich macht. Und sie ist soziale Erfahrung, indem sie in der hexalogischen. Kommunikation interpretiert, mit sozial definierten Interpretationsregeln zusammengebracht, an sozialen Gegenständen entwickkelt und in soziale Situationen hinein konkretisiert wird.

Mit diesem interpretativen Verständnis religiöser Erfahrung drängt sich eine weitere Konsequenz auf: Es ist müssig und führt — zumindest in unserer Arbeit — in die Irre, nach dem »Wesen« religiöser Erfahrung zu fragen. Dieses Wesen gibt es nicht losgelöst von den sozialen Konstitutionsbedingungen der religiösen Traumerfahrung, dieses »Wesen« existiert nur in unterschiedlichen Brechungen des Religiösen in komplexen Interpretationszusammenhängen. Der Abschied von der einen grossen religiösen, aber auch der einen grossen psychologischen »Erzählung« hat sich längst vollzogen. Die grossen Erzählungen sind — wie ich dies im Rückgriff auf Lyotard (1986) bereits am Anfang unserer Überlegungen postuliert habe (s. oben S. 20) — von einer Vielzahl von möglichen Sprachspielen und Sachlogiken und von einer Vielzahl von möglichen Interpretationsformen des Religiösen in unserer Gesellschaft abgelöst worden. Dahinter scheint es kein Zurück mehr zu geben. Zudem zeichnet sich auch im Bereich der Psychologie des religiösen Traums eine Tendenz zur Individualisierung der Deutung ab. Träumende nehmen die Deutungsmacht über ihre Träume, das heisst aber auch über ihre religiöse Erfahrung mehr und mehr an sich.

Wir können dies beklagen. Wir können es aber auch für religions- und pastoralpsychologische Überlegungen fruchtbar machen. Religiöse Erfahrung muss — wenn von ihr sinnvoll überhaupt noch geredet werden soll — im Kontext der Spätmoderne thematisiert, diskutiert und auch theologisch durchdrungen werden. In dieser Situation scheint es mir nicht angemessen, die Vielfalt von Interpretationsperspektiven vorschnell unter einen Begriff zu zwingen. Ich möchte vielmehr nach der Vielfalt des Religiösen in der Vielfalt religiöser Träume vielfältiger einzelner Menschen fragen, in denen sich die Vielfalt von Interpretationsmodellen als charakteristisches Kennzeichen unserer kulturellen Situation erweist.

Die Bedeutung dieses Gesichtspunkts für die Beurteilung religionspsychologischer und pastoralpsychologischer Entwürfe wird in den folgenden Überlegungen zu diskutieren sein.

7. Gottes vergessene Sprache —
religiöser Traum und wissenschaftlicher Mythos

Die Tradition der komplexen Psychologie C. G. Jungs überwiegt in den religions- und pastoralpsychologischen Publikationen zum Thema des religiösen Traums, so hat es unsere Inhaltsanalyse klar erwiesen.[1] Die meisten religiösen Träume, die meisten Träumerinnen und Träumer und die meisten Therapeutinnen und Therapeuten sind der tiefenpsychologischen Schule verbunden. Jung hat in der Religionspsychologie und in der Pastoralpsychologie schulebildend gewirkt. Sein »Traummuster« setzt sich bei seinen Schülerinnen und Schülern immer wieder durch. Man kann bei der entsprechenden Literatur geradezu von einer publizistischen Gattung sprechen. Zur Gattung gehören authentische Traumberichte, Interpretationen solcher Träume durch berufene Expertinnen und Experten, Einleitungen und Schlussreden vorzugsweise symboltheoretischer Art und ein Anwendungsteil, in dem geneigte Leserinnen und Leser erfahren können, wie sie selber zu ähnlichen Traumerfahrungen und Interpretationen kommen können. Allen diesen Ansätzen ist das Anliegen eigen, die Traumsprache Gottes ihrer Vergessenheit zu entreissen, religiös Interessierte im Alltag oder auch kirchliche Mitarbeiterinnen und Mitarbeiter in der beruflichen Arbeit dazu zu befähigen, Träume zu verstehen, sie als Quelle einer persönlichen Spiritualität zu entdecken, mit ihnen auch in Seelsorge und Beratung bewusster zu arbeiten und ihr therapeutisches, aber eben auch ihr hermeneutisches, ja, theologisches Potential auszuschöpfen. Überblickt man die Literatur, so zeigt sich, dass hier ein kontinuierliches Interesse religions- und pastoralpsychologischer Arbeit der letzten zwanzig Jahre zum Ausdruck kommt.[2]

Betrachten wir die entsprechenden Publikationen noch etwas genauer! Die soziodemographische Zusammensetzung der Gruppe der Träumenden entspricht dem bereits dargestellten allgemeinen Bild (s. oben S. 72ff.). Männer und Frauen sind erstaunlich gleichmässig unter den Träumenden vertreten, Katholiken dreimal so häufig wie Protestanten, Menschen in Therapie etwas häufiger als solche ohne therapeutische Begleitung. Auffällig ist die Tatsache, dass auch das Alter der Träumenden dem Schnitt entspricht, Menschen aus der zweiten Lebenshälfte also keineswegs stärker, sondern im Gegenteil schwächer repräsentiert sind. Einige Besonderheiten haben wir ebenfalls bereits kennengelernt. Ich nenne die starke Stellung der Therapeutinnen und Therapeuten bei der Interpretation des Traums und die Dominanz der Dimensionen »Inhalt« und »Interpretation« im Hexalog der Bedeutungsbildung. Die Autorinnen und Autoren begnügen sich in der Regel mit kurzen Angaben zur Person der Träumenden. Die Dynamik des Therapiegeschehens, in dem ein Traum seine Funktion hat, wird ebenfalls meist nur kurz erwähnt. Auf dem Hintergrund dieser Folie wird der Traum zur Beispielerzählung, ja geradezu zum Gleichnis. Werkzeuge der Interpretation sind die operativen Regeln, die Jung definiert hat: Besonders häufig sind archetypische Deutungen, die aufgrund von Amplifikationen entwickelt werden und den Traum meist auf der Subjektstufe, in seiner Bedeutung für die Person der Träumenden, auslegen.

Ganz bestimmte Träume werden dabei ins Zentrum der Aufmerksamkeit gerückt: die »grossen« Träume, die »religiösen« Träume. Auch hier ist eine Besonderheit bereits aufgefallen. Inhaltlich überwiegen zwar leicht Symbole, Riten, Orte, Personen und Texte, die mit der Tradition des Christentums oder einer anderen geschichtlich gewordenen Religion verbunden sind. Trotzdem sind in vielen Träumen auch inhaltliche Elemente bestimmend, die mit einem weiten Religionsbegriff verbunden sind, in dem formale Momente des Religiösen wichtig werden. Diese Inhalte hängen zusammen mit Wunderbarem, Numinosem, zeigen das »Gefühl der schlechthinnigen Abhängigkeit« (Schleiermacher) des Menschen oder sind in jenem spezifischen Sinn als religiös zu bezeichnen, den Jung geprägt hat: Sie sind Symbole des Selbst, die im Prozess der Individuation eine integrative Funktion spielen. Deutlich zeigt sich — gerade in diesem Zusammenhang — eine Tendenz, religiöse Bedeutung an innerpsychischen »Gegenständen« oder Bezugsgrössen zu entwickeln: am Umgang mit dem Schatten oder an der Funktion des Religiösen im Individuationsprozess.

Neben dem Inhalt dieser Träume ist es auch die Qualität der Traumerfahrung, die einen Traum zum »religiösen Traum« macht. Sie wird als erschütternd[3], ergreifend, überwältigend, unauslöschlich, lebenswendend und »numinos« beschrieben. Diese Erfahrung besitzt häufig auch einen starken kognitiven Aspekt: sie ist einsichtig und von tiefer Wahrheit. Solche Erfahrung wird als »religiös« im Sinne von »Re-ligio«, der Rückbindung an einen verlorenen Ursprung, interpretiert. Gisela Riess (1987) formuliert: »Was für uns ein religiöses Erlebnis ist, in dem wir von etwas ›Grösserem‹ ergriffen werden, sei es in einer Begegnung, an einem besonderen Ort der Kraft, in der Meditation eines Bildes oder auch in Träumen, können wir nur selber ermessen. ›Religio‹ bedeutet ›Rückbindung‹ an etwas Grösseres in uns und ausserhalb unseres Ich-Bewusstseins, das uns plötzlich ergreifen kann und uns an den göttlichen Urgrund, an den ›tiefsten Seelengrund‹, wie die Mystiker sagen, wieder rückbindet« (365).

Solchen religiösen Träumen wird aufgrund therapeutischer Erfahrung eine charakteristische Wirkung zugeschrieben. Sie werden zu einschneidenden Erfahrungen auf dem Lebensweg, Erfahrungen auf dem Wege der Individuation und der Integration abgespaltener Anteile der Person und ihres Gottesbildes. Entscheidende religiöse Träume haben sozusagen die Struktur des Damaskus-Erlebnisses. Ausserhalb institutionell-kirchlicher Strukturen trifft der Blitz des Traumlichts einen Menschen so, dass sich seine Lebenseinstellung grundlegend zu wandeln beginnt. Die Metapher »Träume sind eine vergessene Sprache Gottes« spitzt diese Aussage zu. In religiöser Erfahrung geht es um die Begegnung mit dem, was uns »unbedingt angeht« (Tillich), um die Begegnung mit Gott. So schreibt Sandford (1966): »Unsere Träume sind die ›Stimme‹ unseres psychischen Zentrums, das uns befähigt, nach Ganzheit zu streben. Es kann als versöhnend und christusähnlich bezeichnet werden. Erfahrungen mit ihm gehören zu den höchsten im menschlichen Leben; die Menschheit hat sie Erfahrungen mit Gott genannt« (162).Träume sind ein himmlischer Dialekt, dessen Bedeutung in Vergessenheit zu geraten droht. Der Traum ist Gottes vergessene Sprache. Hark (1982) hat diese Metapher von Sandford (1966) übernommen, der sich seinerseits an Fromm (1980, erschienen 1957) anlehnt, der Träume als »vergessene Sprache« bezeicnet, die es zu lernen gilt.[4] Die Metapher bringt das auf eine knappe Formel, was Träumerinnen und Träumer in dieser Auslegungstradition religiöser Träume erfahren und ihre berufenen Ausleger immer wieder bezeugen: Träume ermöglichen religiöse Erfahrung, so wie sie Jung umschrieben und akzentuiert hat, und diese ist Gotteserfahrung.

In welcher Weise den Träumenden Gott »tatsächlich« im Traum begegnet, beurteilen die Traumexperten unterschiedlich. Wir haben gesehen, wie Jung daran liegt, das Gottesbild als psychisch wirksame Instanz des Menschen, über die auch psychologische Aussagen möglich sind, und das Sein des transzendenten Gottes, über dessen Existenz solche Erfahrung nichts Sicheres aussagen kann, zu unterscheiden.[5] Diese Grenze wird in der Wirkungsgeschichte Jungs nicht selten verwischt. So behauptet Wittmann (1987) schlichtweg, die Gültigkeit der Behauptung, Gott selber offenbare sich durch die Träume, habe die psychologische Traumanalyse in der Schule Jungs »nachgewiesen« (348).

Zur Legitimation der theologischen Aussage, dass Gott auch in den Träumen sprechen könne, wird immer wieder auf die biblischen Traumberichte verwiesen. So meint Wittmann: »Die Behauptung, der Traum eröffne Wege zur religiösen Erfahrung, ja zur Gotteserfahrung, ist zunächst einmal eine Einsicht, die jedem Bibelleser sofort nachvollziehbar sein wird: im Alten und im Neuen Testament stellt der Traum einen Weg dar, durch den Gott sich dem Menschen mitteilt« (348).

Oft wird in diesem Zusammenhang auch die hermeneutische Funktion von Träumen hervorgehoben. So bekennt Hark (1982): »Eine meiner wichtigsten Erkenntnisse und Erfahrungen als evangelischer Theologe mit den biblischen Träumen und als analytischer Psychotherapeut ist der gleiche oder doch zumindest sehr ähnliche Erfahrungsgehalt in den Träumen aus beiden Bereichen. Der zeitliche Abstand zwischen uns und den Gestalten der Bibel ist in der Traumzeit nahezu aufgehoben. Ähnlich wie der Glaube die Begrenzungen von Raum und Zeit transzendieren kann, so kann ein religiöser Traum aus den Quellen der Tiefenperson uns in die Nähe der biblischen Träumer bringen. Die Menschen sind sich, in ihrem tiefsten Wesen, speziell was die Gotteserfahrungen in den Träumen anbelangt, recht ähnlich geblieben« (143). In der Traumzeit scheint also der garstige Graben der Geschichte aufgehoben. Das Überzeitliche und Überpersönliche, das in den Tiefen des Träumers wirkt, verbindet Vergangenheit und Gegenwart mühelos.

Schulebildung und wissenschaftlicher Mythos

Im Gesamten zeigt die damit umrissene Tradition der Psychologie des religiösen Traums, und der Religionspsychologie mit ihren Traumgleichnissen jene Eigenarten eines wissenschaftlichen Mythos, die Moscovici (1981) in einem für die Untersuchung sozialer Repräsentationen bahnbrechenden Artikel beschrieben hat. Wissenschaftliche Theorien — zuerst entwickelt, um Forschungsgegenstände abzubilden— werden durch ihre Zirkulation in der Gesellschaft zu sozialen Repräsentationen, zum Wissen mit sozialer Bedeutung, zum Element eines »Universums des Konsenses«, das das gesellschaftliche Leben reguliert. In diesem Universum des Konsenses werden Gegenstände und Ergebnisse der Wissenschaft so ins öffentliche Bewusstsein gerückt, dass sie soziale, kulturelle und geschichtliche Bedeutung erhalten und zum »Common sense« avancieren können. Dies geschieht zum Beispiel, indem sie in etwas schon Bekanntem verankert werden, oder indem abstrakte Begriffe in konkrete und allgemein zugängliche Bilder und Repräsentationen umgesetzt werden und sich so in Objektivierungen verfestigen. Moscovici meint, dieser Prozess verlaufe in drei Phasen. In der ersten Phase wird eine Theorie einer wissenschaftlichen Disziplin erarbeitet. In der zweiten Phase, der Repräsentationsphase, verbreitet sich die wissenschaftliche Theorie in einer Gesellschaft, vermittelt durch Bilder, Sprache und Begriffe. In der Schlussphase werden die sozialen Repräsentationen durch Institutionen der Erziehung, der Politik und Kultur — manchmal auch durch den Staat — aufgenommen und verwandeln sich in eine Ideologie, welche im Namen der Wissenschaft öffentlich verbreitet wird. Moscovici (1961) zeigt dies zum Beispiel an der Verbreitung der Psychoanalyse in Frankreich.

Mir scheint, wir hätten in der Geschichte des religiösen Traums — besonders seiner Geschichte in der tiefenpsychologischen Schule — einen solchen Prozess der Umformung einer wissenschaftlichen Theorie in ein System sozialer Repräsentationen vor uns, das die Idee eines einzelnen zur geteilten Idee, den Traum eines Dreijährigen vom Phallus-Gott in der Tiefe zur sozialen Vorstellung vieler, den persönlichen Mythos des Pfarrersohns zum Mythos einer neuen »Kirche« hat werden lassen. Es scheint mir nicht von ungefähr, dass die religiösen Träume im Zusammenhang dieses Vorgangs so bedeutsam werden. Wir haben gesehen, wie wichtig Jung Religion und religiöse Träume für sein theoretisches Konzept geworden sind. Seine Religionspsychologie lässt sich nun sehr gut eben gerade an diesem Thema des religiösen Traums im öffentlichen Bewusstsein verankern. Denselben Zweck erfüllen eingängige Metaphern, wie die Metapher von der »vergessenen Sprache Gottes«, welche ihrerseits auf Fromm zurückgeht, der wie wenige andere die Psychoanalyse im öffentlichen Bewusstsein verankern half. Den Prozess der Vergegenständlichung sehen wir auch in der Objektivierung analytischer Regeln am Werk, die nun wirklich wie Instrumente den Gegenstand Traum entschlüsseln helfen und in ihrer Stereotypie durchaus mit anderen Werkzeugen verglichen werden können, welche als Massenfabrikate käuflich sind.[6] Der Prozess der Objektivierung erreicht seinen Höhepunkt dort, wo davon gesprochen wird, dass die Tiefenpsychologie bewiesen habe, dass Gott in den Träumen den Menschen begegne. Diese These ist die logische Verlängerung der Notwendigkeit der Objektivierung einer Theorie ins Theologische hinein. Solche sozialen Repräsentationen könnten sich allerdings nicht verbreiten, wenn nicht ein Bedürfnis danach bestünde. Welche Bedürfnisse werden denn durch diese Religionspsychologie in ihrer vervielfältigten Form aufgenommen?

Religiöse Bedürfnisse und ihre Vergesellschaftung

Jeder zweite Erwachsene in der BRD — so hat eine breit angelegte religionssoziologische Studie (Schmidtchen 1987) gezeigt — interessiert sich für den Psychomarkt und seine Angebotsvarianten. Mit diesem Interesse relativ eng verbunden sind »quasi-religiöse Gestaltungsbedürfnisse«.[7] Dabei zeigt es sich, dass es nicht die Schlechteingegliederten sind oder diejenigen, die von negativen Erfahrungen überschwemmt werden, die solche Bedürfnisse zeigen. Vielmehr ist ein erstaunliches Interesse der Gebildeten an allen Äusserungsformen der Psychokultur zu erkennen, wobei das Interesse der Männer wenig geringer ist als das der Frauen.

Schmidtchen (1987) vermutet im Hintergrund eine treibende gesellschaftliche Kraft. »Die quasireligiösen, weitgehend nicht institutionalisierten Bedürfnisse und der darauf abgestimmte Psychomarkt handeln vom Generalthema der Person. Diese zu erklären, aber auch zu stärken, die Selbstakzeptanz zu erhöhen, die Person daseinskräftiger und überlegener zu machen, das ist das Anliegen der einzelnen und das ist das Versprechen der Anbieter. Aus diesem Zusammentreffen entwickeln sich Anschauungskulturen, in denen Probleme aufgegriffen werden, die quer durch die sozialen Gruppierungen gehen, mit einer Ausnahme: Das Personenproblem wird offenbar um so stärker akzentuiert, je höher die Bildung. Das Interesse, den Geheimnissen des Personseins nachzugehen und hier im Studium und in der Selbsterfahrung dieser Dinge neue Kräfte zu entdecken, ist gerade bei den Gebildeten ausgeprägt, wobei sie den Weg ins Mystische, Transrationale und Okkulte nicht im geringsten scheuen« (57f.).

Mit dem Eintritt in höhere Bildung ist Mobilität und Rollenverunsicherung verbunden und wird die Verwendbarkeit des Wissens problematisiert. »Wenn die Aussenhalte schwinden, bleibt für die Vergegenständlichung eines Engagements nur noch die eigene Person übrig. Wer nichts anderes zu pflegen hat, pflegt seine Person. Die Person, die persönliche Entwicklung werden zum Gegenstand von Sorge, Aufmerksamkeit, Investition. Wenn sonst nichts wirklich zählt, zählt das, was man als Bedürfnis und Personsein verspürt« (58).

Schmidtchen nimmt an, dass in diesen quasi-religiösen Kommunikationssystemen und den zugehörigen Diensten grösstenteils Probleme behandelt werden, die aus den unbeabsichtigten desozialisierenden Wirkungen des Bildungssystems stammen. Dieses Bildungssystem ist aber repräsentativ überhaupt für »Probleme des Personseins in einer rationalen Kultur« und für ein kulturelles Paradox: »Das grössere Rationalitätstraining macht anfälliger für die Sekten« (67). Anthropologisch ist die Aufklärung — so meint Schmidtchen — auf den Hund gekommen. Dies führt ihn zum Schluss: »Wo Geist in der Hauptsache als Leistungszwang auftritt und die Person für die Funktionen in modernen, wissenschaftlich stilisierten Organisationen instrumentalisiert, wird sich die Seele nach anderen Gehäusen umschauen« (67).

Was bedeutet dies für unseren Zusammenhang? Bedürfnisse, welche die Psychologie Jungs zur sozialen Repräsentation machen, werden damit deutlicher. Bei der dargestellten pastoralpsychologischen Interpretation religiöser Träume handelt es sich um eine Anschauungskultur, wie sie Schmidtchen beschreibt. Es geht auch in der untersuchten Literatur um das Thema religiöser Erfahrung und Selbstwerdung die eng miteinander verbunden werden. Ausbildungsstätten mit rigorosem Aufnahmeverfahren, Psychotherapien und psychotherapeutisch orientierte Literatur mit übungsorientierten Strategien, entsprechende Fachverlage[8] und Buchhandlungen bilden jene organisierten Einrichtungen und Kommunikationssysteme, die helfen sollen, das seelische Gleichgewicht zu gewinnen.[9] Die zentrale Bedeutung des Übergangs von der Erfahrung zur Rede fällt dabei auf. Es ist eine weitgehend rationalisierende Kultur, welche um die Träume aufgebaut wird, mit Sprachregelungen in einer bestimmten Tradition, die den Gebildeten unter den Verächtern der Religion den Zugang zum Religiösen leichter machen sollen.

Dabei kann in unserem Zusammenhang nicht nur von den desozialisierenden Wirkungen der Bildungssysteme gesprochen werden. Es ist auch von desozialisierenden Wirkungen kirchlicher und theologischer Systeme in unserer Gesellschaft zu sprechen. Kirchen gehen auf die genannten religiösen Gestaltungsbedürfnisse in unserer Gesellschaft offenbar zuwenig ein. Sonst gäbe es diese vagabundierende Religiosität in ihrer massenhaften Verbreitung nicht.

Theologie als kritische Theorie religiöser Erfahrung

Was bedeutet dies alles für Theologie und Praktische Theologie? Ich meine, es stehe ihnen wohl an, die ganze Spannweite der durch die Metapher »Träume sind eine Sprache Gottes« aufgebauten Problematik wahrzunehmen. Diese Metapher enthüllt ihre protestantismuskritische Spitze, wenn ihre Implikationen im Vergleich mit Aussagen ausformuliert werden, die für die Tradition reformatorischer Kirchen grundlegend sind.

Protestantismus	Tiefenpsychologie
Gott, der in einmaliger Art in den Urkunden des Glaubens gesprochen hat	Gott, der immer wieder, auch heute, in den Träumen spricht
Geschichtliche Offenbarung Gottes an sein Volk	Subjektive Erfahrung des einzelnen heute
»Sola fide« —»Sola gratia«— allein durch den Glauben und die Gnade	Erfahrenes Wissen und therapeutische Traumarbeit als Weg zur Ganzheit
Glaube, der als Tagtraum Visionen der Zukunft entwirft, um sich vertrauend auf sie hinzubewegen	Erfahrung, die als Nachttraum zurückgebunden ist an die Urkräfte des Archetypischen und so Zukunft findet
Gott, der sich menschlichen Bildern und Projektionen versagt	Gott, der sich in Bildern in die Traumwelt projiziert

Die Spannung ist damit mit aller Schärfe gezeigt. In vieler Hinsicht begegnet in dieser religionspsychologischen Tradition eine Art »Schattenkirche« des Protestantismus, eine religiöse Tradition also, die das hochhält und kompensiert, was in der Tradition protestantischer Kirchen zurückgestellt, verdrängt, unterdrückt, ja bekämpft und ausgerottet worden ist. Das besitzt ideengeschichtlich durchaus System: Jung hat als Pfarrerssohn offensichtlich Defizite des Protestantismus überdeutlich erkannt und kompensatorische Momente in seine religionspsychologische Deutung von Theologie eingeführt, die sich auch bei seinen Nachfolgern durchsetzen.

Hier hat die Praktische Theologie zuerst eine Annäherung zu wagen. Es kann ihr nicht gleichgültig sein, wenn Menschen aus der Kirche auswandern und für ihre Seelen andere Gehäuse suchen. Als Praktische Theologie kirchlicher Handlungen hat sie sich mit den Ritualen und kirchlichen Handlungen dieser Schattenkirche auseinanderzusetzen. Es kann sein, dass sie dabei in der Begleitung dubioser Argumente gesichtet wird und in das Odium des leicht Häretischen gerät. Sie wird sich sagen: Lieber noch das Odium der Häresie als der Gestank der Heiligkeit und wird unbeirrt fragen: Begegnet hier eine Tradition religiöser Erfahrung, die wirklich um Gottes willen zurückgedrängt worden ist? Ist es nicht vielmehr so, dass die Theologie hier einer eigenen, unbewältigten Vergangenheit der Ängste begegnet, die zu integrieren ihr aufgetragen wäre, wenn sie wirklich das Evangelium für heutige Menschen glaubhaft machen will? Welche Bedeutung besitzen gesellschaftlich etablierte Religion und religiöse Erfahrung denn eigentlich für Theologie und Kirche? Es sind damit nicht nur praktisch-theologische Probleme aufgeworfen. Praktische Theologie muss diese Fragen auch um des Ganzen der Theologie willen deutlich formulieren.

Wie ist die tiefenpsychologische Religionspsychologie, wie wir sie an der Thematisierung des religiösen Traums kennengelernt haben, als eine Form der Interpretation des Religiösen in unserer Gesellschaft vor diesem Hintergrund zu würdigen? Zuerst gebe ich gerne zu: Die dargestellte religionspsychologische Position fasziniert und beeindruckt mich. Ihr gelingt eine nachvollziehbare Verbindung von allgemeiner Psychologie, Traum- und Religionspsychologie. Sie bemüht sich tiefgreifend und vielfältig um das Phänomen des »religiösen Traums«. Der Charakter religiöser Erfahrung wird dabei differenziert beschrieben: Sie ist verwandelnde Erfahrung mit emotionalem Tiefgang. Die Rede von religiöser Erfahrung wird in einem neuzeitlichen, säkularisierten Kontext also wachgehalten. Entscheidende Kriterien dieser Erfahrung weisen über die Eindimensionalität des Menschen hinaus. Sie ist nicht machbar, sie ist numinos und ganzheitlich, erschliesst neue Sinnhorizonte und verändert.

Die Grundzüge einer Hermeneutik des religiösen Traums, der religiösen Erfahrung und des religiösen Selbst lassen sich zudem im Rahmen dieser Religionspsychologie nachzeichnen. Religiöse Erfahrung als Traumerfahrung wird im Rahmen der Therapie furchtbar gemacht und im Zusammenhang einer Metapsychologie theoretisch verdeutlicht. Auch das hermeneutische Problem in einem engeren Sinn erfährt eine Lösung, die attraktiv wirkt. In der Tiefe des archetypischen Seelengrundes wird der garstige Graben der Geschichte überwindbar, rücken Traum und Bibeltext in unmittelbare symbolische Nähe. Es liegt offensichtlich eine besondere Attraktivität dieser Konzeption gerade darin, dass sie die Probleme des Selbstseins und der Religion, die individuelle Selbstauslegung und den Prozess der kulturellen Tradition in eine enge Verbindung zu bringen vermag.

Theologie und Praktische Theologie sind von dieser Religionspsychologie vielfach herausgefordert. Es stellen sich ihnen Fragen, die an die Nieren gehen. Wie gelingt in der Theologie die Verbindung von Problemen des Menschseins in einer industrialisierten und bürokratisierten Neuzeit und Aussagen des christlichen Glaubens? Vermag sie auf ihre

Weise erfolgreich gegen die Eindimensionalität menschlicher Existenz Einspruch zu erheben? Kann sie die Bedeutung ihrer Tradition für das Selbstsein deutlich machen? Stellt sie ihre eigene Identifikation mit der neuzeitlichen Rationalität kritisch in Frage? Es macht die Sache nicht einfacher, wenn ich meine: Nur in Ausnahmefällen vermag sie dies zu leisten.

So wird die weitere Auseinandersetzung in den nächsten Teilen dieses Buches genau an diesem Punkt ansetzen: Wie kann eine pastoralpsychologische Konzeption entwickelt werden, welche in ähnlicher Weise das Problem lokalisiert, vor das Theologie und Praktische Theologie gestellt sind, es aber anders zu lösen versucht? Die Problematik der dargestellten Position muss nun nämlich — trotz aller Hochachtung — auch genannt werden. Ich greife einige Probleme auf, die mir im Zusammenhang mit der Frage nach einer Hermeneutik des religiösen Traums und des religiösen Selbst besonders wichtig sind.

Im gesamten hat meine Analyse die zentrale Funktion des psychologischen Regelsystems Jungs unterstrichen. Es kommt hier eine bestimmte Tradition der Traumdeutung, das heisst auch eine bestimmte Schule der Psychologie zur Anwendung, die zum bevorzugten Gegenüber der Religions- und Pastoralpsychologie wird. Diese entwickelt ihre Hermeneutik nicht an Schnittstellen, Übergängen und Brüchen der Verständigung, sondern im Schosse einer grossen Muttertheorie. Dies hat Folgen.

Mit dem metapsychologischen Rahmen Jungs sind auch bestimmte Voraussetzungen gesetzt, innerhalb derer überhaupt von Religion gesprochen werden kann. Ich formuliere wieder pointiert: Es ist eine individualistische und therapeutisch für die Ichwerdung funktionalisierte Sicht von Religion, die hier zum Ausdruck kommt. Ausgeblendet werden damit andere Zugänge nicht nur zum Traum, sondern auch zum Thema der religiösen Erfahrung: Der kritische Zugang einer Hermeneutik des Verdachts, der sich von Freud herleitet; ein Zugang, der nicht so sehr an der Bedeutungsbildung, sondern am aktuellen Erleben orientiert ist; ein Zugang, der die soziale Dimension des Traums und der religiösen Erfahrung ernster nimmt und sich nicht so sehr auf das Individuum und seine innere Erfahrung konzentriert.[10]

Durch die Verpflichtung auf ein bestimmtes Modell der Hermeneutik religiöser Träume und religiöser Erfahrung wird die hermeneutische Frage, so wie sie Fischer (1988) zugespitzt hat — Träumen Sie nach Freud oder nach Jung? — , eigentlich ausgeblendet. Die Vielschichtigkeit möglicher religiöser Bedeutung, gerade in einem gesellschaftlichen Kontext, der unterschiedliche Regelsysteme zur Interpretation von Träumen und folglich auch von religiöser Erfahrung bereitstellt, wird damit unterschlagen. Die Berufung auf Jung unterläuft damit eigentlich eine Phase des kulturellen Wandels und hält an einer Form der Deutung religiöser Erfahrung fest, von der angenommen wird, sie sei durch alle Kulturen und Zeiten hindurch gültig.

Hier setze ich anders ein. Mir geht es gerade nicht darum, die Erfahrung eines einzelnen in den Sprachspielen eines bestimmten religiösen Kosmos unterzubringen. Eine Hermeneutik, welche die Vielfalt religiöser Erscheinungen nachzuzeichnen vermag, ist der kulturellen Situation angemessener, in der wir uns befinden.

So verstehe und akzeptiere ich den konstruktiven Charakter religiöser Erfahrung, wie er am Beispiel der Tradition Jungs deutlich wird. Religiöse Erfahrung gibt es nicht »pur«. Sie wird in einem bestimmten Umfeld generiert. Dieser Kontext sozialer Repräsentationen schafft zum einen Raum für eine Thematisierung religiöser Erfahrung. Dieser Raum ist um der Überwindung der Eindimensionalität moderner Existenz willen ein notwendiger Freiraum. Zugleich stehen Kodifizierungen religiöser Erfahrung, die dabei vollzogen werden, in Gefahr, die Menschen allzu schnell wieder zur Vernunft zu bringen, das Religiöse in die Moderne und ihre Funktionalität, zum Beispiel die Funktionalität der Erhaltung individuellen Personseins, einzuebnen, die Lebenswelt des Religiösen also im Namen eines neuen Kirchenvaters zu kolonialisieren.

Als kritische Theorie religiöser Erfahrung weist die Praktische Theologie auf diese Ambivalenz hin. Es geht einer solchen Theorie darum, religiöse Erfahrung in ihrem emanzipatorischen Aspekt ernst zu nehmen, ihr Raum zu geben und sie nicht zu vernichten oder theologisch einzuebnen. Diese Erfahrung soll weder theologisch ausgemerzt noch einfach überhöht und funktionalisiert werden. Vielmehr ist sie Ausdruck einer Vielfalt moderner Pluralität, die nicht nur Beliebigkeit, sondern Reichtum bedeutet. Ihrer Vielfalt ist nicht mit ideologischem Zugriff beizukommen. Sie ist vielmehr im Dialog, in der Auseinandersetzung und Verständigung und auch im demokratischen Interessenausgleich weiterzuentfalten. Die Aufgabe der Praktischen Theologie und der Theologie kann in diesem Zusammenhang nicht die Exkommunikation der Religion sein. Ihre Aufgabe kann nur das kritische Gespräch sein, das konziliare Lernen und die ethische Durchdringung des Verhältnisses von Kirche und demokratischem Rechtsstaat.

So muss auch die Bezeichnung »Schattenkirche« eigentlich zurückgenommen werden. Wessen Schatten wirkt denn hier? Es ist der Schatten, den die offizielle Kirche wirft. Die jungsche »Anschauungskultur« entsteht in jenem volkskirchlichen Raum der Unbestimmtheit, der in der kritischen Diskussion kirchensoziologischer Befunde immer mehr als Reflex auf jene Bestimmungen von Kirchlichkeit verstanden wird, die von der offiziellen Kirche ausgehen.[11] So möchte ich als Theologe, der in einer etablierten, protestantischen Kirche arbeitet, auch kritisch nach der Ambivalenz der Identifikation dieser Institution mit der neuzeitlichen Rationalität zurückfragen. Inwiefern haben sich auch Theologie als Wissenschaft und die Kirche als Lebensform des Glaubens mit den Grundannahmen dieser rationalen Kultur überidentifiziert? Inwiefern grenzen sie als Unbestimmtheit und dogmatisch fragwürdig das aus, was doch eigentlich nur die Kehrseite der eigenen rationalen Bestimmtheit ist? Inwiefern könnten Gegengewichte gesetzt und kann der Religion und religiöser Erfahrung eine positive Bedeutung beigemessen werden? Inwiefern ist Widerstand gegen den »Kult des Raunens« (Rothschild) und den Narzissmus der persönlichen Traumarbeit aber auch unverzichtbar für eine kritische Theologie?

Weitere kritische Anfragen seien nur kurz genannt. Fragwürdig ist in der analysierten Literatur in vielen Fällen der Umgang mit der biblischen Tradition, der historisch-kritische Erkenntnisse unterschlägt und damit hinter die Aufklärung zurückfällt.[12] Fragwürdig scheint mir auch die Divinisierung von ganz bestimmten Träumen. Im Raum der Träume wird damit sozusagen ein »Temenos«, ein heiliger Bezirk grosser und entscheidender Träume ausgemacht und geradezu ausgesondert. Träume werden so mit einem Anspruch beladen, den sie zum grossen Teil nicht einlösen können. Es droht damit auch eine Scheidung eines Klerus »minor« und »major« der Träumenden: Hier sind die einen, denen grosse religiöse Träume geschenkt werden, und da die anderen, denen ihre Träume oft eher so vorkommen wie das Durcheinander auf einem Komposthaufen. So kann sich, unter dem Mantel der Traumverehrung, eine neue subtile Verachtung des »kleinen«, alltäglichen Traums einschleichen. Das »Religiöse« wird auf eine spezifische Erfahrung eingegrenzt. Die Brisanz der gesamten Traumwelt in ihrer Kritik an der Moderne und einer institutionalisierten Form theologischer Rationalität gerät damit leicht ausser Betracht.

Weitere Fragen betreffen systematische Probleme. Religiosität wird in dieser Religionspsychologie zum Element eines Bildungsvorgangs, der wesentlich auch eine ethische Anstrengung der Persönlichkeit beinhaltet. Als Theologe möchte ich mich zwar hüten, allzu leichtfertig die Kategorien der Rechtfertigungslehre zu bemühen. Es war gerade das Argument der »Werkerei« gewesen, das Luther gegen die Mönchsträume als Weg zur

Gotteserfahrung aufbrachte und seine Verachtung der Träume begründete, die schliesslich in die Vernichtung der Träumenden einmündete (Goertz 1989). Und doch meine ich, in der Konzeption der Tiefenpsychologie liege letztlich ein »gesetzliches« Element, das Individuation nicht nur fördert, sondern auch einschränkt, weil sie diese als biographisches Projekt einfordert.

Spiegel (1988) fragt, ob bei der Rezeption Jungs unter Theologinnen und Theologen nicht noch weitere »Momente des gegenwärtigen Protestantismus übergangen oder verdrängt werden, die wesentliche religiöse und ethische Energie enthalten« (158). Ihm scheint, die angebotenen Therapieziele — Weg zum wahren Selbst, Ganzheitlichkeit, Lebenssinn, Erleuchtung, Wiedergeburt —, die letztlich ein bürgerliches Persönlichkeitsideal retten möchten, würden allzu schnell in den »messianischen Adelsstand« erhoben. »Menschwerdung könnte ja statt Individuierung auch bedeuten, dass denen da oben das angemasste Recht auf Herrschaft und Ausbeutung entzogen wird, dass der herrschaftliche Gott durch die Symbole des Menschen und der Tiefe abgelöst wird« (159). Als weitere kritische Punkte nennt Spiegel die Subjektivierung des Bösen im Umgang mit dem inneren Schatten — ein problematisches Erbe des Protestantismus —, die Ungeschichtlichkeit der Symbole und Archetypen und den Zentralismus des Selbst- und Gottesbildes. Jung — »Geometer im irrationalen Raum« (161) — entwirft eine Symbolhierarchie in der Tiefe, die voraussetzt, es »müsse ein zentrales Sinn-Bild geben, das traditionell eben Gott heisst« (162). Dieser göttliche Zentralismus ist ebenfalls problematisch, denn er fördert nur zentralistische Tendenzen unserer Gesellschaft. Dem »kugelrunden Quadratgott« Jungs (161) ist eine Mehrzahl von geschichtlich gewordenen, unverwechselbaren Sinnbildern gegenüberzustellen, die auf Gott verweisen.

Ein Rückzug auf die Vorgänge im psychischen Innenbereich wird auch von feministischtheologischer Seite kritisiert und als Antwort auf die Undurchschaubarkeit und Unveränderbarkeit gesellschaftlicher Verhältnisse verstanden. Die empfohlene Hinwendung zum Weiblichen, die jene Ohnmächtigkeit innerpsychisch im Modell der Androgynität bewusstseinsmässig zu kompensieren versucht, die gerade Frauen erfahren, reproduziert nur die traditionell favorisierten Bestimmungen des Weiblichen als hilfreich-ergänzenden psychischen Pol (Brockmann 1991). »Für eine feministische Befreiungstheologie, die von der biblischen Verkündigung her die gesellschaftlich wirksame Diskriminierung von Frauen in Frage stellt und sie als einen nicht gottgewollten Unrechtszustand sichtbar macht, wird gerade insofern die Weigerung, ›das Weibliche‹ als Katalysator oder Allheilmittel für die Befreiung des Menschen bzw. der Gesellschaft zu etablieren, zu einem unverzichtbaren Postulat ihrer theoretischen und praktischen Arbeit« (186).

Allen diesen kritischen Anfragen ist gemeinsam, dass sie in den Prozess der Wirklichkeitsinterpretation Aussagen des christlichen Bekenntnisses miteinbeziehen. Was bedeutete es, wenn anstelle eines metapsychologischen Regelsystems bewusst ein theologisches Regelsystem in den Hexalog eingeschaltet würde und Träume theologisch interpretiert würden? Mit dieser Frage möchte ich im zweiten Teil der Arbeit einsetzen.

TEIL II

TRAUM, DIALEKTIK DES SELBST UND GLAUBE

1. Pastoralpsychologie, Theologie und Traum

Welche Sicht von Pastoralpsychologie lässt sich aus dem bisher Erarbeiteten zusammenfassend ableiten? Wie kann ein Zugang zum religiösen Traum gefunden werden, der weiterführt und zugleich ein Verständnis von Pastoralpsychologie umsetzt, das anders akzentuiert ist als das tiefenpsychologische Modell? Um diese Fragen geht es nun.

Wir wählten die Trauminterpretation als Zugang zur hermeneutischen Frage nach Sinn und Bedeutung. Unterwegs durch die Geschichte der Traumdeutung und im Vergleich verschiedener Modelle hat sich unser Verständnis für die Hermeneutik des religiösen Traums vertieft. Wenn ich nun nach dem Besonderen der Pastoralpsychologie frage, dann liegt es nahe, ähnlich anzusetzen und von folgender Definition auszugehen: Pastoralpsychologie ist interpretatorisches, hermeneutisches, regelgeleitetes Bemühen um das auf Sinn angewiesene Selbst in seinen vielfältigen Bezügen und Gefährdungen. Im Zentrum dieser Pastoralpsychologie steht das Interesse an der Tätigkeit der Interpretation.

Wenn ich Pastoralpsychologie mit Interpretation in enge Verbindung bringe, dann verknüpfe ich sie mit einer grundlegenden psychologischen Tätigkeit, die mannigfache Beziehungen zu anderen psychologischen Tätigkeiten (Beschreiben, Erklären, Vorhersagen, Verändern und Bewerten[1]) erschliesst. Ich behaupte damit zugleich, dass psychologisch sinnvolle Aussagen dann möglich sind, wenn psychologische Forschung grundlegend als Kommunikation verstanden wird, als Auslegung und hermeneutisches Bemühen, in dem die Wirklichkeit des Menschen nicht nur als Objekt, sondern immer vermittelt über Bedeutung und Verständigung thematisiert wird. Ich vollziehe damit eine wissenschaftstheoretische Option und schliesse mich innerhalb der neueren wissenschaftstheoretischen Diskussion in den Sozialwissenschaften jenen an, die Sozialwissenschaften als zutiefst hermeneutisches Unternehmen verstehen. Gegenüber einer Sozialwissenschaft, die sich am Ideal objektivierender Beschreibung psychischer »Sachverhalte« orientiert, betonen Autoren wie Terwee (1990), Gergen (1980), McCloskey (1983) und Billig (1987), Sozialwissenschaften beruhten auch in ihrer empirisch-analytischen Arbeit auf bestimmten Grundannahmen, ja geradezu einer Rhetorik[2], welche nur in interpretatorischem Bemühen und philosophischer Reflexion zu ihrem wirklichen Recht kommen können. Empirisch-analytische Arbeit besitzt dabei ihre beschränkte Geltung innerhalb einer hermeneutisch fundierten Sozialwissenschaft.

Das Profil einer so verstandenen Pastoralpsychologie lässt sich auf dem Hintergrund der bisherigen Erörterungen noch verdeutlichen.

— Das Verständnis für die grundlegende Tätigkeit der Interpretation wurde bisher am Beispiel des Traums entwickelt. In einer entsprechenden Pastoralpsychologie geht es nicht nur um eine allgemeine Hermeneutik. Es geht präziser um eine Hermeneutik des Ichs, des Selbst, des Subjekts, das im Traum wirkt. Pastoralpsychologie soll nachvollziehen helfen, wie sich Menschen, gerade auf dem

»hermeneutischen Umweg« über ihre Träume, selber auslegen und verstehen lernen und so in ihrem Leben Sinn finden und handeln können.

— Im Zentrum der bisherigen Erwägungen standen therapeutische Modelle der Traumauslegung. Ihr zentraler Antrieb ist das Interesse an Veränderung, an der Möglichkeit des Andersseins und ihrer Verwirklichung. Unsere hermeneutisch orientierte Pastoralpsychologie steht im gleichen Zusammenhang: Es geht ihr um Veränderung und Verwandlung, noch genauer gesagt um Therapie, um Wandlung im Umfeld menschlichen Leidens, um Befreiung von psychischem Elend.

— Ich habe die hermeneutische Problematik am Beispiel des religiösen Traums entwickelt. Pastoralpsychologie interessiert sich besonders darum, wie das Religiöse in den Prozess der Auslegung des Selbst verflochten ist. Sie versucht zu verstehen, wie die kulturellen und religiösen Traditionen den Prozess der Selbstauslegung bestimmen und ermöglichen.

— Für diese Hermeneutik des Selbst ist der Hexalog der Bedeutungsbildung aufschlussreich. Bedeutung und Sinn verwirklichen sich in dynamischen Interpretationsprozessen im hermeneutischen Kreis des Hexalogs. Sinn entsteht dort, wo ein Subjekt vor dem Hintergrund seiner Geschichte, in der Gegenwart und im Blick auf die Zukunft Bedeutung sucht; Sinn wird dort entdeckt, wo ein Medium (der religiöse Traum) einen »intermediären Raum«[3] schafft, der offen ist für vielfältige Interpretation und doch in sich eine Struktur besitzt, die der Interpretation Schranken setzt; Sinn entwickelt sich dort, wo ein Interpret oder eine Interpretin im dialogischen Gegenüber zum sinnsuchenden Subjekt (oder das Subjekt im Gespräch mit sich selbst) den Prozess der Interpretation in Gang setzt und in Gang hält; Sinn ereignet sich dort, wo eine Deutung von diesem Subjekt rezipiert, aufgenommen und abgewehrt wird; Sinn ereignet sich in einer Situation, in die hinein eine Interpretation durch veränderte Einsicht und neues Verhalten wirksam wird; Sinn entsteht dort, wo dieser hermeneutische Verständigungsprozess durch ein strukturierendes Regelsystem zugleich mit der sozialen Welt verbunden wird. Bedeutung gibt es nicht. Sie wird. Sie ist in ständigem Werden, befindet sich immer neu in Kreation.

— Innerhalb einer so akzentuierten Pastoralpsychologie besitzt die Tätigkeit der Interpretation also zentrale Bedeutung. Das hermeneutische Instrumentarium, das wir im ersten Teil der Arbeit entwickelt haben, kommt dabei zu sinnvoller Anwendung. Innerhalb einer so akzentuierten Pastoralpsychologie kann aber auch ein empirisch-analytischer Ansatz bei der Erforschung des religiösen Traums seine Bedeutung erhalten, wie ich am Beispiel inhaltsanalytischer Arbeit gezeigt habe und noch zeigen werde.

In diesem Verständnis des religiösen Traums und der Pastoralpsychologie vereinigen sich so Anliegen der allgemeinen Psychologie und der Religionspsychologie. Die hermeneutische Fragestellung erweist sich als Verbindungsglied zwischen verschiedenen Disziplinen, die je perspektivisch und in ihrer inneren Verbindung auf den religiösen Traum hin thematisiert wurden.

Pastoralpsychologie als hermeneutische Vermittlungsdisziplin

Eine Pastoralpsychologie, welche sich als hermeneutische Vermittlungsdisziplin verstehen möchte, erprobt also, in welcher Weise sich verschiedene Zugänge zur Wirklichkeit ergänzen, herausfordern, bereichern und begrenzen. Sie versucht deshalb, auch theologische Erkenntnisinteressen aufzunehmen, theologische und psychologische Fragestellungen aufeinander zu beziehen und für ihre Praxis fruchtbar zu machen.

Um welche Praxis geht es ihr aber genau? Ich nenne vier Bestimmungen von Pastoralpsychologie, die diese Praxis immer umfassender umschreiben. Eine in der Seelsorgebewegung der USA entstandene klassische Definition begreift Pastoralpsychologie in erster Linie als Psychologie für die Seelsorge. Einer solchen Pastoralpsychologie ginge es im Zusammenhang unseres Themas darum, die Bedeutung des religiösen Traums für Seelsorge- und Beratungsprozesse zu verdeutlichen. Stollberg (1970) hat diesen Begriff von Pastoralpsychologie in den frühen siebziger Jahren aufgenommen und weiterentwickkelt. Pastoralpsychologie bezieht sich nach diesem erweiterten Verständnis in erster Linie auf die Praxis des Pfarramtes. Sie betreibt Psychologie vom Standpunkt der Pfarrerin oder des Pfarrers aus. »Sie ist Psychologie, weil es ihr um die empirisch-systematische Verarbeitung des psychischen Aspektes der interpersonalen Wirklichkeit, die das Arbeitsfeld des Pfarrers darstellt, zu tun ist« (62). In diesem Zusammenhang wären religiöse Träume in ihrer Bedeutung für verschiedene Praxisfelder des Pfarramts und die Person des Pfarrers oder der Pfarrerin zu erhellen. Van der Ven (1988) nennt zwei weitere, noch umfassendere Beschreibungen des Gegenstands der Pastoralpsychologie: Die Praxis, auf die sich Pastoralpsychologie bezieht, kann als Praxis der Selbst-Realisation der Kirche umschrieben werden. Pastoralpsychologisch bedeutsam sind folglich alle irgendwie mit kirchlichen Institutionen, Rollen und Vollzügen verbundenen Lebensformen — zum Beispiel eben auch die Erfahrung und Deutung religiöser Träume. In einem noch weitergehenden Sinn kann als Gegenüber der Pastoralpsychologie jene kommunikative Praxis gelten, in der Kirche und Gesellschaft dialektisch aufeinander bezogen sind. Pastoralpsychologie — so verstanden — beinhaltet psychologische Reflexion und Gestaltung der kommunikativen Praxis des Evangeliums in unserer Gesellschaft.

Ich schliesse mich van der Ven in dieser umfassendsten Gegenstandsbestimmung an und möchte die Thematik des Traums und des religiösen Traums in diesen weiten Zusammenhang stellen. Gewiss könnten religiöse Träume auch in ihrer praktischen Bedeutung für die Seelsorge diskutiert werden. Mir geht es aber im folgenden darum, am Beispiel des religiösen Traums pastoralpsychologische und praktisch-theologische Grundfragen aufzugreifen. Inwiefern kann eine Hermeneutik des Selbst zum Verbindungsglied verschiedener Bereiche der Praktischen Theologie werden? Wie ist sie für die Praxis des Pfarramtes und einzelne seiner Handlungsfelder (z. B. Seelsorge, religiöse Erziehung oder Homiletik) bedeutsam? Wie wird sie aber auch für die Gemeinde und die Institution Kirche wichtig? Und wie kann sie allgemein die Dialektik von Kirche und Gesellschaft aufhellen, dort wo sich diese im Subjekt niederschlägt?

Dieser Gegenstandsbereich wird von einer hermeneutischen Pastoralpsychologie mit bestimmten Fragen, Methoden und Modellvorstellungen erschlossen. Wir haben psychologische Sprachmodelle und ihre impliziten Regelsysteme kennengelernt. Pastoralpsychologie, die die christliche Praxis in unserer Gesellschaft — zum Beispiel den Umgang mit religiösen Träumen — angemessen verstehen will, hat aber auch die Theologie als Partnerin. Theologie ist bereits ein Element der zu untersuchenden Praxis. Eine Pastoralpsychologie des religiösen Traums vermag Spuren der praktisch gelebten Theologie in der Tiefe der menschlichen Psyche zu sichern. Sie gewinnt aus einer solchen Analyse kritische Gesichtspunkte zur Beurteilung dieser theologischen Arbeit. Aber ich meine noch mehr als dies: Theologie kommt auch als ein eigenständige Wirkgrösse in unsere Überlegungen ein. Sie eröffnet eine besondere Perspektive auf die Wirklichkeit, hin auch auf die Wirklichkeit religiöser Träume. Van der Ven nennt diese Perspektive »Reich Gottes«.

Die Dialektik von Kirche und Gesellschaft kommt damit unter einem neuen, befreienden Gesichtspunkt in Blick. Pastoralpsychologie geht es zwar um die heutige Wirklichkeit christlicher Praxis in unserer Gesellschaft. Es geht ihr aber nicht um diese Wirklichkeit, wie sie »war und ist und sein wird in Ewigkeit«, nämlich so, wie wir sie beispielsweise mit menschlichen, westlichen, männlichen und kleinbürgerlichen Augen, mit jungschem oder freudschem Blick heute sehen möchten. Es geht ihr um diese Wirklichkeit, insofern sie durch die Praxis des Jesus von Nazareth verändert worden ist und sich im Gottesreich, das mit ihm angebrochen ist und kommt, verändert.

Die folgenden Überlegungen zur Pastoralpsychologie des religiösen Traums stehen also in einem erweiterten Spannungsfeld. Pastoralpsychologie, die Grundlagenwissenschaft für die praktische Theologie sein will, bewegt sich im Zwischenfeld von Theologie und Psychologie. Sie formuliert auch im Blick auf den religiösen Traum ihre eigenen Theorien, Methodologien und Interessen und beansprucht allgemeine Psychologie, Religionspsychologie und Theologie als ihre Partnerinnen bei der Analyse religiöser und christlicher Praxis in unserer Gesellschaft.

Hermeneutik und Bekenntnis

Bedeutung gibt es nicht an sich, so haben wir bei der Darstellung der hermeneutischen Modelle der Trauminterpretation erkannt. Bedeutung wird immer neu erschaffen, ist in ständiger Kreation. Bedeutung wird unter bestimmten Gesichtspunkten, von bestimmten Regelsystemen her erschaffen. Auch Theologie erschafft Bedeutung und begründet eine Sicht von Wirklichkeit im Rahmen eines bestimmten Sprachspiels. So will ich nun davon ausgehen, dass die Theologie — oder präziser: Theologie, wie ich sie in meiner eigenen Geschichte der Welt- und Selbstauslegung verstehen und leben gelernt habe — ein Regelsystem zur Verfügung stellt, das eine theologisch ausgewiesene Sicht auf den Traum möglich macht, ja vielleicht gar den Traum in neuem Licht erstrahlen lässt.

Wenn ich im folgenden pastoralpsychologische Perspektiven des religiösen Traums entwickle, dann tue ich dies also auch von theologischen Voraussetzungen her. Ich konstruiere. Ich entwerfe eine Welt im Traum, die bestimmten Bedingungen genügen muss. Sie soll sich daran bewähren, dass sie Einsichten nicht wieder verschüttet, die in einer langen Geschichte der Trauminterpretation gewonnen wurden.[4] Sie soll sich insbesondere aber auch daran bewähren, dass sie Aspekte des Traums und Lebensmöglichkeiten der Träumenden zum Vorschein bringt, die sonst verschüttet, verloren- oder in psychologischen Vereinnahmungen des Traums untergegangen wären.

Von welchem Standpunkt aus soll ich aber diese Sicht entwerfen? Wenn eine Hermeneutik des religiösen Traums einen eher exzentrischen Zugang zu praktisch-theologischen Fragen bildet (s. oben S. 14), wähle ich nun — sozusagen in einem dialektischen Gegenzug — einen zentralen Ausgangspunkt theologischer Tradition. In der Geschichte der theologischen Wirklichkeitsinterpretation ist ein ganz bestimmtes Regelsystem von besonderer Bedeutung geworden, die »regula fidei«, das Glaubensbekenntnis in seinen verschiedenen Ausprägungen. Können wir von dieser »regula« — der Regel des Glaubens — her auch eine qualifizierte Sicht auf den religiösen Traum und das Selbst gewinnen, das im Hexalog der Bedeutungsbildung auf der Suche nach Sinn ist? Und lässt sich diese Sicht wiederum anhand gedeuteter Erfahrung verständlich machen?

Es sind in den vergangenen Jahren verschiedene Versuche unternommen worden, Praktische Theologie im Zusammenhang einer trinitarischen Wirklichkeitsinterpretation zu begründen (Bohren 1975, Grözinger 1989). Ich schliesse mich hier an und gehe davon aus, dass sich diese trinitarische Wirklichkeitsdeutung an den konkreten Phänomenen bewährt und sich gerade darin als relevant erweist, dass sie die Wirklichkeit — auch die Wirklichkeit des religiösen Traums — neu erschliessen hilft. Im Sinn Ritschls (1988) verstehe ich die theologischen Überlegungen, welche die Rekonstruktion der Pastoralpsychologie des religiösen Traums mitbestimmen, als regulative Sätze und implizite Axiome. Es geht mir darum, zu zeigen, dass solche Axiome eine Fülle von faszinierenden Aspekten der religiösen Träume sichtbar machen, die sonst nicht in den Blick gekommen wären, und nicht nur wie des Kaisers neue Kleider eine erbärmliche Wirklichkeit dekorieren. Ein Bekenntnis, so wie ich es verstehe, will erhellen, einen Widerstreit in die Wirklichkeitsinterpretation hineintragen, der sich daran bewährt, dass neue, heilsame Aspekte des Menschseins aufgehen.

Ich nenne einige Implikationen einer trinitarischen Interpretation der Wirklichkeit, die mich besonders faszinieren und mir auch für eine Pastoralpsychologie des religiösen Traums als regulativ erscheinen:

— Das Credo — zum Beispiel das Apostolische Glaubensbekenntnis — begründet als Sprechakt des Bekennens eine persönlich verantwortete und gleichzeitig in der Gemeinschaft des Glaubens verwurzelte vielfältige Sicht der Wirklichkeit.

— Das Credo ist ein Bekenntnis zum dreieinigen und dreifaltigen Gott: zu Gott dem »Vater«, dem »Sohn« und dem »Heiligen Geist«; zu Gott dem Erwählenden, Mitleidenden und Heilenden, dem Rufenden, Sterbenden und Geistwirkenden, dem Schöpfer, dem die alte Schöpfung Beendenden und eine neue Schöpfung Beginnenden (Ritschl 1988).

— Diese trinitarische »regula« enthält in sich eine Vielfalt von Perspektiven der Wirklichkeitsinterpretation, die eine Geschichte der vielfältigen Interpretationen in der christlichen Kirche begründete.

— Gott wird nicht-hierarchisch als dreifaltig-dreieiniger Prozess beschrieben, als ein Miteinander verschiedener »Personen«, als Gemeinschaft, als »ökologische Beziehungsrealität« (Moltmann 1991a).

— Dieses trinitarische Denken ist Grundlage abendländischer Vorstellungen von Personalität, Identität und Differenz, Vielfalt und Einheit geworden. Das Bekenntnis zur »trinitarischen Persondissoziation« in Dreifaltigkeit und Dreieinigkeit behauptet eine Vielfalt des Personalen als Tiefenstruktur der Wirklichkeit.

— Wirklichkeit wird im Bekenntnis nicht aufgrund eines Mythos interpretiert, der die Wiederkehr des Gleichen schildert, sondern in Erzählungen einer Geschichte, in der qualitativ Neues erschaffen wird. Dieses Neue bedeutet Heil, das dem Unheil entgegengesetzt ist, und Solidarität, die von der Herrschaft von Mächten und Gewalten befreit.

— Gott wird in seiner Bindung an die Geschichte eines Volkes und die Lebensgeschichte eines Menschen, Jesus Christus, verstanden. Menschliche Geschichte und die Geschichten eines Menschen werden so unlösbar mit Gottes Geschichte vernetzt, die fragmentarischen menschlichen »Stories« in die Geschichte Gottes hineingenommen. In dieser Geschichte sind Gott und Mensch in einer Ökologie der Beziehungen aufeinander bezogen.

— Leiden wird als ein wesentliches Merkmal dieser Geschichte verstanden. Es ist das Leiden in der Liebe zum Unvollendeten, in der Solidarität mit dem Aussenseiter, das exemplarische Leiden Gottes in der aussenseiterischen Subjektivität von Jesus Christus und im Leidenden durch alle Brüche der Geschichte. Leidend wird Gott aller Insignien der Herrschaft beraubt und gilt er als verletzlich unter Menschen gegenwärtig.

— Der »Geist des Lebens« kann als befreiende Potenz, als Geist Gottes interpretiert werden, der die Möglichkeit des Andersseins in unserer Wirklichkeit offenhält. Er ist Geist der Schöpfung, er ist aber auch Geist, der an der Unvollkommenheit der Schöpfung leidet und auf ihre Vollendung aus ist. In diesem Geist, der begabt und Begabungen interpretiert, liegt die »soziale Gottesebenbildlichkeit« des einzelnen in einer »geschwisterlichen Gemeinde« (Moltmann 1991b) begründet.

— Der Gott der Geschichte wird im Bekenntnis zugleich als Schöpfer verstanden. Als Schöpfer ist Gott der Leidende und Begabende. Schöpfung ist offen auf Geschichte, unvollendet, in Gang. Geschichte ist offen auf Schöpfung, Neues, Unabgegoltenes, Unerhörtes und Niegesehenes.

— Das menschliche Selbst kann als ein zutiefst dialektisches Selbst verstanden werden. Es hat Teil an der mitmenschlichen Wirklichkeit, ist tief verwurzelt in seiner geschichtlichen Identität, und gleichzeitig bestimmt zu einer eschatologischen Identität, die in Hoffnung gewagt werden kann. Es ist Teil der ökologischen Beziehungsrealität und zugleich einzigartig. Es ist gebunden, bestimmt, begrenzt und zugleich in Hoffnung offen auf Zukunft.

— Heil kommt auf uns Menschen zu, ist Gabe, Gnade, Vergebung der Sünden, Befreiung von einer Vergangenheit, die die Gegenwart zerstören will, und Hoffnung, die unerwartete Zukunft schafft. Grundform der Rhetorik des Glaubens ist der Zuspruch.

Der Bedeutung einer solchen Sicht der Wirklichkeit für eine Pastoralpsychologie des Traums und im besonderen des religiösen Traums möchte ich in den folgenden Kapiteln des zweiten Teils nachgehen. Dieser trinitarischen Wirklichkeitsinterpretation entspricht zum Beispiel eine bestimmte hermeneutische Intention. Sie möchte ich bereits jetzt umreissen. Diese pastoralpsychologische Hermeneutik des Selbst und des religiösen Traums entdeckt auch im religiösen Traum fasziniert eine Vielzahl von Interpretationsmöglichkeiten (Erwählung, Leiden, Sterben, Neuschöpfung, Ruf, Heilung) ; sie erachtet einen qualitativen Wandel als möglich, in dem mythische Grundstrukturen der Wirklichkeitsinterpretation durchbrochen werden; sie ist offen für eine nicht-hierarchischen Vielfalt der Gegenwart Gottes in menschlicher Wirklichkeit und verwirft zentralistische Absolutheitsvorstellungen (auch im Bereich des Psychischen); sie ist an der vielfachen personalen Dissoziation und Dramatisierung des Wirklichen im Traum interessiert; sie sieht auch das träumende Selbst als durch und durch geschichtliches Selbst; sie stellt Träume in den Kontext einer ökologischen Identität; sie wendet sich dem Ausgetriebenen, Verrufenen, Nächtlichen, Abgespaltenen zu und rückt die aussenseiterische Subjektivität in uns ins Zentrum; sie achtet die nächtlichen Bedeutungsstories; sie macht Gewaltstrukturen symbolischer Art auch im Traum namhaft und hält die Erinnerung an das Leiden wach; sie lässt Natur auch im Traum als Schöpfung gelten und übernutzt sie nicht in psychologischen Monokulturen; sie begründet Traumdeutung in einer Ökologie der Beziehungen und legt Träume auf diese hin aus. In ihrer Deutungsarbeit geht sie vom Glauben und der Hoffnung aus, dass es sinnvoll ist, nach Sinn zu suchen, auch wenn dieser immer wieder bedroht ist. Damit gilt ihr überhaupt ein Primat der Hoffnung vor der Verzweiflung als sinnvolle Perspektive der Traumdeutung.

Diese Hermeneutik verstehe ich als Ausdruck meines Credos. Sie versucht als Hermeneutik transparent zu werden für eine Wirklichkeit, die sich der Objektivierung entzieht, und will diese Wirklichkeit gleichnishaft, träumend, symbolisch und reflexiv nachbilden. Sie ist Ausdruck einer Hoffnung: dass regulative Sätze des Glaubens lebendig werden und nicht dürres Gerüst bleiben müssen. Noch stehen diese Formulierungen allerdings einigermassen verloren im Raum, so nackt wie der arme Träumer, der am Anfang des Buches in der Nacht seine Decke verlor. Die folgenden Erörterungen zum religiösen Traum schaffen hoffentlich Abhilfe. Gerade die Traumgleichnisse, die ich auswählen und kommentieren werde, kommen mir vor wie wärmende Kleider fürs theologische Gerippe, wie Musikanten, die eine Melodie spielen, nach der die theologischen Überlegungen tanzen lernen, und wie Lichtkegel, die in die Tiefe der Wirklichkeit leuchten, die in einem liebenden Tanz der Bedeutungsbildung wirbelt.

Den Begriff der Erfahrung lege ich dabei nicht von vorneherein fest, sondern halte ihn für einen »transzendenten Ursprung« (Moltmann 1991b, 24) offen. Ich glaube an »Einwohnungen Gottes« in den Erfahrungen des Geistes. Sie sind »verborgen, verschwiegen und leise da. Sie werden als unaussprechliche Nähe Gottes im alltäglichen Leben wahrgenommen« (25). Wird eine ganzheitliche Pneumatologie kritisch auf die vorhandenen Spaltungen im Menschen, zwischen den Menschen und zwischen Menschen und der Natur bezogen, »dann kann sie therapeutisch wirken...« (51).

Ich möchte deshalb zeigen, dass es keine »romantische Illusion« sein muss, an die heilende Kraft des Geistes auch im Traum zu glauben, sondern eine höchst aufschlussreiche, sachgemässe und auch therapeutisch wertvolle Interpretation. Diese Sicht des religiösen Traums ist also letztlich ein Entwurf »im Geist«. Sie versucht, das dialektische Selbst des Träumenden in der Dialektik von Gesellschaft und Kirche, Partikularität und Universalität, Geschichtlichkeit und Eschatologie, Erfahrung und Offenbarung zu entdecken. Es ist eine unter vielen anderen Sichtweisen. Hoffentlich zeigt sie den heilsamen Unterschied, den eine Theologie eröffnet, die auf den Geist des Lebens als Interpret von Erfahrungen setzt und auf die Möglichkeit des Andersseins im Glauben vertraut.[5] Aufgrund impliziter theologischer Axiome versuche ich auf alle Fälle, eine Pastoralpsychologie des religiösen Traums zu entwickeln, die — gerade als Psychologie und Sozialpsychologie des Traums — wesentlich von der Tiefenpsychologie C. G. Jungs und seiner Schülerinnen und Schüler abweicht.

Dialektisches Selbst und religiöser Traum

Als roten Faden meiner bisherigen Darstellung wählte ich die Geschichte des »Human Document«. Ich spinne diesen Faden weiter und wirke neue Farben hinein. Im Zentrum der Fragen steht zwar immer noch das Selbst, das in der Auseinandersetzung mit dem Religiösen in einer Geschichte der Interpretation zu sich findet. Dieses Selbst wird aber auch in einem psychologisch relevanten Sinn nun viel deutlicher als dialektisches Selbst gedeutet. Das Selbst verstehe ich als das gestaltende und gestaltete, sinnsuchende und sinnbegabte psychische Zentrum eines Menschen im Schnittbereich von Kultur, Gruppe und Person.[6]

Dieses Selbst wird geprägt von der Kultur, in der es lebt, von den Gruppen und Institutionen, an denen es durch Rollen vermittelt Anteil nimmt, und von den Strukturen seiner Persönlichkeit, wie sie sich aufgrund innerer und äusserer Kräfte im Laufe des Lebens verfestigen. Dieses Selbst ist also tief verwurzelt in seiner geschichtlichen und biologischen Identität. Zugleich ist es aber nicht nur gestaltetes Selbst, es ist gestaltendes Selbst: Es eignet sich Tradition kritisch, produktiv und ironisch an; es überwindet die Grenzen seiner Prägungen poetisch; handelnd gestaltet es seine Lebenswelt. Dieses Selbst »ist« nicht, nach unserem grundlegend dialektischen Verständnis seiner Struktur — es wird. Es wird als dialektisches Selbst in einem vielfältigen Prozess der hexalogischen Bedeutungsbildung. Es wird, verwurzelt in der irdischen Wirklichkeit, berufen zum Reich Gottes.

Die Pole des Spannungsfeldes, in dem sich diese Dialektik entwickelt, zeigt die folgende Darstellung:

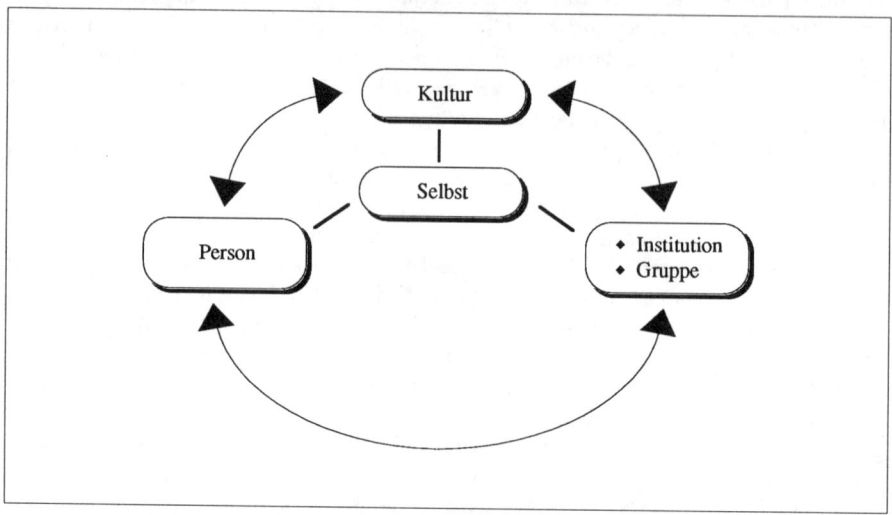

Der Geschichte dieses dialektischen Selbst, wie es sich im Traum zeigt und im Hexalog der Traumauslegung verdeutlicht, gilt in den folgenden Kapiteln unser Interesse.

Zuerst geht es um den Zusammenhang von Traum und Gesellschaft. In welcher Form reproduzieren Träume gesellschaftliche Mythen, soziale Konventionen, Vorurteile, Normen, Werte und zivile Religiosität? Wie schlägt sich im Traum symbolische gesellschaftliche Gewalt (Bourdieu/Passeron 1973) nieder? Wie legen religiöse Träume aber auch die Grundlage zu einer symbolischen Solidarität, die zugleich existentiell einmalig und sozial verbindlich wirken kann? Im Gegenzug zu einer individualistischen Deutung soll der religiöse Traum pointiert als soziale Erfahrung verstanden werden.

In einem zweiten Argumentationsgang möchte ich diesen Aspekt konkretisieren. Das soziale Selbst, das sich die kulturellen Traditionen und die religiösen Mythen unserer Gesellschaft aneignet, ist ein Selbst, das vor allem durch Rollen und Institutionen an der Kultur Anteil hat. Wie lebt dieses Selbst seine Rollen im Traum? Wie wirkt dabei die Dynamik von Primärgruppen und sozialen Institutionen? Was bedeutet dies für das individuelle Selbstverständnis im institutionellen Kontext der Kirche?

In einem dritten Schritt soll die Bedeutung (religiöser) Träume für das Werden des einzelnen erhellt werden. Wie eignen sich Menschen soziale Erfahrung in der individuellen Entwicklung an? Wie entwickeln sich das Träumen, das religiöse Urteil und die religiöse Identität im Verlauf der individuellen Biographie? Wie zeigt sich dies in den religiösen Träumen? Ich möchte insbesondere der Frage nachgehen, wie eine Hermeneutik religiöser Traum-Erfahrung in den Kontext der kognitiven Entwicklung eingebettet ist und das Selbst im Traum ein soziales Selbst und genau in diesem Prozess auch ein individuelles, einzigartiges Selbst wird.

Dieses Verständnis des Selbst, das sich entwickelt, soll in einem vierten Schritt der Analyse noch vertieft werden. In den Träumen spielt — an den Schnittstellen von Kultur, Gruppenloyalität und individueller Persönlichkeitsentwicklung — ein poetisches Selbst. Die Bedeutung der Kapriolen dieses poetischen Selbst für das dialektische Selbst und die Sprache des Glaubens soll diskutiert werden. Wie verbinden sich in den kreativen und poetischen Potenzen, die das Selbst allnächtlich mobilisiert, heilende und heilige Kunst? Wie transzendiert dieses poetische Selbst die Grenzen der gesellschaftlichen Mythen, der sozialen Dynamik und der individuellen Biographie?

Dies möchte ich in einem fünften Schritt noch weiter präzisieren. In religiösen Träumen werden nicht selten Texte, Geschichten, Worte und Symbole aus der jüdisch-christlichen Tradition aufgenommen und verarbeitet. Wie geschieht dies? Welche Hermeneutik braucht der Traum allnächtlich, um aus den Materialien der sozialisierten religiösen Inhalte sinnvolle Traumelemente zu formen? Wie verdankt sich das Selbst dieser Tradition?

In einem letzten Schritt geht es um die religiöse Traum-Handlung. Der Sinn von Träumen ergibt sich entlang ihres Handlungsfadens. Träume sind »Stories« ganz besonderer Art: Sie sind »Bedeutungsgeschichten«, in denen sich ein Subjekt zu verstehen und neu zu orientieren versucht. Sie sind Geschichten über abgespaltene Aspekte des Alltags und des Selbst, Geschichten verdrängter Möglichkeiten, ungelebter Emotionen, nicht verwirklichter Beziehungen. Als Stories bauen sie Brücken zu den Handlungen am Tag.

Ich möchte in dieser Analyse Grenzen und Kategorien nicht verwischen. Es kann nicht nachgewiesen werden, dass der Heilige Geist, in, mit und unter der Traumerfahrung wirkt. Wohl aber scheint es mir möglich, die Wirklichkeit des Träumens sozusagen »im Geist« in den Blick zu fassen, sie also unter Voraussetzungen zu thematisieren, die es zumindest nicht unwahrscheinlich werden lassen, dass in menschlicher Wirklichkeit der Geist am Werk ist, Hoffnung schafft, tröstet, erfreut, begabt, vervielfältigt, befreit und eint. Aber dieser Geist weht, wo er will. So sollen Theologie und Psychologie nicht vermischt, aber auch nicht einfach getrennt werden, sondern ungetrennt und unvermischt, dialektisch aufeinander bezogen bleiben. Das heisst aber auch, dass die Wirklichkeit des menschlichen Selbst im religiösen Traum in Sprachspielen entfaltet und verdeutlicht werden soll, die beide Dimensionen in der Analyse erschliessen.

Stärker kommt im folgenden ein dissenstheoretisches, parataktisches Grundverständnis von Hermeneutik zum Ausdruck, das nicht primär an der Einheit des Geistes, sondern an der Vielfalt seiner Gaben interessiert ist. So werde ich auch die verschiedensten Methoden zur Analyse und Deutung von Träumen einsetzen: Methoden der Interpretation und der Aktualisierung der Traumbedeutung ins Hier und Jetzt, inhaltsanalytische Methoden, Methoden aus der Schreibtherapie und andere mehr.[8] Es geht dabei nicht um einen Beweis der Wiederkehr des Gleichen und die Bestätigung psychischer Gesetze. Es geht bei diesen Methoden um die Einzigartigkeit des jeweiligen Träumenden und seines besonderen Traums. Es geht um die Vielfalt von Lebensmöglichkeiten, die in solchen Methoden aufgehoben sind, und die Vielfalt von Deutungsperspektiven für das träumende Selbst, die sie eröffnen.

Immer neu suche ich also unter einem je anderen pastoralpsychologischen Gesichtspunkt Zugang zur Erfahrung des religiösen Traums. Die Gedankengänge sind mehr Pfade denn Heerstrassen. Sie schlängeln sich, führen durchs Gestrüpp, über dürftig abgestützte Stege und an Abgründen vorbei, manchmal auch mitten in sie hinein. Ihr Wert ist heuristischer Art. Sie eröffnen überraschende Ausblicke. Gewiss könnte ich sie methodisch ausbauen und empirisch-kritisch besser absichern. Ich tue dies bewusst nicht. Wichtiger ist es mir, zu zeigen, wie diese perspektivische Analyse von Wirklichkeit immer wieder in überraschender Weise auf etwas »Undarstellbares« verweist. Wichtiger ist mir der Himmel, der sich über diesen Wegen wölbt. Wichtiger ist mit der Wind, der kommt und geht. Wichtiger ist mir das Du der Leserin und des Lesers, das mich begleiten möge.

2. Symbolische Gewalt und Solidarität im Traum

»Amimar, Mar Zutra und Rabbi Asi sassen einst beisammen. Sie sprachen: Ein jeder von uns möge etwas erzählen, was der andere noch nicht weiss. Da hub einer von ihnen an und sprach: Wer einen Traum gesehen hat, aber nicht weiss, was er geträumt hat, der stelle sich vor die Priester, während sie ihre Hände zum Segensspruche ausbreiten, und spreche folgendes: Herr der Welt, ich bin dein und meine Träume sind von dir. Ich hatte einen Traum, weiss aber nicht was, ob ich über mich selbst geträumt habe, ob meine Freunde über mich geträumt haben, oder ich über andere geträumt habe. Sind es gute Träume, so befestige und kräftige sie, wie Josephs Träume, bedürfen sie aber einer Heilung, so heile sie«.

Dieser Text aus dem Talmud[1] belegt, dass es nicht analytischer Gruppentherapie, Ethnologie und sozialpsychologischer Traumforschung vorbehalten war, den Traum einzelner als Traum mit sozialer Bedeutung zu entdecken, in einen sozialen Zusammenhang zu rücken, in einer Gruppe zu deuten und von sozialen Normen her zu gestalten; dies ist vielmehr tief im kulturellen Erbe unserer Gesellschaft verwurzelt. Der Text lässt deutlich werden, wie die Gesellschaft Träumer und Träumerinnen auch im Schlaf einholt, und wie die Individualität des geträumten Traums in die Gemeinschaft zurückgebracht werden kann: Das Interesse an dem, was noch keiner weiss, entsteht in der Gruppenzusammenkunft der Theologen. Die Beschränktheit der individuellen Deutung eines individuellen Traums führt vor die Priester. Unter ihren segnenden Händen wird der Traum des einzelnen als Traum des Schöpfers der Welt bekannt. Die Priester dieses Gottes können in der Fülle möglicher und widersprüchlicher Deutungen seine wahre Bedeutung bestimmen.[2] Die gestaltende Kraft des sozialen Zusammenhangs zeigt sich schliesslich in Form der Bitte um Befestigung guter, durch Traditionen legitimierter Träume und Heilung heilungsbedürftiger Träume.

Träume sind etwas höchst Individuelles und Persönliches. Sie tragen die Handschrift unserer nächtlichen Psyche und berühren uns manchmal in einer Tiefe, die keine Worte mehr findet. Trotzdem gilt auch das andere: Träume sind sozial. Auch im Traum haben wir Anteil an Gemeinschaft und Gesellschaft. Träumend sind wir von ihnen getrennt in einem imaginären Innenraum. Träumend erreichen sie uns wieder in den nächtlichen Motiven, Szenerien und Verwicklungen. Um diesen sozialen Zusammenhang, in den die Träume eingebettet sind, geht es nun zuerst. Auch religiöse Träume sind nicht nur als Kürzel für unsere persönliche Dramaturgie zu deuten, sondern als Bühne zu sehen, auf der die Gesellschaft und ihre religiösen Institutionen in Person und Gegenstand auftreten. Äussere und innere Beziehungskisten sind ineinander verkeilt, die Turbulenzen des Tages wirbeln weiter im Traum. Und in allem wirkt, fast unbemerkt, gesellschaftlich organisierte, symbolische Gewalt. Diese Gewalt dringt in unsere Träume, einmal schleichend auf Samtpfoten, ein anderes Mal laut und explosiv.

Mythopoetischer Voyeurismus

Augenblicke[3]
Ich sehe eine alte Zeitschrift aus der Zeit des Vietnamkrieges mit vielen Abbildungen (wie »Times« oder »Paris-Match«) in bläulichem Grau: Bilder von Hunger, Krieg und Zerstörung. Ein erstes Bild zeigt eine Gruppe von Menschen an einer Hausmauer. Sie schauen mit vor Schreck geweiteten Augen nach links oben, bewegen sich nur wenig. Man sieht Einschussstellen auf ihren Körpern, bei einzelnen sind es ziemlich viele, die aber nicht zum Tod geführt haben. Diese Menschen sind den Schüssen wehrlos ausgeliefert. Ich

sehe durchs Fadenkreuz eines Gewehrs. Einer der Köpfe wird ins Visier genommen. Schrecklich! Ein anderes Bild zeigt einen Ausschnitt aus einem heiligen Bezirk, ein dunkles Bild. Man sieht eine bis auf das Knochengerüst abgemagerte heilige Kuh. Das Bild besitzt »schauerliche Tiefe«.

Diesen Traum träumte ich, unmittelbar nachdem ich Ullmans (1960) These kennengelernt hatte, in den Träumen würden die Mythen des Alltags weitergesponnen. Der Gedanke von der mythopoetischen Kraft der Träume hatte mich gepackt. Ullman geleitete mich mit seiner provokativen Behauptung in einen Traum, der mir meinen persönlichen Voyeurismus vor Augen führte und mir eine Ahnung vermittelte von der mythopoetischen Virtuosität meines Traumlebens.

Gewalt äussert sich in diesem Traum direkt und doch so, dass ihre wirkliche Brutalität nicht sichtbar wird. Sie erscheint in Bildern von Hunger, Krieg und Zerstörung. Sie schlägt sich in der Pose der Opfer nieder, die regungslos ihrer Abschlachtung harren. Sie zeigt sich in der Metapher des Fadenkreuzes, dem Inbegriff präziser Vernichtung, distanzierter, berechnender Killermentalität und filmisch erzeugter Hochspannung. Sie enthüllt im abgemagerten Vieh ihr strukturelles Gerippe als Hunger. Die sprichwörtliche »heilige Kuh«, die nicht geschlachtet werden darf, deutet zudem hin auf die symbolische Gewalt religiöser Traditionen und Normen.

Der Traum zeigt eindrücklich auch leise Gewalt. Die Zeitlupe, in der sich die Traumbilder nur noch bewegen, tut solche Gewalt. Der voyeuristische Mythos, der weismachen will, das Schreckliche in der Welt könne betrachtet werden, tut Gewalt. Auf Glanzpapier erscheint Leiden objektiviert und losgelöst vom Betrachter, vor allem als etwas, das ausserhalb geschieht. Für Spannung ist jedenfalls gesorgt. Der Warencharakter von Nachrichten verbürgt sie. »Good news are no news.« Auch das Religiöse erscheint zuerst in objektivierter Form als »heilige Kuh«. Diese Kuh — selber ein Klischee — trägt einen Schwanz von Vorurteilen und Urteilen nach sich. In der Schweiz gilt zum Beispiel die Armee als »heilige Kuh«. Im Traum verpackt begegnet zudem eine Theorie des Bösen: Das Böse verursachen die andern. Das Traum-Ich wischt seine Hände in betrachtender Unschuld. Der gesellschaftliche Konkurrenzkampf wird so oder so tödlich enden.

Der Traum wird so zum mythopoetischen Prozess, indem er soziale Vorurteile und Mythen aufnimmt und anwendet. Die Symbole und Metaphern, die er bemüht, bilden einen imaginären Ort, an dem gesellschaftliche Gewalt anschaulich wird. Die Traumbilder sind aber zugleich gewälttätig in sich selber, weil sie gesellschaftliche Gewalt in den Bahnen gesellschaftlicher Mythen und Vorurteile darstellen. Die Traumsymbole bauen metaphorische Brücken zur Solidarität mit den Opfern von Gewalt und entfremden gleichzeitig von diesen Opfern.

Der Traum stellt dies alles so drastisch dar, dass er zugleich — bei Tage betrachtet — kritisch wirkt. Er zeigt eindrücklich, dass die Verfangenheit in soziale Vorurteile und Entfremdungen nicht nur für andere gilt, sondern mich selber prägt. Er zeigt exakt den gesellschaftlichen Ort eines weissen mitteleuropäischen Mannes, der Krieg nur aus der Zeitung kennt und Gewalt weitgehend als Medienereignis konsumiert. Er tut dies alles so drastisch, dass eine Kritik möglich wird. Die Objektivierung wird zudem in beiden Bildergruppen durchbrochen. Am einen Ort sehe ich mich selber zielen. Das Fadenkreuz vor dem Auge verrät das Traum-Ich als Schützen. Am anderen Ort ergreift mich die schauerliche Tiefe der Religion, die jede Objektivierung rückgängig macht und mich selber ergreift. In der Analyse wurde deutlich: Der Voyeurismus selbst ist böse. Schrecken ergriff mich und liess mich neu fragen, wo und wie ich in meinem Leben nicht nur Zuschauer, sondern Täter bin.

Traumpoesie und Mythopoesie

Kopfsalat und leere Schale
Ich sehe einen Kopfsalat, der umhüllt von der leeren Schale einer Zuckermelone auf dem
Regal eines Supermarkts liegt.

An diesem Traum einer Frau verdeutlicht Ullman[4], wie in Träumen individuelle und soziale Mythopoesie ineinandergreifen. Im Gespräch zum Traum zeigt sich nämlich, dass die Frau mit diesem Kopfsalat ihre Geschlechtsteile symbolisiert. Sie drückt damit zum einen etwas über ihre persönlichen Sexualprobleme aus und macht zum anderen eine Aussage über die soziale Realität, in der sie lebt. Gegen ihren eigentlichen Willen war sie eine aussereheliche Beziehung eingegangen. Sie fühlte sich dabei unter Zwang, irritiert, schuldig und eingeengt. Vordergründig suchte sie eine Lösung ihres Dilemmas, indem sie sexuellen Kontakten oberflächlich zustimmte, sich aber gegen eine Schwangerschaft schützte. Verhalten, Affekt und symbolische Verarbeitung ihrer Lebenssituation brachen auseinander. Diese Spaltung war in der Entwicklungsgeschichte der Frau vorbereitet, konnte aber — so meint Ullman — nur in einer kulturellen Umgebung wirklich aufbrechen, in der sich soziale Symbole zum Zweck der Rationalisierung brauchen oder missbrauchen lassen.
Wir leben in einer Gesellschaft — so meint Ullman —, in der Fähigkeiten abgetrennt vom einzelnen Subjekt gehandelt werden. Arbeit und Intelligenz, Wissen und Schönheit, Talent und Sexualität lassen sich kaufen und verkaufen. Die Gesetze des Marktes tendieren dazu, die Tauschaktionen zu automatisieren und unpersönlich zu machen. Das Individuum wird aufs Äussere fixiert und jenen Gebrauchsgegenständen entfremdet, die es benötigt. Der wirkliche Gebrauchswert der Ware wird verdunkelt und durch den äusseren Warenschein überlagert. Objekte existieren als etwas Losgelöstes von einem selbst, das man kaufen kann. Die Träumerin symbolisiert folgerichtig auch ihre Sexualorgane in den vorgezeichneten Bahnen dieser Entfremdung und betrachtet sie als von ihrem Selbst getrennt. Sie erscheinen als Kopfsalat — mit vollkommen geschlossenen Blättern! —, als Objekte, die gekauft oder verkauft werden können und die dieselbe unpersönliche Sachlichkeit besitzen wie Objekte auf dem Regal eines Supermarkts.
Der Traum ist also ein persönlicher Mythos, der in vielem analog zum mythopoetischen Prozess abläuft, der kulturell wirkt. Quelle eines gesellschaftlichen Mythos ist eine äussere, unversöhnbare Situation. Gefühlsmässige Reaktionen auf diese Situation werden in Metaphern übersetzt, die sozial organisierende Qualität besitzen. Eine Brücke zwischen sozialem und individuellem Mythos bilden die Metaphern, die in der Alltagssprache Bedeutung lebendig und ausdrucksstark mitteilbar machen, im Traum in ähnlicher und doch anderer Art die gefühlten Reaktionen auf ein Ereignis zur Darstellung bringen.[5]
Das Unbewusste des einzelnen und das gesellschaftlich Unbewusste gehören also zusammen. Soziale und individuelle Pathologie verschränken sich. Gesellschaftliche Mythen, das heisst tiefverwurzelte, früh sozialisierte Muster der Wahrnehmung sozialer Realität, zeigen sich in den Träumen, und Träume leisten einen Beitrag zur Entwicklung solcher Mythen. So gibt es auch für Ullman so etwas wie ein kollektives Unbewusstes. Dieses ist aber zeitgenössisch und nicht archaisch und wird fortlaufend erschaffen, indem einzelne am kulturellen Gewebe mitwirken, lange bevor sie diesen Enkulturationsprozess genau wahrnehmen. Träume können — so analysiert — auch zum Werkzeug werden, mit dem wir unser Wissen über die formenden Einflüsse dieses kulturellen und sozialen Milieus auf den einzelnen zu erweitern vermögen.
In der Traumanalyse werden die personalen Bezüge meist, die sozialen aber selten weiterverfolgt. Diese sozialen Bezüge eines Traums widerspiegeln aber bedeutsame Aspekte

des sozialen und gesellschaftlichen Umfelds. Dies ist auch für die therapeutische Arbeit mit Träumen wichtig. Hilfreiche Einsicht ist eigentlich Wissen kombiniert mit der Fähigkeit, Verhalten zu ändern, das heisst aktiv zu werden. So ist es nicht nur wichtig, zu erkennen, wie ein einzelner Mensch aus unbewussten Motiven gegen Veränderung Widerstand leistet. Es ist ebenso wichtig, wenn nicht sogar wichtiger, dass wir analysieren, wie das soziale Milieu individuelle Veränderungen unterdrückt oder fördert. Das Individuum wird nicht nur durch Gewichte seiner persönlichen Vergangenheit niedergedrückt, sondern auch durch die äusseren Verstärker und Normen des sozialen Umfelds zum psychischen Stillstand gezwungen. Erst wenn beides in die Analyse miteinbezogen wird, ist eine Therapie möglich, die wirklich weiterhilft.

Ullman steht mit seiner These nicht allein. In westlichen Gesellschaften ist es — nach der Vertreibung des Traums aus Kirche und Gesellschaft im Zeitalter der Reformation und der Aufklärung[6] — die therapeutische Situation gewesen, in der zuerst eine neue Sensibilität für die soziale Bedeutung des Traums wiedergewonnen werden konnte. Freud (1900) hatte soziale Dimensionen des Traums von Anfang an wahrgenommen. Im Inhalt des Traums zeigt sich verhüllt die Biographie, insbesondere die Prägung kindlicher Bedürfnisse durch die Elternfiguren. Die Sensibilität für die Bedeutung des Traums in der therapeutischen Situation schärfte sich, als die Prozesse der Übertragung und Gegenübertragung in ihrer Bedeutung für die Therapie genauer erkannt wurden. In vielfacher Weise — so zeigte sich — spiegelt sich die therapeutische Beziehung in Träumen, suchen Patientinnen ihre Analytiker, Analytikerinnen ihre Patienten im Traum heim. Eine weitere Vertiefung dieses Interesses brachte die Entdeckung des therapeutischen Werts des Gruppentraums in der analytischen Gruppentherapie.[7] Das psychoanalytische Interesse setzte sich in kulturanthropologischen Untersuchungen des Traums[8], in der Sozialpsychologie[9], neuerdings auch im Rahmen der Sozialgeschichte fort.[10] Auch für Jung ist von allem Anfang an — wenn auch in anderer Zuspitzung — die Beziehung zwischen dem einzelnen und dem Kollektiv von zentraler Bedeutung. In den archetypischen Motiven finden sich kollektive Wurzeln der Psyche. Individuelle Träume widerspiegeln aber auch in mannigfacher Weise historisch und gesellschaftlich konstellierte Wirkkräfte, denen einzelne Menschen in ihrer Psyche ausgesetzt sind. Jung und Boss haben durch ihre Betonung des manifesten Trauminhalts zudem die Basis dafür gelegt, dass Träume inhaltsanalytisch untersucht und auf ihre sozialen Randbedingungen hin befragt werden konnten. Träume sind also Teil der sozialen Realität. In ihnen spiegelt sich das soziale Milieu, spiegeln sich die Mythen einer Sozietät, spiegeln sich die Interaktionen, die sozialen Rollen, die Beziehungsstrukturen und die geschichtliche Situation einer Gesellschaft.

Religiöse Gewalt und Solidarität in Frauenträumen

Diese Zusammenhänge gelten auch für den religiösen Traum. Sie lassen sich an verschiedenen Themen nachweisen. Als Zugang wähle ich die Frage nach dem Einfluss der patriarchalen Mythen auf die religiösen Träume von Frauen und Männern. So möchte ich untersuchen, wie Geschlechterrollen im Traum symbolische Gewalt ausüben und mit Religion und religiöser Gewalt verbunden sind, und danach fragen, ob in symbolischen religiösen Räumen, die vom Patriarchat geprägt sind, trotzdem Solidarität möglich wird. Herausgefordert von vielen Seiten beginne ich mit einer Analyse von Frauenträumen. Ich nehme an, dass sich die Frauenemanzipation der letzten Jahrzehnte, insbesondere auch die Auseinandersetzung mit patriarchalen religiösen Mythen bis tief ins religiöse Traumleben von Frauen fortsetzt.[11] Als Mann bin ich aber auch daran interessiert, im Vergleich dazu Männer, ihre religiösen Träume und ihre Männertraum-Religion besser verstehen zu lernen.

Wir erinnern uns zuerst an einen Frauentraum, den Boss berichtet (s. oben S. 52). Die Träumerin sitzt im Zürich der fünfziger Jahre mit Mann und Kindern am attraktiv gedeckten Mittagstisch im gemütlichen Esszimmer bei grossartigen Beefsteaks, Bratkartoffeln und grünem Salat und isst geniesserisch. Gegen besseres eigenes Wissen gibt sie ihrem Mann recht, der behauptet, dieses Essen vor einem Jahr auf der Hochzeitsreise in Cannes gegessen zu haben. Sie fühlt sich allen nahe, besonders ihrem ältesten Sohn, der nun plötzlich, wie durch Zauberei, unmittelbar zu ihrer rechten Seite sitzt. Farbenprächtige Brücken, vergleichbar kräftig leuchtenden Regenbogen, sind zwischen ihr und ihren Angehörigen über den Tisch ausgespannt; darauf schwebt eine grosse golden schimmernde Schale hin und her, verweilt jeweilen am längsten in der Nähe des Lieblingssohnes. Gedanken an die Russen, die dies alles zerstören könnten, weist sie zurück, entschlossen, voller Eifer und Zuwendung zu Mann und Kindern nur die glückliche Gegenwart auszukosten und die Zukunft dem Herrgott anzuvertrauen.

Der folgende Traum stammt von einer Träumerin des Zürich der neunziger Jahre. Er deckt den Tisch des Geschlechterverhältnisses sozusagen spiegelbildlich umgekehrt.

Mahl der Männer

Wir sind im Kopf eines Kirchturms einer grossen Kirche und essen miteinander. Es ist ein heiliges Mahl, hat man mir gesagt. Ich werde hier oben gefangengehalten und muss auf Befehl an diesem Mahl teilnehmen. Viele Menschen sitzen an einem runden Tisch, ich gehöre dazu, kenne aber niemanden. Töpfe werden herumgereicht, Männer haben für uns gekocht, wir schöpfen das Essen, sprechen miteinander ein Dankgebet und bedanken uns bei den Männern. Wir feiern, doch ich weiss nicht was. Ich erkundige mich. Jeder erzählt mir etwas anderes.

Die Menschen links und rechts von mir beginnen zu essen. Auch ich nehme Messer und Gabel in die Hand, doch etwas hält mich davon zurück, loszuessen. Ein Grausen beginnt in mir zu wachsen, ein namenloses, unerklärliches Entsetzen. Ich muss weg, um jeden Preis weg! Doch ich kann nicht, ich bin gefangen.

Ich schaue vorsichtig nach links und nach rechts. Alle sind mit Essen beschäftigt. Langsam und vorsichtig stosse ich den Stuhl zurück, stehe auf, gehe wie gefroren ohne eigene Bewegung durch den Raum. Bleibe kurz stehen, denn plötzlich weiss ich, was mich mit solch namenlosem Entsetzen erfüllt: Sie essen — mich selber. Sie schlagen sich an meinem Kadaver die Bäuche voll. Es ist mein Kind, mit dem ich bis jetzt Hand in Hand durch die Welt gegangen bin. Das Kind, das neugierige, unvoreingenommene Kind ist nun tot, von diesen Männern getötet. Das Kind, das mit Gott selber gesprochen hat!

»Eben!«, sagen sie bedeutungsvoll und schmatzen lustvoll. Schmatzen voller Gier auf mein totes Kind. Ich kann nicht weiteressen. Endlich löse ich mich aus der Starre, öffne die Tür — sie war ja gar nicht verschlossen! — gehe in den dunklen Gang hinein, schliesse fest hinter mir zu und jage die Treppen hinunter. Immer noch treibt mich das Grausen. Gänge und Treppen rings um mich herum. Ich irre umher, ohne den Ausweg zu finden. Erschöpft bleibe ich stehen. Ich habe mich verirrt im Labyrinth dieser Kirche. Nie werde ich einen Ausweg finden, nie! Ich muss zurück, sie haben mich in ihrer Gewalt.

Dieser Traum einer Theologin illustriert viele Seiten des Problemzusammenhangs, der mich beschäftigt. Er zeigt das Traum-Ich dieser Frau gefangen und tödlich verletzt in einer Männerwelt und kirchlichen Strukturen, aus denen es keinen Ausweg gibt. Der

Traum beginnt zwar in einer Idylle — Männer haben kochen gelernt und bedienen die Frau — , kippt bald aber ins Grässliche. Das Männerritual — ein »Herrenmahl« in blasphemischer Verkehrung — fordert das Opfer des Kindes, das mit Gott gesprochen hatte; es wurde der Träumerin entrissen, ohne dass sie dies gemerkt hatte. Obschon die ersten Türen auf der Flucht überraschenderweise nachgeben, gibt es für das Traum-Ich kein Entrinnen aus dem Labyrinth dieses religiösen Gefängnisses. Der Traum zeigt eindrücklich das Problem: Religiöse Gewalt, ausgeübt von Männern, schlägt in diesem Traum hinterlistig und grausam zu und zerstört Identität und Autonomie eines weiblichen Traum-Ichs in ihrem Innersten.

Spiegelt dieser Traum die Wirklichkeit des Geschlechterverhältnisses in der Kirche? Träumen andere Frauen vergleichbar oder anders? Wie haben Frauen früher religiös geträumt? Und: Erlebt diese Frau das Religiöse in ihren Träumen auch sonst ähnlich? Ein zweiter Traum nimmt die Problematik des ersten offensichtlich auf und findet für sie nochmals ein anderes Bild.

Der weggeschnittene Schrei
Es ist wieder eine Art Gottesdienst, an dem ich teilnehme. Es wird erklärt, wir seien ein Puzzlestück, ein Teil des Ganzen. Etwas fehle, wenn wir uns nicht ins Ganze einfügen lassen. Ich freue mich über diese Aussage. Ich mache mich bereit. Wo und wie ist mein Ort? In welchem Zusammenhang stehe ich? Noch sei es nicht soweit, erklärt man mir. Erst müsse ich die richtige Form erhalten. Man zeigt mir die Vorlage, wie ich werden muss: Ich erschrecke. Viereckig. Alle eigenen Kurven und Linien sind weggeschliffen. Das muss so sein, bestätigt man mir und beginnt mit der Arbeit. Vor meinen Augen steigt das Puzzle auf, das so entstehen wird. »Das wird langweilig und ohne Bild«, schreie ich auf. »Klar passen wir so zusammen, so ohne Kontur und Form, aber wir sagen nichts mehr aus!« Doch schnell kommt ein Messer und schneidet mir meinen eigenen Schrei weg. »Reiht euch ein!«, befiehlt eine Stimme. Brav legen wir Vierecke uns aneinander. Ich höre mich nicht mehr, ich sehe mich nicht mehr, rieche mich nicht mehr. Wo ist mein Angstschweiss? Irgendwo muss er doch sein. Verpestet wohl alles und verrät mich! »Keine Angst«, sagt der nebenan, »den überpudern sie mit Gottesduft.« Und ich beginne, nicht mehr zu sein.

In unserer Traumsammlung befinden sich insgesamt 140 religiöse Frauenträume aus unserem Jahrhundert, die meisten aus der Zeit zwischen 1950 und 1980. Wie zeigt sich das Geschlechterverhältnis und das Religiöse in ihrem Wechselverhältnis in diesen Träumen? Anhand einer Inhaltsanalyse suchten Mitarbeiterinnen und ich nach Antworten auf diese Frage. Wir verglichen die Resultate dieser Analyse mit Frauenträumen aus der Zeit nach 1990, die wir gesammelt hatten, und mit Männerträumen aus dem Zeitraum von 1950 bis 1990.[12]

Folgende Fragestellungen wurden analysiert:

— Rollen: In welcher Art spiegeln Träume die Geschlechterrollen? Wie spielt insbesondere das Traum-Ich seine Rolle? Ist es in eine traditionelle Geschlechtsrolle integriert, hat es sich von ihr erfolgreich emanzipiert oder zeigen sich doch zumindest Ansätze dazu?
Das Traum-Ich muss zwar beispielsweise im ersten Traum nicht Heimchen am Herd spielen; es darf sich an den gedeckten Tisch sitzen, die Männer haben gekocht. Doch um welchen Preis geschieht dieser Rollenwechsel!

— Aktivität und Passivität: In welcher Form ist das Traum-Ich aktiv, passiv oder vorwiegend eines von beiden in seiner Traumwelt?
Die Traumbeispiele zeigen auch dies. Das Traum-Ich nimmt unfreiwillig am Mahl der Männer teil, zuerst noch überrascht, dann mehr und mehr von Ekel und Entsetzen erfüllt. Es erstarrt, findet mit Mühe einen Ausgang und bleibt schliesslich doch in den Gängen und Fluchten der Männerkirche stecken. Eine ähnliche Bewegung in totale Erstarrung zeigt der Puzzletraum bis hin zu jener schrecklichen Passivität, die in den Worten liegt: »Ich fange an, nicht mehr zu sein.«

— Religiöse Macht: Wer besitzt die religiöse Macht im Traum? Liegt sie bei den Männern, bei den Frauen oder einer anderen Instanz? Finden sich Übergänge, Machtwechsel?
Der erste Beispieltraum zeigt die triumphierende religiöse Macht bei den Männern, der zweite zeigt Macht eher anonym, als symbolischen Sog des Bildes vom Puzzle und seinen Teilen.

— Solidarität und Gewalt: In welcher Weise zeigen religiöse Träume Solidarität von Frauen mit Frauen, von Männern mit Männern, von Frauen mit Männern und von seiten einer unpersönlichen Macht? Wie zeigen sie aber auch Gewalt unter Männern, unter Frauen, zwischen den Geschlechtern oder von einer unpersönlichen Macht? Welche Rolle spielt dabei das »Religiöse«?
Der erste Traum zeigt Gewalt von Männern an einer Frau in einem religiösen Raum und verrät eine männerbündlerische Solidarität unter den Köchen. Der zweite zeigt die Macht unpersönlicher Erklärungen, die Gewalt des Messers, der schneidenden Stimme und der Vertröstung.

— Integration: Inwiefern sind Träumer und Träumerinnen in ein religiöses System integriert? Inwiefern gelingt es ihnen, dieses System zu verändern oder nehmen sie teil an solchen Veränderungen? Inwiefern emanzipieren sie sich, entkommen sie, wandern sie aus oder flüchten? Inwiefern finden sie gar in einem alternativen religiösen Ritus und in einer neuen Gemeinde wieder sozialen Anschluss?
Das Traum-Ich ist den genannten Beispielen nach in einem patriarchalen Kosmos eingesperrt, wohl oder übel integriert bis zum verzehrenden, verstümmelnden Extrem.

— Folgen für das Traum-Ich: Welches sind die Folgen der religiösen Erfahrung für das Traum-Ich? Wirkt das Religiöse heilend, bewahrend, solidarisierend, motivierend, stärkend, Neues erschliessend, befreiend und stimmungsaufhellend oder eher so wie in den Beispielträumen: kränkend, zerstörend, vereinzelnd, entmutigend, schwächend, fixierend, knechtend und stimmungstrübend? Und ist der Ausgang des religiösen Traums im Ganzen für das Traum-Ich positiv, negativ oder ambivalent?

Zahlen vermögen nur ungenügend wiederzugeben, wie aufschlussreich eine solche Analyse im einzelnen ist. Der Spannungsbogen der Träume, die wir analysierten, verbindet Extreme. Er reicht von Träumen, in denen das religiöse Patriarchat und das System der Geschlechterrollen ungebrochen herrschen, bis hin zu Träumen, in denen Frauen sich in den religiösen Kosmos der Männer einschleichen, ihn auf ihre Art zu füllen beginnen oder von Grund auf verändern. Spannungen, Brüche und Entwicklungslinien finden sich auch in den Träumen einer einzigen Träumerin. Das »Gottesdienstpuzzle« verändert sich — wie dies am Schluss des Kapitels deutlich werden wird.
Zahlen geben einen geordneten Überblick über diese Vielfalt, auch wenn sie im einzelnen nicht überbewertet werden dürfen. Unsere Auswertung, wie sie auf S. 109 zusammen-

gefasst ist, zeigt eindrückliche Zusammenhänge, die zu vielen weiteren Gedanken Anlass geben. Einige hervorstechende Resultate möchte ich kurz kommentieren.

Durchgehen wir zuerst die Frauenträume vor 1970. Sie zeigen Frauen fast ausschliesslich in traditionellen Rollen und in diesen Rollen in ein religiöses System integriert, das ungebrochen auf der Tradition eines patriarchal geprägten Christentums aufbaut. Frauen erfahren Solidarität und Gewalt in diesen religiösen Träumen insbesondere im zwischengeschlechtlichen Verhältnis. In ihren Träumen verhalten sich die Frauen dieser Zeit mehrheitlich passiv. Die Folgen der Begegnung mit dem Religiösen sind zwar eher positiv. Religiöse Träume zeigen aber auch recht viele negative Folgen für die Traum-Frauen. Dieses Bild verschiebt sich in den Träumen aus der Literatur, die nach 1980 erschienen ist. Träumerinnen erscheinen nur noch halb so oft in traditionellen Rollen, weitaus häufiger in Rollen, die ein verändertes Selbstverständnis, ja eine deutliche Emanzipation von der traditionellen Frauenrolle zeigen. Ähnlich verschieben sich die Machtverhältnisse. Liegt die religiöse Macht vor 1970 noch eindeutig beim Mann, liegt sie nach 1970 mehrheitlich bei Frauen. Die Abhängigkeit von einer unpersönlichen höheren Macht nimmt gleichmässig ab. So nimmt auch die Integration in religiöse Systeme kontinuierlich, wenn auch langsam ab, erfahren Träumerinnen den traditionellen religiösen Kosmos in wesentlichen Elementen als verändert, emanzipieren sich von ihm oder nehmen manchmal an einer neuen religiösen Gemeinschaft ausserhalb des traditionellen Christentums teil. Frauenträume nach 1970 zeigen Frauen auch weitaus häufiger in Situationen, in denen sie Solidarität mit anderen Frauen erfahren. Weiterhin wichtig bleibt die zwischengeschlechtliche Solidarität. Während der gesamten Zeit ist das Faszinosum am Religiösen wichtiger als das Tremendum. Zunehmend deutlich greifen die Traum-Frauen nach 1970 auch aktiv ins Geschehen des Traums ein. Im Ganzen scheint diese Entwicklung die Frauen im Traum allerdings nicht zufriedener zu machen. Die positiven Folgen des Religiösen für das Traum-Ich schwächen sich ab, die negativen werden spürbarer, ja sogar gleichgewichtig.

Was zeigt dieser Überblick? Ich denke, ein erstes werde deutlich: Die religiöse Situation der Frauen im Traum wandelt sich. Die Welt des Traums ist eine mit geschichtlicher Wirklichkeit eng verbundene Welt. Wenn man sie nicht allzu schnell auf unveränderliche psychische Konstanten zurückführt, sondern in ihrem Erscheinungsbild ernst nimmt, dann zeigt sich, wie diese Welt mit konkreten geschichtlichen und gesellschaftlichen Verhältnissen verhängt ist. Sie zeigt keineswegs übergeschichtliche, invariante Wiederholungen des immer Bleibenden. In ihnen taucht Neues auf, »le différend«, und nicht so sehr Archetypisches und immer sich Wiederholendes.

Die Analyse zeigt deutlich, wie religiöse Träume symbolische religiöse Gewalt darstellen und zugleich zu einem Raum der Solidarität werden können. Die Frauenträume vor 1970 zeigen die Frauen integriert in traditionelle Rollen und integriert in einen traditionell religiösen Kosmos. Im imaginären Raum der Traumwelt leben sie die drei Ks: Sie sitzen in der Kirche zu Füssen der Männer, erfahren Religiöses autonom höchstens im privaten Bereich, in ihrer »Küche«, in der Begegnung mit Kindern und Männern, kaum einmal aber in der Öffentlichkeit. Es bleibt ihnen vorenthalten, selbständig zu einem religiösen Urteil zu finden — und wenn sie dies tun, behalten sie es geflissentlich für sich. Die Frauenbewegung hat diese Form des Geschlechterverhältnisses als Gewalt kritisiert.

Die Träume nach 1970 zeigen, wie sich diese Welt zu wandeln beginnt: Der patriarchale Mythos wird in Träumen zunehmend kritisch dargestellt. Er erhält — im Rahmen tiefenpsychologisch orientierter Therapien — Konkurrenz durch den Mythos des androgynen Gottes. Dies scheint mir zugleich Ausdruck eines anders gelagerten gesellschaftlichen Umfelds zu sein. Frauen beginnen die Positionen der Männer zu besetzen: Frau Gott sitzt hinter dem Schreibtisch, allerdings immer noch ausgestattet mit den Akten und demonstrativen Insignien partriarchaler Macht und Unterwerfung (Riess 1987, 369). Eine Frau zeigt der andern den Weg zum aufrechten Gang in die Kirche (375). Sexuelle Erfüllung bringen nicht mehr die Arme des Zeusstiers (Boss 1953, 164f.), sondern die einer goldenen indischen Göttin (Gunter 1983,416). Belehrung wird nicht mehr zu Füssen des sterbenden Franziskanermönchs gesucht (Boss 1953, 155f.); die Träumerin dient dem Heiligen Geist nun selber — als Barfrau (Faraday 1984, 90) — oder provoziert mit der politischen Zeitschrift im Gottesdienst (Hark 1987, 148). Die Traumwelt spiegelt also nicht die ewige Wiederkehr desselben. Sie zeigt vielmehr, wie Neues wird, wie symbolische Gewalt aufgebrochen und Solidarität entdeckt wird.

Die Träume zeigen schliesslich auch eine Umschlagstelle zwischen Gewalt und Solidarität. Bereits in den religiösen Träumen vor 1970 erweist sich das Religiöse für Frauen immer als sehr zweischneidig. Es vermittelt Geborgenheit und verursacht Leid. Wir haben die leidvollen Auswirkungen auf das Traum-Ich mit Adjektiven zu beschreiben versucht: Das Religiöse wird oft erfahren als kränkend, zerstörend, vereinzelnd, entmutigend, schwächend, knechtend, stimmungstrübend und fixierend. Frauen sind auch vor 1970 keineswegs einfach glücklich an ihrem Traumherd. Dies verschärft sich in der Folge der Entwicklung. Ich vermute, dass genau dies ein Grund dafür ist, dass sich in der Traumwelt der Frauen auch einiges ändert. Das Leid, das Religiöses verursacht, führt zur Kritik an den leidverursachenden Zuständen, zu Veränderungsversuchen, zum Exodus und der Suche nach neuen, alternativen religiösen Formen. Leidvoll erfahrene symbolische Gewalt wird zum Grund neuer symbolischer Solidarität auch in der Symbolwelt des Traums. So zeigen die religiösen Träume von Frauen beides: die Gewalt der symbolischen Konfigurationen des Patriarchats und den Protest gegen diese Gewalt, der Solidarität schafft. Diese Tendenz verschärft sich noch in den Träumen der Frauen der 90er Jahre. Die Konflikte zwischen den kulturellen Mythen der Geschlechtsrolle und deren individuellem Verständnis, zwischen ihrer religiösen Legitimation und der religiös motivierten Emanzipation, zwischen Männern, die religiöse Macht verteidigen, und Frauen, die religiöse Macht für sich in Anspruch nehmen, verschärft sich bis zu dem Punkt, an dem ein weiteres Arrangement unmöglich und Veränderung lebensnotwendig wird. Die Ambivalenz verschärft sich: Das Kind der einen Träumerin wird in der Männerkirche verspeist; eine andere Träumerin bringt ihr Kind mitten in der Kirche auf die Welt und fühlt sich wunderbar geborgen. Die eine bleibt in der Männerkirche rettungslos eingesperrt; die andere steigt vom Kirchenzug, auf dem ein Kollege Kreuzbrötchen verteilt und grosse Predigten hält, und wandert durch unwirtliche Gegend auf ein fernes Dorf zu. Im einen Traum finden sich Formen hilfreicher Solidarität unter Frauen, im anderen die tödliche Bedrohung durch das Männliche. Im einen Traum fällt ein Kind auf den Boden eines Vorlesungssaals — demonstriert so seine Unzufriedenheit über die mütterlichen Bildungsbedürfnisse — und zerbricht in Stücke; im anderen Traum bringt dieselbe Frau ein Kind, das bereits Zähne hat, ohne fremde Hilfe auf die Welt. Die eine Träumerin bewältigt die Beerdigung eines Mannes, der im Aufbahrungsraum plötzlich wieder lebendig wird, indem sie einen biblischen Text eigenwillig interpretiert; einer anderen Träumerin droht Verfolgung wie weiland den Hexen, weil sich in ihr unbotmässige Gedanken regen angesichts eines aus Worthülsen gebauten Gottes. Selbständig steuert eine Frau ihr weisses Auto samt Familie im Flug über den See; doch sie muss pusten, damit es in der Luft bleibt; sie allein trägt die Verantwortung am Steuer.

Geschlechtsrolle und Religion im Traum

Kategorie	Ausprägungen	Frauen vor 1970	Männer vor 1970	Frauen 1970-90	Männer 1970-90	Frauen nach 1990
Rolle	. traditionell	16	13	6	16	7
	. emanzipiert	0	0	1	0	4
	. gemischt	0	3	10	1	7
Macht	. bei Frau	1	0	7	3	8
	. bei Mann	5	11	2	8	5
	. Frau und Mann gem.	1	0	2	1	0
	. Machtwechsel	2	0	0	0	0
	. unpersönliche Macht	7	10	5	8	3
Integration	. integriert	12	10	10	5	8
	. transformiert	0	7	3	8	4
	. emanzipiert	0	0	1	3	3
	. alternativ	1	1	5	2	0
Solidarität	. Frauen	1	0	6	0	4
	. Männer	0	5	1	5	0
	. Frau und Mann	7	3	5	6	5
	. von unpers. Macht	5	0	0	3	0
Gewalt	. Frauen untereinander	1	0	2	0	0
	. Männer untereinander	0	7	1	2	0
	. Frau und Mann	5	0	2	1	5
	. von unpers. Macht	3	4	2	6	3
Aktivität Traum-Ich	. aktiv	1	6	4	5	9
	. passiv	3	6	3	2	3
	. vorwiegend aktiv	7	6	6	9	5
	. vorwiegend passiv	7	2	5	4	3
Religiöse Qualität	. Faszinosum	12	10	10	5	11
	. Tremendum	0	7	9	2	2
Folgen des Rel.	. positiv	45	54	28	47	28
	. negativ	18	8	26	11	22
Traum- ausgang	. positiv	8	10	6	11	7
	. negativ	4	3	6	3	6
	. ambivalent	5	3	7	4	7

Anzahl Träume pro Kategorie und Zeitraum: n = 20. Die bei den einzelnen Kategorien jeweils fehlenden Häufigkeiten fallen in die Ausprägung »nicht bestimmbar«.

Männertraum-Religion

Mit zunehmender Erschütterung habe ich auch die Männerträume unserer Sammlung analysiert. Im ganzen zeigen die Zahlen, dass es in den Träumen vor und nach 1970 kaum nennenswerte Veränderungen gibt. Die Männertraum-Religion scheint mir kompakter als die Frauentraum-Religion. Ich beschreibe und analysiere sie deshalb als Ganzes.

Bereits die Zahlen der Inhaltsanalyse zeigen ein charakteristisches Bild: Männer verkörpern in Träumen traditionelle Männerrollen. Daran hat sich auch seit 1970 in den Träumen unserer Sammlung nichts verändert. Besonders häufig sind Männer in religiösen Rollen aktiv: Sie ziehen in die Kirche ein, besteigen die Kanzel, lesen vor, teilen das Wort oder die Hostie aus, predigen, zelebrieren, deuten, entzünden den reinigenden Salbei und schleichen sich auch in der Nacht in die Kirche. Sie erforschen unbekannte Räume in der Kirche, besuchen das höchste Lebewesen im Raumschiff, begegnen Gott in der Totemmaske. Sie besteigen ein feuriges Fahrzeug und fliegen mit Christus höchstpersönlich im Flugzeug. Oft leben Traum-Männer in tödlicher Bedrohung oder bedrohen selbst andere: Sie steigen in Kampfflugzeugen auf, wenden sich dem Gegner zu, bekämpfen den dunklen Eindringling, ringen heftig miteinander, versuchen sich zu ertränken. Sie werden aber auch gefesselt, ihr Leben ist akut und gewalttätig bedroht, und sie erleiden Folterqualen in den Händen der Inquisition. Sie flüchten und regeln als Fachleute die Flucht. Den Soldaten wird zudem vom Papst in einem Aufruf befohlen, keine Dispute über die Attribute des Herrn miteinander zu führen. Über Lautsprecher freut man sich hingegen, dass Karl nun auch in der Kirche mit dabei ist. Die Traum-Männer besitzen rostfreie Messer und Häuser und forschen. Sie entdecken wunderbare Gebilde im dunklen Wald, fällen ein sachkundiges Urteil, wissen auszuwählen. Mit väterlicher Güte zwingen sie einander, ein Buch zu lesen und unterziehen sich dem Stärkeren, wenn es nicht mehr anders geht. Fast etwas verloren sieht jener Träumer aus, der scheu in eine martialische Runde tritt und seinen Gegner mit einer stillen Geste bezwingt. Eine Ausnahme ist auch der beschwingte Tänzer, und nur einer umarmt eine Frau. Sie weinen nie, sie lachen nie, sie faulenzen nicht, und sie waschen nie Geschirr. Diese Schilderung ist bis in die Details aus Elementen von Träumen gewoben und wird doch fast zur Karikatur.

So liegt auch die religiöse Verfügungsgewalt in diesen Träumen eindeutig bei den Männern, genauer noch: bei den in traditionell religiösen Systemen integrierten Männern. Es ist die grosse Ausnahme, wenn Macht auch einmal von Frauen und vom Weiblichen ausgeht. Das Machtgefüge zwischen Mann und Frau ist zudem stabil. Es findet sich unter allen vierzig Männerträumen kein einziger, der einen Machtwechsel im Traum selber andeutet. Die Macht in der Männertraum-Religion besitzen unangefochten die Herren der Schöpfung. Sie kann ihnen höchstens von einer noch höheren Macht aus der Hand genommen werden. Häufig erfahren Männer nämlich im Traum eine unpersönliche höhere Macht, die nicht geschlechtsspezifisch ist und der sie sich durchaus unterordnen.

Es liegt auf der Hand, dass eine so konstruierte Traum-Religion den Männern günstig gesinnt ist. Die Folgen der Begegnung mit dem Religiösem im Traum sind für das männliche Traum-Ich mehrheitlich positiv. Auch der Traumausgang ist in den weitaus meisten Fällen positiv. Das entspricht dem Gesamtbild: Eine Traumwelt, in der die religiöse Macht bei in religiöse Systeme integrierten Männern liegt, die in ihrer Macht und Rollenausübung vom Religiösen mehr legitimiert denn in Frage gestellt werden, ist tatsächlich eine komfortable Welt, in der sich wohl leben lässt. Ein grosser Leidensdruck scheint in religiösen Männerträumen nicht zu herrschen. Kräfte zur Veränderung sind gering.

Die Männertraum-Religion spielt zudem in einem fast ausschliesslich von Männern bevölkerten Universum. Fast 50% aller religiösen Männerträume, die ich untersuchte, spielen sich in einer reinen Männerwelt ab, in der Weibliches in keiner Form auftaucht. In fast 40% der Träume sind die Männer allein unterwegs, erleben und erfahren etwas auf einsamer religiöser Forscherreise. In acht Träumen kommen Frauen irgendwo vor. Es ist aber schnell gesagt, was sie tun: Eine schenkt als Mutter Ostereier, eine harkt ein Grab, eine stimmt dem Träumer sehr zu und bricht später in Tränen aus, eine lässt sich im Tanz eng umschlingen, eine taucht als nacktes, feuerrotes Mädchen aus den Meereswogen und wird umarmt. In einem Traum wird dem Träumer bedeutet, das Bild der Frau sei für sein inneres Werden unentbehrlich. In einem anderen Traum zwinkert eine Schutzmantelmadonna einem flüchtenden Theologen verständnisvoll zu und öffnet die Türe aus der Kirche. Lediglich ein Träumer befindet sich im Haus einer geistigen Führerin. Dieses steht allerdings in den symbolischen Gefilden des New Age.

Das Bild der Männertraum-Religion zeigt also durch und durch sexistische Züge. Frauen spielen keine nennenswerte Rolle. Sie sind im besten Fall unbedeutende, dienende Geschöpfe neben den männlichen Traum-Protagonisten. Gefragt scheinen sie auch in religiösen Träumen nur ausnahmsweise einmal als Sexualpartnerinnen. Wenn es Männern gelingt, das Weibliche in sich zu aktivieren, werden sie gar — dies ist eine bösartige Interpretation — von Weiblichem ganz unabhängig.

Religiöse Männerträume zeigen Männer — wie gesagt — immer wieder in Kämpfe verwickelt. Dabei zeigt sich im Motiv dieser Kämpfe ein Silberstreifen am Horizont der Männertraum-Religion. Das Motiv scheint zu sein: Kampf nicht bis zum bitteren Ende. Kampfsituationen auch religiöser Art gleichen meist eher dem Gerangel kleiner Knaben. Ein friedlich-schiedlicher Abgang ist — wenn man als traditionell männlich den Kampf bis zum bitteren Ende ansieht — zumindest eine Form der Emanzipation von einer symbolischen Gewalt, die nur absolute Gewinner und Verlierer kennt. So scheint die Gewalt der Männer gegeneinander nach den 70er Jahren auch abzunehmen. Die Analyse liesse sich weiter vertiefen. Ich breche hier aber ab, um einige Schlussfolgerungen zu ziehen.

Mythopoesie und Hermeneutik des Selbst

Die Deutung religiöser Träume ist nicht nur von seiten der Deutungsmodelle her gesehen ein prägender sozialer Vorgang. Auch in den Träumen selber wirkt bereits der soziale Einfluss. Eine Hermeneutik des Selbst muss diese Abhängigkeit des Selbst von historischen und gesellschaftlichen Verhältnissen bis tief in seine Traumwelt hinein beachten. Das Selbst ist eben nicht so frei und der Traum keineswegs einfach gesellschaftliches Niemandsland und Raum unbegrenzter Phantasie. Das Selbst turnt noch im Traum an den Stangen verhärteter Verhältnisse, klemmt sich den Fuss ein in den Fallen der Institutionen und plumpst in die Gülle der Vorurteile. Eine Hermeneutik des dialektischen Selbst kann am Beispiel der Träume Tiefendimensionen dieser Verflochtenheit von Selbst und Kultur verstehen. Indem sie kritisch nachzuvollziehen versucht, wie tief gesellschaftliche und symbolische Gewalt greift, eröffnet sie zugleich Möglichkeiten der Befreiung.

Auch religiöse Träume sind Teil des mythopoetischen gesellschaftlichen Prozesses. In ihnen werden kollektive und individuelle Situationen, in denen es um die Bewältigung von Kontingenz und die Legitimation von Herrschaft geht, unter Bezug auf Elemente religiöser Traditionen symbolisiert und mythopoetisch verarbeitet. Die nächtlichen

Traumbilder weben weiter am religiösen Sinnzusammenhang des Tages. Entfremdung, Warenästhetik, aber auch die Entzweiung von individueller Frömmigkeit und kirchlicher Dogmatik und insbesondere die Wirkungen der Mythen des Patriarchats schlagen sich in den Träumen nieder. Für eine echte Interpretation religiöser Träume und des religiösen Selbst müssen also gleich ernsthaft und ursprünglich die sozialen und individuellen Bezüge in die Analyse miteinbezogen werden.

Wenn Ullman von der mythopoetischen Funktion der Träume spricht, dann meint er wohl noch mehr: Indem Träumende sich gesellschaftliche Mythen träumend aneignen, produzieren sie jenen Boden, auf dem die Mythen leben können, ja werden sie selber mythopoetisch tätig. Dies gilt vorerst im Blick auf ihr Selbstverständnis: Das träumende Selbst produziert einen individuellen Mythos in seinen Träumen, der ihm hilft, konfliktreiche Situationen zu thematisieren und zu überbrücken. Damit hat es aber gleichzeitig auch Anteil am gesellschaftlichen Prozess der Reproduktion von Mythen und wird mythopoetisch aktiv.

Das religiöse Selbst ist also auf zwei Ebenen sozial zu bestimmen: Seine Erfahrung wird in Sprachspielen ausgelegt, um die sich soziale Gruppen finden und wird nur so mitteilbar. Der soziale Einfluss greift aber tiefer. Dieses Selbst ist bis hinein in die Symbolisierung seiner Wünsche in den Träumen soziales Selbst, dem die Äusserung seiner Bedürfnisse immer zugleich Solidarität ermöglicht und Gewalt antut. Kulturelle Mythen zeigen so ein doppeltes Gesicht: Sie sind zum einen gewalttätig im Sinne der strukturellen symbolischen Gewalt, die sie über Individuen ausüben. Zum anderen stellen sie Mittel zur Verfügung, Wünsche, Bedürfnisse, Konflikte in Formen auszudrücken, die sie in Grenzen mitteilbar machen. In der Dialektik seiner Existenz bleibt das Selbst also bis tief in die Nacht hinein verwurzelt und gebannt in Geschichte und Sozietät. Menschen erweisen sich bis in ihre Träume hinein nicht nur als gesellige, sondern auch mythisch gebundene Wesen. Die folgende Darstellung zeigt das Feld der wirksamen Einflüsse:

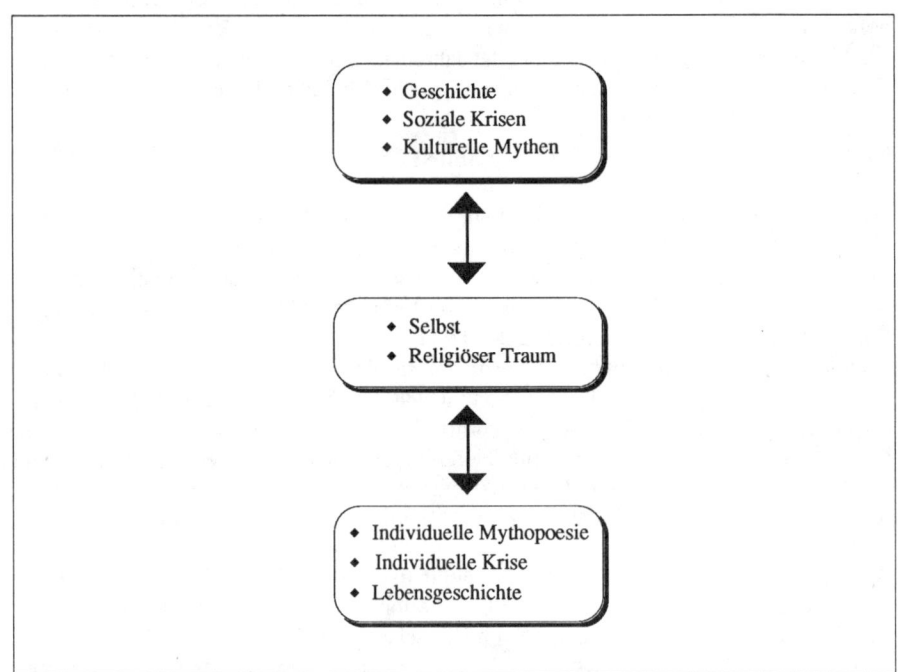

Damit ist zugleich eine Aufgabe skizziert, der sich die Pastoralpsychologie stellen muss, wenn sie nicht selber zum Symptom eines mehr oder weniger unbewusst ablaufenden Remythologisierungsprozesses werden will und Menschen hilflos gegenüber steht, die geradezu an einem Mythos erkrankt scheinen. Scharfenberg (1988) hat dies mit Recht kritisch in Erinnerung gerufen. »Aus dem Bewusstsein, mit dem wir unsere Lebenswelt zu bewältigen suchen, ist der Mythos in jeder Form verschwunden, aber untergründig wirkt er in einer unheimlichen Schattenexistenz weiter« (137). Der Mythos schlägt Menschen im Modus der Verdrängung und Verleugnung in seinen Bann und zeigt sich in vielen Formen einer Remythologisierung des Geschichtlichen. Pastoralpsychologie hat hier eine kritische Aufgabe, indem sie solche Prozesse freilegt, die religiöse Legitimierung des Mythischen analysiert, die Verwechslung von Natur und Geschichte rückgängig macht und so geschichtliche Arbeit am Mythos leistet.[13]

So ist für mich selber die Analyse des prägenden Einflusses der Mythen der Geschlechter auf die Träume zur erschreckenden Herausforderung geworden. Dabei war es mir leichter, bei einer Analyse der Frauenträume einzusetzen, da in der feministischen Theoriebildung das Problem erkannt und formuliert ist. Mit zunehmender Verärgerung habe ich dann aber vor allem die »Männertraum-Religion« analysiert, den stabilisierenden Effekt von Symbolbildungen in der Tiefe der Männernacht in Umrissen erkannt und bei mir selber entdeckt, wie tief diese Prägungen gehen. Sie lassen sich mit bemühten Versuchen, eine etwas weniger sexistische Sprache zu brauchen, auch in einem Buch nur notdürftig verdecken. So erfuhr ich bei der Analyse der Frauenträume auch meine Grenzen als Mann. Diese Analyse blieb — entgegen meiner ursprünglichen Intention und trotz der Kritik von Frauen — formaler und fader als die Analyse der Männerträume. Ich versuchte, diesen Mangel nachträglich auszugleichen, scheiterte aber. So lasse ich die Analyse so, wie sie ist. Ihre Schwäche zeigt eine weitere Bruchstelle der hier vorgelegten Hermeneutik. Die Hermeneutik des Selbst ist in ihrem Vollzug bereits gebunden an das Geschlecht und spiegelt die Grenzen der Verständigung zwischen den Geschlechtern. Geschichtliche Arbeit an den Mythen der Geschlechter bedeutet für einen Mann zuerst einmal Arbeit an der männlichen Seite der Problematik.

Ich denke, dass diese Aufgabe nicht ohne ein vertieftes Verständnis der Ambivalenz mythischer Vorstellungen sinnvoll angepackt werden kann. Geschlechterrollen und die mit ihnen verbundenen sozialen und religiösen Mythen zeigen diesen Doppelaspekt: Sie sind zum einen Fundament unserer Identität, zum anderen aber auch Gefängnis. Diese Mythen sind zudem eingelagert in eine geschichtlich gewordene gesellschaftliche Situation, in der sich die Dynamik der gesellschaftlichen Arbeitsteilung und Ökonomie als entscheidend erweisen. Arbeit an patriarchalen Mythen bedeutet für mich als Mann: Arbeit an den Grundlagen meiner Identität, wie sie sich gerade auch in religiösen Träumen zeigt; Arbeit an den religiösen Legitimationen dieser Mythen; Arbeit an den patriarchalen Mythen gerade dort, wo sie auch im Leben von Männern Leid verursachen; Arbeit an jenen konkreten Verhältnissen, in denen ich meine »Männertraum-Religion« agiere.

Träume können dabei eine Hilfe sein. Sie dramatisieren diese Mythen und machen sie so sichtbar. Sie transportieren sie in den kulturellen Gefässen in den Brunnen der individuellen Psyche; diese Gefässe gehen zum Traum, bis sie brechen ... Das träumende Selbst ist den Mythen offensichtlich nicht einfach ausgeliefert. Es eignet sich diese Mythen an, um sich selbst zu verstehen. Es eignet sie sich auf dem Hintergrund seiner Geschichte, seiner Bedürfnislage und seines Leidens an ungerechten Verhältnissen an. Es formt sie um, rückt sie zurecht, zermahlt sie in seinen Konflikten. Dadurch entsteht Neues. Auch hier kann eine kritische Hermeneutik des Selbst ansetzen. Sie verstärkt die Dialektik von gesellschaftlichen Mythen und individueller Mythopoesie so weit, dass sie produktiv wird.

In diesem Zusammenhang ist es nicht unerheblich, mit welchem hermeneutischen Modell Pastoralpsychologie arbeitet. Ich hoffe, es sei deutlich geworden, wie eine phänomenologisch orientierte Konzentration auf die Traumwelt kritische Kraft besitzt. Psychologistische Reduktionen dieser Welt — insbesondere ihre Reduktion auf archetypische Grundmuster — zeigen ideologischen Charakter. Sie können den so offensichtlich gesellschaftlich geprägten Inhalt von Träumen verstellen. Sie erweisen sich als funktional für die Männerpsyche, insofern sie von einer kritischen Wahrnehmung gesellschaftlicher Prägungen ablenkt. Phänomenologie wird zur kritischen Beschreibung des Konkreten und Unterschiedlichen. Unsere inhaltsanalytische Phänomenologie hat diese Unterschiede zumindest an zwei Stellen sehr deutlich gemacht: Die »Frauentraum-Religion« ist nicht die »Männertraum-Religion«. Die beiden Religionen scheinen durch Welten getrennt und sind einander in der sozialen Wirklichkeit doch wie die Geschlechterrollen komplementär beigeordnet. Die Frauentraum-Religion vor 1970 ist zudem nicht die Frauentraum-Religion nach 1970 und nicht die nach 1990. Es gibt Unterschiede, Brüche und Sprünge, die in einer Hermeneutik des religiösen Selbst nicht einfach eingeebnet, sondern hervorgehoben werden sollen.

Träume stellen Mythen dar, agieren sie, entwickeln sie weiter und kritisieren sie dabei. Sie werden so zur Herausforderung. In welche Richtung geht diese Herausforderung? Ich versuche, sie — als akademisch engagierter Theologe — im Blick auf mein Verständnis von Praktischer Theologie noch etwas zu verdeutlichen.

Praktische Theologie als kritische Theorie symbolischer Solidarität und Gewalt

Gegenüber einem individualistischen Modell der Interpretation religiöser Träume bietet ein erweitertes Modell ein erhebliches kritisches Potential, auch in pastoralpsychologischer Sicht. Praktische Theologie kann auf dem Hintergrund dieser Sicht als kritische Theorie symbolischer Gewalt und Solidarität verstanden werden. Sie kann keine affirmative Theorie allein sein. Sie muss der Dialektik der Prägung und Gestaltung der Mythen durch das Selbst gerecht werden. Sie darf nicht leichtfüssig die Problematik der individuellen Mythopoesie überspringen. Sie ist auch nicht Verteidigerin gesellschaftlicher Mythen. Sie hat zu analysieren, wo diese Mythen einzelne in Beschlag nehmen, und wo einzelne (zum Beispiel in ihren Träumen) diese Mythen weiterentwickeln. Sie hat zu analysieren, wo solche Mythen in ethisch und dogmatisch fragwürdiger Weise religiös legitimiert werden. Das Ziel einer solchen Praktischen Theologie kann nicht die Eingliederung in einen übergeschichtlichen religiösen Kosmos sein. Ein Ziel dieser Praktischen Theologie ist es, zu zeigen, wie Psyche und Geschichte aufeinander bezogen sind, wie im Medium kultureller Traditionen Gewalt wirkt, aber auch Solidarität wachsen kann, dort, wo die gemeinsame Betroffenheit durch diese Gewalt erkannt, kritisch analysiert und emotional verstanden wird. Sie bringt so Bewegung in soziale Verhältnisse, die immer wieder in die mythische Wiederholung desselben zurückzufallen drohen. Sie begründet Gemeinschaft gerade durch Prozesse der Emanzipation.

Dieser Prozess der Befreiung lässt sich auch auf dem Hintergrund der theologischen Prämissen deuten, von denen ich ausgehe. Es ist ein Prozess in Richtung der sozialen Gottesebenbildlichkeit in einer geschwisterlichen Kirche. Es ist ein Prozess, in dem neben der historischen Identität die eschatologische Identität des Selbst als Hoffnung wirksam wird. Dieses Selbst ist in der Perspektive des »Geistes des Lebens« mehr, als es mythopoetisch je aus sich selber machen kann. Es hat eine Dimension jenseits jener gesellschaftlichen Verfügung, die bis in die Tiefen der Nacht reicht. Seine Sehnsucht nach

Partnerschaftlichkeit und nach Identität in Gemeinschaft — geboren aus der Einsamkeit, genährt am Du — braucht nicht in den symbolischen Fesseln gesellschaftlicher Mythen gebunden zu bleiben. Symbolische Integration muss sich nicht in Gewalt verwandeln, symbolische Emanzipation muss nicht in Einsamkeit enden. Beides kann dialektisch vermittelt werden. Traumbilder zeigen, wie dieses Wechselspiel wächst. So träumt die Träumerin, deren Kind im »Herrenmahl« verspeist und die fürs Gottesdienstpuzzle zurechtgehauen und mit Gottespuder betäubt wurde, zwei weitere Träume, die dieses Spiel entwickeln.

Schwirren und Wirren
Ich weiss, ich bin ein Puzzlestück, ein Teil des Ganzen. Ohne mich würde etwas fehlen, wäre das feine Gewebe, wäre das Bild nicht vollständig. Ich freue mich daran mit allen anderen. Doch gleichzeitig ist in mir Angst. Ich war so lange Zeit ein Puzzlestück und kam mir da abhanden. »Wie muss ich sein?« frage ich. Keine Antwort. »Wo ist die Vorlage?« Nur Gelächter. Sie verwirren mich wohl absichtlich! »Wo ist mein Platz, wie muss ich mich anpassen, um hineinzupassen?« Ich sehe keinen Platz. Nur ein dichtes, lebendiges Schwirren und Wirren. »So sagt mir es doch! Ich will ja! Bin zu allem bereit!«, rufe ich. Wieder schweigt alles, summt vielmehr in Harmonie vor sich hin. »Bin ich denn falsch?«, schluchze ich weinerlich. »Könnt ihr mich nicht gebrauchen?« Ich wünsche mir so sehnlich, Teil zu sein. Sonst bin ich abgetrennt, einsam und leer. Der Ton, das Summen wird stärker, dann wieder leiser. Er ist in mir, durchströmt mich in seiner Schwingung, durchpulst jede Zelle von mir. Ich bekomme Angst und halte den Atem an. — Schreie los.

Summendes Spiel der Teile
Ich bin ein Puzzlestück, mit vielen anderen zusammen. Wir sind alle uns selber, in unserer je eigenen Form und Gestalt. Ich spüre nahtloses In- und Miteinander, summendes Spiel der Teile. Und plötzlich: Das Bild ist da, wie zufällig. Ich sehe ihn: meinen Platz. Niemand muss mich anweisen. Ich finde ihn von selbst. Ich bin endlich Frau. Und zuletzt: der Sinn. Er ist greifbar vorhanden.

3. Religiöser Traum, Institution, Rolle und Selbst

Wer unterschiebt dem Selbst das symbolische Material zur Mythopoesie seiner Träume? Wie kommt es, dass wir auch träumend von symbolischer gesellschaftlicher Gewalt nicht loskommen? Ich suche einen Zugang zu diesen weiterführenden Fragen mit einem persönlichen Traum aus der Zeit meiner Tätigkeit im Pfarramt. Nach der Heimkehr von einem Ferienaufenthalt träumte ich vor dem ersten Arbeitstag und dem ersten Tag im Pfarrhaus:

Glashaus
Wir kommen an einem Fenster vorbei, auf dem mit grossen Buchstaben geschrieben steht: Hier werden die Kinder sehr streng erzogen.

Noch in der Nacht notiere ich den Traum. Am nächsten Tag lasse ich meine Gedanken dazu wandern. Das Fenster erregt zuerst meine Aufmerksamkeit. Kein Wunder! Es beginnt zu sprechen: »Ich bin durchsichtig. Mich merkt man nicht. Doch bin ich verantwortlich für den Unterschied zwischen Kälte drinnen und Wärme draussen. Meine Aufschrift warnt, dass es drinnen kalt ist. Hier wird sauber, klar und streng erzogen. Da sieht man von aussen genau, wie alles zu und her geht. Da sitzen wir im Glashaus. Glashaus und Pfarrhaus. Deshalb müssen die Kinder auch streng erzogen werden.« Meine Gedanken wandern weiter, vom Fenster zu einem Menschen in meiner Verwandtschaft, einem strengen Lehrer, Politiker und hohen Offizier. Ich schätze ihn und spüre Respekt, ja Angst. Eine Sorge steigt auf: Wie wäre es, wenn unsere Kinder im Glashaus missrieten, unter der Last der Vorbildlichkeit erstickten? Auch ich bin im Pfarrhaus aufgewachsen. — Nun möchte ich vom Haus wissen, wer es an meinen Traumweg gebaut hat. Es lässt vernehmen: »Ich will dich mahnen, will dich locken.« — »Was denn nun wirklich?« — »Locken. Ich bin nichts, wenn du nicht kommst, mir deine Reverenz erweist und dich in mir einsperren lässt.« Ich danke für den Hinweis. Noch bin ich ja nicht im Haus drin. Doch meine Frage ist noch nicht beantwortet: »Wer hat dich da hingebaut?« — »Generationen haben an mir gebaut. Generationen haben mich in dich hineingebaut. Ich bin eine Institution, die deine Väter und Vorväter aufzurichten begannen. Du bist verpflichtet, an mir weiterzubauen.« Hier bricht unser Gespräch ab.
Die Botschaft des Traums war mir klargeworden: Sorgen um die Erziehung unserer Kinder hängen zusammen mit dem Glashaus, mit verinnerlichten Erwartungen aus meiner Herkunftsfamilie, mit gesellschaftlichen Vorstellungen einer Pfarrfamilie und geschichtlichen Traditionen der Institution Pfarrhaus. Dieser Traum entbehrt nicht der Ironie. Das Fenster erinnert mich beim besseren Hinsehen an das Fenster eines Gemischtwarenladens meiner Kindheit, die Schrift auf der Scheibe an billig angepriesene Früchtchen. So rüttelt er auf und hilft mir zur Kritik an der symbolischen Gewalt der Institution Pfarrhaus. Träume haben eine vielfache soziale Widerspiegelungsfunktion. Diese Spiegel sind soweit verzerrt, aufgebogen oder zusammengestaucht, dass sie neue Aspekte der sozialen Wirklichkeit hervortreten lassen.
Im Traum vom »Glashaus« sind es ganz verschiedene soziale Einflüsse, die zusammenkommen: Prägungen der Herkunftsfamilie, kirchliche und gesellschaftliche Erwartungen an die Menschen im Pfarrhaus, Erziehungsphilosophien und die Dynamik der eigenen Familie. In meinen Träumen aus der Zeit des Pfarramtes kam es häufig zu solchen Konstellationen. Wie konnte es anders sein, war ich doch in einem Pfarrhaus aufgewachsen und wieder in einem Pfarrhaus mit meiner Familie heimisch geworden. Das Miteinander und Durcheinander der verschiedenen symbolischen Welten war schwer zu entwirren

und noch schwerer zu bestehen. Der Traum vom Glashaus wies ein in dieses Gebäude von Erwartungen, Erfahrungen und Gedanken, die mein Verhalten zu steuern schienen. Der Traum klärte auf, wie soziale Mythen in meinem Leben Fuss gefasst hatten und — vermittelt durch die Urerfahrung der Herkunftsfamilie, die Institutionen der Gemeinde und meine eigene Rolle als Vater und Ehemann — in meine Träume einzogen. Und er zeigte die symbolische Gewalt dieser Prägungen, die mich von meinen Nächsten entfremden wollten.

Das Verständnis des sozialen Zusammenhangs, in dem Träume auftauchen, kann also präzisiert werden. Die folgende Abbildung zeigt wichtige Einflussgrössen:

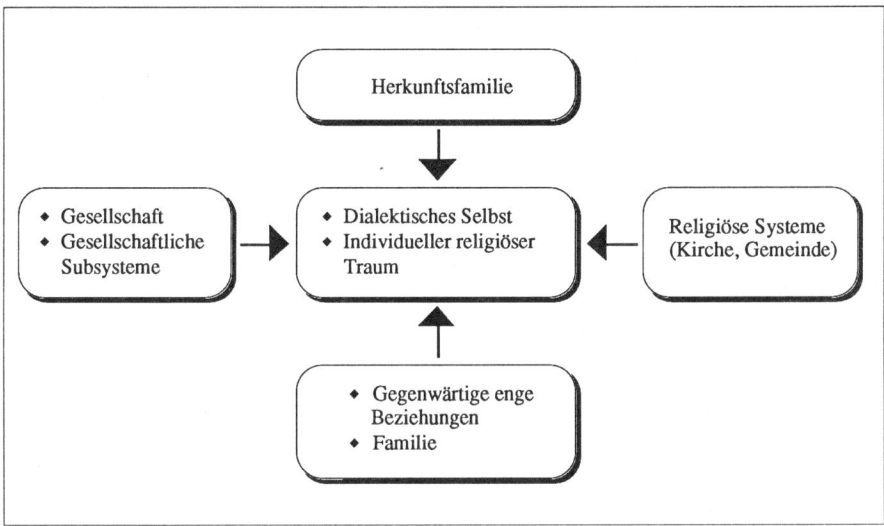

Der individuelle religiöse Traum und das religiöse Selbst, das darin aktiv wird, verbindet Einflüsse der Herkunftsfamilie und der aktuellen engen Beziehungen, der Gesellschaft und ihrer Subsysteme (Recht, Wirtschaft usw.), insbesondere der religiösen Systeme im Nahbereich (Kirche, Gemeinde). Der Frage, welche Zusammenhänge zwischen dem religiösen Traum und dem jeweiligen gesellschaftlichen Umfeld festzustellen sind, sind wir im letzten Kapitel bereits nachgegangen. Es zeigte sich, dass Träume eine persönliche Art sind, diese soziale Wirklichkeit zu lesen, zu verstehen und zu kritisieren. Im folgenden untersuche ich, wie sich religiöse Träume auf Gruppen und Institutionen beziehen und wie ihre Motive und Szenerien mit der Dynamik solcher Gruppen und Institutionen, den Rollen, die Träumende dort spielen, und elementaren Gefühlen zusammenhängen, die damit verbunden sind.

Ich konzentriere mich dabei auf die Kirche als Institution und soziales System und möchte am Beispiel der Pfarrerinnen und Pfarrer — wichtigen Exponenten dieses Systems — die Analyse des Verhältnisses von religiösem Traum, Institution, Rolle und Selbst weiterentwickeln. Wie zeigt sich die Verflochtenheit von Selbst, Rolle und Institution in den Träumen von Pfarrerinnen und Pfarrern? Was bewirkt eine Hermeneutik des Selbst im institutionellen Kontext? Welche Einsichten lassen sich daraus für ein vertieftes Verständnis des Amtes in der Kirche gewinnen?

Die Symbolisierung des institutionellen Tabus

In unserer Traumsammlung finden sich erstaunlich wenig Träume, die von den Quellen her sicher als Träume von Theologinnen und Theologen identifiziert werden können.[1] Ein Motiv, so zeigt bereits eine erste Durchsicht, kommt besonders häufig vor.

Ein bekannter Prediger beispielsweise träumt, wie er die Kanzel vor einer grossen Menschenmenge besteigt und mit Schrecken entdeckt, dass er anstatt der Bibel und der Predigt nur einen Fahrplan mitgenommen hat (Barz 1981, 85):

Kursbuch
Trotz ungeheurer Anstrengung gelingt es mir nicht, den Predigttext oder überhaupt nur irgendein Bibelwort, geschweige denn einen Satz meiner gut vorbereiteten Predigt zu erinnern. So beginne ich denn, der wartenden Gemeinde aus dem Kursbuch vorzulesen, und alle sind sehr zufrieden.

Ein anderer Pfarrer gestaltet im Traum einen Gottesdienst in neuer Form (86); die Jugendgruppe tanzt auf der Empore, ältere Gemeindeglieder sind aber unzufrieden. Ein Amtsbruder fordert den Träumer auf, bei der Austeilung des Wortes mitzuhelfen:

Worte auf Blech
Wir gingen durch die Bankreihen und verteilten kleine runde Blechmarken, so ähnlich wie Hippie-Knöpfe, auf denen in winziger Schrift biblische Sprüche ausgedruckt waren.

Der zweite Träumer kommentiert seinen Traum in schlagender Weise: »Die jungen Leute, an die wir uns anbiedern wollen, tanzen uns auf den Köpfen herum, und was wir zur Beschwichtigung predigen — ist Blech!« (86). Das Thema dieser Träume drängt sich auf. Es ist die Zweideutigkeit des verkündigten Wortes, ja noch deutlicher: Josuttis (1982, 97) nennt es die beschämende Wirkungslosigkeit des Wortes.

Dieses Motiv taucht in vielen Variationen wieder auf: In der Bibel, die sich vor einem wichtigen Gottesdienst nicht mehr finden lässt (Faraday 1984, 191); in der Enttäuschung über den Kindergottesdienst, der unter grosser Mühe hoch oben auf einem Berg besucht wird (Riess 1987, 371f.); in den tanzenden Bibelblättern, die über einer Erdspalte Feuer fangen (Hark 1980, 79f.); im dreifachen »Tei! tei! tei«, das der Träumer spricht, um den Teufel zu bannen, weil er das Wort »Jesus« nicht über die Lippen bringt (82); in der Faszination an einem Gottesdienst zur Amtseinführung eines Nachfolgers, an der ein heidnisches Wasserbesprengungsritual durchgeführt wird und der Träumer zum Schluss, wie um sich selber zu beruhigen, nur noch bemängeln kann, dass das Wort nicht klar verkündigt wurde (84f.).

Ähnlich und doch anders wiederholt sich das Motiv in den Träumen von Priestern. Ein von der ungebrochenen Gültigkeit sakralen Handelns durchdrungener Theologe träumt, dass Hostien aus Pappe den Gläubigen den Mund verstopfen (Barz 1981, 86). Ein anderer katholischer Priester, in dessen Träumen immer wieder mannigfache Komplikationen beim Zelebrieren der Messe auftreten, träumt nur einmal, dass eine Messe ohne Schwierigkeiten gefeiert wird. Es ist eine »Sennenmesse«, in der ein grosser, starker, kräftiger Mann mit nackten Armen die Messe leitet (92).

Wie ist dieses Phänomen zu deuten? Barz meint zum letzten Traum: »Wer je einem Schweizer Sennen begegnet ist, wird bestätigen, dass sich in Mitteleuropa kaum ein Menschenschlag finden lässt, der urtümlicher, ja im besten Sinne des Wortes heidnischer wäre als die Sennen. Und ihnen traut der Priester unbewusst die Fähigkeit zu, die Messe doch noch zu feiern« (92). Man mag sich über das heidnische Wesen der Schweizer Sennen streiten. In diesen Träumen meldet sich — so sind sich die Interpreten auf alle Fälle einig — die kompensatorische Kraft der individuellen Psyche zum Wort und tischt im Gegenzug zu den Einseitigkeiten einer verordneten Rolle und einer Überidentifikation mit dem religiösen System Unvorhergesehenes, Verdrängtes und Tabuisiertes aus den Tiefenschichten der Seele auf, das nun durchgearbeitet und verdaut werden muss.

Wir können diese Träume aber auch unter dem Blickwinkel der Institution anschauen. Dann sticht eine Besonderheit in die Augen: Es werden genau jene Themen aufgegriffen, die für die Identifikation des Selbst mit der Institution und eine gelungene Rollenübernahme als Prediger oder Zelebrant unverzichtbar sind. Träume scheinen dort anzusetzen, wo sowohl das Selbst des Träumenden wie die Institution vital betroffen sind. Träume packen nicht nur die heissen Eisen der individuellen Seele an; sie thematisieren auch das, was für das Bestehen eines sozialen Systems von grundlegender Bedeutung ist. Auf protestantischer Seite ist es die Verkündigung des Wortes, auf katholischer Seite die Bedeutung der Eucharistie für den kirchlichen Selbstvollzug.[2]

Person, Rolle und Institution

Zur Klärung dieses Problemfeldes greife ich auf ein theoretisches Modell zurück, das Person, Rolle und Institution in ihrem inneren Zusammenhang verstehen lernt. Seiler (1991) hat es prägnant beschrieben.[3] Eine Organisation wie die Kirche kann als System betrachtet werden, als eine »komplexe Einheit« von Teilsystemen, die im lebendigen Austausch steht mit der Aussenwelt, eine gestaltete Binnenstruktur aufweist und auf bestimmte Primäraufgaben ausgerichtet ist. Sie verbindet Individuen zur Erreichung bestimmter Zwecke und stellt dafür ein System von Rollen zur Verfügung. Durch diese Rollen erhalten einzelne Personen Anteil an der Organisation, können ihre Fähigkeiten entwickeln und ihre Werte realisieren. Rollen können von seiten der Person wie der Institution gestaltet werden. Diese Gestaltungsmöglichkeiten sind aber begrenzt. »Rollen haben durch gesellschaftlichen Konsens und Routine oft einen sehr stark prägenden normativen Charakter« (208).

Besonders aufschlussreich ist für unseren Zusammenhang die Frage danach, wie die Person ihre Rolle gestaltet (»Management of Self in Role«). Personen gehen in ihren Rollen nicht einfach auf. Dies bedeutete eine problematische Überidentifikation mit der Organisation. Personen gestalten ihre Rollen. Dies stellt sie vor die schwierige Aufgabe, zwischen innen und aussen, zwischen Eigenem und Fremdem, zwischen Bedürfnis und Erwartung zu unterscheiden. »Was geschieht wirklich aussen, und was ist meine Annahme, Vermutung, Projektion, Täuschung? Was im Aussen stammt von mir und ist also eigentlich Teil meiner Innenwelt? Und was von aussen lasse ich (z. B. durch Manipulation) in mich eindringen und betrachte es als meine Wahrnehmung, Denken, mein Gefühl?« (209). Diese Unterscheidung, verstanden als Ich-Leistung, führt zur Prüfung der Realität, zu einem flexibleren Umgang mit Gefühlen und erlaubt es, zu untersuchen, »was in der jeweiligen Rolle angemessen ist und was nicht, was unsere Verantwortung betrifft und was nicht, welche unserer Fähigkeiten wir einsetzen, welche unserer Gefühle mit dem Ziel zu tun haben, und welche nicht« (211).

Ich meine, dieses theoretische Modell erlaube es, die Bedeutung der genannten Träume noch tiefer zu verstehen. Begreifen wir Träume in erster Linie als Ich-Leistung, dann ist einsichtig, dass auch sie damit beschäftigt sind, zwischen Aussen und Innen zu unterscheiden. Der Traum vom Glashaus zeigt dies eindrücklich. Das Pfarrhaus als Subsystem der Kirche erscheint im Traum von aussen, mit plakativ aufgemalten Erwartungen. Der Traum macht mir eine Distanzierung, eine Unterscheidung von Erwartungen und eigenen Bedürfnissen möglich. Als Glashaus hat es allzu durchlässige Grenzen. Auch dieser Aspekt des Traumbildes fordert eine genauere Prüfung der Grenzen von aussen und innen heraus. Die genannten Träume greifen nicht nur institutionelle Tabus an. Sie zeigen dramatisch, wie Institution und Person, System und Selbst miteinander verhängt sind. Die durch die Rolle vermittelte Identifikation des Selbst mit der Institution wird im Traum an einem Nerv berührt, der sowohl die individuelle Psyche als auch die Kirche als Institution reizt. Die Träume erlauben es, die Art und Weise genauer zu analysieren, wie eine Person durch die Rolle mit einem sozialen System identifiziert ist. Die Träume erlauben also eine kritische Prüfung der Realität und der eigenen Bedürfnisse, die Bewegung ins Verhältnis von Selbst, Rolle und Institution bringt und zu einer angemesseneren Gestaltung der Rolle führen kann. Die Träume zeigen zudem, wie Rolle und Institution Tiefenschichten der individuellen Psyche bewegen und mit elementaren Gefühlen und Erfahrungen verbunden sind.

So ist es nicht unproblematisch, diese Themen zu berühren. Davon zeugt der kürzeste Traum unserer Sammlung (Taylor 1987, 127). Ein Träumer kann in einer Traumgruppe nach langer Zeit und auf Drängen des Gruppenleiters schliesslich nur gerade vermuten, er habe von irgendwelchen Pastellfarben geträumt. Eine Assoziation aus dem anschliessenden Gruppengespräch weckt bei ihm besondere Betroffenheit. Jemand assoziiert »pastell« mit »pastoral«. Der Träumer merkt, dass er pastoral mit einer Farbe verbindet, die er gar nicht mag. Das führt ihn nach gründlicher Überlegung schliesslich zum Abbruch des Theologiestudiums.

So finden sich denn auch eine Reihe von Flucht- und Ausstiegsträumen in der Sammlung der Theologenträume, in denen die Grenzen der Institution Kirche überwunden werden — nicht zuletzt manchmal mit Erlaubnis einer der Organisation übergeordneten Instanz. Da flieht einer (Wittmann 1987, 361) durch eine Reihe kirchenähnlicher kleiner Gebäude, die hintereinander Wand an Wand gebaut und durch Türen miteinander verbunden sind. Sie sehen manchesmal aus wie alte, ausgediente Toiletten. Nur an den Fenstern ist zu erkennen, dass es Kirchen sind. Alle Türen und Fenster sind verschlossen. Der Träumer kommt trotzdem durch alle Gebäude hindurch bis in das letzte. Dort will er nach draussen, aber die Tür geht nicht mehr auf. Der Träumer bittet in seiner Not eine Marienfigur im Schutzmantel um Hilfe. Die Tür öffnet sich. Maria zwinkert ihm mit einem Auge zu und lächelt.[4]

Kreise der Traumauslegung

Ich möchte den Zusammenhang von Traum, Rolle und Institution an einem weiteren Beispiel vertieft analysieren und das bisher Gesagte zugleich mit unserer Frage nach der Hermeneutik des Selbst zusammenbringen. In welcher Weise greifen Aussen und Innen, Rolle und Bedürfnis, Kultur und Trieb in den religiösen Träumen denn nun genau ineinander? Wie können uns Einsichten der Traumpsychologie dabei hilfreich sein, diesen Vorgang aufzuhellen? Und was bewirkt ein hermeneutischer Prozess der Aufhellung dieser Zusammenhänge?

Brennende Kirche und Feuerwehrhauptmann
Vor mir liegt eine weite Landschaft, eben, ganz flach, wie ein gelbes Stoppelfeld. Im Hintergrund droht ein dunkler Gewitterhimmel, fast nachtschwarz. Das Feld leuchtet knallig gelb. Rechts steht die Kirche, daran angebaut das Pfarrhaus. Ein Blitz hat einge-

schlagen. Die Kirche brennt lichterloh. Die Feuerwehr ist da — ich gehöre zu ihr —, die Wasserspritze ist angeschlossen, die Schläuche sind verschraubt, die Mannschaft steht neben und hinter mir. Ich sehe sie nicht, spüre sie nur. Ich frage mich: Wie lange geht das noch, bis Wasser kommt? Man sollte doch löschen, vorwärts machen. Aber sie sind ja dran, ich kann nichts bemängeln. Sie müssen vorwärts machen. Wenn die Kirche brennt, brennt bald auch das Pfarrhaus. Dort wohnt meine Familie. Das Feuer greift hinüber, wenn jetzt keine Grenzen gesetzt werden. In dieser Spannung berührt mich von rechts hinten eine Hand. Ich höre eine Stimme. Es ist die des Feuerwehrkommandanten. Sie sagt: Lass' es ruhig brennen. Ich erwache, erschüttert und erleichtert.

So träumt ein etwa 40-jähriger, verheirateter Theologe nach einigen Jahren Arbeit in seiner ersten Gemeinde, einer kleineren Landgemeinde. Was bedeutet dieser Traum? Das ist die Frage, die den Pfarrer nach diesem Traum sehr beschäftigte. Er kam zu einer bestimmten Interpretation, die seinen weiteren Weg im Amt tief beeinflusste.
Einige Jahre war er bereits in dieser Landgemeinde Pfarrer gewesen. Als junger Pfarrer verkörperte er zusammen mit Frau und Kindern sozusagen die Pfarrfamilie aus dem Bilderbuch. Mit dem Dorf hatte er sich arrangiert. Er gehörte sogar der Feuerwehr an, leider nur in der Rolle des Sanitäters. »Wenn's brennt im Dorf, dann bin ich am besten so mit dabei.« In der Zeit vor dem Traum war er verunsichert worden. Er hatte Thomas Manns »Königliche Hohheit« gelesen und darüber nachgedacht, was es bedeutet, von sozialen Erwartungen gelebt zu werden; er war Oehninger (1967) gefolgt bei der Beerdigung des Dorfbonzen Lieberherr. Die Fragen drangen in seine Predigten: Moses zerschlug die Gesetzestafeln, Elia lag resigniert unter dem Ginsterstrauch.
Nun träumte er von der Kirche, die brannte. »Mein Pfarrerbild ist verbrannt in dieser Nacht. Etwas theatralisch zwar, aber eindrücklich. Ich kann so nicht mehr Pfarrer sein.« So deutete er spontan seinen Traum. Diese Deutung eignete er sich in einer langen persönlichen Auseinandersetzung an. Seine Rolle als Pfarrer, der Besuche machte, sich mit Kaffee und Kuchen verwöhnen liess, allen alles sein wollte und Konflikte zwischen verschiedenen Weilern in seiner Gemeinde zu dämpfen versuchte, wurde ihm zunehmend fraglich. Ärger und Trotz begannen sich immer deutlicher zu regen. Nach einem Unglücksfall an einem unbewachten Bahnübergang engagierte er sich öffentlich und pointiert. Es kam zum Konflikt mit dem Dorf. Er ging, mit ihm die Familie. Was war geschehen? Der Traum war zum Feuerzeichen geworden: Die Rolle, so wie sie der Pfarrer bisher verstanden und gelebt hatte, war überlebt und nicht mehr lebbar — trotz aller Vorteile, die sie ihm bot. Er erfuhr sie immer deutlicher als Entfremdung und Beschränkung, sein Selbst in der Rolle als »falsches Selbst«.[5]
Die Interpretation — »Heute ist mein Pfarrerbild abgebrannt!« — schlug ein wie der Blitz im Traum. Sie hatte Folgen im Verhalten, führte hinaus aus der Gemeinde, hinaus aus der fixierten Rolle. Dies war ein befreiender Prozess. Die Interpretation brachte etwas ins Bild, was der Pfarrer dunkel gespürt hatte. Sie erlaubte es ihm, klarer zwischen Erwartung und Bedürfnis, Rolle und Selbst zu unterscheiden. Die Arbeit in einer Stadtgemeinde, die er dann antrat, war von Anfang an von einer bewussteren Wahrnehmung des Konflikts und einer kritischen, manchmal ärgerlichen, manchmal lustvollen Auseinandersetzung mit Zumutungen der Rolle geprägt.
Das Beispiel zeigt, wie das hermeneutische Modell, das wir im ersten Teil entwickelt haben, Ernst wird. Interpretation und Selbstauslegung verlaufen in einem Kreis des Verstehens, dem hermeneutischen Zirkel. Ausgehend von einer noch nicht klar erfassten, eher dunkel erahnten Problematik eignet sich der Träumer seinen Traum — wie einen Text — an. Dadurch klärt sich sein Vorverständnis, wandelt und vertieft sich. Auf einem »hermeneutischen Umweg«, auf dem Umweg über Texte der Bibel und der Literatur, auf

dem Umweg über den Text des Traums, in dem sich alle anderen Texte in einem Bild von archaischer Wucht konzentrierten, kommt er zu sich und findet deutend eine neue Sicht seiner Situation. Die Interpretation entwickelt Energie, sie transformiert und verändert. Noch liegt eine Decke über dem wirklichen Wesen dieser Energie. Hermeneutik wirkt aber so, in einem Schritt der Selbstanalyse, befreiend und führt zu einem neuen Verständnis des Selbst in seiner Rolle und Institution.

Alle Elemente des Hexalogs der Bedeutungsbildung, wie wir ihn kennengelernt haben (s. oben S. 63ff.), sind bereits in diesem ersten hermeneutischen Kreis der Selbstauslegung im Spiel: der Traum als »heisse« Information; der Interpret (er ist hier noch identisch mit dem Träumenden selbst); ein Regelsystem, das sich in theologischer Arbeit und nicht zuletzt bei der Lektüre von Thomas Mann und Robert Oehninger geformt hatte und nun hilfreiches Instrument zur Bestimmung des Traumgegenstands wurde; eine überwältigende ästhetische Rezeptionserfahrung, die unauslöschlich im Leben des Träumenden weiterwirkte; und schliesslich eine Situation, in der eine veränderte Einsicht zu einem neuen Verhalten führte.

Kern dieser Selbstauslegung ist ein Akt der Interpretation. »Heute nacht ist mein Pfarrerbild abgebrannt.« Emotion und Intellekt, Intuition und Diskurs finden sich in dieser Deutung, die den Traum mit einem zentralen Lebenskonflikt des Träumers verbindet. Der Brand im Traum brachte die Blätter des Tages zum Brennen, die bereits angesengt waren. Seine königliche Hoheit der Pfarrherr musste abdanken. Den Dorfbonzen wurde Gefolgschaft versagt.

Dieses Zusammenspiel von Intuition und Diskurs ist Kern jedes interpretativen Handelns. Fromm und French (1962) meinen, Deutungshypothesen zu einem Traum sollten möglichst sorgfältig anhand des zur Verfügung stehenden Materials getestet werden; zugleich gebe es eine ästhetische Erfahrung der Schönheit einer Deutung, die durchschlagend die Bedeutung des Traums als Gestalt enthüllt. Die Deutung »leuchtet« dem Träumer tatsächlich ein, sie »zündet«, ist von einer fast theatralischen und beruhigenden Schönheit, die der intensiven ästhetischen Erfahrung des Traums entspricht.

Solch eine Selbstauslegung wird zum befreienden Prozess, wie wir es an diesem Beispiel deutlich sehen können. Zentrales dynamisches Element dieser Selbstauslegung ist eine »religiöse Erfahrung«, das heisst die erschütternde Erfahrung eines verzehrenden Feuers im Traum und die Einsicht in notwendige Wandlungen des Selbst am Tag. Diese Erfahrung und ihre Auslegung erschliessen neue Sinnräume und verschieben Bedeutungsgrenzen. Eine erste hermeneutische Vergewisserung in der »Selbstanalyse« kann so einen Schritt in neue Lebensräume und neue institutionelle Zusammenhänge bedeuten. Der Weg führte den Pfarrer vorerst in eine Stadt. Der Traum begleitete ihn. Er war mit seiner ersten Deutung nicht abgetan. Der Traum zog weitere Kreise.

So erzählte der Träumer auch mir später seinen Traum. Ich war fasziniert. Ich erzählte ihn meiner Frau, erzählte ihn anderen Kollegen, immer sicher, Aufmerksamkeit, Faszination und Gelächter zu ernten. Hier begann ein neues Kapitel der Interpretation. Erst nach und nach verstand ich, warum mich der Traum faszinierte. Er setzte eine Problematik ins Bild, die mich selber beschäftigte. Noch recht neu im Pfarramt, war ich damals intensiv damit befasst, mich mit Rolle und Institution auseinanderzusetzen. Nach anfänglicher pfarrherrlicher Geschäftigkeit setzte auch bei mir ein Prozess der Distanzierung ein, suchte ich neue Zugänge zu meiner Rolle als Pfarrer. Der Traum von der brennenden Kirche und vom Feuerwehrhauptmann wurde zur bleibenden Frage auch an mein Pfarrersein und mein Kirchenbild. Die Dynamik von Feuer und Wasser, Anzünden und Löschen verband sich mit Bildern aus meinen eigenen Träumen. Kurz zuvor war ich in einem meiner eigenen Träume zum Feuerwehrhauptmann befördert worden. Bald nach dem Hören des Traums träumte ich:

Wasser und Licht
Ich schwimme zusammen mit einem Kollegen in einem grossen Fluss, der eine
altertümliche Stadt durchzieht. Wir treiben schwimmend an einer Kirche vorbei. Einige
ihrer Fenster sind erleuchtet.

Die Deutung des Traums von der brennenden Kirche kam also nicht zum Stillstand. Der
Dialog des Träumers mit seinem Traum weitete sich aus. Andere Interpretierende, die mit
dem Träumenden nicht identisch waren, stellten die Identifikation des Träumers mit
seinem Traum erneut auf die Probe.

In einem Traum ist offensichtlich ein Überschuss an Bedeutung enthalten. Der Traum ist
nicht an die ursprüngliche Situation gebunden. Er erweist sich als welterschliessend auch
für andere. Der Träumer muss seine privilegierte Stellung plötzlich mit andern teilen, die
ihr persönlich und situativ unterschiedliches Vorverständnis ebenfalls durch die Auseinandersetzung mit dem Traum erschüttern lassen. In dieser vielfachen Aneignung werden
neue Intentionen im Traum entdeckt, die über die ursprünglichen hinauszuführen scheinen.[6]

Der Traum wird so zum Text für andere, seine Interpretation zur sozialen Erfahrung. Um
den Traum herum beginnt sich eine Erzählgemeinschaft zu bilden. Innerhalb der Institution Kirche entsteht in dieser Erzählgemeinschaft hier und dort Solidarität, die Raum
schafft, in dem die Beziehungen von Institution, Rolle und Selbst in den Bildern des
Traums thematisiert und im ironischen Rätselsatz des Feuerwehrhauptmanns reflektiert
werden können. Der Traum schafft einen »intermediären Raum«[7], in dem in Anlehnung
an den Traum Verständnis und symbolisch vermittelte Solidarität möglich wird.

Allerdings: Warum fasziniert dieser Traum? Was geschieht denn eigentlich, wenn er mit
einem wissenden Augurenlächeln aufgenommen und weitererzählt wird? Fritz Morgenthaler (1986) postuliert, das eigentlich Unbewusste im Traum zeige sich weniger in seinem Inhalt als in der Situation, in der er erzählt und aufgenommen wird. Weshalb erzählt
ein Mensch einem anderen einen Traum? Noch genauer: Weshalb erzählt er gerade diesen
Traum in dieser Situation diesem Menschen? Es ist ja auch keineswegs selbstverständlich, dass der Träumer mir den Traum von der brennenden Kirche und dem Feuerwehrhauptmann erzählte und ich ihn nun weitererzähle und bis in dieses Buch hinein eine Er-
zähltradition entsteht. Gerade so wirke Unbewusstes. Was ist so verführerisch an diesem
Traum? Die Einladung zur Identifikation mit dem Träumer gegen das verständnislose
Dorf? Das Knistern des Feuers im Gebälk der Kirche? Die Angst um die Familie? Der
Traum weckt Energien. Doch woher kommen sie? Die Frage treibt in einen weiteren
Kreis der Interpretation.

Der Traum kam mir wieder in den Sinn, als ich mich an die Arbeit dieses Buches machte.
Noch einmal suchte ich das Gespräch mit dem Träumer. Gemeinsam gingen wir erneut
den Spuren der Traumassoziationen nach und versuchten, den Traum auf dem Hintergrund seiner ersten Auslegung und der seither verflossenen Geschichte zu verstehen.
Neue Schichten seiner Bedeutung zeigten sich.

Die Frage nach Wünschen und Ängsten, die im Traum aufkommen, erwies sich als aufschlussreicher Gesprächseinstieg. Kommt im Brand Ärger und Wut auf die Kirche, gar
ein Wunsch nach Zerstörung zum Ausdruck? Der Träumer kennt jedenfalls den Ärger
über die angemasste und zugeschriebene Rolle als Pfarrer und die Wut aufgrund des Verlusts an Autonomie und persönlichen Möglichkeiten der Lebensgestaltung, die mit dem
Pfarramt verbunden sind. Er kennt den stillen Abscheu gegen das falsche Selbst, das
sich bei Kaffee und Kuchen an den Tischen der Gemeinde von grossen Müttern versor-
gen lässt, seine eigenen Wünsche zugunsten der Familie und ihres Überlebens zurück-

stellt und den Ärger schluckt, um nicht als Vermittlungsglied der rivalisierenden Teile der Gemeinde auszufallen. Ja, ganz gefährlich und ganz tief meldet sich der Wunsch nach Zerstörung, nach Chaos, nach dem Tod der Institution. Zugleich ist damit intensive Angst verbunden: die Angst vor dem Verlust des Selbst, die Angst aber auch vor dem Tod der Institution, von der dieses Selbst und mit ihm die ganze Familie doch lebt. Der Gedanke wurde in der Vergangenheit des Träumers nicht zu Ende gedacht, er erschien als allzu gefährlich und wurde auch von seinen Nächsten als gefährlich betrachtet.

Unser Gespräch bewegt sich weiter. Dem Träumer fällt seine Mutter ein, er erinnert Versuche der Kontrolle, die Erziehung zur Wohlanständigkeit, das Besserwerden und Besser-sein-Sollen als elterliche Anforderung. Auch hier melden sich Wut von früher und heute, diesen Angriffen und Übergriffen ausgesetzt zu sein, und wird ärgerliche Abwehr mobilisiert. Das Pfarrfrauen- und Pfarrherrenbild der Schwiegermutter, die selbst lange und aufopferungsvoll Pfarrfrau gewesen war, spukt zudem im Familienuntergrund. Mutter Kirche weckt beim Träumer auf alle Fälle mehr Aggressionen als Väterchen Staat. Unser Gespräch gleitet immer wieder zurück zu jener Frage, die uns beiden besonders wichtig scheint: zur Rolle des Pfarrers in Kirche und Gesellschaft, zu den Normierungen, zum Stigma des Glashauses, unter dem auch die Kinder leiden müssen, und zu den unausweichlichen Konflikten, die dies mit sich bringt. Zuletzt erst gehen unsere Gedanken verschämt noch auf verborgenen Wegen zum Pfarrhaus, das im Traum über den rechten Bildrand hinausgerutscht war. Phantasien ranken sich um dieses Haus, Bilder überblenden sich: die Idylle der Gartenlaube, kiesbedeckte, verschlungene Wege, Rosenstock und Quittenbaum, Herrschaftlichkeit, Aristokratie und Patriziertum, der Hauch der Vornehmheit und noch einmal: die Idylle. Sie erweisen sich als verführerisch, führen uns in tabuisierte Zonen. Warum werden Pfarrer eigentlich Pfarrer? Werden sie es trotz oder wegen des Pfarrhauses?

Im Gespräch finden wir auf alle Fälle zu einer neuen Deutung des zentralen Traumbildes. In ihm verdichtet sich und lodert das möglicherweise heisseste Tabu der Institution Kirche und jeder Institution: der Wunsch nach Zerstörung, den gerade jene in dunklen Stunden empfinden, die diese Institution massgeblich mittragen. Und in ihm verdichtet sich auch das individuelle Tabu par excellence, der Wunsch nach Zerstörung der Mutter, der in Selbstzerstörung umschlagen kann. Ist es dies, was als eigentlich Unbewusstes wirkt, die Energien beim Träumer freisetzt und die Zuhörer des Traums fasziniert?

Ich und Selbst zwischen Rolle und Bedürfnis, Kultur und Trieb

Im Rückblick scheint mir, die Architektur dieses Traums werde für unsere Fragestellung durchsichtig: Auf der einen Seite enthält sie sozusagen das leicht brennbare Gebälk der Institution Kirche und die festen Mauern, die möblierten Pfarrhauszimmer und die Gartenlauben, den Geschmack der Zeit, die Anforderungen des beruflichen und familiären Lebens, die Rollen, Mythen und das reale äussere soziale Umfeld. Zum anderen enthält diese Architektur auch verborgene Räume im Selbst, Krypten und Katakomben, die Keller der Wünsche, die Fluchten der längst verdrängten Ängste, die Hohlräume in den Wänden und die Mauselöcher. Und der Traum zeigt das Selbst des Träumenden, wie es sich in dieser Architektur bewegt, sie verändern und überwinden möchte und sei es um den Preis eines Brandes bis hinab auf die Grundmauern des Selbstverständnisses.

Das Selbst des Träumenden taucht im Traum also an der Schnittstelle zweier Bereiche auf. Auf der einen Seite ist es ein soziales Selbst, das in Rollen lebt und an der Gemeinschaft der Kirche Anteil hat; auf der anderen Seite ist es ein einzigartiges Selbst, mit einer unverwechselbaren Geschichte, mit Ängsten, mit Überlebensstrategien und dem grossen

Wunsch zu transzendieren. Beide Dimensionen möchte ich mit Gesichtspunkten der Traumpsychologie nun noch etwas weiter aufschlüsseln. Betrachten wir das Traum-Ich und das träumende Selbst zuerst in seinen Beziehungen zu Rolle und Institution und den Traum als Zugang zur Wirklichkeitswahrnehmung des Träumers und ihrer Dynamik. Ich denke, dass die Traumszene eine Reihe einprägsamer und aufschlussreicher Beschreibungen dieser Wirklichkeit enthält, wie sie der Träumer erfährt.

In welcher Gruppenerfahrung wurzelt dieser Traum, so können wir zuerst fragen. Es scheint, er spiegle zuerst einmal die Gruppendynamik der Feuerwehr. Der Pfarrer wurde dort zum Sanitäter bestimmt, obschon er eigentlich lieber den Einsatz beim Feuer gewagt hätte. Darin zeigt sich eine Ausgrenzung und zugleich eine neue Eingrenzung in der Rolle des ohnmächtigen Helfers. Diese Ohnmacht kommt im Traum in fast höhnischen Bildern zurück. Der Pfarrer kann zwar möglicherweise den Opfern eines Brandes helfen, nicht aber den Brand löschen. Dafür ist er ganz auf das Dorf angewiesen. Diese Dynamik des Verhältnisses von Pfarrer, Feuerwehr und Dorf spitzt sich beim Brand der Kirche zu. Das Engagement von seiten der Feuerwehr scheint gering, der Einfluss des Pfarrers begrenzt, seine Verzweiflung ist nicht die Verzweiflung des Dorfes. Die Bilder verraten — so besehen — nicht nur eine innere Dynamik des Träumers. Sie enthalten auch eine präzise Tiefenwahrnehmung des sozialen Umfelds des ohnmächtigen Helfers im Pfarramt.

Inwiefern spiegelt sich im Traum auch die Dynamik der Pfarrfamilie? Die Sorge um die Familie brennt jedenfalls am heissesten und lässt den Träumer angstvoll auf Hilfe warten. Der Vater ist zudem von seiner Familie getrennt. Sie erscheint im Pfarrhaus eingeschlossen und in seine Konflikte mit einbezogen, ob sie will oder nicht. Das Pfarrhaus ist übrigens im Traum — anders als in der Wirklichkeit — direkt an die Kirche angebaut. Die Traumbilder umschreiben so auf ihre Art jene Sorgen um die Familie, die sich auch in unserem Gespräch immer wieder in den Vordergrund drängten. Wir könnten zudem fragen, wieso gerade ein Vater so träumt. Inwiefern kann nur gerade er einen solchen Traum träumen? Was geschieht in der Familie, wenn er seinen Traum erzählt? Es fällt mir schlussendlich auf, dass es die Angst um die Familie ist, die das Traum-Ich zur Eile drängt, und nicht in erster Linie die Kirche, die brennt. Das Selbst des Pfarrers ist im Traum — und in der Wirklichkeit — vermittelt durch die zwei unterschiedlichen Rollen des Vaters und des Pfarrers mit den unterschiedlichen sozialen Systemen der Kirche und der Familie verbunden. Der Traum deutet darauf hin, dass die emotionalen Probleme mit der Rolle des Vaters mindestens so dringlich wie jene mit der Rolle des Pfarrers sind.

Ullman (1960) hat uns sehen und verstehen gelernt, dass wir auch danach fragen können, inwiefern sich im Traum ein mythopoetischer Prozess vollzieht und das Selbst poetisch durch den Traum an den Mythen des Alltags weiterwebt. Wirken auch im Traum von der brennenden Kirche und dem Feuerwehrhauptmann solche Mythen? Wenn ich genau hinschaue, meine ich sie zu entdecken. Religion und christlicher Glaube erscheinen im Traum in Form eines Kirchengebäudes. Das mag damit zusammenhängen, dass der Traum auf Verbildlichung eines Problems aus ist und sich ein Kirchengebäude als Symbolisierung der Institution Kirche anbietet. Vielleicht bedeutet es noch mehr und anderes. Religion begegnet im Traum sozusagen in ihrer verdinglichten, objektivierbaren Form. Ist dies nicht ein Urmythos der Menschheit, dass sich das Heilige in Institutionen fassen lässt und in Bildern objektivierbar wird? Der Traum greift in seinen ästhetischen Reaktionsbildungen zudem präzis auf Bildelemente aus der Geschichte der Kunst zurück, die nicht nur als Ausdruck und Abwehr eines Konflikts gebraucht werden können, sondern ihrerseits einen Mythos inszenieren: den Mythos von Genie und Irrsinn. Der Traumanfang erinnert den Träumer nämlich an ein spätes Bild van Goghs. Das Dorf erscheint im Traum als zögernde, langsame, umständliche und widerwillige Feuerwehr. Wer Pfarrerinnen und Pfarrer kennt und weiss, wie sie manchmal über ihre Gemeinden sprechen, erkennt auch darin ein soziales Stereotyp: das der widerwilligen, verstockten Herde, der »Ekklesia visibilis«, der ach so sichtbaren Kirche, in der die menschliche Trägheit leider Gottes grassiert und durch die Predigt überwunden werden muss.

Der Traum zeigt in seiner Deutung unter verschiedenen Gesichtspunkten also die Verflochtenheit des Selbst des Träumers in den konkreten Alltag eines Dorfes, in die Dynamik einer Familie und die Mythopoesie einer Gesellschaft. Er zeigt präzise Eigenschaften der sozialen Systeme, die im Leben des Träumers interagieren und ihre symbolische Gewalt ausüben. Er bildet dies ab und lässt damit eine gewisse Distanzierung zur sozialen Realität bereits zu. Der Traum lässt aber noch tiefer blicken. Er macht auch verständlicher, wie individuelle Gefühle, Phantasien und Wünsche mit der äusseren sozialen Wirklichkeit der Rollen und Institutionen zusammenprallen und zusammenfinden.

Charakteristisch und aufschlussreich für die Aussage des Traums ist zum Beispiel das Wechselspiel von Wünschen und Ängsten, das in seinen Bildern und seiner Dramatik zum Ausdruck kommt.[8] Die Frage nach Wünschen und Ängsten erwies sich im Gespräch als besonders aufschlussreich. Zäsuren im Raum und in der Struktur des Traumaufbaus lassen sich als Folgen einer verstärkten, angsterfüllten Abwehr von Wünschen deuten. Gehen wir diesem Wechselspiel von Wunsch, Angst und Abwehr nochmals nach.

Bereits die Stimmung am Traumanfang ist ambivalent, spiegelt Wunsch und Angst und deren Abwehr. Das Bild erinnert den Träumer an ein spätes Werk van Goghs. Die lastende Spannung könnte in Wahnsinn ausarten, wie es das Schicksal dieses Künstlers war. Die Spannung wird zugleich ästhetisch überhöht. Das Traumbild sieht nämlich van Goghs Bild vom Strassencafé in Arles ähnlich, das hell und freundlich in schwarzdunkler Sternennacht zum Verweilen einlädt. In der Umdeutung der explosiven Stimmung erscheinen die Gefühle im Hintergrund leicht idealisiert. Und doch verrät der schwarzblaue Himmel auch den abgewehrten Aspekt: das dunkel Dräuende aus dem Bereich des Unbewussten des falschen Selbst des Pfarrers.

Die lastende Stimmung entlädt sich denn auch im Blitz. Damit kommt es zu einem ersten dramatischen Umschwung im Traum. Die Abwehr des Unbewussten ist im Moment des Blitzschlags nicht mehr stark genug. Die Impulse mit den begleitenden Affekten durchschlagen die Schranke des Himmels. Die Kirche gerät in Flammen. Die Flammen des Zorns scheinen sie in Brand gesetzt zu haben. Allerdings: Ist wirklich sie das Ziel der Aggression? Sind andere Menschen im Umkreis mitgemeint, zum Beispiel die bedrohlichen Mutterfiguren? Wir könnten dann vermuten, dass die Kirche als »Ersatzobjekt« in Flammen gerät und der Brand der Kirche wiederum ein Ausweg des bedrohten Ichs ist, das sich seiner Wut gegen Frauen und Mütter nicht direkt stellen will und kann.

Der Blitz zwingt zum Handeln und beendet die ästhetische Beschaulichkeit. Hilfe wird von der Feuerwehr erwartet. Auch hier wieder können wir vermuten, dass das bedrohte Ich sich vorsieht: Das Feuer soll gelöscht und aus dem Traum verdrängt werden. Und dies sollen andere für den Träumer tun. Die Antwort des Feuerwehrhauptmanns — »Lass' sie doch brennen!« — lässt den Wunsch des Pfarrers in der Projektion noch einmal laut werden, ohne dass er dafür wirklich zur Verantwortung gezogen werden könnte. Denn der Träumer möchte als Traum-Ich doch offensichtlich den Brand löschen. Der Traum scheint also eine bestimmte Form des Umgangs mit Wünschen und Ängsten abzubilden. Die Neopsychoanalyse nennt dies die Ich-Organisation des Träumenden. Diese Ich-Organisation führt — so argumentiert zum Beispiel Schultz-Hencke (1949) — zu einer Form der Erlebnisverarbeitung, die für eine bestimmte Persönlichkeit charakteristisch ist und sich in einer relativen Verfestigung der innerpsychischen Abläufe niederschlägt. Ich-Funktionen werden an verschiedenen Stellen eines Traumes mit unterschiedlichem Erfolg eingesetzt. Abwehrmechanismen kommen einzeln und in Kombination zum Zug. Dies erlaubt dem Ich eine gewisse Distanzierung von Wünschen, Affekten und Trieben und schafft einen Raum zur symbolischen Bewältigung der äusseren Situation.

Im ganzen Traum dominiert die visuelle Wahrnehmung. Nicht von ungefähr: Beim Aquarellieren findet der Träumer Distanz und Musse. Es ist ihm auch sonst wichtig, sich in Bildern eine Vorstellung einer Situation zu machen. Die Ich-Funktion der Realitätsprüfung kommt ebenfalls mit Erfolg zum Zug. Die Bedrohung der Familie wird als gefährlichster Aspekt eingeschätzt. Entsprechend dringlich ist der Appell an die Feuerwehr. Aber auch die Antwort des Feuerwehrhauptmanns spiegelt diesen Realismus. Das hat der Träumer nämlich in der Feuerwehr gelernt: Wenn man ein Haus nicht schnell löschen kann, ist es unter Umständen besser, es bis auf die Grundmauern abbrennen zu lassen. Sonst müssen die Besitzer des Hauses für den Wasserschaden aufkommen, und zahlt die Versicherung nicht so, wie sie zahlen würde, wäre das Haus bis auf die Grundmauern abgebrannt ... Die Integration und Koordination der Ich-Anteile gelingt, allerdings mit erheblicher psychischer Anstrengung und in einem eher passiven Gewährenlassen. Der Traum deutet damit auch an, dass die Ich-Organisation in ihrer jetzigen Form offenbar nicht geeignet ist, dem Pfarrer einen wirksamen Schutz gegen das Auftauchen seiner Konflikte zu bieten.

In dieser Ich-Organisation zeigen sich die Spuren der Lebensgeschichte und ihrer Prägungen. Auch der Traum steht in einem biographischen Zusammenhang. Der Träumer weist mit seinen Assoziationen den Weg. Es scheint sich eine frühe Problematik der Abgrenzung und Auseinandersetzung mit der Mutter im Traum abzubilden. Die Mutter Kirche weckt ähnliche Wut wie die Mutter mit ihren einschränkenden Verboten. Die Problematik der Ablösung von der Mutter wiederholt sich — wie dies für Pfarrer und Priester nicht selten kennzeichnend ist — im Verhältnis zur Mutter Kirche.

Wir erkennen so noch deutlicher die andere Seite der Problematik des Selbst. Das Selbst steht in Auseinandersetzung mit Bedürfnis, Wunsch, Angst und Trieb. In seiner Geschichte hat es Ich-Funktionen erworben, die ihm eine Anpassung an die Wirklichkeit der Rollen und Institutionen möglich machen. Und doch gerät es immer wieder in innere Spannungsfelder und Konflikte, die sich im Traum manifestieren und zur Entladung kommen. Und doch wird die geballte Ladung seiner Wut zur Gefahr und zur Energie der Befreiung.

Wir sehen also einen zweifachen Prozess in der Nacht am Werk, der zur Distanzierung von Rollenzwängen verhilft. Zum einen werden die sozialen Dimensionen der eigenen Weltkonstruktion thematisiert und damit bearbeitbar. Zum anderen werden die individuellen Bedürfnisse, ihre Abwehr und Gestaltung und ihre Geschichte durch die Arbeit am Traum aufgehellt und verlieren so ihre fraglos prägende Macht. Damit eröffnen sich neue Möglichkeiten der Gestaltung der Rolle, des »Management of Self in Role«.

Ich meine, im Traum selbst zeige sich schlussendlich noch etwas Drittes: die Kraft des Selbst, Vorgegebenes zu überwinden. Der Traum spitzt ein unerledigtes Problem mit dem Ziel einer Lösung zu. Eine neue Integration von Kräften, Energien, Trieben und sozialer Rolle scheint nötig, der Abbau bisheriger Bindungen möglich. Diese Kraft zum Transzendieren zeigt sich im kompensatorischen Charakter des Traums: Der Traum weist auf etwas hin, was der Träumende in seinem Wachleben (noch) nicht so klar sieht. Diese problemlösende Kraft zeigt sich aber auch in der Fähigkeit zur Symbolbildung. Die Symbole zeigen die Fähigkeit des Ichs zur Kompromissbildung, zur Lösung des Konflikts zwischen Wunsch und Angst. Besonders augenscheinlich wird dies im Symbol der Feuerwehr, die Woche um Woche übt, wie Feuer gelöscht werden kann und gerade dadurch sich immer wieder dem Feuer in der Imagination und manchmal auch der Realität aussetzt. Aber auch die anderen Symbole im Traum zeigen diese Fähigkeit. Hartmann

(1972) und andere nach ihm haben gezeigt, dass das Ich dadurch eine relativ konfliktfreie Sphäre schafft, in der eine realistische Auseinandersetzung mit Anforderungen der Umwelt, zum Beispiel mit Anforderungen einer Rolle möglich wird. Die Symbole können aber auch mit Jung als Ausdruck der integrativen Fähigkeit des Selbst gedeutet werden, das Gegensätze verbindet. Der Traum bringt Himmel und Erde, Feuerwehr und Feuer, Pfarrer und Dorf, Struktur und Prozess zusammen. Dadurch wird er zur heilenden ästhetischen Erfahrung, zum Resultat eines kreativen Vorgangs in der Psyche des Träumers, der Gegebenes visionär überschreitet.

Gibt es eine richtige Deutung des Traums von der brennenden Kirche und vom Feuerwehrhauptmann? So könnten wir abschliessend nun noch fragen. Die Interpretation des Traums entwickelte sich in einem spiralförmigen Prozess weiter. In immer neuen hermeneutischen Kreisen erweiterte sich unser Verständnis zusammen mit jenem des Träumers. Offensichtlich gibt es nicht eine einzig richtige Deutung des Traums. Die Deutung ist abhängig vom Standort des Deutenden, von der biographischen Situation, vor der es zur Deutung kommt, von den Fragestellungen, die an den Traum herangetragen werden. Deutung kann nicht auf der theoretischen Ebene allein gefunden werden. Sie ist ein ganzheitlicher Akt der Person, in dem Deutungsaspekte angenommen werden, nicht nur weil sie in sich stimmig sind, sondern weil sie sich an der subjektiven Wirklichkeit des Träumenden bewähren und in einem umfassenderen Sinn »stimmen«, da sie dem Träumenden in gewisser Weise sich selbst und seine Situation so erschliessen, dass neues Handeln möglich wird. Verschiedene Kriterien entscheiden also über die Richtigkeit einer Deutung. »Richtig« ist eine Deutung, die »klickt«, ja zündet und beim Träumenden einschlägt. Richtig ist eine Deutung, die für den Träumenden handelt und konkrete Lebensmöglichkeiten eröffnet. Richtig ist eine Deutung, wenn kommende Lebensereignisse sie bestätigen. Und richtig ist eine Deutung, die nicht zuletzt durch weitere Träume unterstützt wird.

Der Potenzschlitten

Der Pfarrer, der mich konfirmiert hat, begegnet mir. Er fährt ein schnittiges Auto, einen richtigen »Potenzschlitten«, und sagt zu mir: »Von heute an beschäftige ich mich mit der Seele.«

So träumt der Pfarrer Jahre nach dem Traum von der brennenden Kirche. Er hatte sich in der neuen Gemeinde mehr und mehr im Bereich der Seelsorge engagiert, eine entsprechende Ausbildung in Angriff genommen und darin — in der Integration väterlicher und mütterlicher Anteile — neue Kraft gewonnen.

Hermeneutik des Selbst und Institution

Was haben wir für unser Verständnis einer Hermeneutik des Selbst nun gewonnen? Ich denke, der Gewinn dieses Überlegungsgangs sei nicht unerheblich. Eine Hermeneutik des Selbst hat davon auszugehen, dass Menschen, vermittelt durch Rollen, an den verschiedensten Gruppen und Institutionen Anteil nehmen. Dies ist ein fundamentaler Vorgang im Werden und Leben der Persönlichkeit. Er zeigt sich auch im religiösen Traum. Einer individualistisch orientierten Pastoralpsychologie muss dies ins Stammbuch eingetragen werden. Pastoralpsychologie, wie ich sie hier entwickle, ist auch Sozialpsychologie, analytische Sozialpsychologie.[9] Sie interessiert sich gerade darum, wie die individuelle Dynamik eines einzelnen Menschen und die Dynamik von Gruppen und Institutionen in der Tiefe miteinander zusammenhängen. An diesem Punkt ermöglicht die Analyse religiöser Träume instruktive Einblicke.

Die Hermeneutik des Selbst hat die zentralen gesellschaftlichen Mythen wiederzuerkennen, die das Selbst in seinen Träumen bearbeitet. So habe ich im Anschluss an Ullman argumentiert. Dieser Zusammenhang kann nun noch differenzierter analysiert werden. Gesellschaftliche Mythen werden vor allem durch Institutionen und Gruppen an das individuelle Selbst herangetragen. Die Rollendefinitionen, mit denen diese Institutionen ihr eigenes Bestehen sichern und die Psychodynamik dieser institutionellen Zusammenhänge zeigen sich in vielfältiger Form im individuellen Traum. Religiöse Träume lassen sich also als Botschaften deuten, die ein soziales System produziert, um sich selbst Rückmeldung zu geben. Dabei scheint sich kompensatorisch besonders das in den Träumen zu spiegeln, was eine Institution auch in Frage stellen könnte: das Tabu, die verdrängten Zonen, das Anarchische im Subjekt, das Aussenseiterische in jedem Träumenden, das der Institution gefährlich werden kann.

Träume sind also nicht nur eine Darstellung der Psychodynamik im Innern des einzelnen. Religiöse Träume zeigen auch die Dynamik religiöser Gruppen und Institutionen. Das Selbst ist durch seine Rollen mit diesen Gruppen und Institutionen verbunden. Auch für eine angemessene Interpretation religiöser Träume muss deshalb die soziale Verflochtenheit von Traum, Selbst, Rolle und Institution mit berücksichtigt werden. Dabei müssen die verschiedenen Gruppen, denen Menschen angehören und die auf ihre religiösen Träume Einfluss haben, in ihren gegenseitigen Beziehungen gesehen werden. Sicher sind dabei die Akzente objektiv unterschiedlich gesetzt und je nach Erkenntnisinteresse auch bei der Deutung eines Traums unterschiedlich zu setzen. So ist die innere Identifikation und die gefühlsmässige Auseinandersetzung von »religiösen Virtuosen«, sprich Pfarrern und Pfarrerinnen, mit ihrer Kirche so stark, dass sich dies mit grosser Wahrscheinlichkeit in ihren Träumen niederschlägt.

Einem Missverständnis sei allerdings gewehrt. Dieser Zusammenhang gilt selbstverständlich nicht nur für den Traum der Theologinnen und Theologen, sondern auch für Träume, die in der Gemeinde geträumt werden. Auch der Traum eines Gemeindegliedes kann daraufhin befragt werden, inwiefern sich in ihm nicht nur die individuelle, sondern auch die soziale Dynamik der engen Bezugsgruppen spiegelt und die Rollendefinitionen zur Diskussion stehen, die diesen Menschen mit religiösen und anderen Institutionen verbinden. Auch die Teilnahme am Gottesdienst, die Mitarbeit in einer kirchlichen Gruppe, die Verwicklung in einen gemeindeinternen Konflikt setzen psychische Kräfte frei, die sich in den Träumen spiegeln. Das zeigen viele Träume unserer Beispielsammlung. In solchen Träume bilden sich Beziehungen zu den Leitpersonen einer religiösen Gruppe, speziell zu den Trägerinnen und Trägern eines Gemeindeamts ab. Allmachtsphantasien und Aggressivitätsfragen kommen zum Ausdruck, Übertragungssituationen und Beziehungsstrukturen, das Klima und die soziometrische, emotionale Struktur einer solchen Gruppe.[10]

Die Geschichte der Interpretation des Traums von der brennenden Kirche und vom Feuerwehrhauptmann hat aber auch gezeigt, wie diese sozialen Einflüsse sich mit Strukturen der individuellen Psyche verbinden, die in der Biographie geprägt worden sind. Abwehrmechanismen und Ich-Funktionen in einem weiten Sinn erlauben es dem einzelnen, seine Gefühle zu steuern, seine Triebe zu bändigen und durch eine Rolle am sozialen Leben Anteil zu nehmen. Selbstauslegung geschieht an der Schnittstelle zwischen Rolle und Bedürfnis, Kultur und Trieb, Sozialität und Individualität.

Das Bild der formenden Kräfte der Selbstauslegung lässt sich nun um weitere Dimensionen ergänzen:

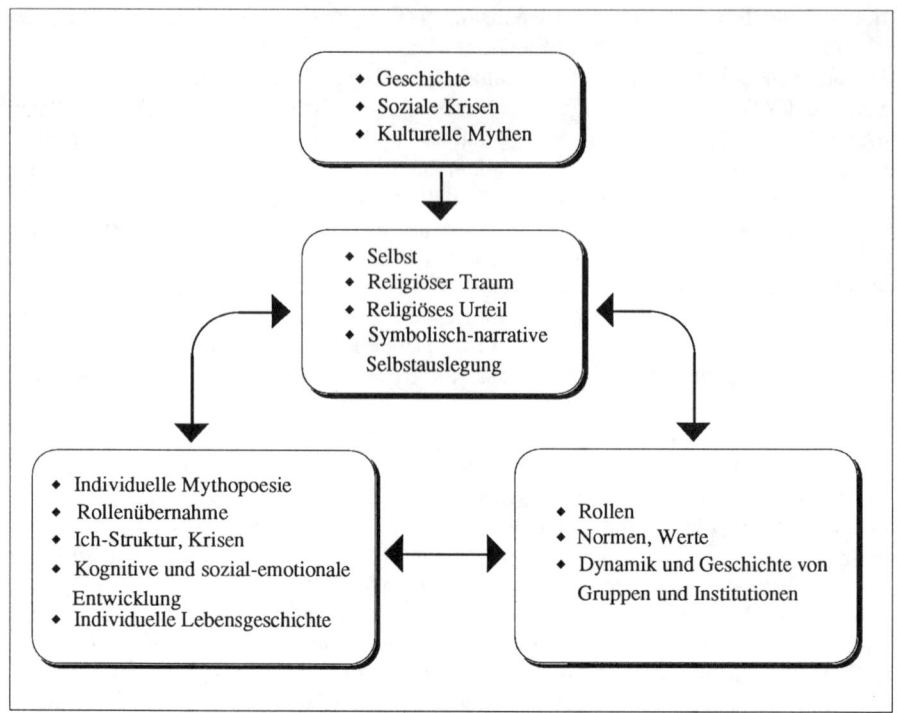

- ◆ Geschichte
- ◆ Soziale Krisen
- ◆ Kulturelle Mythen

- ◆ Selbst
- ◆ Religiöser Traum
- ◆ Religiöses Urteil
- ◆ Symbolisch-narrative Selbstauslegung

- ◆ Individuelle Mythopoesie
- ◆ Rollenübernahme
- ◆ Ich-Struktur, Krisen
- ◆ Kognitive und sozial-emotionale Entwicklung
- ◆ Individuelle Lebensgeschichte

- ◆ Rollen
- ◆ Normen, Werte
- ◆ Dynamik und Geschichte von Gruppen und Institutionen

Ich versuchte, den hermeneutischen Prozess in diesem Spannungsfeld am Beispiel des Traums von der brennenden Kirche und dem Feuerwehrhauptmann in seiner zirkulären Form als Emanzipations- und Befreiungsprozess zu deuten. In den verschiedenen Durchgängen durch den Zirkel des Verstehens — in der subjektiven Selbstauslegung, im Gespräch mit Familie und Kollegen und in der durch Regeln geleiteten hermeneutischen Auseinandersetzung — klärte sich für den Träumenden die Bedeutung des Traums für sein Selbst- und Kirchenbild. Interpretation scheint dabei unabschliessbar. Sie bewegt sich in Kreisen vorwärts. Einer ersten Stufe der Selbstinterpretation kann eine zweite Stufe der Interpretation in einem sozialen Kontext, eine dritte Stufe der Reflexion auf dem Hintergrund der Lebensgeschichte und psychoanalytischer Überlegungen und eine vierte Stufe der Rekonstruktion auf der Ebene psychologischer Theoriebildung folgen. In immer neuen hermeneutischen Umwegen — über Texte, Traumbilder, Gespräche, Reflexionen und Theorien — findet das Selbst zu sich. Es differenziert dabei Bedürfnis und Rolle, Geschichte und Gegenwart, Kultur und Trieb und sucht sie auf einer neuen Stufe zu integrieren. Eine überstarke Identifikation mit Rollen wird aufgelockert, Möglichkeiten des Andersseins in der Rolle blitzen auf, neue Wege des »Management of Self in Role« eröffnen sich. Das Selbst ist dabei nicht nur abhängig von seinen sozialen Rollen. Es füllt diese mit seiner Energie und seinem Feuer. Die Institution ist angewiesen auf diese Lebensenergien, die Libido der Person. Kirche ist als ein Raum symbolischer Traditionen zugleich symbolische Gewalt und Ort symbolischer Solidarität, an dem solche Energien zünden dürfen.

Die verschiedenen hermeneutischen Kreise um den Traum, die wir durchschritten haben, zeigen eines noch einmal deutlich: Traumbedeutung ist tatsächlich nichts Statisches, sondern konstituiert sich im Gegenüber zu bestimmten Regelsystemen und Erkenntnisinteressen, mit denen ein Gegenstand eines Traums erschlossen wird. Die Darstellung zeigt auch den pragmatischen Wert verschiedener Dimensionen der Traumdeutung. Die verschiedenen hermeneutischen Dimensionen und Kreise erschliessen immer neue Dimensionen der Situation des Träumenden, brechen Bedeutungsräume auf, lassen Neues sehen und leisten Aufklärung.

In allen diesen Schritten der Interpretation sind wir den Grundelementen des »Hexalogs« begegnet: dem Traum, dem Träumer, der Interpretation, den Regelsystemen, der Rezeption und Konkretion. Wesentlich am letzten Interpretationsdurchgang war mir, dass die Seite der Interpretation sozusagen wissenschaftlich besetzt wurde und Gesichtspunkte aus der psychoanalytischen Wissenschaft vom Traum in die Analyse mit einbezogen wurden. Damit wollte ich zeigen, dass auch eine distanzierende Interpretation letztlich sinnvoll in den hermeneutischen Zirkel eingeführt werden kann, an eine lebensweltlich orientierte Interpretation und Traumarbeit anschliesst und doch ihr eigenes Recht besitzt. Die Trauminterpretation geht zwar letztlich immer vom Träumenden aus und ist wieder an ihn verwiesen. Wissenschaftlich reflektierte Hermeneutik und Alltagshermeneutik können aber in Kontinuität stehen. Wissenschaftlich gesteuerte Hermeneutik wird manchmal geradezu zur »Gegeninstitution« innerhalb der Institution Kirche. Kirchen haben deshalb nicht selten Träume, Traumdeutung und ihre Institutionalisierungen auszumerzen versucht.[11]

Der Traum von der brennenden Kirche bietet den bildhaften Zugang zu einer letzten Überlegung, die hier anschliesst. »Wach auf, du kalte Kirche!« So stand es mit grossen Lettern (Jahre nach dem Traum von der brennenden Kirche) auf einer prominenten Kirche unseres Kirchengebiets hingesprayt. Eine Kirche, die brennt, ist wenigstens nicht kalt. Eine Kirche, die brennt, brennt. Sie wird als Feuerzeichen zur »Ekklesia visibilis«, zur weithin sichtbaren Kirche, als sich selbst verzehrende glühende Kirche, aber auch zum Hinweis auf die »Ekklesia invisibilis«, die unsichtbare Kirche des Glaubens. Gerade dort, wo die mythischen Vergegenständlichungen des Ungegenständlichen und Nichtobjektivierbaren Feuer fangen, wird Raum frei für Unverrechenbares und Unzähmbares. Eine Kirche, die brennt, brennt vielleicht — hoffentlich — »im Geist». Dann hat der Feuerwehrhauptmann gewiss recht: Lass' sie brennen!

Einer Hermeneutik, die sich auf das Kommen des Gottesreichs besinnt, ist die Dialektik des »Koans« des Feuerwehrhauptmanns wohlbekannt. »Bewegungsmetaphern« (Moltmann 1991b) — Sturmwind, Feuer, Liebe — sind in der ganzen jüdisch-christlichen Tradition Zeichen des Geistes des Lebens, der gefrorene Formen des Glaubens auflöst. Ärger, Wut und Todeswünsche werden in einer Kirche, die dies ernst nimmt, nicht zur Bedrohung, die es zu bekämpfen gilt. Sie werden vielmehr verständlich als Leiden an den Formen der sichtbaren, vorläufigen Kirche, die auf das Kommende nur in erbärmlicher Gestalt hinweisen kann. Eine »Ekklesia semper reformanda«, eine Kirche die sich aus dem Geist erneuern lässt, schafft Raum für hermeneutische Bewegungen, die Formen des Kircheseins aus den Energien der unbewussten Tiefe weiterentwickeln und symbolische Gewalt über Menschen abbauen. Sie erkennt in solcher Verständigung unter Menschen das Wirken des Geistes des Lebens. »Ich bin gekommen, dass ich ein Feuer anzünde auf Erden; was wollte ich lieber, denn es brennete schon!« (Luk. 12,49).

4. Traum und religiöse Entwicklung

»Du Vati, ist es gefährlich, wenn der liebe Gott über die Wolken rennt?« Dieser Ausspruch unseres Fünfjährigen ist mir als denkwürdiges Beispiel jener Kinderfragen in Erinnerung, die selbst Experten der religiösen Erziehung ins Schwitzen bringen können. Kinder denken anders als Erwachsene. Ihr Denken entwickelt sich allmählich; die Fähigkeiten zur Argumentation, zur Bildung abstrakter Begriffe und zur logischen Verknüpfung differenzieren sich altersgemäss. Diese Entwicklung des Denkens schlägt sich auch nieder in der Entwicklung des religiösen Denkens. Das religiöse Urteilen und Denken, so haben es vor allem die strukturgenetischen Arbeiten zur Entwicklung des religiösen Urteils und des Glaubens gezeigt, entwickelt sich altersbezogen in bestimmten Stufen.[1]

So verrät der Ausspruch unseres Fünfjährigen nicht nur das unberechenbare Talent zum Querdenken, das ihn bis heute auszeichnet, sondern auch bestimmte Strukturen der Entwicklung des religiösen Denkens: Die beschränkten Fähigkeiten zur abstrakten Begriffsbildung lassen den Himmel zum Himmel mit den Wolken und die Wolken zur federnden Laufstrecke werden; der Artifizialismus des kindlichen Denkens macht aus Gott einen wagemutigen Renner, der in manchem ähnlich gefährlich sich zu bewegen scheint wie ein quicklebendiger Junge. Zugleich zeigt die Frage ein Bemühen darum, Religiöses zu begreifen, bisher Gehörtes und Erfahrenes in Verbindung zu bringen und zu einem angemesseneren Verständnis von Gott und der Welt zu kommen. Ähnliches gilt für die religiösen Träume von Kindern, Jugendlichen und Erwachsenen. Auch sie spiegeln die jeweilige Stufe der Entwicklung des religiösen Weltverständnisses.

Wir haben bisher zu verstehen versucht, wie soziale Mythen und Rollen, wie Kultur, Institutionen und Bezugsgruppen das Traumleben eines Menschen beeinflussen, gestalten und prägen. Wir haben erkannt, wie tief diese Einflüsse ins Nachtleben hinein wirken. Gleichzeitig zeigte sich, dass die Träume eines Individuums nicht nur Spielfeld dieser Faktoren sind, sondern dass das Traum-Ich und die Träumenden mitspielen, sich einmischen, mythopoetisch aktiv werden, ihre Wünsche in die sozialen Gestalten des Traums verkleiden, und auch im Traum eine Ich-Sphäre freigelegt wird, in der erkannt, entschieden und gehandelt werden kann. Diese Seite der individuellen Gestaltung des Traumlebens möchte ich nun unter einem weiteren Gesichtspunkt — dem Gesichtspunkt der Entwicklungspsychologie — genauer betrachten. Eine entwicklungspsychologische Sicht des religiösen Traums zeigt auf der einen Seite eine weitere Abhängigkeit des träumenden Ichs: die Abhängigkeit von der individuellen Entfaltung seiner Fähigkeiten und Funktionen. Diese entwickeln sich von der frühen Kindheit bis ins hohe Alter. Das äussert sich auf allen Gebieten des Lebens, eben auch im religiösen Traum. Eine entwicklungspsychologische Sicht des religiösen Traums, die insbesondere die kognitionstheoretischen Ansätze der strukturgenetischen Schule aufnimmt, verdeutlicht zudem eine andere Seite: Entwicklung ist auch ein aktiver, konstruktiver Prozess. Menschen setzen sich von früher Kindheit an auch produktiv und kritisch mit ihrer Umwelt auseinander. Kinderfragen sind ein Beispiel dafür. Kinder greifen immer wieder fragend über bereits Bekanntes hinaus und eignen sich die Worte, Gesten und Einstellungen ihrer Erzieher auf manchmal verschlungenen, für Erwachsene nicht selten amüsanten, aber deshalb nicht weniger ernsthaften Wegen an. Auch religiöse Träume, so behaupte ich, zeigen diese aktive kognitive Strukturierung durch den werdenden Menschen. Der Traum von der brennenden Kirche und vom Feuerwehrhauptmann hat uns einen Einblick vermittelt, wie Wunsch und Bedeutung in einem Traum zusammenkommen. Im folgenden Gedankengang möchte ich nun genauer analysieren, wie diese Bedeutung im Traum strukturiert ist. Religiöse Träume sollen also daraufhin befragt werden, was sie für das Verständnis des religiösen Denkens, insbesondere für seine Entwicklung bedeuten könnten. Die Hermeneutik des dialektischen Selbst wird damit um die genetische und kognitive Perspektive erweitert.[2]

Freud hatte ursprünglich angenommen, dass Kinderträume reine Wunscherfüllungen und deshalb für die Traumpsychologie ziemlich uninteressant seien. In späteren Ausgaben der »Traumdeutung« schränkte er dieses Urteil ein. Schon die Träume von Kindern im Alter von vier und fünf Jahren zeigen eine Form von Traumarbeit.[3] Auch Jung traut der kindlichen Psyche, gerade wegen ihrer Nähe zum Archaischen und Archetypischen, im Traum erstaunliche kognitive Leistungen zu. Neu herausgegebene Nachschriften aus Seminaren zu Kinderträumen zeigen dies deutlich.[4] Foulkes (1979) hat in umfassenden Untersuchungen herausarbeiten können, dass die Träume von Kindern und Jugendlichen im wesentlichen ihre kognitive und sozial-emotionale Entwicklung spiegeln. Bereits die Träume kleiner Kinder sind kompetent kontrollierte Ausflüge der Phantasie. Die Kompetenz zur Traumkonstruktion vergrössert sich während der verschiedenen Stufen der kognitiven Entwicklung, wobei sich auch unbewusste emotionale Konflikte in den Träumen niederschlagen. In religiösen Träumen schlagen sich ebenfalls — so ist deshalb mit Grund anzunehmen — die Denk- und Motivstrukturen nieder, die den jeweiligen Stand der kognitiven und sozialen Entwicklung charakterisieren. Dem Ausspruch unseres Fünfjährigen entspricht der Traum eines anderen Fünfjährigen:

Gott und der Fussball
Wir spielen Fussball im Himmel. Jedesmal, wenn der Ball von den Wolken auf die Erde hinunterfällt, geht ihn der liebe Gott wieder holen, damit wir weiterspielen können.

Religiöses Urteil und Traum

Wie spiegelt sich die Entwicklung des religiösen Denkens in Träumen? Wie beeinflusst das Träumen seinerseits diese Entwicklung? Was bedeutet dies für eine Hermeneutik des Selbst? Diese Fragen möchte ich jetzt also aufnehmen. Wiederum gibt es kaum Vorarbeiten. So kann ich nur in einem heuristischen Gedankengang prüfen, inwiefern es hilfreich ist, ein bereits entwickeltes und empirisch-kritisch abgesichertes Konzept der religiösen Entwicklung auf die Traumpsychologie zu übertragen. Ich wähle dazu einen Ansatz, der fest in der Tradition Piagets und der strukturgenetischen Forschung verwurzelt ist; es ist das Modell der Entwicklung des religiösen Urteils, das Oser/Gmünder entworfen und empirisch überprüft haben.[5]

Das religiöse Urteil begründet nach Oser/Gmünder (1988) eine logisch-mathematisch, ontologisch, ethisch und sozial nicht reduzierbare religiöse Dimension der menschlichen Welterfahrung. Im religiösen Urteil — so definieren Oser/Gmünder — wird die Beziehung zum Letztgültigen, zu ultimaten Bedingungen des Lebens gestaltet. Personen setzen sich in ihrer konkreten Wirklichkeit dadurch in Beziehung zum Absoluten, dass sie ihren Bezug zum Ultimaten aufgrund eines bestimmten Regelsystems strukturieren. Dieses Regelsystem enthält die Grundoperationen des religiösen Urteils auf der jeweiligen Stufe der kognitiven Entwicklung. Diese Strukturierung der Beziehung zum Letztgültigen lässt sich daran ablesen, wie eine Person Erfahrungen ihres Lebens interpretiert und im Gespräch oder Gebet religiös erschliesst, wie sie religiös-narrative Texte in Lehre, Botschaft und Bibel verarbeitet und in Gemeinschaften am religiösen Leben und Kult teilnimmt. Religiöse Identität und religiöses Urteil gehören ursprünglich zum Menschsein und lassen sich nicht abstreifen oder überwinden.

Ich gehe nun davon aus, dass Träume ebenfalls Ausdrucksformen eines solchen religiösen Urteils sein können. Wiederum soll einer meiner Träume aus der Zeit des Pfarramts verdeutlichen, wie ich dies meine.

Christus präsens
Ich sitze zuhinterst in einem Gottesdienst im Freien vor einem Gebäude. Vor mir reihen sich die Stühle und Köpfe. Ich verstecke mich hinter einem Kollegen, halte meinen Kopf so, dass er hinter seinem verschwindet. Nun wird Appell gemacht. Der eine, der aufgerufen wird, sagt: hier! Die andere meldet sich französisch: présent! Dann fragt jemand ganz laut: Ist Christus auch anwesend? Es folgt eine grosse Stille.

Die zentrale Frage, um die sich der Traum zu drehen scheint, ist die Frage nach der Präsenz Christi im Gottesdienst. Die Schlussfrage macht ein konkretistisches Verständnis der Christuspräsenz zum Ausgangspunkt, überbietet, verändert und erweitert es und treibt so anschaulich über das gegebene Verständnis hinaus. Wie ist Christus wirklich im Gottesdienst gegenwärtig? Er ist offenkundig anders da als andere und verweigert das Antreten zur Befehlsausgabe. Vorletztes wird so mit Letztem verbunden, das sich verweigert und gerade in dieser Verweigerung präsent wird, in der Stille, in einem Leerraum des Gottesdienstbetriebs, an einer Bruchstelle des Immanenten. Darin ist ein religiöses Urteil, wie es Oser/Gmünder verstehen, enthalten. Das menschliche, manchmal allzumenschliche Geschehen des Gottesdienstes — der Traum stellt kritisch Metaphern dafür bereit — wird ausgelegt hin auf eine Präsenz »in, mit und unter« diesen Äusserlichkeiten, die unanschaulich bleibt und sich nur in der Stille, in der Lücke und Verweigerung meldet. Die Dringlichkeit der offenen Frage lässt spüren, dass es hier um etwas Entscheidendes geht: um die Frage der Gegenwart des göttlichen Geistes in der anschaulichen Wirklichkeit des menschlichen Gottesdienstes.
Der Traum zeigt zudem deutlich, wie dieses religiöse Urteil Spannungsfelder entfaltet. Oser/Gmünder (1988) nennen folgende, sich gegenüberstehende Pole, die im religiösen Urteil integriert werden: Heiliges und Profanes, Transzendenz und Immanenz, Freiheit und Abhängigkeit, Hoffnung und Absurdität, Vertrauen und Angst, Dauer und Vergänglichkeit, Unerklärliches und funktional Durchschaubares. »Das religiöse Urteil ist also die Rekonstruktion einer Wirklichkeit unter diesen angegebenen Polen, wobei das jeweilige Gleichgewicht — je nach Entwicklungsstufe — qualitativ verschieden artikuliert ist. Die höchste Stufe bringt diese Dimensionen in das vollkommenste Gleichgewicht« (32). So wird auch im Beispieltraum die Wirklichkeit des Gottesdienstes in diesen Polaritäten ausgeleuchtet. Der verweigerte Appell weckt die Frage nach der Transzendenz in der Immanenz, nach dem Heiligen im Profanen, nach der Ewigkeit im Augenblick, nach dem Unerklärlichen im funktional durchschaubaren Ablauf eines Gottesdienstes. Das religiöse Urteil im Traum verharrt nicht im Gleichgewicht. Der Traum zeigt Urteilsstrukturen, die durcheinandergeraten. Biographisch steht er an einer Schnittstelle, die viele Fragen hochkommen liess, die ich vorher nicht anzutasten gewagt hatte.
Dies illustriert auch die zweite Annahme, von der ich ausgehe: Der Traum stellt nicht nur eine bestimmte Form des religiösen Urteils dar. Träume treiben immer wieder über das bereits erreichte Gleichgewicht eines religiösen Urteils hinaus, so auch der Traum vom Christus präsens. Der Traum zeigt eine sozial etablierte kirchliche Form, die Beziehung zum Transzendenten zu gestalten. Im Gottesdienst, wo das Wort lauter gepredigt wird, ist Christus in seinem Geist anwesend. Die Macht der theologischen Gewohnheit, die diese Strukturierung der Beziehung zum Ultimaten leicht für selbstverständlich erachtet und den Träumenden in dieser Selbstverständlichkeit auch gefangenhält, wird durch die autoritative Stimme aus dem Hintergrund in Frage gestellt. Ist Christus da? Ist Christus

wirklich so da? Wie ist Christus im Gottesdienst anwesend? Ein Gottes- und Christusbild wird kompensiert: Die Vereinnahmung Christi im Gottesdienst, die Einebnung der Dimension des Geistes im Zwischenmenschlichen. Theologisch geläufige Rede von der Gegenwart des Erhöhten im Gottesdienst wird durch eine offene Handlungssituation aufgebrochen. Die Frage bleibt ohne Antwort. Die Szenerie verbietet die Antwort, die theologisch auf der Hand liegt. Das Ausbleiben der Antwort stellt die ganze Szene vielmehr in ein neues Licht. Die Frage treibt also über das gegebene religiöse Urteil hinaus, destabilisiert das Urteil, mit dem die kultische Beziehung zu Gott individuell und sozial strukturiert wird, und fordert eine kognitive Entwicklung heraus. Das deutet bereits die Traumexposition an: Der Traum spielt im Freien, ausserhalb gelegter Fundamente und traditioneller Kirchenmauern.

Das religiöse Urteil betrifft Tiefenstrukturen des Denkens, so nehmen Oser/Gmünder (1988) an. Anders als Wissensstrukturen, die mit der Zeit verfallen, sind Tiefenstrukturen »die latent vorhandenen Muster des religiösen Bewusstseins, mit denen wir kritische Situationen des Lebens bewältigen« (41). Sie sind gültige Formen der Persönlichkeitsorganisation, die nicht zerfallen, sondern über unterschiedliche Situationen hinweg stabil bleiben und sich nicht leicht verändern. Das religiöse Urteil ermöglicht Kontingenzbewältigung, das heisst: die religiöse Verarbeitung kritischer Situationen im Leben. Die religiöse Denkstruktur verstehen Oser/Gmünder als Mutterstruktur. Fragen nach dem Sinn des Lebens, der Zukunft, der Bewältigung von Schicksal und Tod gehen jeden Menschen an, und jeder Mensch muss in bestimmten Situationen eine Antwort finden. In dieser Antwort, die sich nicht in Moral auflösen lässt, ist die Struktur des religiösen Urteils verborgen, das in der religiösen Mutterstruktur wurzelt. »Die religiöse Mutterstruktur ist ... ein nicht mehr reduzierbares, nicht mehr auf Moral verweisendes, ureigenes Verstehen der konkreten Situation mit Hilfe der sieben konträren Dimensionspaare; dieses Verstehen wird als Selbstvollzug im Rahmen eines kommunikativen Engagements angesichts eines Ultimaten als universelle und universalisierende ›Tiefendimension‹ des menschlichen Lebens begriffen« (63).

Analysiert man die religiösen Träume unserer Sammlung im Blick auf implizite religiöse Urteile, dann zeigt sich folgendes: Diese Träume enthalten mehr oder weniger deutlich alle ein solches religiöses Urteil. Eine Strukturierung gegebener Wirklichkeit hin auf ein Ultimates oder auf Repräsentaten dieses Ultimaten ist ein durchgängiges Grundmuster solcher Träume. Die Traumwelt erlaubt eine Vielfalt der Darstellung dieser Beziehung. Als formale Struktur wiederholt sich aber der Grundakt eines religiösen Urteils in den religiösen Träumen immer neu. Das Ultimate erscheint im Traum als autoritative Frage aus dem Hintergrund, in der Begegnung mit einer heiligen Person, in Göttergestalten unterschiedlichster Form, in Mana-Vorstellungen, in der Anrufung eines heiligen Namens, in Symbolen aus religiösen Traditionen, in wunderbaren Verwandlungen, in der numinosen Qualität ästhetischer Erfahrung, aber auch im geheimnisvollen Inkognito. Es begegnet verborgen im Landstreicher, der sich in den Weihnachtsgottesdienst schleicht (Barz 1981, 92f.), im Lebensbrunnen, der den alten Chinesen wieder jung und faltenlos macht (Garfield 1988, 294f.), als höchstes Wesen und Lebenskraft im Raumschiff (Gendlin 1987, 143), im Jogin, der den Träumer meditiert (Jung 1963, 326), in den geheimnisvoll angestrahlten Evangelistensymbolen (Hark 1980, 88f.), auf dem Gang in die unendliche Tiefe (Froboese-Thiele 1972, 61), als Feuer im Spankorb (76), auf dem leuchtenden Gottesthron (95), in der Begattung durch den Windgott (104), in der Madonna, die zuzwinkert und lächelt (Wittmann 1987, 361) und auch in der Frage, wie es wäre, wenn Wirklichkeit im Leeren hinge (Boss 1953, 162f.). Es erscheint in seiner ganzen religionsphänomenologisch beschreibbaren Vielfalt.

Die Beziehung zwischen Endlichem und Ultimatem äussert sich ebenfalls in der drama-
turgischen Vielfalt der träumenden Selbstdarstellung. Das Traum-Ich nimmt das Ultimate
wahr, hört, sieht, erfährt und spürt es. Die Traumkürzel für die Beziehung zwischen
Endlichem und Unendlichem sind dabei oft frappant: Christus und Hamlet begegnen sich
auf einer Theaterbühne; der Träumer fürchtet eine furchtbare Explosion, wenn sie einander zu nahe kommen (Hall 1979, 331). Der Träumende sieht Fussspuren Jesu, die im
Boden abgedrückt sind; sie weisen in die entgegengesetzte Richtung (Riess 1987,
367f.). Die Begegnung wird zur paradoxen Erfahrung: Träumende umfassen das Ultimate und werden von ihm umfasst (im Traum vom paradoxen Etwas: Boss 1953, 234,
im Jogin-Traum Jungs: Jung 1963, 326). In seltenen Fällen kommt es auch zur schrecklichen Entdeckung des Nichts: der Gottesdienst verrät sich als blosse Fassade (Hark
1987a, 15).
Die Kategorie des religiösen Urteils erweist sich als Hilfe, in der Vielfalt der religiösen
Träume das Wesentliche herauszukristallisieren. Immer wieder geht es in diesen Träumen darum, dass sich die Traumszenerie auf etwas Ultimates hin öffnet und dadurch in
der Tiefe strukturiert wird. Zugleich illustrieren die Träume vielfältig dieses Urteil und
erlösen es aus seiner Formalität, in der es bei Oser/Gmünder zu erstarren droht. Hier
liegt die Stärke der Traum-Metaphern. Sie bilden kategoriale Brücken zwischen dem
Letzten und Vorletzten und eröffnen auf beiden Seiten der Brücke weite Ländereien von
Bedeutung.

Religiöse Entwicklung und Traum

Ich bin mit Oser/Gmünder (1988) davon ausgegangen, dass das religiöse Bewusstsein
eine relativ konstante Form der Verarbeitung der Wirklichkeit hin auf ein Ultimates darstellt. Stufen des Selbst und des Glaubens bezeichnen so gesehen typische Urteils-
muster, von denen wir annehmen können, dass sie aus systematisch integrierten Operationen des Erkennens, Wertens und der Sinnkonstruktion abgeleitet sind. Ich versuchte
am Beispiel eines Gottesdiensttraums zu zeigen, wie sich eine solche Urteilsform in Details eines Traums ausdrückt. Dabei zeigte sich auch, wie der Traum an diesen Urteilsstrukturen rüttelt.
Dies ist die andere Seite des dynamischen Prozesses, den die strukturgenetischen For-
schungsarbeiten beschreiben: Bewusstsein, Bewusstseinsstrukturen, Denk- und Urteils-
formen entwickeln sich lebensgeschichtlich. Dies gilt auch für das religiöse Bewusstsein.
Es ist, unter diachronem Aspekt betrachtet, nichts Konstantes, sondern entwickelt sich
durch krisenhafte Übergänge von Stufe zu Stufe. Relativ stabile religiöse Urteile einer
Stufe geraten ins Ungleichgewicht, verändern sich und werden auf einer neuen Ebene
der Integration der erklärenden und deutenden Strukturmomente wieder stabilisiert. In
unterschiedlichem Alter urteilen Menschen also unterschiedlich. Ihre Beziehung zum
Letztgültigen erhält je eine neue Qualität. Die Entwicklung des religiösen Urteils verläuft
demnach in Stufen. Die einzelnen Stufen der Entwicklung unterscheiden sich durch
qualitative Verschiedenheit, unumkehrbare Reihenfolge, Ganzheitlichkeit und den Ein-
schluss tieferer in höheren Strukturen. Die religiöse Entwicklung durchläuft von Stufe zu
Stufe krisenhafte Übergänge.
Vergleichen wir die Träume eines vierjährigen und eines zwölfjährigen Mädchens:

Der rote Schirm
*Ich sehe etwas von oben kommen, wie einen grossen Schirm. Er ist rot und senkt sich
auf mich. Mein Herz wird ganz ruhig.*

Ritt auf dem Bär
Ein Bär klopft an meine Zimmertür und kommt in mein Zimmer. Ich erschrecke. Ich be-
kreuzige mich (wie ich dies auch bei einer Probe in der Schule mache). Nun kann ich auf
diesen Bären steigen und auf ihm bis zum Bärengraben reiten.[6]

Die Träume sind in vielem nicht vergleichbar. Jener Vergleichspunkt, auf den es in unserem Zusammenhang ankommt, ist die Art und Weise, wie Transzendentes, Religiöses
von den beiden Träumerinnen erfahren wird: »Das Letztgültige, was immer für eine
Form es hat, beschützt dich oder lässt dich im Stich, gibt Gesundheit oder Krankheit,
Freude oder Verzweiflung. Es beeinflusst den Menschen in direkter Weise und kann
nicht beeinflusst werden.« So liesse sich — etwas allgemeiner formuliert — das religiöse
Urteil der Vierjährigen umschreiben, das in ihrem Traum Gestalt findet. »Der Wille des
Letztgültigen kann beeinflusst werden durch Gebete, Opfer, Einhalten von religiösen
Regeln u. a. Wenn jemand sich um das Letztgültige kümmert und all die Prüfungen, die
es schickt, besteht, dann wird es von ihm wie von einem liebenden, vertrauensvollen
Vater gehegt, und er wird glücklich, gesund und erfolgreich sein.« So liesse sich das re-
ligiöse Urteil schildern, das sozusagen als formale Denkstruktur im Hintergrund des
Traums zu wirken scheint, in dem die Zwölfjährige auf dem Bären in die Welt reitet.
Diese Formulierungen sind nicht willkürlich gewählt. Oser/Gmünder (1988, 19) umschreiben mit diesen Worten charakteristische Eigenschaften des religiösen Urteils auf
den beiden ersten Stufen der religiösen Entwicklung. In den beiden religiösen Träumen
der Vierjährigen und der Zwölfjährigen lassen sich deutlich bestimmte formale Denkope-
rationen unterscheiden, die das religiöse Urteil auf der jeweiligen Stufe der kognitiven
religiösen Entwicklung charakterisieren.
Wie ist dies bei anderen Kinderträumen? In unserer Traumsammlung sind Kinderträume
untervertreten. Ich halte mich an die wenigen verfügbaren Beispiele. Die meisten dieser
Träume werden von Jung berichtet (v. a. Jung 1936ff.). In vielen dieser Traumbeispiele,
die Jung und seine Seminarteilnehmerinnen und -teilnehmer mit einer Fülle von faszinierenden Amplifikationen in ihrer Tiefe auszuloten versuchen, zeigen sich — so meine ich
— zugleich Denkstrukturen, die für die erste Stufe der Entwicklung des religiösen Urteils charakteristisch sind. Die Macht liegt in den meisten dieser Träume ganz und einseitig beim Ultimaten in seinen verschiedenen Verkleidungen. Auf Gehorsam folgt Lohn,
auf Ungehorsam gerechte Strafe. Alles Leben, alles Handeln ist unmittelbar geführt, geleitet und gemacht. Eine gute, allmächtige Fee führt ein vierjähriges Mädchen durch ein
Haus mit endlosen Gängen und beschützt es vor drei Schlangen (Jung 1936ff., 210).
Zwei Engel heben im Traum eines Kindes zwischen drei und vier Jahren etwas von der
Erde auf und »befördern« es in den Himmel — in der gleichen Nacht stirbt ein kleines
Geschwister dieses Kindes (26). Ein langer Kometenschweif fährt im Traum eines
gleichaltrigen Mädchens über die Erde, setzt sie in Brand, dabei gehen die Menschen mit
fürchterlichem Geschrei in diesem Feuer unter (32). Eine Hochzeitskutsche, die vom
Teufel kutschiert wird, beginnt lichterloh zu brennen; dieselbe vierjährige Träumerin
steht in einem anderen Traum vor einem Spiegel und sieht, wie ihr ganz langsam Flügel
aus den Schultern herauswachsen, so dass sie einem Engelein gleicht (191). Der liebe
Gott — eigentlich vier liebe Götter in den vier Ecken — kommt im Traum eines zehnjäh-
rigen Mädchens, und das gehörnte Tier, das kleine Tiere aufgefressen hatte, muss sterben (372). Ein geistig zurückgebliebener vierzehnjähriger Junge träumt, dass er in den
Himmel kommt. Petrus sagt ihm, er solle auf die Erde zurück. Er will aber nicht. Da
verwandelt ihn Petrus in ein Kaninchen (144). Nur in wenigen Beispielen dieser Sammlung von Kinderträumen[7] zeigen sich Ansätze zur zweiten Stufe des religiösen Urteils,

die dadurch charakterisiert ist, dass der Mensch Heil und Unheil durch sein Verhalten aktiv beeinflussen kann.

Internalisierung und Externalisierung des religiösen Urteils im Traum

Religiöse Träume zeigen — so lässt sich aufgrund der angeführten Beispiele vermuten[8] — die Form des religiösen Urteils auf einer bestimmten Stufe der kognitiven Entwicklung. Zudem lassen sich religiöse Träume auch deuten als Phänomene, die einen krisenhaften Übergang in der Entwicklung des religiösen Urteils signalisieren. Oser/Gmünder beschreiben dies als Dynamik von Internalisierung und Externalisierung, die die Entwicklung des religiösen Urteils in Gang hält. Internalisierung bedeutet, dass in der kognitiven Entwicklung ein neuer Schritt gemacht wird und neue Dimensionen in das religiöse Urteil integriert werden, mit denen sich der werdende Mensch anschliessend identifiziert und die er denkend und handelnd umsetzt, ohne sich von ihnen distanzieren zu können. Der Traum — so zeigen es vor allem neuere, kognitiv orientierte Modelle der Traumforschung — hat allgemein die Funktion, neue Erfahrungen an bereits bestehende kognitive Strukturen anzupassen.[9] In den Traumgebilden kommen solche Internalisierungen lebhaft und anschaulich zum Ausdruck. Ich nehme an, dass dies auch für religiöse Träume gilt.

Denkstrukturen auf einer bestimmten Stufe verlieren mit der Zeit ihre Selbstverständlichkeit, werden fraglich, brüchig, vergleichbar und damit überholbar. So wird die Stufe der Externalisierung erreicht. Externalisierung bedeutet, dass jemand sein religiöses Urteil vor sich hinhalten kann und es deshalb möglich wird, dieses Urteil mit anderen auf höherer kognitiver Ebene zu koordinieren. Der Modus des Seins der Internalisierung wird zu dem des Habens, der Externalisierung; dies ermöglicht reflexive Selbstdistanzierung. Dadurch verwirklicht sich höhere Reversibilität, das heisst, ein differenzierteres, freieres und intensiveres Kommunikationsverhältnis zwischen dem Subjekt und dem Ultimaten wird möglich. Religiöse Träume können demnach als Niederschlag einer kognitiven Aktivität verstanden werden, mit der ein Mensch neue Erfahrungen im Bereich des Religiösen zu integrieren und an sein bisheriges Weltverständnis anzugleichen versucht. Die Traumform ist zugleich eine Form der Externalisierung dieses religiösen Urteils, ein Niederschlag dieses Denkens, mit dem sich Träumende in Form ihres Traums nun auseinandersetzen können. Das theoretische Modell Oser/Gmünders ist also für das Verständnis des religiösen Traums durchaus aufschlussreich.

Eine Analyse religiöser Träume auf diesem Hintergrund scheint mir allerdings auch für die Weiterentwicklung des Theoriemodells von Oser/Gmünder aufschlussreich. Zwei Aspekte, zu denen die Psychologie des religiösen Traums neue Einsichten bringen kann, seien besonders hervorgehoben. Oser und Gmünder versuchen, die Strukturen des religiösen Urteils mittels halbstandardisierter Interviews zu sogenannten Dilemma-Geschichten zu erheben. Es ist ihnen bisher nicht gelungen, ein von der Vorlage der Dilemma-Geschichten und vom direkten Nachfragen unabhängiges religiöses Urteil zu erheben. Zudem liegen die Dilemma-Geschichten fernab vom Alltag der Befragten. Hier könnte ein erster Gedankengang der Psychologie des religiösen Traums hilfreich werden: Träume sind in gewisser Weise »Dilemma-Geschichten«, die die Psyche allnächtlich entwickelt, um den Prozess der kognitiven Entwicklung zu begleiten. Gerade die dramatische Struktur des Traums und die hohe Ich-Beteiligung bringen es mit sich, dass solche Dilemmas bearbeitet werden. Religiöse Träume zeigen als eine Konstruktion der individuellen Psyche, dass das religiöse Urteil kein lebensfernes Theoriekonstrukt ist, sondern die intimsten symbolischen Tätigkeiten des werdenden Menschen beeinflusst.

Das Verhältnis von Form und Inhalt eines religiösen Urteils ist in der Diskussion strukturgenetischer Arbeiten zur religiösen Entwicklung immer wieder debattiert worden.[10] Eine Unterscheidung von Tiefenstruktur und Wissensstruktur ist problematisch. Bleibt das religiöse Urteil nicht stets an inhaltliche Aspekte und damit an eine bestimmte Religion gebunden? Lässt sich eine Form überhaupt losgelöst von den jeweiligen Inhalten beschreiben? Es macht sehr wohl einen Unterschied, ob das Ultimate als chinesischer Lebensbrunnen, als höchstes Wesen im Raumschiff, als Schutzmantelmadonna, die zuzwinkert, oder als Christus im Inkognito eines Landstreichers symbolisiert wird (s. oben S. 135). Streib (1991) argumentiert im Rückgriff auf Ricœur überzeugend dahin, dass sich Strukturen des Glaubens und des religiösen Urteils eben immer gerade auch an Inhalten, an Traditionen, Symbolen, Erzählungen entwickeln und dies für den Glauben selber konstitutiv ist. Ich denke, dass auch die religiösen Träume die Notwendigkeit einer solchen Interpretation und Erweiterung des strukturgenetischen Paradigmas zeigen. Der werdende Mensch verliert seine Verankerung in der konkreten geschichtlichen Umwelt, wenn seine religiösen Urteile nur formal analysiert werden. Das religiöse Urteil kann sich nur anhand der Stoffe der kulturellen Mythen und Traditionen entfalten, deren prägende Kraft ich bereits analysiert habe und deren befreiendes Potential ich noch darstellen werde (s. unten S. 156ff.). Trotzdem meine ich, sei es sinnvoll, nach den formalen Urteilsstrukturen als einem Pol der Aneignung symbolischer Traditionen zu fragen.

Glaubensentwicklung und Hermeneutik des Selbst

Was bedeutet das Gesagte für unser Verständnis der Hermeneutik des Selbst? Wir haben mitverfolgt, wie dieses Selbst von sozialen Mythen und institutionenspezifischen Rollen bis in seine Träume hinein geprägt ist und sich zugleich träumend damit auseinandersetzt. Wir haben gesehen, wie es individuelle Mythen bildet und seine Rollen persönlich gestaltet. Wir haben nun einen weiteren Prozess kennengelernt und die Seite des träumenden Individuums noch genauer in den Blick gefasst. Dabei sind wir auf eine Prägung gestossen, die bis tief in die organisch-biologische Grundlage des einzelnen Menschen reicht: Träume, auch religiöse Träume, sind bestimmt von der individuellen kognitiven Entwicklung, die unter anderem bestimmten Gesetzmässigkeiten der Reifung des menschlichen Hirns folgt. Religiöse Erfahrung des Selbst ist nicht nur durch soziale Konventionen, gesellschaftliche Mythen und institutionelle Rollen vorstrukturiert. Religiöse Erfahrung wird auch durch die Strukturen des individuellen Denkens und dessen altersspezifische Entwicklung geprägt. Dieses Selbst ist durch seine Abhängigkeit von den Fähigkeiten des Intellekts und deren Entwicklung in derselben Weise gebundenes Selbst, wie es durch Mythen und Rollen gebundenes Selbst ist. Zugleich zeigen unsere Überlegungen, wie dieses Selbst an den Stricken der kognitiven Entwicklung zieht und zerrt und sie immer wieder zu lockern versucht. Religiöse Träume treiben als eine Form der Internalisierung und Externalisierung des religiösen Urteils den Prozess der Entwicklung vorwärts.

Ins Verständnis der Hermeneutik des dialektischen Selbst integrieren wir damit die genetische Perspektive. Jedes Verstehen von Texten und Traumtexten und jede Produktion von Texten und Traumtexten ist an die kognitiven Strukturen gebunden, die ein Mensch in seiner individuellen Entwicklung aufbauen konnte. Traumtexte werden für diese Entwicklung insbesondere deshalb wichtig, weil sich in ihnen auch die Krisen des jeweiligen religiösen Selbstverständnisses äussern. Entwicklung geschieht nicht zuletzt dadurch, dass religiöse Traumgeschichten zu Elementen der Lebensgeschichte werden, die deren krisenhaften Charakter unterstreichen.

Der dialektische Charakter des Selbst wird nun noch deutlicher: Dieses Selbst wird geprägt und prägt selber, es übernimmt gesellschaftliche Mythen und wird mythopoetisch aktiv, es rezipiert kulturelle Traditionen und gestaltet sie mit seinem Urteil. So findet sich die Zweipoligkeit dieser Dialektik auch in den Träumen. Diese inszenieren gesellschaftliche Mythen und verformen sie individuell; sie stellen Bedeutung dar und füllen sie mit Wünschen; sie assimilieren religiöse Traditionen und strukturieren sie aufgrund der kognitiven Möglichkeiten des werdenden Menschen.

Die folgende Darstellung zeigt im Rückgriff auf die bisherigen Erörterungen das Kräftefeld, das das dialektische Selbst prägt und von diesem geprägt wird, noch einmal im Überblick.

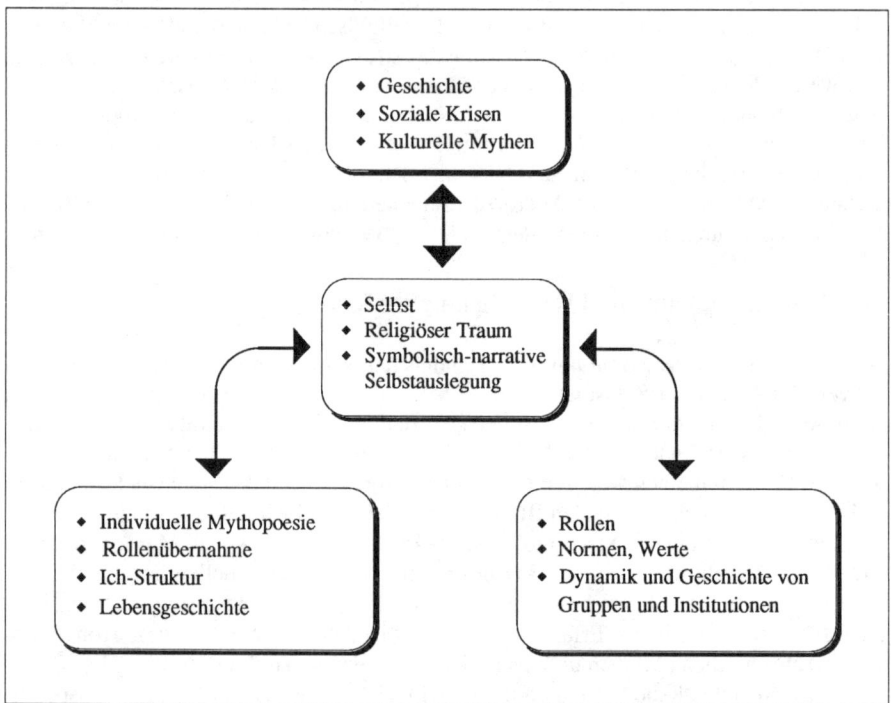

Wir sind bei der Diskussion der religiösen Entwicklung zudem einer weiteren Diskontinuität von religiösen Welten in unserer Gesellschaft begegnet: Die Traumwelt der Kinder ist nicht die Traumwelt der Erwachsenen. Diese Welten sind getrennt durch tiefe Krisen des Selbstverständnisses, die sich auch in den religiösen Träumen spiegeln. Eine Hermeneutik des dialektischen Selbst hat diesen Diskontinuitäten und Brüchen ihre Aufmerksamkeit zu schenken. Es ist zudem auffällig, wie wenig wir eigentlich von den religiösen Träumen der Kinder wissen. Viele Fragen schliessen sich hier an: Sind diese Träume nicht wichtig? Sollen Kinder möglichst schnell die religiösen Träume der Erwachsenen träumen lernen? Ist für eine »geschwisterliche Kirche« (Moltmann 1991b, 97) nicht ein ganz anderes Nebeneinander und Miteinander dieser Welten angemessen? Ein weiterer gewichtiger Einspruch gegen die strukturgenetischen Arbeiten schliesst sich hier an.

Oser/Gmünder verstehen die religiöse Entwicklung als Ganzes von der religiösen Mündigkeit höherer Entwicklungsstufen her. In theologischer Sicht — so meint Schweitzer

(1987) — ist aber die als Ziel angestrebte Mündigkeit des Erwachsenen »dialektisch verschränkt mit der theologischen Sicht des Kindes als eines Menschen von eigenem Wert und eigener Würde, der nicht nur von seinen erst in der Zukunft zu erwerbenden Fähigkeiten her gesehen und bewertet werden darf. Diese Sicht geht auf Jesu Verhältnis zu den Kindern zurück. Sie entspricht, systematisch-theologisch gesehen, der Rechtfertigungslehre, die den Menschen nicht gemäss seiner Leistung, sondern gemäss der bedingungslosen Annahme Gottes versteht« (136). Der theologische Einwand korreliert mit einer traumpsychologischen Feststellung: Erwachsene träumen in jeder Nacht. Ihr religiöses Urteil übt sich in Traumszenerien, die — wegen der besonderen psychischen Umstände des Schlafs — immer wieder jenen der Kinder nahekommen.[11] Und: Kinder stehen Erwachsenen manchmal in keinerlei Weise nach, wenn es darum geht, mit einfachen kognitiven Mitteln — zum Beispiel einer Frage — die Brüchigkeit unserer erwachsenen religiösen Konstruktionen aufzuweisen. Es ist diese Brüchigkeit des religiösen Erwachsenenhimmels, die Gott letztlich Gefahr laufen lässt, von den Wolken abzustürzen. Diese Brüchigkeit zeigt sich auch im Traum eines Mädchens (Jung 1936ff., 366), das die religiöse Absolutheit von Gut und Böse mit wenigen Strichen von Grund auf in Frage stellt:

Himmel-Hölle
Einmal ging ich mit einem Mann in den Himmel. Dort waren Menschen, die heidnische Tänze machten. Dann gingen wir in die Hölle. Dort waren Engel, die taten alles Gute.

Praktische Theologie als kritische Theorie eines habitualisierten religiösen Bewusstseins

Welche Schlussfolgerungen für die Praktische Theologie lassen sich aus den vorangegangenen Überlegungen ziehen? Praktische Theologie wäre — so verstanden — auch als genetische Theorie des religiösen Bewusstseins zu begründen, welche die Traumdimension mit einbezieht. Praktische Theologie beschäftigt sich mit dem Werden der Bedeutung und den Prozessen dieser Bedeutungsgenese. Praktische Theologie wäre dann aber auch als kritische Theorie eines habitualisierten religiösen Bewusstseins zu entwickeln, das diese genetische Dimension ausschliessen will. Ich spitze diese beiden Ausgangsthesen in weiteren thesenartigen Formulierungen zu und erweitere gleichzeitig den Blickwinkel, schaue zurück auf die letzten drei Kapitel und vorwärts auf die noch kommenden Überlegungen:

— Menschen entwickeln durch Einflüsse der Familie und Gesellschaft, der Lebens- und Bildungsgeschichte und ihrer individuellen Konstitution ein »habituelles, verhältnismässig konstantes Bewusstsein« (Fierz 1987, 31), das mit einem als fortlaufend identisch erlebten Ich verbunden ist. Teil dieses Bewusstseins ist das durch religiöse Sozialisation, Lebensgeschichte, Charakterstruktur, kirchlich-institutionelle und gesellschaftliche Einflüsse und spezifisch religiöse und theologische Normen und Denktabus abgesicherte habituelle religiöse Bewusstsein.
— Träume sind in ihrer Funktion für die Entwicklung des religiösen Denkens und die Glaubensentwicklung in einem weiteren Sinn ernst zu nehmen. In ihnen zeigt sich eine umfassende kognitive Aktivität, die darauf dringt, gegebene Figuren des religiösen Denkens und Urteilens zu kompensieren, zu durchbrechen und zu transzendieren. Träume besitzen einen transformierenden Sinn. Sie sind Formen der Externalisierung religiöser Denkstrukturen, die diese einer denkerischen Be-

arbeitung zugänglich machen. In den religiösen Träumen spiegeln sich besonders die krisenhaften Übergänge in der Entwicklung des religiösen Denkens.

— Träume sind unerbittlich in ihrer kompensatorisch-prophetischen Kritik am habituellen religiösen Bewusstsein. Sie korrigieren Einseitigkeiten, lassen Perspektiven des wachen theologischen Bewusstseins umkippen, in sich zusammenbrechen oder neu aufgehen, persiflieren Heiliges und heiligen Obszönes, entdecken Christus im Landstreicher, öffnen Kirche als psychischen Raum fürs Menschlich-Allzumenschliche, bringen Gott in die Nähe und verfremden eine allzu vertrauliche, theologisch-geläufige Rede von Gott.

— In den Träumen scheint eine Kraft der Sinnerschliessung und Sinnkonstruktion am Werk, die erstaunlich ist. Unermüdlich rekonstruiert der menschliche Geist in der Nacht träumend seine Grundstrukturen. In den Träumen scheint dieselbe Kraft der Sinnerschliessung und Sinnkonstruktion am Werk, die Fowler (1989) Glauben nennt. Glauben ist — pastoralpsychologisch gesprochen — eine besondere Form der Konstruktion von Existenzbedingungen, die voraussetzt, dass menschliche Existenz sinnvoll ist. Dieser »Glaube« ist letztlich auch axiomatische Grundlage aller Traumtheorien. Träume sind eine Form der Aneignung der Wirklichkeit, eine Form der Sinnkonstruktion. Im Prozess der nächtlichen Traumarbeit gewinnt dieser sinnheuristische Vorgang bereits Gestalt. Er verdichtet sich bei der Verarbeitung und Deutung von Träumen am Tag.

— Träume, als Ausdruck eines solchen Glaubens ernstgenommen, provozieren die Selbsttranszendierung des habituellen religiösen Bewusstseins und ermöglichen so etwas wie theologische Bewusstseinserweiterung im Alltag. Sie wecken im Selbst die Lust an einer »Pensée sauvage«, die in ihrer Beweglichkeit und Lebendigkeit mehr Metapher des lebendigen und beweglichen Gottes werden kann als dogmatisch-korrektes, habituelles theologisches Denken.

— Träume, ernstgenommen, enthüllen damit neue theologische Horizonte. Sie inspirieren zu einem alternativen theologischen Denkmodell. Subjektive, lebensgeschichtliche Erfahrung wird als eine der Grundlagen theologischer Arbeit anerkannt anstatt missachtet. Ein symbolisch vermitteltes, metaphorisches Verständnis von Wirklichkeit tritt gleichberechtigt neben den rationalen Diskurs und wird nicht vorschnell ins Prokrustesbett der Vernunft gezwungen. Menschen werden als authentische Auslegende ihrer religiösen Erfahrungen neu ins Recht gesetzt und ins theologische Gespräch miteinbezogen. Die allnächtliche Kirchen-, Religions- und Christentumskritik der Träume wird als wesentliches Element dieser theologischen Arbeit ernstgenommen.

Träume zeigen die Nähe des »erwachsenen« Denkens zum archaischen, elementaren, kindlichen und mimetischen Spiel. Dies bedeutet Nähe zu Denkformen und ästhetischen Kategorien, welche für das Werden der religiösen Traditionen des Christentums von grosser Bedeutung gewesen sind, bis dass die Vernunft in der Moderne ihre Herrschaft angetreten hat. Religiöse Träume üben auch heute unverdrossen Kritik an der einseitigen Herrschaft dieser Vernunft. Gerade so sind sie ein »Angeld« des Geistes des Lebens, der in seiner Geschichte durch die Zeiten immer neu einen Glauben möglich gemacht hat, der das menschliche Bewusstsein ausweitet und seine Transzendenz in der Immanenz ahnen lässt (Moltmann 1991b). Träume sind so nicht nur angestrengtes kognitives Bemühen. Sie sind bisweilen auch der Sabbath des Denkens, an dem das »Haus der Kognitionen« mit seinen Söhnen und Töchtern, seinen Sklaven und Sklavinnen, seinem Vieh und dem Fremdling, der innerhalb seiner Tore ist (2. Mose 20,8ff.), ruhen und den Geist des Lebens feiern darf.

5. Traum, poetisches Selbst und theologische Sprache

Träume verrichten psychische Kärrnerarbeit. Sie schleppen die Steinquader der gesellschaftlichen Mythen auf die Traumbühne, produzieren das Rollenskript und verschieben unermüdlich die psychischen Kulissen. Sie schaufeln den Schnee von gestern weg und eröffnen die »via regia« zum Unbewussten, auf der Therapeutinnen und Therapeuten Leidende zur Heilung begleiten. Als »Mülleimer der Seele« verschlucken sie das Sperrgut des Alltags (McCarley 1988); als »Wachhunde der Psyche« (Faraday 1984) bellen sie, wenn Gefahr im Anzug ist. Sie nehmen wilde Gedanken in die Zucht des religiösen Urteils. Und manchmal scheinen sie wie ein Bibliothekar zu agieren, für den das Suchen, Abstauben, Ordnen und Einreihen der Gedächtnis-Folianten zugleich Zwang ist und Lust erregt (States 1988).

Diese Metaphern schlagen je wieder eine bestimmte Schneise ins Dunkel der Träume. Gemeinsam ist ihnen, dass sie Träume als nützliche Werkzeuge der Psyche definieren. Metaphern wirken wahrnehmungsleitend. So wollen wir uns im folgenden bewusst von neuen Metaphern inspirieren lassen.[1] Auf dem Traum-Pegasus möchte ich in die Gefilde des poetischen Selbst reiten. Träume sind nicht nur nützlich und graben in die Tiefe. Träume sind auch spielerisch, erhebend, luftig, flüchtig. Träume sind wie ein Kaleidoskop, in dem Metaphern zu immer neuen Bildern purzeln. Träume sind wie der Sabbat des Denkens. Träume sind wie die Jazzmusiker, die erst so richtig in Schwung kommen, nachdem das öffentliche Konzert vorüber, die Besucherinnen und Besucher heimgegangen und Bass, Klavier und Schlagzeug unter sich sind.

Um diese Jamsession der nächtlichen Gedanken soll es also gehen, in der das Hirn — wie die Neurophysiologie des Traums zeigt — improvisierend und mit Neuronenfingern die kognitiven Register abtastend zu seiner Melodie zurückfindet. Träume sind nützlich und spielerisch. Vielleicht sind sie gerade deshalb nützlich, weil sie spielen und zum Spiel laden. Träume sind kreative Gestaltung, Akt des Subjektes, Form der Zauberei. Träume sind heilende Kunst und heilige Kunst.

Dies ist meine These, um die es in diesem Kapitel gehen soll.[2] Wie zeigt sich im Traum eine poetische Kraft der Psyche? Unterstützt diese Kraft die Dialektik des Selbst? Wie treffen sich also das poetische Selbst, das in Träumen seine Purzelbäume schlägt, und das religiöse Selbst, das sich zum Ultimaten verhält? Sind sie sich verwandt? Sind sie feind? Das Selbst soll jetzt nicht dingfest gemacht und für seine Träume verantwortlich erklärt werden. Es soll nicht in die Rolle des Zensors versetzt werden, der am Traumtext herumschnippelt und -krittelt. Es soll als Poet verstanden werden, der im Dachstübchen seine Feder spitzt und die Phantasie schweifen lässt. Es soll sich auf den Pegasus setzen dürfen und seine Kunststücke zeigen.

Das poetische Selbst des Träumenden

Alle, die sich länger mit Träumen beschäftigen, kennen die Momente der hellen Überraschung und Begeisterung, des Staunens und der Ahnung, dass wir nächtlich unverdient beschenkt werden. Träume verzaubern durch ihre Form, ihre Poesie und ihre Rhetorik. Das Selbst erfahre ich im Traum und in der Begegnung mit dem Traum am Tag wesentlich als poetisches Selbst.

Was meine ich damit? Unsere Traumsammlung ist ein faszinierendes Poesiealbum. Auf Schritt und Tritt finden sich Beispiele von Träumen, die die Grundformen der Poetik illustrieren. Träume legen Zeugnis ab von der ursprünglichen Macht des Wortes. In ihnen finden sich Zaubersprüche, Anrufungen, magische Beschwörungen, die das Traum-

Ich als wirkkräftig erfährt. Träume sind aus Symbolen und Metaphern gebaut. In ihnen werden verschiedenste Elemente »verdichtet«, kommen Bedeutungswelten zueinander und erschliessen sich gegenseitig. In Träumen finden sich sprachliche Gattungen, die Grundformen der Sage, des Märchens und des Witzes. Träume enthalten Apophtegmen und Apokalypsen, Epen und Einzeiler, Gleichnisse und Wundergeschichten. Die rhetorischen Formen werden vom Traum-Ich eingesetzt. Die Vielfalt sprachlicher Gestaltungsformen ist überraschend und zeigt: Diese Fülle wird verfehlt, wenn sie, auf wenige kognitive und emotionale Grundstrukturen zurückgestutzt, analysiert wird. Dieser Fülle wird nur eine Traumpsychologie gerecht, die nicht die Einfalt von Erklärungen, sondern auch die Vielfalt von Erscheinungen im Blick hat und begrifflich nachzuzeichnen versucht.

Ich schlage vor, in diesem Zusammenhang vom poetischen Selbst zu sprechen, genauer noch von der poetischen Kompetenz des Selbst. Ich verstehe darunter die Fähigkeit des Selbst zur Gestaltung seines Ausdrucks und zur vielfältigen Formgebung von Bedeutung. Es soll also um eine Poetik im weitesten Sinne gehen, sozusagen um das Gegenstück der Ästhetik des Traums, der Lehre von seiner Wahrnehmung. Es geht dabei nicht um einen bestimmten Typus von poetischen Träumen, sondern um das Poetische am Träumen überhaupt.

Vorsicht ist allerdings am Platz, wir werden es sehen. Gibt es dieses Selbst überhaupt, oder ist der Begriff selber bereits eine rhetorische Fiktion? Hier sei vorerst eine erste Präzisierung versucht, die bereits Erarbeitetes aufnimmt: Dieses Selbst »gibt« es nicht eigentlich. Dieses Selbst konstituiert sich in einem immer weitergehenden Prozess der Selbst- (und Fremd-)definition. Dieses Selbst ist eben ein poetisches Selbst, das bedeutend bedeutend wird, eine Geschichte erhält, indem es Geschichten erzählt.[3]

Das Selbst ist ein Hermeneut und ein Mythenproduzent, ein Geschichtenerzähler und Fabulant. Dies haben wir im Verlaufe unserer Darstellung immer wieder gesehen. Die Geschichte des Lebens eines einzelnen Menschen beginnt mit den frühesten Eindrücken, ein eigenes Selbst, unterschieden von anderen, zu sein. Indem sich dieses Selbst auf die Bilder und Sprache der Kultur bezieht, die ihm durch Eltern und andere wichtige Figuren vermittelt werden, entwickelt es langsam eine Lebensstory, mit der Erfahrung interpretiert wird. Diese Geschichte, die immer neu erzählt und weiterentwickelt wird, dient der Verarbeitung der individuellen Vergangenheit und der Vorwegnahme der Zukunft. In ihr mischen sich verschiedene Bilder und Sprachen: öffentliche und private, aktuelle und althergebrachte, eigene und fremde, mythische und historische, die stumme Botschaft des Phallusgottes in der Tiefe und die erfahrungsfremde Theologie im Studierzimmer des Vaters.[4] Traditionen und konkrete Erfahrungen des Selbst verweben sich. Solche interpretativen Mythen dienen als Gefässe, in denen symbolische Bedeutung und negative und positive Affekte zusammengehalten werden. Ich denke, dies sei eine besondere Hilfe, welche die Träume dem poetischen Selbst bieten. Sie sind geradezu klassischer Ausdruck davon, dass das Selbst einen individuellen Mythos kreiert und diesen zugleich auslegen muss, um sich selbst zu verstehen. So ist das poetische Selbst im wesentlichen auch ein Selbst, das sich im poetischen Akt verliert und gerade so konstituiert.

Eine Hermeneutik des dialektischen Selbst, wie ich sie entwickeln möchte, findet hier zu ihrem eigentlichen Kern. Das Selbst kommt durch Geschichten zu sich. Es beschreitet einen hermeneutischen Umweg, zum Beispiel die Traumspur, um zu seinem Zentrum zu finden. Es beginnt sich zu verstehen, indem es anderen seine Story erzählt. Wie finden dialektisches und poetisches Selbst in der Nacht aber genau zueinander? Auf diese Frage möchte ich nun Antworten suchen. Ich suche sie in mehreren Schritten. Die Frage nach der poetischen Selbstauslegung in Träumen brennt mich persönlich. Die Träume rufen mich zum Spiel, die Arbeit mit Träumen ist selbst ein Spiel und regt an zu einem spielerischen Umgang mit dem Denken. Meine eigenen Träume haben mir den Weg gewiesen.

Die dem menschlichen Wesen eingehauchte Bestimmung

Ich befinde mich in einer Schmiedewerkstatt. Alte Autos werden repariert. An einer Kühlerhaube wird gehämmert. Es gibt trotzdem Abfall; das erstaunt mich. Die Garagisten erklären mir leicht amüsiert, das sei eben so. Abfall liesse sich durch die beste Arbeit nicht vermeiden. Wenn sie auf die Toilette müssten, gäbe es dort bei ihnen genauso Abfall wie bei mir zu Hause. Und (nicht mehr in Dialekt, sondern in Hochsprache): »Das ist die dem menschlichen Wesen eingehauchte Bestimmung.« Ich gebe dies, wie ertappt, zu. Die Traumszenerie hat sich verändert; ich bin nun plötzlich am Ort meiner Kindheit.

Das poetische Selbst, das in Träumen seine Purzelbäume schlägt, und das religiöse Selbst, das sich zum Ultimaten verhält, treffen sich in diesem Traum an einem unwahrscheinlichen Ort: einer Schmiede oder einer Reparaturwerkstätte für Autos. Ist es der Ort, an dem eine demolierte Auto-nomie repariert wird? Ist es der Ort, an dem auskommt, dass der »Kühler« nicht mehr funktioniert? Ist es der Ort, an dem »jeder seines Glückes Schmied« ist? Jede dieser Fragen erschliesst neue Sinnzusammenhänge des Orts, an dem sich in jener Nacht mein poetisches und mein dialektisches Selbst ein Stelldichein gaben. Ein gesellschaftlicher Mythos wird an diesem Ort aufgenommen und weitergeschmiedet. 1946 geboren, faszinierten mich früh Autos. Sehnlichst wünschte ich mir ein Spielauto, das mit Pedalen bewegt werden konnte. Dieser Wunsch ging nie in Erfüllung. Ich dichtete meine erste Geschichte von einem armen Waisenbub, der gerne ein solches Auto gehabt hätte. Später erlebte ich den Aufschwung des Autos, den ersten VW-Käfer, den Vater fuhr. In der harten Geborgenheit des Gepäckraums durfte ich bei seinen Übungsfahrten mitreiten. Die ersten Autobahnen in den fünfziger Jahren fand ich ästhetisch wundervoll. Später traf die Bemerkung meines Analytikers, im Traum stünde das Auto häufig für das Thema »Autonomie«. Und nun taucht hier, in diesem Traum — es ist der erste Traum, der Initialtraum jener Traumserie aus dem Pfarramt, auf die ich in diesem Buch immer wieder zurückgreife — wieder ein Auto auf. Die Autos fuhren in der anschliessenden Traumserie in immer neuen Modellen vor. Die Metapher zur Auto-Autonomie erwies sich als die aufschlussreichste Übersetzung. Immer wieder hämmerten Träume an diesem Bild weiter; mittlerweile bin ich auf das Fahrrad umgestiegen und gehe auch mal zu Fuss.

Der gesellschaftliche Mythos, der hier mit lautem Brummen in meinen Traum »eingefahren« war und nun still und stumm in der Garage stand, stammt aus der Warenwelt. Er bietet sich an, damit sich das Selbst verstehen kann und entfremdet es zugleich sich selber, wenn es sich in seinen Traumautomobilen fangen lässt.[5] Der Traum lässt mich fragen: Was heisst es, Autonomie im Bilde eines Autos zu sehen? Welche Form von Identität spiegelt sich hier: mechanisch, energieverzehrend, schlussendlich zerstörerisch? My car is my castle? Längst hatte ich doch am Tage entdeckt, dass wir auch ohne Auto mobil und ohne Mobil autonom werden können und müssen. Aber tief in der Nacht, wenn das Gehirn im Dunkeln die Bahnen öffnet, kurven die Autos offensichtlich immer noch in seinen Windungen ...

Wenn Garagisten an diesem Auto hämmern und der Kühler defekt ist, zeigt sich vielleicht auch ein Defekt dieses Mythos. Auch Motoren laufen nicht aus sich heraus. Sie stinken und produzieren Abfall. Weshalb erstaunt dies das Traum-Ich? Denkt es, ohne Abfall durch die Welt zu kommen? Im theologisch-anthropologischen Grundsatz des Garagisten meldet sich eine neue Sicht: Identität ist eingehaucht, hat zu tun mit dem göttlichen Pneuma, dem Geist des Lebens, nicht mit motorischer Ausdauer und Perfektion. Die Bestimmung ist es, Abfall zu produzieren. Die Bestimmung ist nicht das perfekte

Werk, der Käfer, der rollt und rollt. Schöpfungstheologie wird zur Pointe. Sie erscheint nicht als dogmatischer Lehrsatz, sondern als Sprechakt in der Garage. Die Poesie steht dabei nicht auf der Seite des Traum-Ichs. Sie meldet sich im leichten Amüsement der Garagisten. Dem Nicht-Theologen kommt schliesslich das rettende Wort.

Das poetische Selbst übernimmt den Auto-Mythos also nicht nur; es erzählt ihn weiter, ironisiert und konfrontiert ihn mit einem anderen Mythos, der Schöpfungsgeschichte vom Menschen, der aus Erde und Hauch gemacht ist. Und dieser Mythos hat kritische Funktion. In ihm wird der Automythos und seine Unmenschlichkeit ironisiert. Neue Formen der Existenz und Kreativität — pneumatische Formen sozusagen — werden in der Ironie angedeutet. Dem Traum-Ich dämmert eine andere Sicht des kreativen Prozesses.

Diese Traumnotiz war der Anfang eines langen Weges, der erste Traum, den ich nach meiner Analyse, dem Anfang im Pfarramt und der Lektüre eines anregenden Traumbuchs wieder aufschrieb. Ich notierte ihn später fein säuberlich auf ein Kärtchen: »22.9.83/1 Die dem menschlichen Wesen eingehauchte Bestimmung.« Dann der Traumtext und die Notiz: »Das Problem, das ich mir am Abend einsuggeriere: Wer bin ich? Wo stehe ich?« Dann Assoziationen und die Schlussfolgerung: »Wenn ich meine Autonomie, mein Glück finden will, muss ich akzeptieren, dass es zum (von Gott gewollten) Wesen des Menschen gehört, Abfall zu produzieren.« Der Traumzettelkasten verrät ein letztes Problem, das wir im folgenden nicht vergessen dürfen: Was geschieht mit dem poetischen Selbst beim Übergang in den Tag? Das Beispiel macht es deutlich. Ich nahm es an die Leine des Traum-Buchhalters. Ich piekste die Träume wie Schmetterlinge an die Psycho-logik. Ich versuchte ihnen einen ethischen Appell abzuringen. Das poetische Selbst der Nacht blieb auf der Strecke.

Poetisches Selbst und religiöse Kreativität

Wie erzählen meine zweihundertfünfzig anderen Träume die Geschichte des poetischen und des religiösen Selbst? Zuerst einmal ist mir folgendes aufgefallen: Fünfundachtzig dieser Träume behandeln Themen, die in einem weiten Sinn mit Religion, Christentum und Glauben zu tun haben, von diesen betreffen wiederum rund fünfzig Träume Fragen, die mit Kreativität und Generativität, mit Stagnation und Verzweiflung befasst sind. Ich war selber überrascht, wie viele Querverbindungen Glaube und Poesie in meinen Träumen besitzen. Wichtiger als Zahlen sind jedoch die Geschichten. Sie haben mich recht eigentlich auf die Fragestellung dieses Kapitels gebracht, auf dem Pegasus meiner Träume bin ich in die Gefilde des poetischen Selbst geritten, habe ich mich durch enge Strassen gedrückt bis zum fernen Blick auf Jerusalem.

Wie erscheinen poetisches Selbst und religiöses Selbst in meinen Träumen? Immer wieder ist der religiöse Ort gleichsam der Brennpunkt der Frage nach gelingender Kreativität. Dies spiegelt meine persönliche Erfahrung im Pfarramt, aber vielleicht allgemeiner die des gebildeten, weissen und männlichen Theologen, der Rede und Schreibe produziert. Das poetische und das dialektische Selbst begegnen sich im Traum insbesondere in vielen Situationen des Gottesdienstes. Predigtgottesdienst, Konfirmation, Beerdigung und Taufe sind die sozialen Orte, an denen theologisches Reden und eine Form von Poesie gefordert sind. Meine Träume spiegeln mir immer wieder die Angst vor dieser Situation, vielfache Behinderungen und Erschwernisse. Sie zeigen mich auf unfruchtbaren Umwegen verirrt, unproduktiv überhaupt. Sie halten dafür eine Fülle von Bildern bereit. Ich predige »im Spiegel« — einem vornehmen Vorort Berns — oder auf dem

»Längenberg«; ich habe nur noch alte Predigten auf Lager und werde durch allerlei Autoritäten kontrolliert.

Das Traum-Ich selbst hat also nichts Grossartiges an sich. Es erscheint nicht als Dichter und Maler, es ist nicht ein heiles poetisches Ich, es gleicht dem Alltags-Ich. Es ist bitter, gekränkt, aufbegehrend, schuldig, laut, aggressiv, verzagt, drückt sich noch im Traum um seine Verantwortung, spielt, springt und ärgert sich. Und doch: Es ist nicht nur zerstörtes, rissiges Ich, es weidet meditativ im Grün von Psalm 23; im Phallus-Kirchturm reicht es den Mädchen die Hände zum übermütigen Reigen; es verliert sich im Spiel und findet so zu sich.

Denn zumindest in einem unterscheidet sich dieses Traum-Ich vom Alltags-Ich. Es ist im Traum nicht das abgestandene Ich, das aus wohlbekannten Meinungen anderer über mich und aus wohlbekannten Vorurteilen meinerseits über mich zusammengestellt ist. Das Traum-Ich wird nicht nur aus der Perspektive der verinnerlichten sozialen Erwartungen, der Alltagsrollen und Gesellschaftsmythen bestimmt, sondern auch aus der Perspektive des Ausgegrenzten und Abgespaltenen, jener Bilder also, welche durch die sozialen Normen, Werte und Rollen des Tages nicht zum Zuge kommen können, aus der Sicht der unerzählten und ungelebten Geschichten, der ungehaltenen Reden und gebrochenen Metaphern. In der Differenz zwischen Alltags-Ich und Traum-Ich erscheint das Poetische.

Zudem ist dieses Ich nicht allein. Es wird poetisch durch das Du. Die wirkliche Poesie schöpft mein Traum-Ich nicht aus sich selbst. Dieses Ich ist oft genug eher die Verkörperung der »Antipoesie«, heisser Wüstensand. Die wirkliche Poesie des Seins, die Möglichkeiten des Andersseins erreichen dieses Traum-Ich in seinen Partnerinnen und Partnern. Sie tun das Ausserordentliche, das Unerhörte und Treffende. Sie legen den Finger auf die wunde Stelle, sie laufen davon, wenn meine Predigt wirklich langweilig ist, und sind enttäuscht, wenn ich mich nicht stelle. Und oft genug sprechen sie das lösende Wort.

Dieses Du erreicht das Traum-Ich auch im Du eines Textes. Immer wieder erschliessen in diesen Träumen Schlüsseltexte wie die theologische Sentenz des Garagisten neue Lebensdimensionen. Das poetisch-religiöse Selbst hinter dem Traum zitiert sie souverän, frei, meist mit Ironie, nie plump, sondern verfremdet, mit Hintersinn und Nebensinn. Ihre Bedeutung steht nicht fest, sie vibriert, summt, ist labiles Gleichgewicht eines Mobiles von Bedeutungsmomenten. Es sind keine aufgesetzten Texte. Sie sind als Sprechakte Elemente der Traumhandlung, die deuten, befreien, zusammenfassen und zuspitzen.

Das Selbst — nicht gleichzusetzen mit dem Traum-Ich — ist also im ganzen Traum poetisch tätig. Es begegnet mir in treffenden Bemerkungen meiner Traumpartner und Traumpartnerinnen, es schreibt Schriften an die Wand — »Mene, mene, tekel«, hingesprayt neben das Bild eines grünen Indianers —, es erhält den Segen vom Bruder zugesprochen, es verdichtet theologische Sentenzen, setzt Gleichnisse um in seine Gleichniswelt, betet — »Gott lasse die harten Brocken in unserem Mund vergehen« — und findet so zur Kreativität.

Gewiss: Dieses gestalterische Selbst erscheint auch in Räumen, Häusern und Landschaften. Es erscheint in kunstvollen Gegenständen, die mehr offenbaren, als die Oberfläche zuerst erraten lässt. Es ist nicht nur Poet; es ist Maler, selten Komponist, häufig Karikaturist. Dies kann uns hier nicht weiter beschäftigen, wäre aber in einer Ästhetik des Traums weiterzuentwickeln, die auch das Schöne als Ausdruck des Glaubens deutet (vgl. Bohren 1975). Hier geht es mir vor allem um die kreative Kraft der Traumsprache, die so offensichtlich ist. Dieses Selbst bildet die Metaphern; es setzt das Mehr der Ironie; es verwendet ein ganzes Repertoire poetischer und rhetorischer Formen gekonnt in sprach-bildnerischen Gestaltungen.

Das poetische Selbst ist einzigartig. Es ist der Kern der Persönlichkeit. Es ist so einzigartig wie Menschen einzigartig sind. Und doch: Im Traum spiegeln sich auch die alltäglichen Grenzen, poetisch, kreativ und gestaltend zu wirken. Es gibt kein von gesellschaftlichen Verhältnissen losgelöstes poetisches Selbst, dies halten mir meine Träume immer wieder vor. Der Pegasus ist doch nicht ganz ungezügelt; ein »Pas de deux« mit der Alltagswirklichkeit soll ihm oft noch in der Nacht andressiert werden ...

Ironie, Religion und das Traumgelächter

Die Kunstfertigkeit des poetischen Selbst soll an einem Punkt noch weiter erhellt werden. Bert States (1988) versucht in einer inspirierenden Arbeit über die Rhetorik der Träume nachzuweisen, wie Kunst und Traum aus denselben grundlegenden geistigen Prozessen wachsen, die auch die klassischen rhetorischen Redefiguren abbilden. Träume sind — wie alle sprachliche Poesie — gestaltet aus Metonym, Synekdoche, Metapher und Ironie.[6]

Besonders faszinierend finde ich States Überlegungen zur Metaphorik und Ironie des Traums. Er meint, Ironie sei als rhetorische Strategie im Traum die Schwester der Metapher. Ironie und Metapher gehen beide über Einzelelemente der Bedeutung hinaus. Die Metapher deckt die Ähnlichkeit zweier unterschiedlicher Dinge auf. Die Ironie zeigt das besondere Potential eines Dings, nicht das zu sein, was es zu sein scheint. Beide sind sie eigentlich schockierende Redeformen. Wie der Witz überraschen sie durch einen Identitätswechsel. Metaphern sind in Begleitung von Ironie alles andere als stabile Redefiguren. Sogar dort, wo eine Metapher ausruft, sie habe Ähnlichkeiten gesucht und gefunden, wo wir keine sahen, sagt sie zugleich: »Da siehst du, wie unstabil eigentlich unsere Kategorien sind.« So versteht States Metapher und Ironie als binäre Redefiguren. Sie zeigen uns die Dualität und Ambivalenz von Erfahrung und Wahrnehmung, zeigen Verwandlungen, Verborgenes und Offenbartes. Im Grunde genommen bilden sie als als Gleichnisse das existentielle Rätsel vom selbigen und anderen, von Identität und Nichtidentität, nach, und das ist ihre grösste Kraft im Traum.

Ironie, Dialektik und Drama sind verwandt. Jede Metapher zeigt eine dialektische Welt an. Der Begriff der Ähnlichkeit ist in sich dialektisch, denn er setzt einen Begriff der Differenz voraus. Die Überraschung, die eine Metapher bereithält, ist der doppelte Triumph über Identität und Differenz, über Einheit und Vielfalt. Die ironische Basis der dialektischen These und Antithese besteht darin, zu zeigen, dass man der Welt nie ganz vertrauen kann, noch genauer: dass man darauf vertrauen kann, dass die Welt einem, mehr oder weniger, widerspricht. Dialektisch gesprochen: Alle Kategorien sind instabil, weil sie unvollkommen sind, und diese universale Instabilität, die Makro- und Mikrokosmos durchzieht, beschreibt das menschliche Drama und seine Dialektik immer wieder in der Ironie einer Peripethie, eines strategischen Höhepunktes, an dem die Handlung umschlägt.

Bert States meint, diese dialektische Gewohnheit sei dem menschlichen Hirn irgendwie als Überlebenstechnik eingebaut — und erweist sich damit auch als Jünger der an der Erforschung der Neurologie des Gehirns interessierten »Cognitive Sciences«: Durch die Dialektik antizipieren wir extreme Unsicherheiten und nehmen vorweg, was geschehen könnte, wenn die Welt perfekt unperfekt wäre und nur perfekte Gegensätze produzieren könnte. So sind auch die ironischen Drehungen, Umschläge und Wendungen im Drama des Traums ein Ausdruck davon, dass das Selbst seine Feinde mustert. Ironie begleitet die Metaphern im Traum, die auf Ähnlichkeit aus sind, als dialektischer Kompass, der maximale Differenzen aufzuspüren vermag. Sie ist eine Art psychische Nord-Süd-Polarität, vor der der Traum sein Azimut einstellt.

Ironie findet States auf der Ebene der Traumstruktur. Strukturelle Ironie zeigt sich in spezifischen Momenten oder Episoden, die den Charakter von Peripethien tragen, oder in der Gesamtstruktur des Traums. Wir haben viele Beispiele einer solchen strukturellen Ironie im religiösen Traum bereits kennengelernt: Der Traum von der eingehauchten Bestimmung zeigt diese Ironie in vielen Schattierungen. Das Auto offenbart ein extremes Potential, sein eigenes Gegenteil zu symbolisieren. Nicht der Dogmatiker, sondern die Garagisten sprechen von der dem Menschen eingehauchten Bestimmung. Sie lassen Gottesebenbildlichkeit in erbärmlicher Gestalt am unwahrscheinlichsten Ort aufscheinen, in der Notdurft. Der Feuerwehrhauptmann sagt, man solle die Kirche brennen lassen (S. 121). Die Bibel ist plötzlich das Kursbuch (S. 118), Christus will sich, aufgerufen, nicht melden (S. 134), seine Fusspuren zeigen in die entgegengesetzte Richtung (S. 136), und wenn er Hamlet auf der Bühne treffen sollte, droht die Explosion (S. 136); die Pastellfarbe erweist sich als pastoral (S. 120), die Resignation als nicht haltbar (S. 172), Strümpfe gibt es für warme Füsse (S. 173).

Es ist nicht Zynismus, wenn der Traum immer auch nach den schlechtesten aller Möglichkeiten in den besten Welten (und manchmal nach den besten Möglichkeiten in den schlechtesten Welten) fragt. So bietet er eher das Schauspiel der Wachheit des Geistes. Die Grenze zwischen Gedanken und Bild ist dabei im Traum so fein, dass das »Es könnte passieren« durch die Traumarbeit in ein »Es passiert« verwandelt wird. Das ist das Wesen der Ironie. In eine grosse Absurdität webt sie einen Faden von Logik hinein. In einem kreativen Sprung wird das Schlechteste von allem schlechten Schlechten imaginiert und eine Story gegen Ironie geschützt, indem Ironie ihr Führer sein darf. Der metaphorisch-ironische Prozess — so meint States — ist die einzige Möglichkeit des Geistes, der tödlichen Gravitation der Gleichheit zu entgehen, er verleiht dem Pegasus seine Flügel.

Ich bin in einem Aufzug — modern, Hightech — zusammen mit anderen Leuten, in einer grossen, fremden Stadt. Der Aufzug geht »nach oben«, plötzlich merke ich, in den »Himmel«, in eine andere, verheissene oder sozusagen unausweichlich verordnete neue Existenz. Ich erschrecke sehr. Da möchte ich — noch — nicht hin. Der Aufzug fährt nach unten, das macht mir ebenfalls Angst, wenn nicht noch mehr. Irgendwie hält er schliesslich wieder auf der Erde und ich spüre die Erleichterung, hier — noch — dazuzugehören.

Dieser Traum kann als ein Musterbeispiel dessen verstanden werden, was States beschreibt. Ich träumte ihn, nachdem ich vom Tod eines Kollegen vernommen hatte, der ein halbes Jahr jünger gewesen war als ich. Ich war sehr aufgewühlt und betroffen am Abend vorher.

Die Metapher des Lifts führt nicht nur zu einem Netz von persönlichen Assoziationsstrassen: zum englischen »lift«, zu »to give someone a lift« — zum »lift up your hearts« des »Common Prayer Books«. Der Traum lotet mit seinen metaphorischen Bildern vor allem die extremen Gegenmöglichkeiten dessen aus, was ich — noch lebend — erfahre. Er tut dies in einer Bewegung mit zwei Peripethien, von denen die eine einen verordneten Höhepunkt, die andere einen gefürchteten Tiefpunkt markiert und die sich dann doch nicht als Peripethien erweisen, sondern ihre Auflösung erst in der erleichterten Rückkehr auf die Erde finden. Menschlich erreichbares Jenseits ist nicht Jenseits, sondern im besten Fall Hinterwelt und Unterwelt, alttestamentliche Scheol. Die Befreiung, das wirkliche Jenseits von Zwang und Angst bedeutet: auf der Erde zu sein. »Wenn ich gestorben bin, dann sagt diesem süssen Königreich Erde, dass ich es mehr geliebt habe, als ich je zu sagen wagte.« (Bernanos). Die Traum-Metaphern geraten also in Bewegung durch ironischen Zug und Gegenzug, das Umkippen der Kategorien im Bild. Wie wollte man die blitzartige Musterung von existentiellen Möglichkeiten denn sonst darstellen? Die Metapher der Himmelfahrt als High-Tech ist zudem so verquer, dass sie auf etwas verweist, das nur ironisch dargestellt werden kann und nur dem ansichtig wird, der hindurchsieht, darüber hinwegblickt oder im Dargestellten das genaue Gegenteil erkennen kann.

Vielleicht kommt in dieser Eigenschaft des Träumens aber noch mehr zum Ausdruck. States spricht nicht nur von struktureller, sondern auch von visionärer Ironie. Visionäre Ironie ist eine übergeordnete Form der Ironie, die das Denken leitet. Kierkegaard hat sie unübertroffen charakterisiert: Ironie ist eine »Bestimmung der Subjektivität. In der Ironie ist das Subjekt negativ frei; denn die Wirklichkeit, welche ihm Inhalt geben soll, ist nicht vorhanden, das Subjekt ist frei von der Gebundenheit, in welcher die gegebene Wirklichkeit das Subjekt hält, aber es ist negativ frei und als solches in der Schwebe, weil nichts da ist, das es hielte. Eben diese Freiheit aber, dieses Schweben verleiht dem Ironiker einen gewissen Enthusiasmus, indem er sich an der Unendlichkeit der Möglichkeiten gleichsam berauscht, indem er, soweit er wegen alles des Untergehenden eines Trostes bedarf, zu dem ungeheuren Reservefonds der Möglichkeit seine Zuflucht nehmen kann« (Kierkegaard 1961, 266f.). Ähnlich versteht States den Traum. Träumende sind befreit von der Aktualität. In deren Absenz schweben sie über ihrer ganzen Geschichte. Träume werden zum Trost für all das, was vergangen ist, und zum Mittel der Emanzipation vom Zwang des Lebens.

Ironie ist also keine bildliche Darstellungsform wie die anderen Redefiguren. Ironie ist eine Art, etwas als sein Gegenteil zu sehen, sie bedeutet Durchblick, Ausblick, Überblick. Ironie macht keine Bilder, sie überwacht vielmehr das Schicksal der Bilder. Durch Ironie entfaltet das Selbst seine Subjektivität in Metaphern, die so aussehen wie Personen und Gegenstände der Wachwelt und doch eigentlich das Selbst sind, das sich im Inkognito entfaltet.

Ironie im religiösen Traum könnte eine doppelte Funktion erfüllen: Sie ist eine realistische Strategie des Unrealen. Sie umschreibt eine jener Denkformen, mit denen sich der menschliche Geist selber mattsetzt, um über sich hinauszugehen. Sie produziert Vielfalt, Dialektik und das Gegenteil vom einen. Als Strategie des poetischen Selbst zeigt sie dessen zutiefst dialektisches Wesen; dieses Selbst findet gerade so zu sich, dass es das andere setzt. Es schützt die persönliche Geschichte des Glaubens, indem es Ironie ihr Führer sein lässt. Es verfremdet die Symbole des Reichs, um sie nahezubringen. Es lässt die Bilder des Alltags ironisch in den jüngsten Tag umkippen und zeigt den unendlichen Wert des einen nächsten Augenblicks. Es gibt in visionärer Ironie Zeugnis davon, dass es ein Jenseits gibt, das nicht figürlich ausgedrückt werden kann. Ironie ist mitten im Strom der Traumbilder die subversive Strategie des Bilderverbots.

Ironie hat damit aber auch eine (religions-)kritische Funktion. Umberto Eco hat sie in den Metaphern seines Romans »Der Name der Rose« in unübertrefflicher Form geschildert. Das Lachen muss im Verlies der Bibliothek versteckt werden, damit es den religiösen Kosmos nicht von innen zerfrisst und wird gerade so zum Gift, das tötet. Auch das Traumgelächter lässt das mythische Fundament der Identität allnächtlich erzittern. Das Lachen, die Ironie, der Witz im Religiösen ist aber nicht nur Gefahr. Sie wirken als Gegengift gegen den tödlichen religiösen Ernst und als Schutz des Religiösen vor der Ironie des Schicksals. Sie wirken als Mittel gegen die tödliche Gravitation des Irdischen auch im Religiösen.

Poesie und Hermeneutik des Selbst

Wir sind davon ausgegangen, dass wir das hermeneutische Selbst als dialektisches Selbst im theologischen Sinn verstehen wollen. Es ist gebunden an die soziale Herkunft, das Gewicht gesellschaftlicher Mythenbildung, die Verhältnisse, die kreatürliche Entwicklung. Unsere Betrachtung der Sprünge des poetischen Selbst hat uns zum Punkt geführt, an dem wir besser sehen können, dass dieses Selbst bereits pastoralpsychologisch betrachtet als dialektisches Selbst verstanden werden kann. In den Traumbildern, in den binären Redefiguren Metapher und Ironie bildet sich das Rätsel des selbigen und ganz anderen immer neu ab. Metaphern suchen nach dem Verbindenden in der Differenz und bestätigen damit zugleich die Differenz. Die Ironie zeigt, dass alles auch noch ganz anders sein kann. Das Poetische wird zur Kraft, die das Selbst wirklich zum dialektischen Selbst macht. Und nur als dialektisches Selbst scheint dieses Selbst freiwerden zu können.

Ich denke, damit werde einsichtig, wie das religiöse Selbst ohne das poetische Selbst nicht verstanden werden kann. Es lebt von der Möglichkeit des ganz anderen, das undarstellbar ist. Selbstauslegung ist nicht Reproduktion des Identischen. Sie geschieht immer in Traumfiguren, die das Selbst und das ganz andere, Identität und Differenz, Bild und Bilderverbot verbinden. Über sich hinausgehend, findet dieses dialektische Selbst zu sich. Dies ist eine fundamentale Einsicht für eine hermeneutische Theorie des Selbst.

So erweist sich dieses Selbst — in der Form seiner fundamentalen kognitiven Strategien — als offen für jene Dialektik, die ich auch theologisch verstehen möchte: die Dialektik von Selbst und Seele, Gesellschaft und Kirche, Geschichte und Reich Gottes. Diese Dialektik lässt mich noch weiter fragen: Ist das Selbst selber, von dem wir immer gesprochen haben, nicht noch einmal eine rhetorische Fiktion, ein ironischer Begriff? Wo taucht dieses Selbst im Traum denn überhaupt auf? Im Traum-Ich? In seinen Partnern? In der Landschaft oder in den Gebäuden, die sie durcheilen? Ist dieses Selbst Regisseur? Wer hat ihn denn je gesehen? Ist es der Dichter? Im besten Fall ein Ghostwriter. Wer hat dieses Selbst in flagranti erwischt und kann es deshalb schuldig sprechen? Sind dies nicht alles Fiktionen, Mythen, psychologische Mythen, die sorgsam das Rätsel verbergen, wer denn eigentlich wirklich in unseren Träumen agiert? Muss die Rede vom Selbst nicht ihrerseits eine ironische Rede sein? Ich meine, es wäre nicht gut, wenn das Selbst je eine Einheit sein könnte und als Einheit verstanden werden könnte!

Wir haben die Metapher von den Träumen als Gottes vergessener Sprache kennengelernt und ihre Problematik diskutiert. In einer eschatologischen Sicht des Selbst erhält sie neue Bedeutung. Der Ursprung der Poesie wird durch sie nicht-psychologisch erschlossen. Er erhält Transzendenz. Poesie wird zur Schöpfung. Vielleicht ist auch dies eine Form, das poetische Selbst zu verstehen. Es ist einer Sprache mächtig, die nicht ihm gehört. Es begegnet der Schöpfungskraft in sich, wenn sie mit sich spielt, und zwar dort, wo sie am menschlichsten ist, in Bildern und Worten. Es ist in der Nacht anwesend, wenn das faszinierende Schöpfungswerk der Bedeutungsbildung beginnt, wenn die archaischen Grundstrukturen des Denkens freigelegt werden, der Nerv der Dinge sich rührt und schreit, flüstert und spricht, gebietet und singt, und nimmt staunend an diesem Prozess teil.

Was bedeutete es, dieses poetische Selbst im Zusammenhang mit dem Glauben zu sehen? Es ist meine Überzeugung, dies heisse, gegen die psychologische Überwachung des religiösen Selbst seine theologische und poetische Befreiung zu setzen, gegen die Verdinglichung dieses Selbst seine poetische Auflösung, gegen die Selbstauslegung die ironische Selbstaufhebung. Diese Aufhebung ist um der Dialektik des religiösen Selbst willen nötig. Dieses religiöse und poetische Selbst findet im Glauben den angemessenen Spielraum.

Poetisches Selbst und theologische Sprache

Welche Bedeutung haben unsere Überlegungen für die Theologie und die Praktische Theologie? Josuttis (1987) stellte vor einiger Zeit bereits fest, dass Theologinnen und Theologen gegenüber der eigentlichen Heil- und Heilungskraft theologischer Sprache in einer »Position der Exterritorialität« verharrten. Wenn er diese Grundstruktur in der Ausbildung festmacht, dann gewiss mit gutem Grund: »Der Student lernt die sprachliche Tradition des christlichen Glaubens sezieren, und er lernt sie in der Diskussion als Waffe benutzen. Was das Studium nicht leisten will und unter derzeitigen Bedingungen auch nicht leisten kann, ist die Herstellung einer notwendigen Beziehung zwischen Wort und Person, zwischen Heilsgeschichte und Biographie. Die Macht des Wortes bleibt extern, in der Ferne der Vergangenheit, in der Abstraktion der Lehre, in der Distanziertheit der Reflexion. Die Verknüpfung der Heilsgeschichte mit der Geschichte der eigenen Person und damit die notwendige Voraussetzung für die Entdeckung der Heilkraft des Wortes im eigenen Leben bleibt dem Studenten selbst überlassen. Und oft genug ist ihm die Sicht auf dieses Problemfeld schon dadurch verbaut, dass er das Wort nur als Instrument in der artistischen und sportlichen Kriegskunst der theologischen Diskussion kennenlernt.« (102).

Nach allem bisher Gesagten scheint es, wie wenn das poetische Selbst im Traum genau diese Aufgaben in Angriff nähme, die die theologische Ausbildung zum Beispiel vernachlässigt. Es stellt die notwendige Beziehung zwischen Person und Wort her, es verpflanzt die Macht des Wortes aus der Vergangenheit kühn in die Gegenwart, es bebildert die Abstraktion der Lehre und umspielt sie ironisch, es wandelt die Distanziertheit der Reflexion kompensatorisch in Betroffenheit und verbindet die Heilsgeschichte mit der eigenen Geschichte — inklusive der Geschichte der Sexualität. So übt sich das poetische Selbst nächtlich darin, die Wahrheit des Wortes nicht einfach für sich und gegen andere in Anspruch zu nehmen. Andere nehmen vielmehr die Macht dieses Wortes als Traumgestalten dem Traum-Ich gegenüber in Anspruch. Die heilende Funktion von Worten und Sprechakten erschliesst Zukunft.[7]

Was würde es bedeuten, im Prozess der Selbstvergewisserung des Glaubens diese Dimensionen des poetischen Selbst besser zu berücksichtigen? Ich denke, die Folgen wären be-deutend: Ein Selbst, das so verstanden wird, als ein Selbst, das sich in Geschichten und Interpretationen selber dialektisch konstituiert und verliert, ist ein Selbst, das auch zu einer rückbezüglichen theologischen Sprache fähig ist. Die Träume verraten es: Die Kompetenz zu solcher theologischer Arbeit scheint — pastoralpsychologisch gesprochen — im Selbst angelegt. Die Frage ist die nach der Möglichkeit der Performanz, der praktischen Umsetzung dieser Fähigkeit. Träume sind eine erste Stufe des Trainings eines theologischen Denkens, das sich auch im Alltag niederschlagen könnte. Die Realisierung dieser Form von Theologie im Alltag ist allerdings durch Normen und soziale Regeln, Dogmatik und Gruppenloyalitäten, Rollen und soziale Kontrolle beschränkt. Beim Träumen zeigt sich aber die nächtliche Kompetenz zu dieser Sprache im Hintergrund. Wie kann diese Kompetenz auch in den Sprachperformanzen des Tages wirksam werden? Wie kann theologische Sprache auch in dem Sinne dialektisch werden, dass sie rückbezüglich wird? Kreative Traumarbeit könnte einen Weg in diese Richtung weisen. Sprache ist Medium der Bewusstheit. Sprache kann dies aber in sehr unterschiedlicher Art sein. Sie kann Medium der Bewusstheit sein in ausgesprochener und unausgesprochener Abgrenzung gegen das Unbewusste. Sprache kann zum Haus werden, in dem sich die Abwehrmechanismen der Rationalisierung, Verleugnung, Verdrängung, Projektion und Verkehrung ins Gegenteil breitmachen. Sprache kann aber auch Medium der Bewusstheit sein und werden, das offen für Unbewusstes und seine Inhalte wird. Auch die Abwehrmechanismen werden dann mehr zu Werkzeugen und nicht mehr zu dicken Holzläden, mit denen die Öffnungen zur Wirklichkeit versperrt werden sollen. Das Ich lernt sich in seinem Haus freier bewegen und Fenster und Türen aufschliessen, die sonst verriegelt sind.

Nun vermute ich, ohne dies hier belegen zu können, dass theologische Arbeit nur allzuoft Sprache in Abgrenzung vom Unbewussten braucht und einübt. Traumsprache hingegen — so meine ich — trägt bereits die Zeichen des Unbewussten, insofern sie die Grenze zwischen Tag und Nacht zu überwinden sucht, sprachlich nur ungenau Fassbares doch in Sprache überführt, wobei die Grenzen fliessend bleiben und die Bedeutung oszilliert. Das poetische Selbst, die poetische Kompetenz zu metaphorischer und ironischer Rede und Denken inspiriert zu einer Sprache, in denen die Türen offen und nicht verriegelt sind.

Hier schliesst sich ein weiteres Problem an, das ebenfalls Josuttis (1987) besonders scharf erkannt und formuliert hat. Es sind keineswegs Theologen gewesen, die das Wort in seiner heilenden und therapeutischen Kraft in diesem Jahrhundert wiederentdeckt haben. Vielmehr sind es Psychoanalytiker wie Freud und Jung gewesen, die dem therapeutischen Wort eine zentrale Bedeutung gegeben haben. Ich habe den Prozess dieser Entdeckung im ersten Teil des Buches nachzuzeichnen versucht. Demgegenüber ist der Pfarrer auf eine »beschämende und ihn wohl auch kränkende Weise« (97) anders. Sein Wort hat nur ausnahmsweise therapeutische Kraft und kann in der Regel nicht heilen. »Die Kraflosigkeit des eigenen Redens wird dann besonders schmerzlich erfahren, wenn das im Sinne der Lehre richtige Wort sich nicht als das wahre, die Situation treffende und heilende Wort erweist.« (99). »Am therapeutischen Defizit kommt die allgemeine Kraftlosigkeit seines Redens heraus.« (98).

Die Kompetenz des poetischen Selbst, die in Träumen wirkt, lässt Hoffnung aufkommen. Könnte nicht auch die Sprache der Theologen und Theologinnen an Kraft und heilendem Potential gewinnen, wenn sie in die Schule des poetischen Selbst ginge, das in den Träumen seine Kreise zieht, und Wunsch und Gedanke, das Identische und das ganz andere in theologischer Rede zusammenfänden. Die Wiedereroberung der therapeutischen Qualität theologischer Rede hängt mit davon ab, in welcher Weise diese Rede Teil einer Hermeneutik werden kann, mit der sich das Selbst versteht, konstituiert und wandelt. Die Wiedereroberung der therapeutischen Qualität der Sprache ist nicht ein technisch herstellbarer Akt. Sie impliziert die totale Beteiligung des Subjekts und seiner leibseelischen Erfahrung im hermeneutischen Prozess der Selbstauslegung und Selbstentäusserung.

Von daher erhellt sich auch die Bedeutung einer an Träumen orientierten Tagebucharbeit und einer an Träumen orientierten theologischen Reflexion für die praktisch-theologische Arbeit. So wie die Auseinandersetzung mit eigenen Träumen seit Freud immer wieder Voraussetzung der Bemühung um eine Theorie des Traumes war, könnte die Auseinandersetzung mit der Poesie des religiösen Traums auch ein Element theologischer Reflexion werden. Im Traum findet sich ein poetischer Ort, wo das Allgemeine und das Besondere miteinander in einem hermeneutischen Vorgang eingehen, wo die eigene subjektive Erfahrung als ein zentrales Element theologischer Arbeit verstanden wird, ja verstanden werden muss. Welches könnten Umrisse eines neuen Sprachverständnisses werden, das auch für die theologische Wissenschaft und Praxis von Bedeutung wäre? Grundlegende Perspektiven und Antinomien lassen sich nennen.

Einer sprachlichen Monokultur, was Formen, generative Regeln und soziale Funktion der theologischen Sprache betrifft, tritt eine Theologie gegenüber, die die Vielfalt der sprachlichen Formen, Regeln und Funktionen als Reichtum sprachlicher Charismen in der Gemeinde versteht. Einer Theologie des instrumentellen Gebrauchs der Sprache, die Sprache als Instrument der Bezeichnung, Träger von Information, Tradition und Wissen in Anspruch nimmt, tritt eine Theologie des medialen Gebrauchs von Sprache gegenüber, die Sprache als Poesie und Metapher in Bewegung bringt, Wirklichkeit verdichtet und erweitert. Einer Theologie klischierter Sprache, die die Verbindung zu Gefühlen, Wünschen und sprachlichen Einführungsszenen verloren hat, tritt eine Theologie gegenüber, deren Sprache die Verbindung zu Gefühlen, Wünschen und Einführungsszenen behält oder wiederfindet. Einer Theologie, die auf die Identität theologischer Sprache konzentriert ist, tritt eine Theologie gegenüber, die sprachliche Möglichkeiten des Andersseins auf hermeneutischen Umwegen erkundet und sich der poetischen Kraft des Selbst überlassen kann.

So haben sich auch wesentliche Gedanken dieses Kapitels aus einer kleinen Geschichte entwickelt. Ich schrieb sie bei der Verarbeitung verschiedener Träume und Texte, die mir wichtig geworden waren.[8] Ich vermute, die Geschichte führe auch über die Gedanken dieses Kapitels hinaus.

In der Silbertorgasse
Fragen führen mich in die fremde Stadt. Was ist wirklich? Was ist Traum? In der Silber-
torgasse könne Rat gefunden werden. Da stehe ich, im geheimnisvollen Halbdunkel.
Hartes Pflaster drückt durch die Schuhe. Breite Tore reihen ihre Rundbogen, umfassen
ihre schweren alten Türflügel, schliessen sich mit geschmiedeten Schlossen. Silbern
leuchten die Beschläge.
Ich öffne das erste Tor und gerate in ein unübersichtliches Treppenhaus. Treppen,
Stiegen, Leitern, Laufbretter kreuz und quer. Töne dringen an mein Ohr, nie gehörte
Worte. Türen sind angeschrieben: Wie oben, so unten — Das Tao der Physik — Nada
Brahma. Im Keller stosse ich auf eine Tür mit der Aufschrift: Träume — eine vergessene
Sprache Gottes. Ich öffne. In einem kleinen Raum liegt eine Frau auf der Couch. Im
Hintergrund sitzt eine andere Frau. Licht scheint unter grünem Lampenschirm. Die Frau
auf der Couch erzählt:
»Ich bin in einer Kirche. Ein Chor hat sich versammelt, um einen auf einem Glasbild ge-
schriebenen Lobgesang zu singen. Das Fenster ist sehr einfach. Es zeigt eine Gottesfi-
gur. Sie trägt ein goldgelbes Kleid und darüber einen dunkelroten Mantel. Der Chor setzt
ein. Wunderschöne Klänge steigen auf und vereinigen sich mit dem Bild. Der Chor singt
in den Farben der Kleider. Unwillkürlich singe ich mit. Ich schaudere über die Schönheit
dieser Stimme. Sie tönt gar nicht mehr menschlich, sie scheint von unglaublicher Fülle
zu sein. Es klingt die ganze Materie. Ich habe während des Gesangs langsam, der Musik
entsprechend, die farbigen Kleider der Heiligenfigur angezogen.«
Die Frau schweigt. Ich möchte sie fragen: »Hörtest du Gott singen? War es ein Traum?
War es Wirklichkeit?« Doch hier ist Störung nicht angebracht. Ich schliesse leise die Tür.
Ich stehe vor einem zweiten Tor und öffne es. Der Traum singt noch in meinem Herzen.
Licht quillt unter einer Türe hinaus in den Flur. Ich trete ein. Ein Mann sitzt über Blätter
gebeugt. Eisengrauer Bart, unbestechliche Augen, runde Brillengläser. Man hört das
Kritzeln der Feder. »Ich habe Gottes Singen gehört. War es wirklich? War es Traum?«
So frage ich. Der Mann lacht auf und deutet auf ein Blatt: ein gedruckter Titel, 1927,
durchgestrichen und doch noch leserlich: Die Zukunft einer Illusion; darunter ein neuer

Titel hingekritzelt: Die Illusion hat doch Zukunft. Und darunter: In Zukunft noch mehr Illusionen. Der Mann schreibt weiter. Es ist ein neues Buch.
Ich stehe vor dem dritten Tor. Es führt geradewegs in einen grossen Raum. Geruch von Bodenwichse und Wissen schlägt mir entgegen. In der Mitte steht ein Tisch. Männer mit schweren Köpfen sitzen. Eben noch über ihre Folianten gebeugt, schauen sie überrascht auf. »Ich habe den Gesang Gottes im Traum gehört.« Die Männer werfen bedeutungsvolle Blicke und schütteln ihre Häupter. »Es war nur ein Traum«, sagt der eine. »In Wirklichkeit spricht Gott ganz anders«, sagt der zweite. Ein dritter liest laut aus einem grossen Buch.
Ich öffne das vierte Tor: Es führt in eine Werkstatt. Da wird ein Glasfenster hergestellt. Die Gestalt ist bereits erkenntlich: ein goldgelbes Kleid, ein dunkelroter Mantel. Ich frage den ersten der Meister: »Ist dies ein Traum? Ist es Wirklichkeit?« Er antwortet: »Es ist in Wirklichkeit ein Traum.« Ich frage den zweiten. Er antwortet: »Es ist ein Traum, der auf die Wirklichkeit hinweist.« Ich frage den dritten. »Es ist ein wirklicher Traum«, antwortet dieser. Ich frage: »Wenn Traum, warum wirklich? Wenn wirklich, warum Traum?« Doch der Meister hat sich wieder über seine Arbeit gebeugt und hört nicht mehr.
Ich stehe draussen vor dem Tor und will gehen. Da klingt Musik an mein Ohr. Überrascht schaue ich auf. Oben zeichnet sich ein Fenster ab. Vor schwarzer Nacht leuchtet eine Figur, goldgelb und dunkelrot. Gesang steigt aus den Farben in die Nacht. Ist dies nun Wirklichkeit oder Traum? Ich frage den Bettler, der auf der Schwelle sitzt. Er sagt: »Du irrst dich, Freund. Es ist ein Gleichnis: Wärest du dem Gleichnis gefolgt, wärest du selbst Gleichnis geworden.«
Ich bewege mich. Durch die Schuhe spüre ich das Pflaster der Brücke, auf der ich nun gehe.

6. Hermeneutik des Traums

Gott ist alles in allem
Ich sitze auf der Veranda unseres Hauses und schaue in die Dämmerung. Plötzlich sehe ich meine Mutter durch den Garten auf mich zukommen. Sie setzt sich zu mir an den Tisch. Sie trägt ein Licht in ihren Händen, das sie vor uns hinstellt. Ihr Gesicht leuchtet, sie strahlt und sagt: »Gott ist alles in allem«.

Diesen Traum erzählte mir eine ältere Frau. Er hatte ihr vor langer Zeit dabei geholfen, den Abschied von ihrer Mutter zu bewältigen, an die sie stark gebunden gewesen war. Sie hatte diese lange gepflegt, und doch blieb sie mit schweren Schuldgefühlen zurück. Im Traum kommt die Mutter noch einmal zurück, nicht schmerzverzerrt, nicht vorwurfsvoll; sie bringt ein Licht und ein Wort: Gott ist alles in allem. Nun war auch der Mann der Träumerin gestorben. Der Traum wurde ihr wieder zur Hilfe. Sie erzählte ihn mir als Seelsorger.

Das Beispiel nimmt einen Gedankenfaden auf, an dem ich in den letzten Kapiteln gesponnen habe, und den ich nun mit anderen Gedankengängen verweben möchte. Das poetische Selbst des Träumenden, so habe ich argumentiert, nimmt Texte aus der Tradition auf, komponiert sie gezielt in seine Spiele und lässt so in Sprechakten im Traum neue Lebensmöglichkeiten aufgehen. So ist dies auch im vorliegenden Traum. Dieser Text wird nicht von der Kanzel verlesen, sondern ganz persönlich an die Träumerin herangetragen, von der Mutter überbracht. Gerade so wird er zu einem Licht, zur Hilfe, zur Entlastung, der Traum zu seiner Auslegung. Der Autor im Text — Paulus — wird ersetzt durch die Mutter, die als Hörerin mit einer ganz besonderen Erfahrung der Tochter die Wahrheit des Textes bezeugt. Was im Kapitel von der Auferstehung unanschaulich bleiben muss oder von Paulus in Vergleiche und Metaphern gehüllt gesagt wird, sagt der Traum in seinen eigenen Bildern, die zugleich eine eigenwillige Auslegung des Textes enthalten.[1] Die nun verwitwete Frau scheint der Botschaft zu vertrauen, die von der Mutter beglaubigt ist. Der Text erschliesst neue Dimensionen in der geschlossenen Welt der Schuld und Trauer und wird seinerseits durch das Licht der Mutter erhellt.

Wir haben von Anfang an die hermeneutische Frage im Zentrum unserer Überlegungen lokalisiert, haben an einer Hermeneutik des Traums gebastelt und diese im Hexalog der Be-Deutung gefunden, haben in verschiedenen Umgängen nach der Hermeneutik des religiösen Selbst gefragt und zuletzt die hermeneutische Kompetenz des poetisch-religiösen Selbst bewundert. Nun soll uns die Frage beschäftigen, wie diese hermeneutische Perspektive zu verbinden ist mit der klassischen Perspektive einer Texthermeneutik. Zudem soll die Bedeutung dieses Vorgangs für eine Hermeneutik des Selbst noch deutlicher werden. Der Traum selber soll also als eine Form von Texthermeneutik verstanden werden. Ich folge nicht den Spuren Ricœurs (1974), der aus der Psychologie des Traums ein hermeneutisches Modell ableitet und dieses dann auf Texte überträgt. Ich möchte mich direkt an den Ort des Geschehens begeben und danach fragen, ob und wie das poetische Selbst in der Nacht seine hermeneutischen Kunststücke mit jenen Texten treibt, die ihm am Tag Eindruck gemacht haben. Ich möchte danach fragen, welchen Regeln diese Hermeneutik des Traums folgt, und was dies für die Hermeneutik des Selbst bedeutet.

Texte im Texttraum

Wir haben Beispiele einer träumenden Textauslegung bereits kennengelernt: Freud sieht sich in der Position des Mose, der ins verheissene Kanaan-Rom schaut (s. oben S. 28).[2]

Im Traum vom Apfelraub, mit dem Jung seine Darstellung der Traumdeutung beginnt, spiegelt sich die Paradieserzählung (s. oben S. 36). Der Traum vom »paradoxen Etwas«, den Boss für seine religiöse Interpretation des Seinsgrunds beizieht, findet seine Parallele und Kritik im Wort des Johannesbriefs (1. Joh. 4,16) von der Liebe, in der wir in Gott sind und Gott in uns ist (s. oben S. 55f.). Auch unter meinen eigenen Träumen und in unserer Traumsammlung[3] gibt es nicht selten Träume, die in unterschiedlicher Weise biblische Traditionen aufnehmen und verarbeiten, als Zitat, im Bild, manchmal vermittelt durch eine künstlerische Darstellung — die Personen um einen Tisch gruppieren sich unvermittelt so wie bei Leonardos Abendmahlsdarstellung — , manchmal als Paraphrase. Auch bei der Deutung kann sich plötzlich zeigen, dass ein Traum als Ganzes eine Darstellung einer Textmetapher ist, dass sich der Träumende unversehens in dieser Metapher bewegt, im Alptraum einer Apokalypse gefangen sitzt oder auf grünen Auen des Psalms 23 geweidet wird. Träume scheinen also spontan die Art und Weise zu spiegeln, wie wir Texte rezipieren und verarbeiten. Wie tun sie dies aber genau? Welchen Regeln folgt diese Texthermeneutik?

Träume, die Texte aus der biblischen Tradition verarbeiten und so — wie ich meine — auch auslegen, nenne ich Textträume. Diese Träume liegen uns ihrerseits meist als Texte vor. Die Frage kann also noch zugespitzt werden: Wie werden in Traumtexten von Textträumen Texte ausgelegt? Wie muss also ein hermeneutischer Ansatz gewählt werden, der jene Prozesse aufhellen hilft, die bei der Texthermeneutik des Traums wirken? Es geht mir in diesem Kapitel insbesondere um eine Auseinandersetzung mit psychoanalytischen Überlegungen zur Texthermeneutik. Wie müsste also ein Ansatz gewählt werden, der zentrale Anliegen einer psychoanalytischen Texthermeneutik gerade im Zusammenhang mit Traum und Traumpsychologie zur Geltung bringt? Es gibt unterschiedliche Formen, an die Frage nach dem Verhältnis von Psychoanalyse und Exegese heranzugehen.[4] Ich wähle einen Zugang, bei dem eine rezeptionstheoretische Fragestellung zentral ist und Träume eine Schlüsselrolle spielen.

Ich skizziere die Stufen dieser Textrezeption. Gegeben ist ein biblischer Text, mit seinen Aussagen, seinen Metaphern, aber auch seinen Leerstellen und Narben, die eine Geschichte erahnen lassen. Der historische Autor dieses Textes ist abwesend. Trotzdem hat er seine Spuren im Text hinterlassen, steckt zumindest als imaginäres Subjekt irgendwo im Text. Als Autor im Text versucht er auszudrücken, was ich lesend verstehen soll. Ein solcher Text taucht nun im Traum wieder auf. Interpretiert wird der Text also im Träumen, Interpret ist das poetische und religiöse Selbst des Träumenden. Der Traum enthält eine Textauslegung. Diese folgt bestimmten Regeln. Sie sind uns weitgehend unbekannt. Annehmen dürfen wir, dass es die Regeln sind, die auch sonst die Verarbeitung eines Tagesrestes und die religiöse Konstruktion eines Traums bestimmen.

Nun liegt uns diese Textinterpretation eines Traums in Form eines Traumberichts vor. Wir sind diesem Bericht gegenüber in einer ähnlichen Lage wie der Träumende dem Text der biblischen Tradition gegenüber. Wir hören den Text oder haben ihn schriftlich vor uns liegen. Wir kennen Autor oder Autorin. Wir wenden bestimmte Regeln und ein bestimmtes Kategoriensystem an — in diesem Fall das analytische in einer gewissen Akzentuierung — rekonstruieren die Bedeutung des Textes als intentionalen Gegenstand des Traumtextes im Hexalog und ziehen unsere wissenschaftlichen und alltagspraktischen Schlüsse.

Der Vorgang ist komplex — oder scheint zumindest so. Er unterscheidet sich aber nicht grundsätzlich vom Umgang mit biblischen Texten, der durch Kommentare vermittelt wird. Auch ein Kommentar verfährt mit einem Text in diesem Sinn hermeneutisch, allerdings oft ohne dies auszuweisen. Die Lektüre eines Kommentars ist wiederum ein hermeneutisches Unterfangen, wenn nicht manchmal gar ein Kunststück. Als Vermittlungsglied der Rezeption des Textes dient hier der Kommentar, dort der Traum. Der Text wird im wissenschaftlichen Kommentar nach andern Regeln ausgelegt als im Texttraum. Gerade dies macht die Auseinandersetzung mit Textträumen so spannend. Wie unterscheiden sich die Kommentare im Traumfolianten von den Kommentaren und Kommentar-Reihen auf dem Büchergestell? Was ist aber auch ähnlich?

Bereits auf den ersten Blick scheint die Aneignung des Textes im Texttraum ganz anders zu verlaufen. Sie folgt verschlungenen individuellen Wegen und nicht den mehr oder weniger breitgetrampelten Heerstrassen etablierter wissenschaftlicher Cliquen. Sie bezieht sich meist nicht auf den Urtext, sondern auf den biblischen Gebrauchstext. Sie folgt den Regeln der Traumarbeit und nicht den Regeln der aristotelischen Logik. Zeit und Raum haben ihre absolute Herrschaft abgeben müssen, der garstige Graben scheint überbrückt.

So spiegelt auch der Texttraum der verwitweten Frau jene Regeln der Aneignung und Rekonstruktion des Religiösen im Traum, die wir bereits kennengelernt haben. In der Auslegung des Textes im Traum schlägt sich die Ich-Struktur der Träumerin und ihre Geschichte nieder; der Traum führt nach dem Tod der Mutter zurück an die Quellen des Urvertrauens. Die Mutter erscheint noch einmal. An den Tisch bringt sie als Speise ein Licht und einen Text und erscheint so selber in neuem Licht: nicht mehr schuldeinfordernd, sondern nährend. Der Text — Gott ist alles in allem — enthält selber Grundstrukturen eines religiösen Urteils, wie wir es bei Oser/Gmünder kennengelernt haben und eröffnet der Träumerin neue Dimensionen des Welt- und Gottesverständnisses. Gott ist nicht Mutter. Gottesliebe zeigt sich nicht in lebenslanger Bindung an die Mutter. Der Traum zeigt, dass die Frau sich von ihrer Mutterbindung lösen soll, kann und darf und Halt finden wird an Gott, der alles in allem ist. Ein »kognitives Ungleichgewicht« — verursacht durch den Tod — wird aufgelöst, das religiöse Urteil kommt neu ins Lot. Diese Deutung wird ihr in der Krise des Abschieds von ihrem Mann erneut zur Hilfe. Sie geht zurück auf das Urvertrauen, das in diesem Traum seinen Grund in Gott gefunden hat. So dichtet sie weiter an ihrer religiösen Lebensgeschichte. Sie erzählt den Traum dem Seelsorger. Ihm enthüllt sie eine Quelle ihres Glaubens. Ihm will sie etwas geben, wie die Mutter ihr die Botschaft gegeben hatte. Der Traum und der Text im Traum werden damit zur Botschaft an mich, der ich diese Botschaft weitertrage. Dadurch entsteht eine Traditionslinie dieses Traums und des Textes im Traum. Übertragungen begründen eine Erzählgemeinschaft, die bis in dieses Buch hineinreicht.

Der Texttraum als Gegenübertragung auf den Text

Unsere Leitfrage für die weitere Diskussion lautet nun: Was machen Träumende mit Texten und Traditionen in ihren Träumen aufgrund unbewusster Motive und Übertragungsverhältnisse, die solche Motive erahnen lassen? Und: Was können wir daraus über die Träumenden, die Texte, die Textträume und die Traumtexte lernen?

Hier möchte ich aufnehmen, was Raguse besonders klar und überzeugend herausarbeitet.[5] So wie ein Analysand eine Übertragung auf den Analytiker vollzieht und diesen in eine Rolle zu drängen versucht, die seinen unbewussten Bedürfnissen entspricht, so kann das auch vom Text her mit Leser und Leserin geschehen. Auch in einem Text selber ist ein Rolle vorgesehen, die jene übernehmen sollen, die den Text lesen. Diese Rolle, die ich im Text oft mehr spüre als genau wahrnehme, entspricht nicht unbedingt meinen eigenen Intentionen und meinem Selbstverständnis. Der Autor im Text — der Autor also, wie er sich durch den Text manifestiert[6]— möchte mich zur Rollenübernahme bewegen, möchte mich damit in eine bestimmte Richtung drängen und so beeinflussen, dass ich Bestimmtes merken und anderes nicht merken soll. Ich reagiere mit meinem Unbewussten, mit einer Gegenübertragung auf diese Übertragung, die der Autor oder die Autorin im Text vornimmt. Die Grundregel der analytischen Kunst lautet nun, diese Gegenübertragung nicht einfach auszuschalten, sondern in »gleichmässig schwebender Aufmerksamkeit« wahrzunehmen und als Grundlage der Deutung der Übertragung — das heisst auch: der Intention des Autors im Text — zu verstehen.

Ich denke, Träume spiegelten genau diese Gegenübertragung auf den Text, genauer: auf den im Text vorgesehenen Lesenden. So wie eine Analytikerin von ihrer Patientin träumen und diesen Traum als entscheidenden Hinweis darauf verstehen kann, wie es mit der Übertragung in der analytischen Beziehung steht, so kann ein Traum einem Träumer zeigen, wie seine Gegenübertragung auf einen Teil der christlichen Tradition denn nun beschaffen ist. Träume spiegeln also die Beziehung zum Text, die subjektive Aneignung des Textes in dieser emotionalen Übertragung.

Ich illustriere diesen Vorgang an einem Beispiel: An einem Bibelabend wurde ein Textabschnitt aus dem Brief an die Kolosser behandelt. Besonders zu reden gab Vers 11 im zweiten Kapitel: » ... und in ihm (Christus) seid ihr auch beschnitten worden mit einer Beschneidung, die nicht mit Händen geschieht, nämlich durch das Ausziehen des Fleischesleibes in der Beschneidung Christi ...« Was bedeutet diese Beschneidung? Was meint der Text, wenn er uns die Rolle der Beschnittenen zuweist, die den Fleischesleib ausziehen in der Beschneidung Christi? Die Frau, von welcher der folgende Traum stammt, unterhielt sich anschliessend an den Abend noch mit ihrem Ehemann über die Zumutung einer solchen Formulierung. Sie empfand sie als leibfeindlich. In der darauffolgenden Nacht träumte sie:

Ausziehen des Fleischesleibs
Ich schaue an mir herab. Ich höre eine Stimme, die befiehlt: »Zieh dein Fleisch aus!« Mit Verwunderung sehe ich, wie das Fleisch meines Körpers weicht und nur Knochen bleiben. Ich kann lediglich noch sagen: »eh,eh«.[7]

Der Autor im Kolosser-Text möchte den Adressaten des Briefes eine bestimmte Rolle zuschieben. Die Träumerin ärgert sich kräftig darüber und weist dies am Tage als Zumutung ab. Im Traum sitzt sie nun unversehens in jener Textmetapher gefangen, gegen die sie sich gewehrt hatte. Sie scheint ihren Ärger zu schlucken, indem sie sich (zur Strafe?) mit Leib und Seele mit der Metapher identifiziert. Nun übertreibt sie es aber. Kompensatorisch, ja, ironisch zur Lenkung des Textes träumt sie die Konsequenzen des Textes in ihrem Sinn zu Ende. Dabei wird die Textmetapher ad absurdum geführt, geradezu böswillig wörtlich ausgelegt. Zugleich spitzt diese Auslegung die Frage der Träumerin an den Text zu: Was bleibt, wenn das Fleisch wegschmilzt? Dürre Knochen.

Auch in Träumen schlägt sich also eine Auseinandersetzung in jener Art und Weise nieder, in der ein Text Leserin oder Leser lenken will. Diese Leselenkung kann aus der Wirkungsgeschichte eines Textes abgeleitet werden, sie zeigt sich unter Umständen in der Exegese, wird deutlich an den subjektiven Aussagen dessen, der sich gelangweilt von einem Text wegwendet, die Zumutung eines Textes empört zurückweist oder sich mit einer Figur, sei dies Petrus oder Judas, Mirjam oder Maria besonders identifiziert. Träume sind sozusagen Darstellungen solcher Emotionen. Sie zeigen, wie das poetische und religiöse Selbst auf die Zumutungen eines Textes reagieren. So können Träume solche Übertragungsvorgänge widerspiegeln. Sie erlauben Rückschlüsse auf folgende Fragen: Was macht ein Text mit mir? In welche Richtung will er mich lenken? Und: Wie setze ich mich unbewusst mit dieser Lenkung auseinander? Ich denke, dies allein mache die Auseinandersetzung mit dieser Form der Texthermeneutik bereits spannend und fruchtbar.

Analysieren wir diesen Vorgang an weiteren Beispielen! Der Traum vom Verlust des Fleisches zeigt sozusagen eine negative Gegenübertragung der Träumerin auf die im Text vorgesehene Rolle. Ihr Ärger schlägt um in die ironische Überzeichnung des Traums, der den Text sozusagen mit seinen eigenen Mitteln schlägt und der Träumerin recht gibt.

Gesicht aus Kieselstein

Der Arzt gibt mir Bescheid, ich hätte ein kaltes, starres Gesicht, auf dem sich keine Emotion spiegle. Ich bin sprachlos, werde dann wütend und immer wütender, bis mein Gesicht zu zerreissen beginnt. Ich werfe ganze Hände voller Kieselsteine gegen diesen Arzt, renne hinter ihm nach und denke dabei: »Vielleicht wollte er diesen Ausbruch provozieren.«

Dem Pfarrer, der dies träumte, fällt Jesaja 50,4-7 ein, der Text von »Gehorsam und Treue des geschmähten Knechtes Gottes«. Es wird ihm deutlich, dass vor allem Vers 7 ihm am Anfang seiner Arbeit im Pfarramt mehr unbewusst als bewusst eine Hilfe in schwierigen Situationen wurde, in denen er seine Emotionen nur schwer kontrollieren konnte: »Aber Gott der Herr steht mir bei; darum bin ich nicht zuschanden geworden. Darum mache ich mein Angesicht kieselhart und wusste, dass ich nicht beschämt würde.« Der Träumer hatte sich identifikatorisch das Ich des Gottesknechtes zu eigen gemacht. Diese Identifikation stand offensichtlich im Dienst der Abwehr starker Emotionen. Diese Abwehr scheint im Traum auf die Provokation des Arztes hin auseinanderzubrechen. Der Pfarrer meint dazu: »Wenn man mir sagt, dass ich meine Emotionen unterdrücke und eine gefühllose Maske trage, beginnt mein alter Jähzorn zu kochen, den ich schon lange im Zaum halten muss. Mein Gesicht aus Kieselstein zerreisst in kleine Kieselsteine, die ich als Waffe brauchen kann. Ich fühle mich von dieser Herausforderung auch angezogen. Was kommt unter dem Kieselsteingesicht hervor?« Auch hier wird die subjektive Bedeutung des Textes für den Träumer deutlich und zugleich die Auflösung dieser Identifikation in der Traumhandlung offensichtlich. Die Emotionen, die in der biblisch legitimierten Persona gefangengesessen hatten, brechen in einem kathartischen und befreienden Akt aus. Das ist ein Gewinn für den Träumenden, aber wohl doch auch für den Text. Nach diesem Wutausbruch, der die Identifikation von Text-Ich und Pfarrer-Ich auflöst, ist wiederum völlig offen, wer mit dem »Ich« des Textes denn nun wirklich gemeint sein könnte. Eine neue, verfremdete Beziehung zum Text und zum Ich im Text wird damit möglich.

Noch komplizierter ist der Vorgang von Übertragung und Gegenübertragung im folgenden Beispiel: Ich hatte am Vorabend des Traums eine Abhandlung eines Psychologen zum Thema ehelicher Beziehungen gelesen, die in der These gipfelte, Ehen würden nur dann gelingen, wenn Galater 6,2 — »Traget einer des andern Lasten, und so werdet ihr das Gesetz Christi erfüllen« — sozusagen auf den Kopf gestellt würde und sich die Partner an den Grundsatz hielten: »Jedes trage seine eigene Last«. In der Nacht war ich noch erwacht. Eine Mücke summte durchs Zimmer und setzte sich offensichtlich in die Nähe des Kopfes meiner Frau. Ich dachte im Halbschlaf: Da kann ich nun auch nicht helfen und zuschlagen. Anschliessend träumte ich:

Wespen am Sodbrunnen

Wir sind an einem tiefen Sodbrunnen, in einer Wüstengegend. Es hat dicke Wespen, die uns »plagen«. In der Luft liegt der Satz: »Jedes muss für sich selber schauen.«

Bereits an der Wurzel der Aussage des Psychologen steht eine negative Gegenübertragung auf die zugemutete Rolle des Textes in Galater 6,2, des andern Last zu tragen. Seine gegenläufige psychologische Deutung des Textes, die ebenfalls eine Rollenzuweisung enthält — »jeder trage seine eigene Last« — , hatte mich frappiert und beschäftigt. Irgendwie gab ich dem Psychologen recht und ärgerte mich gleichzeitig. Im Traum tauchen beide Gefühle wieder auf: Er zeigt mich und meine Frau zum einen in jener Lage, in der sich tatsächlich jedes selber wehren muss. Das Recht dieses Satzes liegt sozusagen in der Luft. Gleichzeitig versetzt uns der Traum in die Wüste, zu allem Überfluss in die Nähe eines Sodbrunnens. Der Ausspruch des Psychologen wird so wahr und gleichzeitig ironisch in sein Gegenteil verbogen — der Traum gibt letztlich Paulus recht. Miteinander könnten das Traum-Ich und seine Partnerin Wasser aus der Tiefe der Wüste holen ...

Texte als Analytiker im Traum

Leser und Leserin sind nicht nur Analytiker des Textes. Der Text legt seinerseits die Situation eines Lesers oder einer Leserin aus. Im hermeneutischen Zirkel kommt es im besseren Fall zur wechselseitigen kategorialen Erschliessung von Text und Lesenden. Dies gilt auch für den Texttraum. Der Texttraum ist nicht nur Ausdruck einer Übertragung des Träumenden auf den Text. Der Text im Traum erschliesst dem Träumenden seinerseits neue Möglichkeiten.
Scharfenberg (1985, 28ff.) zeigt, wie im Mythos von Ödipus eine therapeutische Beziehungsstruktur für Freud eine evidente Deutung erfährt. Diese Deutung einer Beziehungsstruktur durch einen antiken Mythos hat moderne Kulturgeschichte gemacht. Scharfenberg meint, biblische Texte böten in ähnlicher Weise Interpretationsmodelle für Beziehungsstrukturen an. Dasselbe hermeneutische Modell liesse sich also auf die Anwendung biblischer Texte beziehen: Auch sie enthalten ein Deutungspotential für aktuelle Situationen und Beziehungen, das mit grossem Gewinn fruchtbar gemacht werden kann. Ich denke, Textträume machten genau dieses Deutungspotential fruchtbar: Beziehungen, Emotionen und Probleme im gegenwärtigen Lebenskontext werden aufgrund eines Textes, einer Tradition oft neu interpretiert. Der Text im Texttraum erhält interpretatorische Funktion. Er zeigt, wie eine Situation im Traum — und durch den Traum eine Situation im Leben des Träumenden — gedeutet werden kann.

Grüne Aue
Ich weile in der Höhe, in einer hügeligen Landschaft, mit üppig belaubten, grünen Bäumen. Irgendwo werden Bäume gefällt. Ich denke, das könnte gefährlich werden. Aber ich kann einen breiten Weg hinunterschreiten. Die Gefahr scheint gebannt, die Angst unnötig. Weiter drüben sieht man den Weg allmählich einen Bergrücken hinaufsteigen. Auch dort leuchtet das Gras saftig grün. Ich bin allein und doch nicht allein unterwegs. Wer ist mein Begleiter? Ich gelange an einen klaren Bergsee, stehe dort am Rand auf einer kleinen Anlegestelle. Ich kippe nach hinten, doch nicht ins Wasser und kann jemand anderes, der ins Wasser zu fallen droht, in einem eleganten, starken Schwung auffangen und ans Land tragen.

Zu diesem Traum fiel mir sofort Psalm 23 ein: »Der Herr ist mein Hirte, mir wird nichts mangeln. Auf grünen Auen lässt er mich lagern, zur Ruhstatt am Wasser führt er mich.« Es fiel mir zudem ein, wie meine Mutter den Psalm mit mir auswendig gelernt hatte, als sie das Gutenachtritual in neue, ihrem Ältesten angemessene Bahnen lenken wollte. Ich gewann diesen Psalm lieb und sprach ihn lange für mich als Abendgebet.

Im Traum weide ich sozusagen auf den grünen Auen des Psalms. Sie haben sich zwar geringfügig verändert. Und doch: Mir ist bei der Arbeit am Traum evident, dass die belaubten Landschaften des Traums vieles gemeinsam haben mit den Auen des Psalms. Ich hatte mich am Abend noch mit der Frage herumgeschlagen, was wohl ein neuer Lebensabschnitt bringen würde. Der Traum hinterliess am nächsten Morgen ein tiefes Gefühl des Friedens und der Kompetenz.

Auch dieser Traum spiegelt eine Gegenübertragung auf einen Text. In Psalm 23 ist ebenfalls eine Rolle vorgesehen: Der Herr ist mein Hirte. Diese Vorstellung des Hirten hatte sich in meiner Biographie überlagert mit dem Bild der Mutter am Bett. Vielleicht hatte es gar ihre Stelle übernommen. Ich empfand früher schon beim Beten des Psalms Ruhe und die Kompetenz, nun selber beten zu können und mich gleichzeitig anzuvertrauen. Das Bild weckte Gefühle des Friedens und der Geborgenheit. Beim Übergang in eine neue Lebensphase taucht es nun wieder auf; es gestaltet die Grundstruktur des Traums und trägt in diesen Traum jene Gefühle des Urvertrauens hinein, die früher mit dem Text verbunden gewesen waren. Am Übergang in eine neue Lebensphase mit ihren Verunsicherungen setzt er ein Zeichen der Geborgenheit. Die Identifikation mit der Rolle des Hörers des Psalms zeigt also eine positive Übertragung auf den Psalm. Der Text wird in der Aneignung durch das träumende Selbst zur Auslegung dieses Selbst.

Gewiss, der Traum ist anders als der Text. Die grüne Aue wird ins Berner Oberland verlegt und mit Bäumen bepflanzt. Der Gute Hirte ist abwesend. Und doch ist er irgendwie da. Er begleitet das Traum-Ich unsichtbar ans frische Wasser; er behütet es vor den fallenden Bäumen; und vielleicht taucht er auch an den Bruchstellen des Traumendes unsichtbar auf, rettet vor dem Absturz gegen hinten, schenkt Kraft zur beschwingten Rettung des Unbekannten.

Worin liegt das Faszinierende solcher Textträume? Einen Text der Tradition kann ich als fremd abweisen. Den Texttraum kann ich ebenfalls ablehnen. Und doch lässt sich nicht abstreiten, dass ich diesen Traum selber geträumt habe. Darin liegt eine doppelte Herausforderung. Ich kann den Texttraum und den Text im Traum im Umfeld meines Lebens verstehen lernen. Der Text seinerseits wird wiederum zu einer Deutung dieser Lebensdeutung. So besitzt der Traum metakommunikative Bedeutung für den Text und kommentiert den Text. Der Text seinerseits kann verstanden werden als Kommentar über den Traum, als Metakommunikation, die für die Traumbedeutung aufschlussreich wird. Individuell Biographisches und der Text gehen damit eine enge Verbindung ein.[8]

Die Versuchung: Tiefenpsychologie und Exegese

Die Hermeneutik der Selbstauslegung, die dieses Modell der Texthermeneutik vorschlägt, möchte ich in einem Exkurs mit dem Programm einer tiefenpsychologischen Exegese vergleichen, das Drewermann entwickelt hat. Welches sind gemeinsame Anliegen? Wo finden sich Unterschiede? Welche Hermeneutik des Selbst schlägt Drewermann insbesondere vor und welche Bedeutung haben Traum und Text in dieser Hermeneutik? Diese Fragen möchte ich in drei Überlegungsgängen aufnehmen. Die beiden Ansätze werden zuerst an einem Beispiel einander gegenübergestellt und dann systematisch miteinander verglichen. Der Vergleich macht gewisse Schlussfolgerungen möglich.

In einem Wochenseminar mit Theologiestudentinnen und -studenten setzten wir uns mit Drewermanns Entwurf einer tiefenpsychologischen Textdeutung auseinander. Als neutestamentliches Textbeispiel, an dem wir das Verhältnis von Tiefenpsychologie und Exegese diskutieren wollten, wählten wir die Versuchungsgeschichte, wie sie Matthäus und Lukas überliefern (Mat. 4,1-11, Luk. 4,1-13). Nach einer ersten abendlichen Begegnung mit dem Text wurden die Seminarteilnehmerinnen und -teilnehmer gebeten, sich vor dem Einschlafen nochmals mit der Versuchungsgeschichte auseinanderzusetzen und dann den Text sozusagen mit in den Schlaf zu nehmen.[9] Am nächsten Morgen erzählten drei Frauen und zwei Männer einen Traum, den sie in Zusammenhang mit dem Text der Versuchungsgeschichte bringen konnten. Einer dieser Träume und die Interpretation der Träumerin soll zeigen, wie die spontane Hermeneutik des Unbewussten mit der Versuchungsgeschichte umging.

Eine Frau in mittlerem Alter, Theologiestudentin, geschiedene und alleinerziehende Mutter, träumt:

Leben und Tod
Ich stehe in einer breiten Talsenke, der Boden ist steinig, lehmig und hart. Es wächst nichts. Da erscheint am Horizont vor mir eine Flugzeugstaffel, fliegt frontal auf mich zu und lässt in noch sicherer Entfernung von mir ihre Bomben fallen. Ich erschrecke ob dieser Gefahr. Ich werde dieses Mal zwar noch verschont, aber ein nächstes Mal . . .?
Da fällt mein Blick auf ein Haus, schräg rechts vor mir. Ich gehe zielstrebig darauf zu, die Tür ist offen, ich trete ein. Im Gang steht ein alter Türwächter, der mich vor die Entscheidung stellt, entweder hier drin zu bleiben — die Tür würde dann hinter mir geschlossen —, oder wieder hinauszugehen und mich der Gefahr, die vom Himmel droht, auszusetzen. Ich bleibe draussen vor der Türe stehen.

Die Träumerin setzte sich während längerer Zeit mit diesem Traum auseinander. Einige ihrer Schlussfolgerungen möchte ich wiedergeben. Sie vergleicht Traumtext und Bibeltext: »Das Symbol ›Wüste‹ habe ich übernommen. Die Lebensfeindlichkeit der Wüste wird im Text durch den Teufel noch erhöht, im Traum sind es die Bomben und der Türwächter.« In einer Imagination glaubte sie den Zusammenhang zwischen beiden zu erkennen: »Der Türwächter hatte diese ›Bombenaktion‹ in Szene gesetzt, um mir einen Schrecken einzujagen und mich so ins Haus zu locken, das mir zum Gefängnis werden sollte.« Auch die Angebote des Teufels im Text sind Fallen, die Jesus in seine Gewalt locken sollen. Eine weitere Parallele entdeckt sie in der Reaktion ihres Traum-Ichs und in Jesu Abweisung des Satans: »Jesus distanziert sich entschieden vom Teufel; auch für mich ist klar, dass ich unter dieser Bedingung nicht im Haus und im Einflussbereich des Türwächters bleiben kann. Aber die Frage meiner Beziehung zum Haus ist nicht endgültig entschieden.« Das entspricht nach Meinung der Träumerin in etwa der Lösung von Luk. 4,13: »Und nachdem der Teufel alle Versuchung vollendet hatte, stand er von ihm ab bis zu gelegener Zeit.«

Die Träumerin setzt den Traum mitten in ihr Leben. »Der Traum erzählt eigentlich meine ganze Lebensgeschichte: Das Paradies der ersten Lebensjahre und der ersten Ehejahre wurde beide Male durch schmerzhafte Übergriffe des Männlichen auf das Weibliche zerstört. Darauf antwortete ich mit einer inneren Auswanderung aus meiner Identifikation mit der weiblichen Ganzheit und identifizierte mich übermässig stark mit dem Intellekt.« Auch das Traum-Ich hat seine einstige Heimat verloren, wandert in der Wüste unter der sengenden Sonne und kehrt im Traum an den Ort der Vergangenheit und der Erinnerung zurück. »Das Haus und seine Person rufen in mir Bilder von der einstigen Blüte dieser Gegend hervor. Unter der verletzten und entfremdeten Oberfläche regt sich die Sehnsucht nach neuer Ganzheit, Fülle und Blüte.« Das entspricht ihrer Lebenssituation. »Heute bin ich in meinem Leben an einem Punkt angelangt, an dem ich mich mit meiner

Vergangenheit und meinem Werdegang auseinandersetzen muss. Verletzungen, Entfremdung und Verunsicherung, Angst prägen mein Wesen.«

Die Bomben wollen die Träumerin ins Haus und zum Hüter der Erinnerung treiben. Der Hüter der Erinnerung — er hat die Bomben geschickt — versucht mit List, den früheren Zustand wiederherzustellen und das Haus zu bevölkern. Andererseits zerstören die Bomben den zerstörten Zustand der Erde und schaffen damit die Voraussetzung für neues Leben. Als Phallussymbole fallen sie vom Himmel, entfalten beim Aufprall plutonische, urweibliche Kraft und brechen mit Gewalt die Erde auf, so versteht die Träumerin diese Traumsymbole.

Kann die Träumerin diese Herausforderung der aufgebrochenen Erde annehmen oder flieht sie ins Haus des Vergessens? Sie meint: »Jesus wurde während vierzig Tagen, vom Geist geleitet, in der Wüste umhergetrieben und dort vom Teufel bedroht. Vor sieben Jahren habe ich mich aus meiner Identität herausgelöst und mich auf den Weg in ein unbekanntes Land aufgemacht. Ich habe das Theologiestudium aufgenommen, ziemlich ahnungslos liess ich mich dazu treiben von einer innern Kraft. Seit ich mich auf diese Kraft einliess, fühle ich mich ständig hin- und hergerissen: Einerseits fasziniert mich die neue Welt, aber es fehlt mir die Gewissheit, dass ich in ihr je einmal werde bestehen und eine Heimat finden können. Deshalb erschrecke ich andererseits über meinen Mut, eine sichere Lebensgrundlage (eine Stelle als Lehrerin) aufgegeben zu haben, und ich habe Mühe, meine innere und äussere Unsicherheit auszuhalten.« Jesus hat den Versuchungen des Teufels standgehalten. Ihr fehle — so meint sie — Jesu Selbst- und Gottesvertrauen. Sie lasse sich Angst einjagen und sei ständig in Versuchung, den eingeschlagenen Weg aufzugeben. Für ihre Abschlussarbeit wählte sie das Thema der Spiritualität der Frau in der zweiten Lebenshälfte — nicht zuletzt unter dem Eindruck der Auseinandersetzung mit dem Traum und der darin aufgezeigten Aufgabe, die Wüste zu neuem Leben zu erwecken.

Ich meine, der Bericht zeigt eindrücklich die Hermeneutik des Traums, der eine eigenwillige Interpretation des Textes im Lebenskontext der Träumerin und des Lebens der Träumerin im Kontext der Versuchungsgeschichte leistet. Er zeigt, wie der Umgang mit einem solchen Traum der Träumerin einen neuen Zugang sowohl zum Text wie zu ihrer Lebensproblematik eröffnet. Er zeigt, wie sich aus einer solchen Auseinandersetzung, einer solchen hermeneutischen Bemühung um Text und psychische Matrix, in die er eingegliedert wird, ein verändertes Selbstverständnis, neue Handlungsmöglichkeiten und -motivationen entwickeln.

Vergleichen wir damit Drewermanns (1987) Interpretation der Versuchungsgeschichte, wie sie Markus berichtet.[10] Drewermann setzt mit seiner zentralen These ein: Die Tiefenpsychologie macht es seiner Meinung nach möglich, gerade die »unhistorischen«, traumnahen Texte der Bibel — zum Beispiel die Versuchungsgeschichte nach Markus — nicht als Verfälschungen der historischen Wahrheit zu lesen, sondern als Weisen, das Zeitlich-Einmalige in Symbolen ständiger Gegenwart zu verdichten. Gerade unhistorische Texte erschliessen sich der Tiefenpsychologie und sagen auch über das Leben des historischen Jesus etwas Wahres und Entscheidendes, »nur dass dieses Entscheidende innerlich ist und sich eben deshalb nur bildhaft aussagen lässt« (159). Die bleibende Wahrheit solcher bildhaften Ausdrücke erschliesst sich gerade vom Traum her. Deshalb muss der herkömmliche Standpunkt umgekehrt werden: »Mit dem Traum, nicht mit dem Wort ist zu beginnen« (1984, 92). Der eigentliche Ort des Religiösen ist nicht die Predigt, sondern der Traum, »das bildhaft-wortlose Erleben in den Tiefenschichten der menschlichen Psyche« (99). Drewermann (1987) meint, tiefenpsychologisch gesehen sei es zum Beispiel absolut glaubwürdig, dass Jesus »in der Wüste« und »mit den Tieren« war und »Engel ihm dienten«: »Wie hätte er ohne Erfahrungen dieser Art die Kraft besessen, Menschen aus der Besessenheit ihrer Angst und Zerrissenheit zu sich selbst zurückzuführen« (159).

Bei der Interpretation des Textes geht er von einer Interpretation der Textsymbole aus: Die Wüste gilt ihm als Zone des Rückzugs und der Distanz von allem fremden Tun und Urteilen, als Zone unverstellten, menschenfreien Lebens in der Unmittelbarkeit des einzelnen vor seinem Schöpfer. Der Geist repräsentiert Geistiges, man wird in die Zone der Wüste hineingeführt. Tiere sind »Symbole der Seele« (149) und machen deutlich, wie der Mensch »mit dem Tierischen in sich selbst einverstanden sein kann oder nicht« (149). »Um der Rettung der ›Seele‹ willen ... ist offenbar das Bündnis mit den Tieren unerlässlich« (151).

Erst der Kampf gegen das Tierische macht das Überich zu einer »Heerschar von Harpyien«. »Zerfallen mit sich selbst, bewohnt ein solcher Mensch unentrinnbar eine Welt voller Raubtiere und apokalyptischer Geisterscharen, ein Spielball seines Es wie seines Über-Ichs, ohnmächtig sich selber ausgeliefert und vor Angst verkommend, ständig herumgestossen zwischen den isolierten Extremen seiner Psyche gleich einem ›Ping-Pong-Ball‹« (155). Der Glaube bewährt sich im Vertrauen auf die »Güte des ›Tierischen‹«. Die Geschichte der Versuchung steht in der Biographie Jesu an einem sinngemässen Ort, am Beginn seiner Tätigkeit. Individuation, das heisst Annahme des Schattens ist nötig. Die Persönlichkeit Jesu eint in der Wüste »Tierisches und Engelhaftes« (161).

Drewermann (1984) geht es also darum, Mythen, Märchen, Sagen und Legenden in der biblischen Überlieferung nicht am Massstab des Wortes, des Logos, des Geschichtlichen zu messen und abzuqualifizieren, auf antike Sozialgeschichte zu reduzieren oder gar kurzerhand aus dem Bestand des christlichen Glaubens auszuscheiden, sondern »die innere Wirklichkeit der jeweiligen unhistorischen, mythischen, legendären, sagenhaften oder märchenähnlichen Erzählungen psychologisch zu untersuchen und der Frage nachzugehen, inwieweit in der Psyche des Menschen selbst zu allen Zeiten Wahrheiten lebendig sind, die überhaupt nur in der Weise etwa des Mythos, des Märchens, der Sage oder der Legende mitgeteilt werden können« (95). Mitten in zentralen Aussagen bedient sich die biblische Überlieferung nachweislich mythischer und mythennaher Motive. Es gab »offenbar keinen wahreren und angemesseneren Weg des religiösen Ausdrucks für sie ..., als die archetypischen Bilder aus den Tiefenschichten der menschlichen Psyche aufzugreifen und auf diese Weise bildhaft zu sagen, was sich in der Sprache der Fakten und Begriffe gerade nicht aussagen lässt« (98f.). »Unhistorische« Erzählungen sind also symbolisch zu lesen, und es ist der Sachlage angemessen, zu untersuchen, »wie der Traum sich in den Mythos übersetzt und der Mythos sich seinerseits über die Zwischenstufen des Märchens, der Sage und Legende überhaupt erst in die Gestaltung und Überlieferung geschichtlicher Daten hineinverlängert« (100). So wird die Traumpsychologie zum »Universalschlüssel« (100) für das Verständnis aller wichtiger religiösen Phänomene. »Der Traum stellt in sich selber so etwas wie einen individuellen Mythos dar. Indem sich im Traum früheste Kindheitseindrücke zu zeitlosen Bildern vom Wesen der Persönlichkeit des Träumenden verdichten und auf diese Weise das Vergangene sich mit dem Gegenwärtigen vereinigt, entsteht im Individuellen eine symbolische Struktur, in der Diachronie und Synchronie in gültiger Weise miteinander verschmelzen, und es ist eben diese Struktur, die auch den Mythos kennzeichnet« (133). Erzählungen wie Mythos, Märchen, Sagen und Legenden sind nur in ihrem kollektiven Bezug verständlich und ergeben sich geradezu »aus der Projektion bestimmter Traumbilder in das Leben und Erleben, in die Erfahrungen und Widerfahrnisse grösserer sozialer Gruppen« (132).

Wie ist dieser Ansatz zu beurteilen? Drewermanns Ansatz ist breit diskutiert, zurückgewiesen oder aufgenommen worden. Es ist billig, in der gegenwärtigen Situation dieser Kritik noch weitere Argumente zu liefern. Es ist eine Versuchung in sich, sich in den

Chor der Verehrer oder Verteidiger Drewermanns zu stellen. Mir geht es im folgenden um etwas anderes. Es geht mir zuerst darum, die Unterschiede der Ansätze deutlich zu machen. Dabei möchte ich betonen, dass ich in der Auseinandersetzung mit Drewermann Wichtiges gelernt habe und mich in manchem seiner Diagnose anschliessen kann. Dann möchte ich danach fragen, wie Drewermanns Modell und seine Folgen mit den Denkmitteln der Hermeneutik des Selbst interpretiert werden kann, die ich hier vorlege.

Die beiden Interpretationen lassen sich nur bedingt miteinander vergleichen. Unterschiede springen in die Augen. Für Drewermann scheinen die Symbole des Textes — zum Beispiel die Wüste — eine überindividuelle Bedeutung zu besitzen. Für die Träumerin erschliesst der Traum hingegen eine subjektive Deutung des Wüstensymbols. Wüste ist für sie keineswegs nur Ort des Rückzugs. »In der Wüste zu stehen bedeutet, über keine Lebensgrundlagen verfügen; es gibt keine Vegetation, keine Jahreszeit, kein Zeitbewusstsein, kein Wissen um den Sonnenstand, nichts Weibliches in positiver Form«. Drewermann entdeckt in der Versuchung ein allgemein menschliches Drama, das Jesus in besonderer, ausgezeichneter Weise trifft. Die Träumerin entdeckt durch den Texttraum konkrete Stationen der Versuchung in ihrem Leben und spürt eine persönliche Verbundenheit mit diesem Jesus. Drewermanns Deutung des Textes erfolgt in den Bahnen einer Metapsychologie, die wir bei Jung gefunden haben. Die Träumerin scheint sich weniger von einem solchen Modell denn von ihrer ganz persönlichen Reaktion und Deutung des Traums leiten zu lassen. Drewermanns Deutung ist elegant, geht auf und lässt kaum Reste zurück. Die Deutung des Texttraums ist voller Brüche, Widersprüchlichkeiten und Ungereimtheiten. Drewermann weist mir als Leser die Rolle zu, das Allgemeine seiner Deutung auf meine besondere Situation anzuwenden. Der Traum der Träumerin hat dies bereits geleistet und fordert mich modellhaft, Ähnliches in meinem Leben zu versuchen. Der Texttraum ist eine absolut einzigartige Auslegung des Textes und verbindet den Text mit einem Grundkonflikt der Träumerin. Die Drewermannsche Deutung verallgemeinert die Aussage der Versuchung ins Man, ins übergeschichtliche Allgemeinschicksal von Ich, Über-Ich und Es, das die Leserinnen und Leser seiner Bücher wieder auf sich anwenden können. Drewermann spricht theoretisch von der grundsätzlichen Bedeutung des Traums für die Exegese. Die Träumerin legt konkret einen Traum auf einen Text hin aus. Der Vergleich liesse sich weitertreiben, sei hier auf dieser Ebene aber abgebrochen. Die Unterschiede werden deutlich und können begrifflich nun auf der Ebene der theoretischen Modellbildung noch besser gefasst werden.

Im vorliegenden Modell geht es um eine rezeptionsästhetische Fragestellung: Wie wirkt ein Text in einer besonderen Situation auf einen individuellen Rezipienten? Was macht der Text mit dem Leser, die Leserin mit dem Text? Dabei wird die ganz besondere Reaktion des Rezipienten, wie sie sich ausgeprägt in der träumenden Bearbeitung eines Textes niederschlägt, ernstgenommen, als Zugang zum Text gewürdigt und als Element einer Hermeneutik des Selbst im konkreten Vollzug gedeutet. Drewermann geht anders vor. Er schlägt seine persönliche Rezeption des biblischen Textes, die von metapsychologischen Annahmen geleitet ist, als Deutungsmodell vor, mit dem sich die Leser und Leserinnen seiner Werke identifizieren können. Seine Deutungen sind so allgemein gehalten, dass nach den Regeln des Barnum-Effektes Mann und Frau etwas Treffendes daraus ableiten können.[11] Sie leisten exemplarisch eine Auslegung biblischer Texte im Sprachspiel der Psychologie, die als Deutungsmacht mehr und mehr das Leben in westlichen, industriellen Gesellschaften bestimmt. Drewermann wählt dafür die Metapsychologie Jungs, deren Verbreitung unter den Gebildeten unter den Verächtern der Religion ich bereits zu analysieren versuchte (s. oben S. 81f.).

Diese Spur möchte ich noch einige Schritte weiter verfolgen. Was ist zu Drewermanns Rezeption des biblischen Textes vom hier entwickelten analytischen Ansatz her zu sagen?

Mir scheint eines besonders wichtig: Wenn ich richtig sehe, schliesst Drewermann bei seiner Rezeption des Textes genau jene Dimension aus der kritischen Reflexion aus, die in unserem Modell zentral ist: die Form seiner Übertragung oder Gegenübertragung auf den biblischen Text. Seine Rezeption zeichnet sich dadurch aus, dass sie sozusagen in der Identifikation mit dem Recht des Textes die eigenen Emotionen dem Text gegenüber ausschliesst. Von einem hören wir bei Drewermann nichts bei dem vielen, das er geschrieben hat: von seinen Gefühlen dem Text gegenüber. Wir hören beispielsweise nicht, ob ihn ein Text auch ärgern kann. Der gesamte Ärger ergiesst sich lustvoll über die Clique der Exegeten. Darf der Ärger in der Beziehung zum Text nicht sein? Trifft dies für andere Gefühle auch zu? Ich ziehe noch einmal die Exegese der Versuchungsgeschichte bei. Welche möglichen Gefühle im Umgang mit diesem Text, welche Gegenübertragungen, die auch Traditionsgeschichte gemacht haben, werden in Drewermanns Deutung ausgeschaltet? Man könnte diesen kurzen Abschnitt in Markus zum Beispiel als »unbedeutend« überlesen; Drewermann walzt seine Deutung über Seiten aus. Man könnte mit personifizierten Engeln und Teufeln Mühe bekunden; Drewermann spiritualisiert sie und übersetzt sie sogleich ins Psychische. Man könnte die historische, kulturelle und geographische Distanz zu diesen Texten schmerzlich verspüren; Drewermann überspielt sie mit dem Zauber seiner Beschwörungen des Überzeitlich-Allgemeinmenschlichen. Eine Reihe von Kontroversen zur Versuchung Jesu, die sich auch in dogmengeschichtlichen Auseinandersetzungen niedergeschlagen haben, sind ausgeschaltet. So ist vor allem die christologische Frage zu nennen: Wie kann es sein, dass Christus versucht worden ist?[12] Kritik am Text, sei diese nun dogmatisch oder historisch-kritisch legitimiert, wird damit unterschlagen. Drewermann gibt dem Text unter Rekurs auf die Psychologie recht.

Gerade durch die Aussparung dieses Übertragungsaspektes wird das eigentlich Unbewusste in der Textrezeption, das eine psychoanalytische Hermeneutik bewusst machen könnte, wieder verdrängt.[13] Drewermann arbeitet also im Grunde zuwenig analytisch und wiederholt eigentlich die Verdrängung der Gefühle, die er dem historisch-kritischen Gegner — meines Erachtens zu Recht — vorwirft. Wenn es Drewermann also darum geht, den Text in Relation zum Unbewussten zu sehen und er dabei die Übertragungsproblematik unterschlägt, geschieht dies im wesentlichen als deutender, denkerischer Vollzug. Drewermann wiederholt in gewisser Weise, was er seinen Kontrahenten in den historisch-kritischen Wissenschaften vorwirft, und schaltet die individuelle Subjektivität als Moment in der Rezeption des Textes aus. Er bezieht den Text und den Leser gleichermassen auf unterstellte allgemein-menschliche, kollektiv-psychische Grundlagen, vor deren Hintergrund scheinbar mühelos — und durch Ausschaltung der Gefühle — ein Brückenschlag zwischen Text und Leser gelingen kann.

Ich habe in einem früheren Kapitel (s. oben S. 118) von der Symbolisierung des institutionellen Tabus im Traum und der Distanzierung von institutionell vorgeprägten Rollen gesprochen, die die Traumdeutung möglich macht. Ich meine, im Verhältnis Drewermanns zur Institution Kirche eine ähnliche Dynamik festzustellen. Drewermann wird in doppelter Hinsicht zu einer Bedrohung für den institutionellen Zusammenhang der Kirche, der er angehört: Zum einen distanziert er sich, im Rückgriff auf Traumpsychologie und Tiefenpsychologie, von der Rolle des im System vorgesehenen Klerikers; zum andern wird diese Distanzierung legitimiert durch eine Auslegung der zentralen Traditionen, auf die sich diese Kirche beruft, die eigentlich biblizistisch genannt werden müsste, wenn sie nicht so reflektiert vorgetragen würde. Kritik wird sozusagen aus der Begegnung mit dem Text ausgeklammert und in der Auseinandersetzung mit der Institution gelebt. Die Reaktion der Kirche auf diesen Kritiker ist aus der Sicht des hier entwickelten Verständnisses für das Verhältnis von Traum und Institution nur folgerichtig, wenn auch nicht richtig.

Drewermann wird damit mit seiner persönlichen Textdeutung stillschweigend zum Vorbild der Aufnahme des Textes bei seinen Leserinnen und Lesern. Als Priester vermittelt er sozusagen stellvertretend die Botschaft des Textes an das Volk. Hier liegt ein letzter Unterschied zu jenem Modell, das ich vorschlage: Es tritt für die emotionale Unmittelbarkeit des einzelnen dem Text gegenüber ein und ist in diesem Sinn urprotestantisch.[14]

Hermeneutik des Traums und Hermeneutik des Selbst

Die historisch-kritische Forschung hat mit aller Deutlichkeit gezeigt, wie die biblische Tradition sich durch einen immer weiterschreitenden Prozess je neuer Aneignung der Tradition aufgrund besonderer, sich wandelnder historischer Situationen vollzogen hat. Kirchen- und Dogmengeschichte zeigen auf, wie dieser Aneignungsprozess in der Wirkungsgeschichte biblischer Texte auch nach der Kanonbildung weitergegangen ist. Hermeneutik versucht zu zeigen, wie ein solcher Vorgang der Aneignung ganz allgemein und eben auch heute für das Verstehen von Tradition notwendige Bedingung ist.

Ich hoffe nun, gezeigt zu haben, wie der Texttraum eine spezifisch geartete Form desselben Aneignungsprozesses ist. In einem Traum eignen sich Träumende ein Stück kirchlich-christlicher Tradition in ganz neuer, einzigartiger Weise an. Elemente dieser Tradition werden im Traum zu wirkkräftigen Elementen einer Handlung, in der sich das Traum-Ich wandelt. Ich fasse einige Gesichtspunkte zusammen, die sich bei unserer Analyse der träumenden Textaneignung ergeben haben:

— Die Aneignung eines Textes in einem Texttraum unterläuft kompensatorisch die Filter unserer Wahrnehmung, mit denen wir unser Alltagsbewusstsein steuern und strukturieren. Gerade jene Aspekte der Aneignung von Tradition werden oft wie mit der Lupe vergrössert in einem Traum hervorgehoben, die das Tagesbewusstsein ausschalten will.

— Der Texttraum enthält eine existentielle Aneignung des Textes, in welcher das Ich sich selbst in neuer Art und Weise im Zusammenhang mit Tradition erfährt. Der Leser des Textes wird zum Leser im Text, im bebilderten, dramatisierten, mit biographischen und individuellen Symbolen angereicherten Traumtext seines Texttraums.

— Die Aneignung von Tradition scheint unter Zuhilfenahme aller Informationen abzulaufen, die der träumende Organismus im Unbewussten gespeichert hat und von einem integrierenden psychischen Zentrum gesteuert zu sein.

— Diese Aneignung verfremdet und lehrt gerade dadurch das Traditionelle mit ganz neuen Augen zu sehen.

— Sie widerspricht oft einer bestimmten Leselenkung und kompensiert diese.

— In der metaphorischen Aneignung von Tradition im Texttraum wird immer beides miteinander verbunden: die Tradition und die Situation des Träumenden. Im Texttraum und seiner deutenden Erschliessung vor dem Hintergrund eines Textes kommt es zur »wechselseitigen kategorialen Erschliessung« (Klafki) von Text und Traum, von Tradition und träumendem Selbst. Der Traum deutet den Text. Der Text wird seinerseits zu einer Deutung des durch den Traum erschlossenen existentiellen Bezugs.

— In der Aneignung des Texttraums kommen die kreativen und symbolisierenden Fähigkeiten des poetischen Selbst, in eine Handlung eingefügt, zum Ausdruck. Träume sind sozusagen Gleichnisse zweiter Ordnung. In ihnen ist dies gegenwärtig und wirksam, was auch im »Textgleichnis erster Ordnung« als Intention enthalten ist. Und doch sind diese Gleichnisse unersetzbar, da in ihnen wirkkräftig und gegenwärtig das zum Ausdruck zu kommen scheint, was Träumende an einem Text besonders anspricht, frustriert, ängstigt, und wie sie mit diesen »Intentionen« des Textes umgehen.

Die Annäherung macht es deutlich: Künstlich aufgerichtete Gegensätze zwischen Tradition und Situation, Wort und Bild lassen sich nicht aufrechterhalten. Der Traum steht nicht einfach der Tradition gegenüber. Er kann eine ganz spezifische Aneignung von Tradition sein. Das Bild steht nicht einfach dem Wort gegenüber. Worte werden illustriert und erhalten durch metaphorische Verfremdung einen neuen, persönlichen Sinn. Subjektive Erfahrung steht nicht einfach Gottes Offenbarung gegenüber. Träume können das fremde Wort in ein persönliches Wort verwandeln, eröffnen im Bereich subjektiver Erfahrung Freiraum für eine Wirklichkeit, die weit über diese Erfahrung hinausgeht. Die Analyse von Träumen, besonders von »religiösen Träumen«, kann so zur »via regia« einer praktisch-theologischen Hermeneutik des Unbewussten werden, welche die Kategorien der traditionellen Hermeneutik zu ergänzen und erweitern vermag.
Praktische Theologie lässt sich also als hermeneutische Theorie verstehen, welche als ein Element eine Hermeneutik von Texten impliziert, wobei die zentrale Frage die Frage nach dem Zusammenhang dieser Hermeneutik mit der Hermeneutik des Selbst ist. Ich hoffe, gezeigt zu haben, wie das Schicksal des poetischen Selbst mit dem Schicksal seiner Auslegungen, auch der Auslegungen der Traditionen des Christentums, heilsam verknüpft ist. Das religiöse Selbst verdankt sich einer Glaubensgeschichte, entsteht aus einem umfassenden »Hören« auf die Texte des Tages und die Textträume der Nacht.

Praktische Theologie als Rezeptionsästhetik

Welche Schlussfolgerungen für eine — traumpsychologisch aufgeklärte — praktisch-theologische Texthermeneutik lassen sich aus unseren Überlegungen nun ziehen? Textträume erlauben durch die Fensterlücke des Traums einen Blick auf die innere Bühne der Textrezeption. Es ist anzunehmen, dass in Träumen Vorgänge abgebildet werden, die in der kognitiven Aneignung von Texten auch sonst wirksam werden. Träume stellen sozusagen visuell dar, was im Denken sonst weniger anschaulich, aber nicht minder wirksam bei der Rezeption eines Texten geschieht. Einige besonders wichtige Dimensionen dieses Rezeptionsprozesses seien noch einmal hervorgehoben.
Träume sind in einen Beziehungskontext eingelagert. In ihnen finden Übertragungen und Gegenübertragungen, Affekte, Phantasien und Wünsche, die sich in Begegnungen unterschwellig melden, ihren Ausdruck. Textträume können zeigen, in welchen Beziehungskontext eine biblische Überlieferung gerät, welche Emotionen sich in ihr ausdrücken oder von ihr ausgedrückt werden und welche affektiven Prozesse sich religiöser Phantasien, Bilder und Texte bemächtigen. Es ist zu vermuten, dass dies gleichfalls am Tag, wenn auch unterschwellig, geschieht: Die Rezeption von Texten ist immer in einen Beziehungskontext eingelagert, wird zum Vehikel von Wünschen und Affekten. Religiöse Phantasien durchziehen unsere alltäglichen Begegnungen.
In Träumen spiegelt sich die soziale Realität. In ihnen holt uns unsere Ursprungsgeschichte in der Herkunftsfamilie ein; in ihnen leben die Mythen unserer Gesellschaft auf; in ihnen spielen die Dramen unserer Primär- und Bezugsgruppen. Textträume können zeigen, wie gesellschaftliche und religiöse Mythen sich wechselseitig ergänzen und kritisieren, wie sich die Dynamik der Herkunftsfamilie und der »Gottesfamilie« verbindet

und die Aneignung von Traditionen beeinflusst. Ähnliches geschieht wiederum an den Schattenrändern des Tages bei der Auseinandersetzung mit biblischen Traditionen. Träume leuchten Tiefendimensionen der Persönlichkeit aus. Subjektstufig gedeutet begegnen sich Persönlichkeitsanteile in den Traumfiguren. Wunsch, Angst und Abwehr treiben ihre Verfolgungsjagd. Ich-Funktionen und Ich-Organisation werden dargestellt und die Symbolisierungsfähigkeit vollführt ihre Zauberkunststücke. Textträume können eben dies illustrieren. Sie zeigen, in welche psychische Matrix biblische Traditionen eingelagert werden. Sie verraten, welche Persönlichkeitsanteile sich in der nächtlichen Persönlichkeitsspaltung in welche biblischen Figuren einschleichen und ihr religiöses Spiel aufnehmen. Sie verraten die Wünsche und die Angst, die ein Text erregt, und die Abwehrmanöver, die er mobilisiert. Sie zeigen, wie individuelle und kollektive Symbole zueinanderfinden. Es wäre naiv, anzunehmen, solches geschähe nicht auch beim Hören einer Predigt, beim Singen eines Liedes, bei der theologischen Arbeit am Schreibtisch.

In den Träumen knobelt die Psyche an ungelösten Problemen des Tages. Sie spiegeln die psychosoziale Entwicklung und die Geschichte des religiösen Urteils. Textträume zeigen, welche theologischen Knobeleien selbst in der Nacht vor sich gehen. Sie vermögen zu illustrieren, aufgrund welcher religiöser Urteile und psychosozialer Identitätsstufen Tradition angeeignet wird.

Träume zeigen das Genie des poetischen Selbst, die kompensatorischen, kreativen, integrativen und utopischen Fähigkeiten des Schmetterlings »Psyche«, der die Möglichkeiten des Seins umgaukelt. Textträume verraten noch einmal die traumwandlerische Fähigkeit, religiöse Traditionen in den Dienst einer individuellen Phantasie zu stellen, die das Gegebene transzendiert und die Möglichkeit des Andersseins vorwegnimmt.

Ich denke zum Schluss, auch die hier gewonnene Perspektive auf die Traumhermeneutik des Selbst lasse sich nochmals unter dem Vorzeichen des Reichs Gottes verstehen und aufbrechen. Biblische Texte sind Zeugnisse der Geschichte Gottes mit dem Menschen, die vor langer Zeit angefangen hat und noch nicht vollendet ist. Das hermeneutische Selbst, das sich von Texten in seinen Träumen leiten lässt, stellt sich damit in diese Geschichte, wird auch so zum dialektischen Selbst. Es findet zu sich, gerade indem es zur Geschichte des Glaubens findet. Es formuliert nächtlich seine persönlichsten Texte, gerade indem es auch die Texte der Geschichte des dreieinigen Gottes nachbuchstabiert — eigenwillig und doch willig.

Solche träumende Aneignung der Geschichte des Glaubens ist notwendig. Sie hat aber auch ihre Grenzen. Die Grenzen liegen bereits in den Texten der Tradition, die keineswegs überall und deutlich von dieser Geschichte des Reiches Gottes erzählen, wie sie in Christus zur Vollendung kam und kommt. Es besteht Grund zur träumenden Textkritik. Zugleich besteht Grund, auch die Rezeption des Textes im Traum in ihren Grenzen zu verstehen, eben als menschlich-allzumenschliche Form, sich Texte anzueignen. Die analytische Aufhellung der Übertragungen, die sich in der Textrezeption abbilden, bewahrt uns davor, das Fremde am Text allzu schnell für individuelle Bedürfnisse zu verzwekken, das Besondere im psychisch Allgemeinen einzuebnen. Der Text ist letztlich fremd und bleibt fremd. Vielleicht leistet dazu eine analytisch aufgeklärte Rezeptionsästhetik insofern einen Beitrag, als sie eben gerade das Fremde, andere, Herausfordernde des Textes wieder deutlicher hervortreten lässt. Dies ist Voraussetzung zum wirklichen Dialog mit den Texten, der verändernd wirkt.

7. Traum-Handlung

Das Traum-Ich im religiösen Traum ist handelndes Ich. Eine Hermeneutik des religiösen Selbst muss sich schlussendlich dieser Handlungsstruktur des Traums zuwenden. Träume sind bewegt; sie stellen Handlungen dar, Dramen und Aufführungen auf unserer inneren Bühne. Jung hat diesen dramatischen Aufbau der Träume besonders betont. Auf die Exposition einer Ausgangslage folgt die Verwicklung der Handlungsfolge, ein dramatischer Höhepunkt als Peripethie und eine Lösung, die Lysis. Vielleicht hat er damit den klassischen Charakter von Traum-Handlungen überzeichnet. Allen Träumenden ist aber einsichtig: In Träumen handle ich und werde ich behandelt, agiere und interagiere ich, allein, zu zweit, in einer Gruppe oder Masse. Nicht immer werde ich in gleicher Weise in die nächtlichen Szenerien hineingerissen. Manchmal fiebere ich mit und werde in das Geschehen des Traums verwickelt. Manchmal betrachte ich es mehr als Zuschauer, versinke sozusagen noch etwas tiefer in meine Kissen und mache mir meine Gedanken zum Traumdrama. Manchmal bin ich gar Schauspieler und Zuschauer zugleich.

Ich möchte diese letzte Dimension einer Hermeneutik des traumpoetischen Selbst in vier Schritten erkunden: Zuerst frage ich nach den Bezugspunkten von Traum-Handlung und Alltagshandlung. Dann fasse ich die Besonderheit der Traum-Handlung in den Blick: Im Traum bewegt sich das Traum-Ich handelnd durch Bedeutungsfelder. Daran anschliessend möchte ich fragen, wie dieses Traum-Ich denn in den religiösen Träumen überhaupt zur Handlung kommt. Umrisse einer Theorie einer religiösen Motivstruktur werden sich dabei abzeichnen. Schlussendlich soll der parabolische, handlungsbefreiende Charakter der Traum-Handlung aufgezeigt werden.

Alltagshandlung und Traum-Handlung

Es ist nicht üblich, Träume vom Standpunkt der Handlung aus zu betrachten. Ich kenne nur wenige Darstellungen dieses Zusammenhangs.[1] Dies ist eigentlich überraschend. Der Gesichtspunkt scheint allzu selbstverständlich. Vielleicht sind die Gründe auch weitreichender, liegen sie in einer Konzentration der Traumdeutung auf das Sinnproblem und die symbolische Qualität der einzelnen Traumteile. Der Handlungsfaden gerät leicht aus dem Blickfeld einer aufs Hintergründige fixierten Traumpsychologie. Die Frage nach dem Sinn des Traums dominiert die Frage nach dem richtigen Leben im Traum, Traumdeutung als Dogmatik beherrscht dann sozusagen die Traumdeutung als Ethik.

Ich versuche auch hier eine erste Annäherung. Ausgehend von anderen Arbeiten zur Organisation konkreter Handlungen und zu deren kognitiver Lenkung (von Cranach usw. 1980, Morgenthaler 1979) möchte ich im folgenden nach dem Zusammenhang von Traum und Handlung fragen und diesen für eine Theorie des handelnden Selbst, für eine theologische Handlungstheorie und eine Theorie pastoraler Handlungen fruchtbar machen.

Träume lassen sich als imaginäre Handlungen verstehen. Wir können — in Analogie zur alltagspraktischen Sicht von Handlungen — nach der Form dieser Handlungen fragen, nach ihrem Subjekt, nach Handlungsalternativen, Zielvorstellungen, der hierarchischen Organisation, dem Erfolg und nach den handlungsbegleitenden Emotionen. Wir können die Selbst-Kompetenz und die Selbst-Autonomie der Handelnden im Traum untersuchen und nach ihrer Rollenkompetenz fragen.

Träume sind Handlungen: auch dies ist eigentlich eine Metapher, die Bedeutungsräume aufschliesst. Wir betreten diese Räume noch einmal von der Seite des prosaischen Alltags eines Pfarrers.

Neues anfangen?

J. und ich sprechen über Jugendarbeit. J. meint: Warum baust du mit den Jugendlichen hier in der Gemeinde keine Gruppe auf? Ich bringe Gründe vor, weshalb dies nicht gehe: Ich bin zu erschöpft. Ich versuchte es bereits einmal, ohne Erfolg. — Bildwechsel im Traum. Wir befinden uns zusammen in einem Raum, der eine durchscheinende Wand zu einem anderen Haus besitzt. Man sieht dort einen gediegenen Mann in gediegener Umgebung sitzen. J. meint, die Behandlung bei ihm sei ein voller Erfolg gewesen. Ich frage nun J.: Wie würdest du denn dieses Vorhaben mit der Jugendgruppe anpacken? Er meint: Ich würde sie einfach einmal zusammenrufen und anfangen. Ich wende ein: Sie wollen doch nicht, sie sind zu beschäftigt.

Ist Neues im Alltag des Pfarramtes möglich, nach Jahren der Arbeit und verschiedenen Versuchen, eine Jugendarbeit in der Gemeinde aufzubauen? Dies ist das emotionale Problem, das mich beschäftigte, als ich den Traum träumte. Der Traum zeigt mein Traum-Ich im Gespräch mit J., der Verkörperung von jugendlichem Engagement und risikofreudigem Verhalten. Ein Handlungsziel wird diskutiert: der Aufbau einer Jugendgruppe. Mein Traum-Ich hat resigniert, nennt Widerstände, frühere Frustrationen und will nicht. Der Szenenwechsel im Zentrum des Traums bringt eine Rückblende in die Vergangenheit und macht die Wände der Traumwelt zu einem anderen Raum hin durchsichtig. Die verstellte Wirklichkeit wird transparent für eine ermutigende Erinnerung: Jemand wurde doch mit Erfolg behandelt. Darin liegt allerdings auch eine leichte Ironie: Weshalb ist dieses Traum-Ich so verzagt, wenn die Behandlung doch ein Erfolg war? Und: War die Behandlung wirklich ein Erfolg, wenn das Traum-Ich so verzagt ist? Immerhin: Mein Traum-Ich wagt einen kleinen Schritt über die anfängliche Resignation hinaus und fragt seinen Berater: Wie würdest du dies denn nun anpacken? Auf dessen Vorschlag folgt prompt ein »Ja, aber...«. Der Traum bricht ab, der Ausgang des Gesprächs bleibt offen. Antwortet J. und lässt sich mein Traum-Ich doch noch überzeugen, dass Neues in der Arbeit im Pfarramt möglich ist?

Der Traum illustriert viele Eigenarten von Alltagshandlungen.[2] Es geht um einen offensichtlich wünschbaren Zustand, ein Handlungsziel, die Jugendgruppe in der Gemeinde. Mögliche Wege und Handlungsstrategien werden erkundet. Randbedingungen, die solches Handeln schwierig machen könnten, werden gewichtet, die Handlungsmotivation geprüft und gestärkt. Der Traum erscheint als eine Art Probehandeln. Er entwickelt gedanklich ein Handlungsproblem weiter, das mich im Alltag meines Pfarramtes zunehmend beschäftigte.

Hilfsquellen, die bei der Problemlösung helfen könnten, werden dabei im Traum angezapft: Das Traum-Ich setzt sich mit einem Menschen zusammen, der offensichtlich etwas von der Sache versteht, lässt sich im Gespräch beraten und aus seiner Resignation herausrufen. Der Alltag wird im Mittelteil des Traums durchscheinend auf eine andere Dimension, die Möglichkeit einer erfolgreichen Behandlung. Es ist, wie wenn die Problematik, die mich beschäftigt, blitzartig mit Situationen aus meiner Geschichte verglichen würde, die für dieses Problem hilfreich sein könnten.

Es bleibt zwar in ironischer Schwebe, ob die Möglichkeiten, die sich im Traum abzeichnen, das Traum-Ich wirklich soweit ermutigen, dass es aktiv wird. Der gesamte Traum erscheint aber als eine Parabel zum Thema, ob Neues in einem Amt hoher Anforderung möglich ist. Die Parabel löst sich nur wenig vom Alltag. Sie zeigt dem Traum-Ich gerade so viele neue Möglichkeiten, dass nicht mehr alles verbarrikadiert erscheint und sich neue Handlungsperspektiven abzeichnen. Die kognitive Aufmerksamkeit ist im Traum nicht gefesselt von den Handlungsanforderungen des Alltags. Das Traum-Ich wird aber aus diesem Alltag auch nicht ganz entlassen. Befreit vom Entscheidungsdruck, von der Notwendigkeit der Selbstüberwachung, des »Self-Monitoring« während des Handelns, wendet sich die kognitive Aktivität den Problemen zu, die übrig bleiben nach des Tages Müh, den gefühlsmässigen Restbeständen, die eine Probehandlung im Traum aktivieren. Die Wachhunde der Psyche wecken das Traum-Ich, scheuchen es aus seinen Verstecken des Tiefschlafs auf zum paradoxen Schlaf und zur paradoxen Traum-Handlung: Es muss handeln, die unentrinnbare Notwendigkeit ist gegeben, und doch ist es nur ein Traum und Möglichkeit die andere Seite der Notwendigkeit.

Den Gewinn einer solchen Probehandlung zeigt auch der folgende Traum. In zwei Durchgängen wird eine problematische, schuld- und angstbeladene Ausgangssituation im Pfarramt bearbeitet. Das Traum-Ich flieht zuerst, dann stellt es sich. Im Zwischenteil schenkt die Mutter Socken gegen kalte Füsse und wird ein Kind gesucht, das zum Teufel gegangen ist. Der Flüchtige entgeht seiner Schuld nicht, und Bäume, die in den Himmel wachsen, nehmen nur anderen das Licht. Der metaphorische Exkurs in die Gedächtnisspeicher ermutigt das Traum-Ich, sich dem Versagen, der Inkompetenz und einem Toten zu stellen, der nicht abkühlen will.

Versagen im Pfarrkreis
Ich telefoniere mir Frau T. Der Anruf will nicht enden. Schlussendlich sagt sie etwas Beleidigendes. Ich hänge in Wut ein. Mir ist unbehaglich dabei. Ich gehe. Ich habe das Gefühl, sie verfolge mich und komme mich suchen. Nun bin ich in einem Holzhaus. Im Garten steht eine Tanne, die den Nachbarn die Sonne stiehlt. Jemand sagt: »Vielleicht kommt dann ganz zuletzt aus, dass ich trotzdem schuldig geblieben bin.« Mutter gibt mir ein Paar Socken. Ich habe doch schon welche an. Zudem ist es nicht meine Grösse. Sie sagt: Hört mal hin! Der Nachrichtensprecher am Rundfunk verliest eine Vermisstmeldung: Ein Kind ist im Diavolezza-Gebiet verlorengegangen.
Nun soll ich jemand in meinem Pfarrkreis beerdigen, den ich eigentlich letzte Woche beerdigen zu müssen meinte. Meine Kollegen sagen mir, wo er wohnt. Sie scheinen besser Bescheid zu wissen als ich: Es ist in einem Holzhaus, im Garten H.s. Ich gehe. Es wird mir erklärt, weshalb die Beerdigung erst heute stattfinden kann. Es sind unklare Verhältnisse. Der Tote wurde kremiert. Es geht lange, bis er abgekühlt ist.

Ich versuche ein Fazit: Was zeigen solche Träume? Sie zeigen die Rollenwirklichkeit, wie sie einen Menschen einholt, der in der Kirche arbeitet und dessen Lebensmöglichkeiten eng mit der Kirche und ihren institutionellen Handlungsräumen verbunden ist. Sie zeigen das Traum-Ich in Auseinandersetzung mit diesen Räumen, eingeschlossen, geborgen, eingesperrt. Es versucht, Türen aufzustossen. Es aktiviert in einem Exkurs in die Geschichte des Selbst Kompetenzen, Wissen, Motivation und Ironie. Oft sind institutionelle Handlungsräume allerdings tatsächlich verriegelt. Das Traum-Ich setzt sich nicht nur mit inneren Hindernissen zum Handeln auseinander. Diese verweisen auf soziale, äussere Hindernisse. Es kann deshalb auch nicht einfach schuldig gesprochen werden, wenn Handlungen misslingen. Neues wird möglich, wenn innere und äussere Hemmnisse des Handelns angegangen werden können.

Ich hoffe, es werde einsichtig, wie religiöse Träume im soeben dargestellten Sinn auf das Alltagshandeln bezogen sind. Religiöse Traum-Handlungen sind Probehandlungen für religiöse Handlungen im Alltag. Ihre Funktion kann — im Rahmen einer Theorie konkreter Handlungen — durchaus noch näher bestimmt werden: Sie deuten Situationen auf dem Hintergrund der Geschichte des Selbst, erkunden Handlungsalternativen, klären und stärken Handlungsziele und konfrontieren das Selbst — last, but not least — oft mit drastischem Feedback zu seinen Handlungen und ihren Ergebnissen.

Sie tun dies oft nicht im Direktgang. Solche Traum-Handlungen — hier können wir einen Gedankengang Jungs mit veränderten Vorzeichen aufnehmen — sind in der Regel kompensatorisch. Viele meiner Träume aus der Zeit des Pfarramtes enthalten zum Beispiel Handlungen, die ich nie ausgeführt hätte. Sie zeigen Wut, Aggression, Verzweiflung und Resignation. Sie sind das Gegenbild der pfarrherrlichen Persona, weichen in ihrer Handlungsstruktur von der erwarteten und bemühten Aktivität eines religiösen Experten im Christentum ab. Und sie thematisieren das Leiden an dieser Rolle. Dies ist es, was mir die Träume im Pfarramt auch so wichtig werden liess: Die Distanz zum Alltag des Pfarramtes, die mir Traum-Handlungen einspielten, die Bewegung in nicht ganz festgelegten Räumen, Rollen und Konstellationen, die sie möglich machten, die Persiflage, das Obszöne, Ironische und Karikaturistische dieser Traum-Kapriolen. Sie erschienen mir als sanfte Rache für die Bravheit am Tag, die Pflicht des Amtes, die Normierung durch den sorgenvollen Blick der generalisierten anderen. Ich genoss solches.

Metaphorische Handlungsräume

Das Besondere solcher Traum-Handlungen springt in die Augen: Sie haben im Traum stattgefunden und doch »in Wirklichkeit« nicht. Sie sind Probehandlungen ohne unmittelbare konkrete Auswirkung. Sie beziehen sich auf eine berufliche Handlungssituation und machen die Wände dieser Situation zugleich durchscheinend für andere Möglichkeiten, für die Erinnerung des verlorenen Kindes im Diavolezza-Gebiet, das Angebot wärmender Strümpfe und die Diagnose einer erfolgreichen Be-Handlung. So werden sie zu Handlungen in metaphorischen Bedeutungsräumen. Ihre »Substanz« ist vielfache Bedeutung. Als Handlungen sind sie in sich metaphorisch, verbinden Sinnräume miteinander, sind in exemplarischer Form sinnstiftend und sinnorientiert. Sie zeigen Metaphern in Aktion (Ullman 1969). Das Traum-Ich verbindet, kreiert, erleidet und verändert sie. Traum-Handlungen tragen das Traum-Ich von einem Bedeutungsraum in einen anderen: vom Raum der Resignation in den des Hoffnungsschimmers, vom Raum der schuldbewussten Flucht in den der Entschlossenheit, sich den Toten zu stellen, die nicht abkühlen wollen. Nicht selten sind sie Auswege für das Traum-Ich, das in einer Metapher gefangensitzt: das Kieselsteingesicht zersplittert und wandelt sich in flammende Wut (s. oben S. 160).

Am Beispiel von zwei Träumen, die miteinander verbunden sind, möchte ich diesen Zusammenhang noch weiter enfalten: Beide Male ist der Träumer zuerst unterwegs in einer Stadt, seiner Traumstadt, die er aus vielen Träumen kennt. Es ist eine riesige, chaotische Stadt mit gelben Backsteinhäusern, ähnlich dem London des 18. Jahrhunderts.

Das Haus der Religionen
Ich steige in einer Stadt hinauf auf einen Hügel und gelange an einen Platz. Dieser sieht aus wie ein grosser Parkplatz und ist menschenleer. Dahinter erhebt sich eine enorme Kathedrale wie in L., mit Türmchen, Fialen, einem Tympanon, Wasserspeiern und Figuren. Ich gehe näher. In einem bläulichen Licht sehe ich nun unbestimmte Gestalten leicht über dem Erdboden um die Kathedrale schweben. Ich gehe zu einer dieser Gestalten — sie sind in Mönchskittel gekleidet — und frage sie, wer sie seien. Die Gestalt sagt: »Dies ist eine lange Geschichte (wie wenn sie sagen möchte, es gehe lange, bis man in ihrer Position ankomme). Dies ist das Haus der Religionen.« Ich gehe zum Tor der Kathedrale

und öffne es. *Ein intensiver Geruch nach Weihrauch und ohrenbetäubender Lärm schlagen mir entgegen: ein Läuten, Schreien, Singen, Beten. Ich betrete die Kathedrale. Sie ist voller Menschen — alte und junge, Männer und Frauen, Kranke und Lahme —, die in irgendwelche religiösen Praktiken vertieft sind: Sie beten, lesen am Altar, pflegen Kranke. Alle bleiben sie an ihrem Ort stehen, zupfen mich, wollen mich hier- und dorthin zerren. Mein Mentor ist bei mir, später verlässt er mich. Ein älterer Mann sagt — und eine alte Frau, die ich sitzen sehe, scheint gemeint: »Die wird es auch nicht schaffen.« Ich denke: Alles Schaffen bringt hier nicht weiter. Wenn man Gott wohlgefällig zu sein versucht, ist man eigentlich den Menschen wohlgefällig.*

Interferenz
Ich bin wiederum unterwegs in meiner Traumstadt. Plötzlich finde ich mich in einem Hinterhof, der leer ist, sich immer mehr verkleinert und in sich zusammenstürzt. Ich werde mitgerissen. Ich spüre körperlich ein Oszillieren, eine Art Interferenz. Dann plötzlich erfasst mich eine übermächtige Lichterscheinung, mächtiger und ganz anders als die Sonne.

Handlungen spielen in symbolischen Räumen. Sie werden hineingestellt in ein Gewebe von Metaphern, die zusammen eine Situation schildern, die es nie gegeben hat und nie geben wird, in der aber Bedeutungsfelder in visualisierter Form so zusammenwachsen, dass sie den Boden abgeben, auf dem sich das Traum-Ich handelnd bewegen kann. Die beiden Träume enthalten eine Vielzahl von metaphorischen Räumen, in denen das Traum-Ich unterwegs ist: die Stadt als Raum, in dem die beiden Träume spielen; der Platz vor der Kathedrale; der magische Kreis der Geistmönche; das Haus der Religionen mit seinem Getümmel; der Hinterhof, der in sich zusammenstürzt; das Licht, das alles mit sich reisst. Jeder dieser Räume ist geformt aus einem dichten Netzwerk von symbolischen Beziehungen: am farbigsten das Haus der Religionen, am kahlsten der Hinterhof. Die Räume sind einander in geheimnisvoller Weise zugeordnet. Aus dem Raum der Stadt kann man den Raum des Hauses der Religionen erreichen und in den Hinterhof geraten. Die Mauern der Kathedrale stehen, jene des Hinterhofs stürzen in sich zusammen. Der Platz vor der Kathedrale — oft der Marktplatz einer Stadt — ist kahl und gepflastert, die Hallen der Kathedrale vollgestopft vom religiösen Markt. Aus der Fülle dieses Hauses der Religionen ist kaum ein Ausweg möglich, aus dem Hinterhof der Durchbruch zu unvorstellbaren Helligkeiten mühelos.
In diesen Bedeutungsräumen ist das Traum-Ich unterwegs. Im ersten Traum erkundet es — begleitet vom Mentor — aktiv diese Räume, wird Teil ihres assoziativen Gewebes, wandelt sich, indem es das Haus der Religionen durchwandelt, Zusammenhänge, Auswegslosigkeiten, Zumutungen, Verlassenheiten und Rätsel entdeckt. Am Schluss seiner Wanderung ist es nicht mehr dort, wo es am Anfang war, und findet doch keinen Ausweg. Religiöse Träume sind also eine handelnde Erkundung religiöser Sinnräume durch das Traum-Ich. Dies mag Ausdruck einer Beschränkung der abstrakten mentalen Fähigkeiten im Zustand der REM-Schlafphase sein. Aber zeigt es nicht noch mehr? Menschen sind als ganze in das Drama des Glaubens einbezogen. Sie sind handelnd aufs Letzte bezogen. Äussere und innere Sinnräume erschliessen sich dabei gegenseitig.
Während sich das Traum-Ich im ersten Traum auf die Suche begibt, erkundet, sich nähert, fragt, Zusammenhänge entdeckt, ist das zweite Traum-Ich versetzt in einen Hinterhof, in existentieller Einsamkeit bedroht durch den Einsturz dieser Welt und aller ihrer Objektivierungen. Der Träumer träumt so seit langer Zeit. Der Traum wiederholt sich immer wieder. Hier handelt er nicht; hier geschieht etwas mit ihm und der Wirklichkeit dieser Stadt. Alles wandelt sich in einer ungeheuren Transformation von Materie in

Licht. Für den Träumer kommt dabei eine zentrale theologische Aussage zum Durchbruch. Die Begegnung mit der Leere, dem Nichts, mit den Dingen und Räumen und Identitäten, die in sich zusammenstürzen, führt zum radikalen Loslassen aller Bindungen. Was dann geschieht, ist für den Träumer nur zu verstehen in den Metaphern des Glaubens: mit Christus sterben und neu geboren werden, Taufe, Auferstehung. Die Traum-Stadt als Bedeutungsraum enthält also sozusagen zwei »Ausstülpungen«: das Haus der Religionen und den Hinterhof. Es ist wiederum Traumironie, dass das Geheimnis des Glaubens im Hinterhof verborgen liegt.

Traum-Handlung und Motivstruktur: eine Grammatik religiöser Motive

Was bewegt denn nun eigentlich das Traum-Ich von einem Bedeutungsraum in den anderen? Was lässt es eilen, klopfen, diskutieren, beerdigen, besuchen, kreieren und zerstören? Der Frage nach dem Zusammenhang von Traum-Handlung und Motivstruktur möchte ich mich nun zuwenden. Es ist die Krux jeder Handlungstheorie, dass sie für diese Frage Antworten finden muss. Vereinfacht gesagt lassen sich in der Geschichte der Handlungsforschung Theorien unterscheiden, die annehmen, dieses Handeln habe kausale Gründe, und andere, die davon ausgehen, dieses Handeln habe finale Zwecke.[3] Das Problem ist aber auch praktisch relevant, wie jeder Vater weiss, der mit der Familie unterwegs vom Sohn gefragt wird: »Gehe ich jetzt trotz der Hitze so leicht, weil ich vorhin aus der Feldflasche getrunken habe oder aus Freude auf die nächste Rast und den nächsten Schluck?« In gewisser Weise fand sich dieser Unterschied der Begründungsstrategien für Handlungen bereits zwischen Freud und Jung bei ihrer Beurteilung des Traums. Der Traum hat seine Ursachen, respektive seine Zwecke.[4] Traum-Handlungen lassen sich dementsprechend erklären, wenn man ihre Ursachen kennt respektive ihre Ziele und Zwecke versteht.

Foulkes ist es, der dieser Frage in Anknüpfung an Freud besonders tiefdringend nachgegangen ist. Er versucht eine kognitive Interpretation der Triebtheorie Freuds und nimmt an, das Unbewusste trage selber propositionalen Charakter, Motiv und Begriff, Wunsch und Bedeutung, Trieb und Sinn seien also bereits im Unbewussten miteinander verbunden. Er versteht den Traumwunsch als motivationale Struktur, die in den Bereich der Traumgedanken eingegliedert ist und die Tiefenstruktur des Traums umschreibt.[5]

In Anlehnung an Chomsky hält Foulkes eine Grammatik für die Essenz menschlicher Sprache. Eine Grammatik stellt ein begrenztes Set von Regeln zur Verfügung, die es möglich machen, Strukturen sprachlicher oder symbolischer Äusserungen in gültiger Form zu beschreiben. Diese Regeln definieren also Wege, auf denen sprachliche Elemente so kombiniert werden können, dass sie ein unbegrenztes Set von Ausdrücken formen können — und nur dieses Set. Anstatt eines Wörterbuches brauchen wir auch bei der Traumdeutung eine Elementargrammatik. Traumdeuter und Traumdeuterinnen haben bisher — so meint Foulkes — allzusehr einzelne Schlüsselworte herausgegriffen und von dort her Hauptanliegen der Träumenden erschlossen. Weniger gut ist die Arbeit, die sie geleistet haben, um die eingeborene Traumsprache wirklich zu lernen und die Grammatik zu erfassen, die ihre Elemente verbindet.

Die Tiefenstruktur eines Traums, seine Grammatik ist dann gefunden, wenn grundlegende motivationale Muster im Traum identifiziert werden können. Diese bilden die Grammatik, die für die Strukturen des Traums verantwortlich ist. Foulkes entwickelt ein äusserst differenziertes inhaltsanalytisches Vorgehen, das der Nachprüfung dieser Annahmen dient. Wichtig für uns ist dabei folgendes: Foulkes unterscheidet im Traum — und in den Assoziationen der Träumenden — »interactive sentences«, die Motivstrukturen abbilden, und »associative sentences«, Sätze, die ein Netzwerk von Bedeutungen zur Verfügung stellen, in das die interaktiven Sätze eingelagert sind. Die assoziativen Strukturen entsprechen also den Bedeutungsräumen, von denen im letzten Abschnitt die Rede war, die interaktiven Sätze den Traum-Handlungen.

Interaktive Sinneinheiten in einem Traum enthalten ein Subjekt und ein Objekt, die beide durch ein Verb verbunden sind, das eine Form von Bewegung charakterisiert. Die Motivstrukturen spiegeln immer eine Interaktion zwischen dem Ich und einer Person oder einer Sache. Foulkes unterscheidet vier grundlegende Motivstrukturen, und zwar von den Typen:

Moving toward — Bewegung auf jemanden oder etwas zu
Moving from — Bewegung von jemandem oder etwas weg
Moving against — Bewegung gegen
Creating — schöpferische Bewegung.[6]

Wunsch und Gedanke sind in diesen Motivstrukturen verbunden, Bedeutung wird also verstanden als Beziehung. Diese interaktiven Sätze sind eingelagert in ein Gewebe von assoziativen Strukturen, die Nähe, Identität und Zweck-Mittel-Relationen zwischen weiteren Elementen des Traums herstellen. Von der Oberflächenstruktur des Traums wird in der Inhaltsanalyse vermittels der intermediären, assoziativen Struktur auf die motivationale Tiefenstruktur geschlossen.[7] Ich versuche, an einem Traum deutlich zu machen, was Foulkes meint. Es ist der Traum einer Frau:

Der Traum vom schuheputzenden Pfarrer
Ich bin in der Kirche, an einer Abdankung. Da steigt der Pfarrer von der Kanzel herunter. Er geht im Mittelgang im Kirchenschiff auf und ab und redet. Alle sind Ohr. Dann nimmt er Schuhputzutensilien und putzt mir die Schuhe. Niemand lacht oder findet dies komisch.
Ich erwache und bin glücklich über diesen Traum.

Der Traum setzt mit einer assoziativen Struktur ein. Die Träumerin befindet sich an einer Abdankung in einer Kirche. Der Pfarrer steht offensichtlich dort, wo er hingehört: auf der Kanzel. Ein Geflecht von symbolischen Grössen bildet die Bühne, auf der die Handlung einsetzen kann. Dieses Geflecht könnte formalisiert dargestellt werden als ein System von Relationen. Es ist verwoben mit einem Netz von Assoziationen, das die Träumerin auch ohne weiteres auseinanderfalten kann: Sie hatte Ursa Krattigers »Perlmutterne Mönchin« gelesen (Krattiger 1983). Dieses Buch hatte Hoffnungen auf eine neue Form der Kirche geweckt, die für Frauen und für eine neue Spiritualität offen ist. In einem Kurs war die Träumerin einem Pfarrer begegnet, der — nach ihrer Aussage — etwas von dieser neuen Kirche darzustellen schien. Danach träumte sie den Traum.

Auf der Vorderbühne dieses Geflechts von Bedeutungen setzt die Handlung nun ein: Der Pfarrer steigt von der Kanzel herunter ins Kirchenschiff. Foulkes versteht ein solches Traumelement als »interaktiven Satz«: ein Subjekt — in diesem Fall ist es nicht das Traum-Ich, sondern eine andere Traumfigur — bewegt sich handelnd auf etwas zu. Foulkes versteht einen solchen Satz als Ausdruck eines Motivs, einer motivationalen Struktur. Durch die Assoziationen der Träumerin wissen wir bereits von den Hoffnungen auf eine erneuerte Kirche. Ein Motiv wird hier nun deutlich, dass diese Hoffnung präzisiert. Ein Pfarrer, eine religiöse Symbolfigur, bewegt sich aus der vorausgesetzten assoziativen Struktur auf etwas anderes hin, in etwas anderes hinunter: ins Kirchenschiff. Das Kirchenschiff ist seinerseits eine neue assoziative Struktur. Da sitzt das Kirchenvolk, alle auf gleicher Ebene, Männer und Frauen wie die Träumerin. Das Kirchenschiff mahnt an ein Schiff, das unterwegs ist. Eine hierarchische assoziative Struktur verwandelt sich durch eine Handlung in eine Form des Miteinanderseins, das alle auf gleicher Ebene sich bewegen sieht. Die Handlung des Herabsteigens zeigt ein Motiv, eine wünschbare Transformation. Das Bild der neuen Kirche ist verbunden mit dem Wunsch nach einer veränderten Beziehung zu einer religiösen Symbolfigur. Nun geht der Pfarrer auf und ab in diesem Schiff. Noch immer spricht er zwar, und die anderen hören zu. Elemente der assoziativen Ausgangsstruktur des Traums klingen nach. Diese wird nochmals unterbrochen durch eine weitere deutliche interaktive Sentenz: Der Pfarrer nimmt Schuhputzzeug und putzt der Träumerin die Schuhe. Er nähert sich der Träumerin als Einzelperson, sorgt sich um sie und ihre Sauberkeit und — man kann sich die Szene nur fast so vorstellen — kniet dazu vor ihr nieder. Dieser Schluss des Traums enthält wieder ein Geflecht von symbolischen Bezügen. Die Handlung zeigt noch unverhüllter das Motiv, die erwünschte Transformation. Es ist der Wunsch nach Zuwendung, nach einer besonderen Nähe zum Pfarrer und zu dem, was er darstellt, der Wunsch, durch diesen Kontakt gereinigt und hervorgehoben zu werden, der Wunsch vielleicht auch, diese Figur vor sich knien zu sehen.

Diese Lesart des Traums wird unterstützt durch die Tatsache, dass die Träumerin tatsächlich die Nähe einer solchen Figur sucht: Sie erzählt den Traum jenem Pfarrer im Kurs, der sie positiv überrascht hatte. Das lässt fragen: Ist der Pfarrer im Traum der Pfarrer im Kurs? Spiegelt der Traum den Wunsch der Träumerin zu einer besonderen Beziehung zu ihm? Möchte sie von ihm genauso bevorzugt behandelt werden wie die Träumerin im Traum? Ist der Traum gar ein Gruppentraum, die Kursgruppe Ersatz der Gemeinde? Und: Wird in der Kursgruppe und im Forum der Traumgemeinde etwa eine frühere Geschwisterkonstellation wieder inszeniert?

Foulkes jedenfalls deutet eine solche Motivstruktur nun im Zusammenhang mit psychoanalytischen Überlegungen. Er geht zum Beispiel davon aus, dass Väter, ältere Männer, Onkel, Grossväter und Männer in Autoritätsrollen im Traum als Symbolisierungen des Vaters zu verstehen seien. Vor diesem Hintergrund ergibt sich eine tiefere Schicht der Deutung des Traums: Das geheime Motiv, das diesen Traum regiert, ist der Wunsch danach, den Vater vor sich knien zu sehen und aus der Geschwistergruppe hervorgehoben zu werden. Die Angst, deswegen verlacht und verstossen zu werden, bahnt sich in der Bemerkung am Schluss des Traums fast einen Weg zum Bewusstsein. Noch in der betonten Verneinung klingt sie mit: »Niemand lacht oder findet dies komisch.« Eine solche Leseart — Ausdruck einer Hermeneutik des Verdachts — lässt die Vermutung aufkommen, hinter den Fassaden auch dieses Traums ginge es um nichts anderes als um jene emotionalen Urbeziehungen und Beziehungskonflikte, die die Psychoanalyse am Ursprung auch der Religion und religiöser Handlungen sieht. Das Woher der religiösen Traum-Handlung wäre damit geklärt. In den Traum-Handlungen — auch in den religiösen — spiegeln sich nach Foulkes tiefe motivationale Strukturen der Person.

Vielleicht können wir noch einen Schritt weitergehen. Gibt es auch eine nichtreduktive religiöse Deutung solcher Motivstrukturen? Können auch im Sinn des finalen Prinzips Handlungsmotive aufgefunden werden? Was würde es heissen, in den religiösen Handlungen des Traum-Ichs nicht nur das Woher, sondern auch das Wohin zu entdecken? Auch in den so verstandenen Motivationsstrukturen verbänden sich Wunsch und Symbol, und auch sie hätten interaktiven Charakter, wie dies Foulkes beschreibt. Allerdings wären die Regeln der Transformation etwas anders zu bestimmen: Eine religiöse Symbolfigur, wie sie der Pfarrer darstellt, würde dann nicht nur sozusagen nach rückwärts mit dem Vater gleichzusetzen sein. Sie könnte vielmehr das im Traum darstellen,

178

was Oser/Gmünder das Ultimate nennen und ich in meiner Verständnis von Pastoralpsychologie als die Dimension des Reichs Gottes bezeichne.

Probeweise entwickle ich auch diesen Gedankengang einige Schritte weiter: Religiöse Träume würden dann durch eine eigene Grammatik religiöser Motive generiert.[8] Die bewegenden Kräfte dieses Dramas wären — pastoralpsychologisch gesehen — religiöse Motivstrukturen. Welches wären die Regeln dieser Grammatik, die ebenfalls grundlegende Motivstrukturen des religiösen Handelns im Traum generieren? Es müssten Regeln im Sinne von Beziehungsdefinitionen sein.

Ich vermute: Ihr grundlegendes Merkmal wäre die Beziehung zu einem Ultimaten, zum Reich Gottes. Diese Regeln betonten nun aber nicht nur die kognitive Strukturierung dieser Beziehung, wie sie Oser/Gmünder (1988) beschreiben, sondern erklärten, wie diese Beziehung handelnd verwirklicht wird. Zusatzregeln würden die Transformation von Traumsymbolen in Darstellungen des Ultimaten ermöglichen. Die interaktive Struktur religiöser Träume könnte also mit ähnlichen Grundregeln beschrieben werden, wie sie Foulkes wählt. Träume würden dann zeigen, wie sich das Traum-Ich dem Ultimaten nähert, und wie es sich vom Ultimaten entfernt. Träume würden zeigen, wie das Traum-Ich Ultimates zu zerstören oder zu kreieren versucht. So wäre zum Beispiel die Bewegung des Traum-Ichs im Haus der Religionen zu verstehen. Es erforscht dieses Haus und seine Winkel, in denen Menschen Ultimates zu erreichen und zu kreieren versuchen. Ironisch wie Träume nun einmal sind, zeigt der Traum aber auch, wie das Traum-Ich sich gerade dort vom Ultimaten entfernt, wo es sich anzunähern versucht und die Menschen im Haus der Religionen das Ultimate zerstören, indem sie es zu schaffen versuchen.

Die Fragerichtung könnte deshalb — im Sinne eines theologischen Einspruchs — auch umgekehrt werden. Wie zeigen religiöse Träume, dass sich Ultimates dem Träumenden — symbolisiert in irgendeiner Form — nähert oder sich von ihm entfernt? Es zeigt sich in der Bewegung des Pfarrers, der von der Kanzel herabsteigt und sich vor die Träumerin niederkniet und so Bedeutung schafft. Wie zeigen Träume, wie Ultimates das Traum-Ich kreiert und zu zerstören droht? Es ist die Bewegungsrichtung im Traum vom Hinterhof, der offfenbart, wie Ultimates — vom Träumer als Gott und Geist verstanden — eine unfassbare Wirklichkeit kreiert, indem es die Strukturen der Wirklichkeit zerstört. Schliesslich kann gefragt wèrden: Wie greifen die beiden motivationalen Bewegungen im Traum ineinander?

Unter diesem Gesichtswinkel wäre also noch eine andere Leseart des Traums vom schuheputzenden Pfarrer möglich: Im Traum geht es mindestens so sehr um die Herabkunft des Letzten wie um die Erniedrigung des Vaters. Der Traum ist mindestens so sehr Ausdruck einer auf Zukunft hin offenen Vision einer Kirche, wie dass er in seinem Urgrund die Wiederherstellung der Beziehung zur Elternfigur symbolisierte. Er zeichnet in der Gestalt des Abstiegs des Pfarrers von der Kanzel zum Schuheputzen geradezu gleichnishaft jene Bewegung nach, die nach neutestamentlichem Zeugnis Hoffnung auf das Kommen des Reichs sinnvoll macht. Die Energien aus den Primärbeziehungen würden dann, wenn beides gilt, umgeformt in Energien, die Bilder des Kommens des Reiches aus sich entlassen. Das Woher würde im Wohin aufgehoben.

Traum-Handlung als Gleichnishandlung

Crossan (1988) schlägt ein Schema vor, das fünf verschiedene Wege unterscheidet, wie Sprache bei der Konstruktion einer »Welt« gebraucht werden kann: Der Mythos begründet eine Welt; die Apologie verteidigt sie, die Aktion untersucht sie, die Satire attakiert sie und die Parabel stürzt sie um. Mir scheint, wir hätten diese Formen der Rede bei unserer Diskussion der Traum-Handlung alle kennengelernt: Die Traum-Handlung untersucht Bedeutungswelten; gesellschaftliche Mythen und die Mythopoesie des Traums schaffen solche Bedeutungswelten; Apologien des Traum-Ichs — zum Beispiel die Apologie des Traum-Ichs, das seine Resignation nicht aufgeben will — verteidigen solche Welten; die Ironie des Traums attakiert diese Welten und sei es in Form eines Toten, der nicht abkühlen will. Und schliesslich nimmt die Traum-Handlung die Gestalt eines Gleichnisses an, das den religiösen Mythos umstürzt, nach dem Männer in der Kirche das Sagen haben und Frauen dienen.

Der Terminus »Gleichnis« ist nicht unbedacht gewählt. Träume lassen sich als Gleichnisse in einem ganz ähnlichen Sinne verstehen, wie dies Ricœur (1974) schulemachend beschrieben hat. Traumsinn ergibt sich aus einem Verständnis der Traumelemente und des Traumganzen. Das Spezifikum dieser Traumgleichnisse ist dabei — wie dies Ricœur auch für die biblischen Gleichnisse deutlich macht — der Handlungsfaden, der die verschiedenen metaphorischen Elemente zusammenhält. Metaphorisch und im eigentlichen Sinn therapeutisch wirkt diese Handlungsfolge: Im Traum wie im Gleichnis erlebt das Selbst etwas anderes als im Tageslicht des Alltags — die Möglichkeit des Andersseins. Aus dieser Differenz ergeben sich neue Lebens- und Glaubensmöglichkeiten. So bilden diese Gleichnisse im träumenden und lesenden Nachvollzug das ein, was als theologische Aussage auch abstrakt postuliert werden kann, aber Menschen wenig berührt.

Das zeigt der zuletzt besprochene Traum. Auch er lässt sich als ein solches Traumgleichnis lesen. Die Handlung beginnt im Alltag einer Abdankung und nimmt durch eine ironische Drehung plötzlich eine Wendung ins Unvorhergesehene. Der patriarchale Mythos — Männer stehen oben auf der Kanzel und verkündigen, was theologisch gelten soll — bricht in sich zusammen: Der Mann beginnt zu schweigen, kommt herunter, beugt sich, wird der hinterletzte Schuhputzer und kniet vor einer der vielen Frauen. Die Frau erlebt diese Wandlung im Traum mit und wird gewandelt. Der Traum unterläuft listig den Mythos — nicht ohne sich dabei tiefliegende Motivstrukturen der Träumerin zunutze zu machen. Diese werden im Traumgleichnis aber auf eine andere Ebene gehoben — wenn wir unsere nicht-reduktive Deutung beibehalten — und transformiert. Sie geben der List der Parabel die Stärke des Wunsches.

Diese Parabel wird ihrerseits durchsichtig auf eine andere parabolische Handlung: die Fusswaschung Jesu. Die Traumparabel erhält — wie mir scheint — sozusagen Element um Element ihr Gegenstück im Text von Johannes 13, der erzählt, wie Jesus vor dem letzten Mahl seinen Jüngern die Füsse wäscht und Liebe als Dienst deutet:

Traum	Johannes 13
Schuhe	Füsse
putzen	waschen
Frau wird hervorgehoben	Petrus wird hervorgehoben
Pfarrer	Jesus
herabsteigen, sich bücken	niederknien

Noch einmal macht das Beispiel deutlich, was ein solcher Traum leistet: Er verbindet eine grundlegende Motivationstruktur eines Selbst mit der grundlegenden Motivationstruktur eines biblischen Geschehens. Er schlägt eine Brücke von der frühen Biographie eines Träumenden zum Leben Jesu. Der Traum erhält dadurch parabolischen Charakter. Er wird zum Gefäss, in dem grundlegende religiöse Handlungsmotivationen verändert werden. Eine solche Parabel ist subversiv. Sie ersetzt den Mythos nicht durch einen Antimythos. Sie attackiert ihn nicht ironisch, um ihn gegen Ironie resistent zu machen. Sie ändert die mythische Welt von innen.[9] Die Gleichnisse und die diakonischen Gleichnishandlungen Jesu haben die hierarchischen Mythen der Religion, der Rückbindung an die Urkräfte der Weltbilder bleibend verändert. Die wehrlose Menschlichkeit, die den Schritt über sämtliche mythischen Herrschaftsansprüche hinaus wagt, sie zeigt dem Traum-Ich neue Wege. Es erwacht glücklich aus diesen Traum.

Hermeneutik des Selbst und Traum-Handlung

Noch einmal haben wir ein Sprachspiel aufgezogen. Das dialektische Selbst erscheint bis in den Traum hinein als handelndes Selbst. Es findet Sinn und legt sich aus, indem es handelt. Und: Es handelt, indem es Sinn findet und sich auslegt. Ich fasse wesentliche Einsichten zusammen.

Das handelnde Selbst im Traum ist dem Alltagsselbst verwandt, wie wir es am Anfang unserer Überlegungen zur Traum-Handlung in den Blick gefasst haben. Religiöses spielt wie im Alltag in den handlungsleitenden sozialen Repräsentationen, in Form von Institutionen und Rollen in die Träume hinein. Das Traum-Ich bewegt sich nicht in Niemandsland, es wird noch im Traum geleitet von Normen und Werten, die wie Überschriften des generalisierten anderen über seinen Taten aufleuchten. Und doch: Dieses Selbst erscheint in den Träumen als ein Selbst, das offenbar mehr Handlungsmöglichkeiten kennt, als es am Tage sieht. Dieses Selbst erweist sich im Traum als ein Selbst, dem es darum geht, die Grenzen zwischen dem Wirklichen und dem Möglichen abzubauen. Dieses Selbst will sich im Alltag konkreter Handlungen neue Sinnräume erschließen. Traum-Handlungen führen die Möglichkeit des Andersseins nicht nur als Idee und Imperativ, sondern als Traumbild vor Augen. Traum-Handlungen sind immer in gewisser Weise Probehandlungen. Sie enthalten ein utopisches Moment.

Traum-Handlungen sind Handlungen, in denen sich das Subjekt transformieren, verändern und wandeln kann. Das Selbst findet nicht in Form abstrakter Argumentation zu sich. Das Traum-Ich wandelt sich gerade dadurch, dass es sich in neue metaphorische Räume begibt und in solchen Räumen verwandelt wird. Dieses Selbst findet Sinn eben gerade in der sinnorientierten Handlung, in Traumstory und Lebensgeschichte, in der Herkunft und Zukunft zueinander finden und Trieb und Bedeutung sich gemeinsam verändern.

Traum-Handlungen sind kompensatorische Handlungen. Traum-Handlungen sind Handlungen aus der Perspektive des Unterdrückten und der Unterdrückten in uns. Traum-Handlungen symbolisieren verdrängtes Leiden. Ein Kind ist im Diavolezza-Gebiet verlorengegangen. Sie setzen die Widerständigkeit des Lebens gegen den Tod gekonnt in Handlungskonfigurationen: Ein Toter will in seiner Urne nicht abkühlen. Traum-Handlungen sind Handlungen, die verdrängtes Leiden dramatisieren. Leiden ist keine Idee. Leiden wird handelnd zugefügt. Handlungen verletzten, haben leiden gemacht und machen leiden. Als Traum-Handlung findet das Leiden seine adäquate Übersetzung. Eine Hermeneutik des Selbst, die sich an Traum-Handlungen orientiert, ist also auch eine Hermeneutik des leidenden Selbst.

Religiöse Traum-Handlungen sind also »Stories«, Geschichten, die für den Träumenden bedeutsam sind. Religiöse Träume zeigen den religiösen Menschen als handelndes Wesen, als Wesen mit einer Geschichte und Geschichten, das Bedeutung allnächtlich in Form von Geschichten rekonstruiert, umbaut, anbaut, zusammenbaut und abbaut. Dabei erscheint im Traum nicht die Biographie als Ganzes, als der gelungene biographische

Gesamtentwurf, die grosse Geschichte. Es erscheinen Vignetten, Fragmente einer Geschichte, die doch vielschichtig in diese Gesamtgeschichte integriert sind. Menschen scheinen gerade diese fragmentarischen kleinen Geschichten zu brauchen, um den Zusammenhang ihrer Lebensgeschichte besser zu verstehen.

Träume sind Handlungen, Dramen und Aufführungen auf unserer inneren Bühne. Aber sie sind es nicht im Sinne des klassischen Dramas. Sie erinnern oft eher an absurdes Theater, sind nächtliches Warten auf Godot. Die klassische Einheit von Ort, Zeit und Handlung ist nicht gewährleistet. Handlungen in diesem Drama brechen ab, stossen in ganz neue Sinnräume. Gestern, Heute und Morgen fliessen ineinander. So sind Traum-Handlungen Fragmente. Gerade im Fragmentarischen dieser Handlungen ist mehr enthalten. Dieses Mehr des Fragments zeigt sich dreifach: Im Fragment ist ein Mehr an Vergangenheit, ein Mehr an Zukunft und Möglichkeit und ein Mehr an gegenwärtigem Leben enthalten, das erschlossen werden kann. Daran ist das Bild eines fragmentarischen Selbst abzulesen, das gebunden ist an das Leiden seiner Geschichte, offen für die Möglichkeit des Andersseins seiner Zukunft, empathisch für das Leben der Gegenwart.

Diese Sicht des Selbst und seiner Handlungen erschien uns in diesem Kapitel wiederum unter bestimmten hermeneutischen Vorzeichen. Sie erschloss sich, weil ich von grundlegenden theologischen Annahmen diese narrative Grundstruktur des Selbst im Traum postulierte — und nun auch wiederfand. Theologie als Bemühung um das Leiden der Opfer hat Interesse an diesem verdrängten Leiden, das in Handlungen wiederkehrt. Theologie als Bemühung um die Dialektik von historischer Gebundenheit und eschatologischer Offenheit des Selbst interessiert sich für die Möglichkeiten des Andersseins, die im Traum aufgehen. Theologie als Nacherzählung der Geschichte Gottes mit den Menschen, besitzt ein Interesse an den kleinen Nachtgeschichten dieser Menschen. Träume erschliessen ein Mehr an Sinn- und Handlungsdimensionen »schon jetzt«, in der aktuellen Gegenwart dieses Selbst. Diese sind dialektisch bezogen auf die Geschichte des Reichs Gottes, die noch kommt.

Praktische Theologie als konkrete und kritische Traum-Handlungstheorie

Es hat sich in den letzten Jahren immer mehr gezeigt, dass praktische Theologie als Theorie kommunikativen Handelns sinnvoll begründet werden kann (Peukert 1988, Gerkin 1989, Capps 1984). Lässt sich die Traum-Handlungstheorie, die ich entwickelt habe, für die Anliegen einer solchen kommunikativen Theorie fruchtbar machen? In welcher Art sind die aufgewiesenen Charakteristika der Traum-Handlung bedeutsam für das Verständnis von religiösen Handlungen, im besonderen auch für das Verständnis von pastoralen Handlungen?

Zuerst fallen mir weitgehende Parallelen zwischen Traum-Handlungen und religiösen Handlungen auf. Traum-Handlungen und religiöse Handlungen sind intentionale Handlungen, die auf die Rekonstruktion und Konstruktion von Sinn bezogen sind. Religiöse Traum-Handlungen sind Handlungen in Bedeutungsräumen, die aus Metaphern und Symbolen gebaut sind. Dies trifft auch für religiöse Alltagshandlungen weitgehend zu. Sie sind Handlungen in Bedeutungsräumen, sind interpretative Akte in einer Wirklichkeit, deren Wahrnehmung weitgehend metaphorisch aufgebaut ist.

Wie die religiösen Alltags-Handlung können auch Handlungen in einem kirchlichen Amt in Analogie zu Traum-Handlungen verstanden werden. Traum-Handlungen und pastorale Handlungen sind symbolische Handlungen, die die Realität verändern, indem sie deren Bedeutung verändern und so Handlungsmöglichkeiten erschliessen. Die religiöse Traum-Handlung wandelt Bedeutungsräume, führt das Traum-Ich in neue metaphorische

Gefilde. Interpretierend pastoral zu handeln bedeutet ebenfalls, auf solche Veränderungen von Bedeutung hinzuarbeiten. Pastorale Handlungen erinnern wie die Traum-Handlungen an Leiden, erkunden die Möglichkeit des Andersseins und prüfen andere als Partner und Gegner. Und ich denke, dass in allen diesen Zusammenhängen pastorale Handlungen und Traum-Handlungen letztlich vier grundlegende Merkmale gemeinsam haben: sie sind utopisch, erinnernd, empathisch und fragmentarisch.

Was bringen diese Gemeinsamkeiten einer Theorie pastoralen Handelns? Es scheint, dass es in vielerlei Hinsicht aufschlussreich ist, pastorales Handeln — und religiöses Handeln in einem weiteren Sinn — in Analogie zum religiösen Traumhandeln zu verstehen. Pastorales Handeln ist ausgestattet mit den Qualitäten der Traum-Handlung. In ihm geht es darum, Menschen auch am Tag die Sinnräume der Erinnerung, der Utopie, der Empathie und des Fragments zu erschliessen. Das zweistündige nächtliche Training solcher Bedeutungshandlungen zeigt, wie not-wendig für das Leben und Überleben des Selbst solche Handlungen sind. Daraus lässt sich keine Notwendigkeit der religiösen Handlung ableiten. Aber es ist zumindest einsichtig, dass solche Handlungen für das Selbst sinnvoll sind.

Die Grenzen der Parallele liegen ebenfalls auf der Hand. Pastorale Handlungen sind keine Traum-Handlungen, sondern höchstens in einigen ihrer Aspekte wie Traum-Handlungen. Pastorale Handlungen finden am Tag statt. Sie können als konkrete kommunikative Handlungen in Parallele zu anderen kommunikativen Handlungen in Wissenschaft, Kunst und Wirtschaft verstanden und analysiert werden. Das oben Ausgeführte müsste dann präzisiert werden: Die religiöse und die pastorale Handlung stehen zwischen der konkreten Alltagshandlung und der symbolischen Traum-Handlung. Sie versuchen, die beiden miteinander zu verbinden. Die pastorale Handlung ist keine Traum-Handlung. Und doch will sie dialektisch mitten am Tag den religiösen Traum verwirklichen.

Die Hermeneutik der Traum-Handlung habe ich bewusst als Schluss meiner Darstellung gewählt: Die Hermenetik des träumenden Selbst ist offen auf den Alltag, die Handlung, die Wirklichkeit. Ja, es scheint fast so, als ob der religiöse Traum die Veränderung dieser Wirklichkeit will, vorwegnimmt und einübt. Unsere Hermeneutik des träumenden Selbst endet mit einem Übergang in die Wirklichkeit des Tagtraums und in die Verwirklichung des Traums am Tag.

Das Zentrum theologischer Arbeit und christlichen Glaubens ist nicht das Ersatzleben im luziden Wachtraum (Garfield 1983), sondern »der Traum vom wachen Leben, der nur durch sein eigenes Ende in Erfüllung gehen kann« (Jüngel 1978). Politische Utopien sind nicht Stoff für unterhaltsame Nachträumereien. Träume der Nacht geben vielmehr dem religiösen Tagtraum Farbe und individuelle Füllung. Nachtträume schärfen das Bewusstsein für die Politik des Alltags und für die Brüchigkeit und Problematik individueller und sozialer Mythen, die Menschen unfrei machen. Visionen und Utopien des Glaubens übersetzen die Nachtsprache des Wunsches in »himmlisches Deutsch« (Luther). Sie machen die Wirklichkeit nicht nur individuell erträglich, sondern wollen sie gestalten.

SCHLUSS

Pastoralpsychologie als Annäherung des Geistes an den Geist

»Gott schenkt allen Menschen das Leben, den Lebenshauch. In diesem Sinn wirkt Gottes Geist in der ganzen Schöpfung«. — Der Geist bedeutet »Gottes Zuwendung zu den Menschen und das Ereignis seines gegenwärtigen Einwirkens«. — Der Geist stellt die davon Betroffenen in einen völlig neuen Zusammenhang. — »Die Hinzuwendung Gottes im Geiste wird dem Betroffenen unmittelbar erfahrbar. Er erlebt darin die Überwindung des Selbst, die Manifestation einer unendlich überlegenen Kraft an ihm«. So schreibt Kamlah (1967, 488) im »Theologischen Begriffslexikon zum Neuen Testament« zum Stichwort »Geist«. Es sind Sätze — theologisch korrekte Sätze —, die eine Annäherung des menschlichen Geistes an das Kommen des Geistes wagen. Ich habe ähnliche Sätze solange auswendig zu lernen versucht, bis sie mir geläufig waren und ich sie als theologisch korrekte Annäherungen des menschlichen Geistes an den Geist identifizieren konnte.

Meine Rekonstruktion der Pastoralpsychologie wollte deutlich machen, dass sich die Erfahrung des Geistes nicht in der Rezitation solcher Sätze und den dabei möglicherweise mitlaufenden Gefühlen und Assoziationen erschöpfen muss. Ich hoffe, es sei plausibel geworden, dass das dialektische Selbst des Träumenden Annäherungen an das Kommen des Geistes wagt. Ich versuche, die Sätze über den Geist noch einmal im Sinn meiner Rekonstruktion einer Pastoralpsychologie des Traums zu buchstabieren: Träume sind Ausdruck des in der ganzen Schöpfung wirkenden Geistes Gottes. — Träume sind eine Form der Zuwendung Gottes zu den Menschen und das Ereignis seines gegenwärtigen Einwirkens. — Träume können Menschen in einen neuen Zusammenhang stellen, die falsche Ausrichtung ihres auf sich selbst bezogenen Seins zutage bringen und zur Überwindung der gegebenen Form des Selbst beitragen.

Wie sind diese Behauptungen zu beurteilen? Sind sie abzulehnen als »pensée sauvage«, als wildes Denken? Basieren sie auf einem Kategorienfehler? Ich hoffe, gezeigt zu haben, dass sie »unerhörte Annäherungen« sind, die neue theologische und praktisch-theologische Bedeutungsfelder erschliessen. Träume können als Dialekt jener Sprache verstanden werden, die in der Theologie immer wieder vergessen geht, der Sprache des Geistes. Träume erschliessen als Geistesgaben, als »Charismen«, innerhalb einer Vielfalt von unterschiedlichen Gaben in der Dialektik von Kirche und Gesellschaft Möglichkeiten des Andersseins, welche die Zeichen des Geistes des Lebens tragen.

Dies ist ein Akt der Interpretation aufgrund eines Credos, eines impliziten hermeneutischen Bekenntnisses. Sein Recht ist nicht beweisbar. Ist aber sein Unrecht beweisbar? Eine Plausibilität dieser Sicht hoffe ich aufgrund der Träume und theologischer Aussagen einsehbar gemacht zu haben.

Theologie kann zum Umgang mit Träumen anleiten: Formen der Traumarbeit sind nicht beliebig, so haben wir gesehen. Sie spiegeln je unterschiedliche hermeneutische und weltanschauliche Grundmuster. So zeigen sich in den Vollzügen der Traumarbeit, wie ich sie skizzierte, verborgen implizite Axiome meines Glaubens, die ich am Anfang des zweiten Teils des Buches kurz nannte. Das »scheue Mitglied der Trinität« (Moltmann 1991b, 25), der Geist des Lebens, hat im Hintergrund der gesamten Darstellung gewirkt.

Was sich methodologisch dabei abzeichnet, interpretiere ich im Rückblick deshalb als Spiritualität. In so begründeter Traumarbeit und Pastoralpsychologie ist die »Rhetorik des Glaubens« mitbestimmend für die Regeln des forschenden Sprachspiels. In den impliziten Axiomen, von denen ich ausging, widerspiegeln sich meines Erachtens Kriterien des Geistes und der Unterscheidung der Geister. Traumforschung und Traumarbeit als Spiritualität zu verstehen, ist nochmals eine Interpretation aufgrund eines Credos, also eine theologische Deutung der Traumdeutung. Das Bekenntnis selber gründet nicht in den Träumen, kann aber Träume erhellen und sich in den Träumen bewahrheiten.

So verstehe ich Spiritualität als eine umfassende Art des In-der-Welt-Seins und nicht in erster Linie als eine eingrenzbare Frömmigkeit und »praxis pietatis«. Spiritualität wird zur Haltung der Geistes-Gegenwart, die dem Geist des Lebens Raum geben möchte, damit er mich tragen, wandeln, inspirieren und befreien kann. Spiritualität lässt sich verstehen als eine Form der Annäherung des menschlichen Geistes an den scheu sich nähernden Geist in aller Erfahrung und Wahrheit. Spiritualität bedeutet, tragenden, erschütternden, wunderbaren und geheimnisvollen Kräften zu begegnen, dem schöpferischen und lebensspendenden Geist in seiner verborgenen Anwesenheit und seiner anwesenden Verborgenheit.

Wie lässt sich Spiritualität von diesem Ausgangspunkt her noch besser verstehen? Ich formuliere zum Abschluss einige Gesichtspunkte.

Spiritualität als Deutung im Geist:
Spiritualität möchte ich zuerst als Reflexion verstehen. Wir haben eine Sicht des Traums und des träumenden Selbst entworfen, unter gewissen Prämissen Entdeckungen gemacht und die Möglichkeit des Andersseins und der Dialektik des Selbst erkundet. Wir haben Pastoralpsychologie dabei sozusagen »im Geist« rekonstruiert, unter dem Vorzeichen einer Wirklichkeitsdimension, die der Glaube erschliesst. Eine solche Form der Erschliessung von Wirklichkeit scheint mir ein Ausdruck von vernünftigem Gottesdienst, der plausibel zu machen versucht, dass der Geist weht, wo er will, auch im Traumleben der Menschen.

Wenn ich Spiritualität als Reflexion, als eine Form der Deutung von Wirklichkeit bestimme und nicht zuerst als ein praktisches Tun, dann bedeutet dies für die Traumarbeit, dass es nicht einzelne Deutungstechniken und Traumarbeitsmethoden sind, die befreiend wirken, sondern letztlich eine bestimmte Sicht von Wirklichkeit, eine Deutung dieser Wirklichkeit »im Geist«. Spiritualität als Reflexionsbegriff scheint mir sympathischer, lebendiger, inspirativer und konspirativer als Spiritualtät, die sich als geistliches Programm aufbaut. Spiritualität kann gerade eine Befreiung von einer einschränkenden Form des theologischen Denkens und kirchlichen Handelns in Gang setzen. Eine befreiende Wirklichkeitsinterpretation ruft im Hexalog der Bedeutungsbildung einer Praxis, zum Beispiel einer befreiten und befreienden Arbeit mit (religiösen) Träumen. So ist ein »Jenseits« dieses Buches die Praxis der Traumarbeit als Spiritualität.

Spiritualität als Bewahrung und Achtsamkeit:
Theologie hat als »metaphorische Wahrheit« (Jüngel 1974) von ihrer eigenen erzählerischen und symbolischen Grundstruktur her ein vitales Interesse daran, den Traum nicht einfach in Begriffe und Vernunft umzugiessen, sondern die mimetische, metaphorische Grundgestalt des Traums vor den schnellen Angriffen der Vernunft in Schutz zu nehmen. Traumarbeit bedeutet, so verstanden, eine neue Art der Selbstbegegnung. Ich wende mich aufmerksam und offen der eigenen Tiefe, dem Unverstandenen und dem Aussenseiter in mir zu. Ich lege das Messer der Traumanalyse aus der Hand und erhalte

Träume als Instrumente, Spielnoten und Partituren für den Alltag zurück. Ich lasse mich traumwandlerisch in neue Räume bewegen.

Träume sind Schöpfungswirklichkeit in uns. Wie die Blumen auf dem Feld loben sie Gott durch ihr blosses Dasein und nicht erst als nützliche Glieder einer psychischen Nahrungskette. Die angemessene Form der Annäherung ist die Scheu, die angemessene Wahrnehmung jene des Gewährenlassens und nicht jene des Verfügens.

Spiritualität als Singularität:
Meine Darstellung wollte etwas weiteres deutlich machen. In Traumarbeit als Spiritualität geht es um die Einzigartigkeit jedes einzelnen Traums, jedes einzelnen Traumgeschöpfs, jeder einzelnen Träumerin und jedes einzelnen Träumers. Dem dialektischen Selbst, dem poetischen und religiösen Selbst, dem erfahrenen, werdenden, hermeneutischen und sozialen Selbst im Traum kommt unverletzliche Würde zu. In dieser Spiritualität geht es darum, die Andersartigkeit des anderen, die Andersartigkeit des Bekannten und scheinbar in sich Identischen und die Verwandtschaft des Fremden im Geist ertragen zu lernen. Es geht diesem Verständnis der Spiritualität nicht um eine Einfalt von Bedeutung, die integrativ wirkt, sondern um eine Vielfalt von Bedeutung, die befreit. Spiritualität feiert mit beim Strassenfest der Traumfarben.

Spiritualität als Entfesselung:
Spiritualität bedeutet im hier vorgeschlagenen Sinn Überwindung der mythischen Grundstruktur unseres Denkens von der Zukunft und den Parabeln des Glaubens her. Spiritualität, Exodus, Transzendenz, Befreiung und »Entfesselung« (Herrmann 1983) gehören für mich zusammen. Gerade Träume haben mich dies gelehrt. Spiritualität bedeutet: das Mass zu finden und das Mass zu verlieren, im Psalm 23 zu weiden und aus der Traumapokalypse auszubrechen, die theologische Botschaft der Garagisten anzunehmen und das Kieselsteingesicht zerbrechen zu lassen. Versuche, über Spiritualität auch anhand von Träumen nachzudenken, rühren an Tiefenstrukturen meiner Person und meines Selbst.

Spiritualität als Solidarität:
So verstandene Traumarbeit kann auch zur Solidarität führen, indem sie den Menschen bis tief in seine Träume als geselliges Wesen versteht, in der vielfältigen personalen Dissoziation des Nachttraums die Vielfalt des Personalen im einzelnen entdeckt und auf die Vielfalt des Personalen unter Menschen und in der Tiefe der Wirklichkeit bezieht. Traumarbeit begründet auch in einem Buch eine Erzählgemeinschaft. Sie weckt die Lust am gemeinsamen Fabulieren, in dem die Nachtgesichte zu Taggeschichten, die Verborgenheit der geträumten Welt zur Offenheit einer erträumten Welt werden kann.

Spiritualität als Erzählung:
Spiritualität lebt in der grossen Erzählung der Geschichte des vielfältigen, dreieinigen Gottes mit seiner Schöpfung und dem Menschen; Spiritualität lebt aber auch in den kleinen Geschichten, in den Gleichnissen der Nacht zum Beispiel, die zu Erzählungen des parabolischen Umsturzes des Mythischen, der Möglichkeit des Andersseins, der Würde verdrängten Leidens und der Begegnung mit der aussenseiterischen Subjektivität in uns werden.

Spiritualität als dialektische Selbstauslegung:
Das Selbst der Träumenden ist verflochten in die vielfältigen Beziehungen mit anderen, mit Rollen, Institutionen und Mythen. Es ist gebunden, drangsaliert von den Verhältnis-

sen, von unverstandenen Kräften und Emotionen getrieben. Doch dies ist nicht alles. Das Selbst ist dialektisch. Es überwindet Mythen, indem es sie inszeniert. Es kommt zu sich, indem es auch im Traum Gemeinschaft findet; es lernt Gemeinschaft leben, indem es zu sich findet. Es entwirft sich in Bildern und unterläuft diese Bilder. Es leistet Nützliches, indem es spielt. Es wird frei, indem es sich anreden lässt. Es handelt, indem es träumt. Es findet sich, indem es sich verliert. Und diese Dialektik ist offen für die Dialektik des Glaubens, die wir als Ausgangspunkt gewählt haben, für die Dialektik von empirischem und eschatologischem, gebundenem und berufenem Selbst.

Spiritualität als Offenheit für »le différend«:
Ich stosse an eine letzte Grenze. Es gibt auch eine hermeneutische Vereinnahmung des Menschen. Es gibt auch einen Terror der Bedeutung. Es ist nicht alles verständlich, auslegbar und sinnvoll. Die Decke der Bedeutung zerreisst, wenn sie überspannt wird. So bedeutet Spiritualität letztlich Offenheit für »le différend«, das Jenseits der Träume, das Unsagbare, den Stachel des bleibenden Widerstreits. Auch das Traumfragment, das dem Zugriff des Tages entrinnt wie ein schlüpfriger Fisch und wieder in die Tiefe taucht, ist zu achten, auch der unverständliche Traum, der wie eine Sphinx sein Rätsel verbirgt, und auch das Unverständliche überhaupt, das sich der »Wut des Verstehens« (Hörisch 1988) entgegenstemmt. Es gibt ein Jenseits der Deutung. Es braucht dieses Jenseits, damit Neues werden kann. Auch im Traum stammelt der menschliche Geist — und hofft.

Veni creator spiritus.

Anmerkungen

Einleitung (S. 11-16)

1   Gerkin (1989), 52; Übersetzung C.M.
2   Ebd.; Übersetzung C.M.
3   Zum Selbstbegriff vgl. S. 97ff.
4   Es ist bemerkenswert, dass in letzter Zeit im französischen und englischen Sprachbereich gleich-zeitig die hermeneutische Fragestellung in ihrer Bedeutung für eine Grundlegung der Praktischen Theologie, der Seelsorge und Beratung artikuliert worden ist. Zu nennen sind im englischen Sprachbereich neben Gerkin vor allem Capps (1984) und Winquist (1990), im französischen Sprachbereich Dubied (1990), der Pfarrerin und Pfarrer primär als Interpreten versteht. Auch Josuttis' (1988) Weiterführung einer »zeitgenössischen Pastoraltheologie« orientiert sich in ori-gineller Weise am »Traum des Theologen«. Gerade sein Beispiel macht deutlich, dass bei allen diesen Entwürfen die Traumpsychologie nie als zentraler Ausgangspunkt einer hermeneutischen Auseinandersetzung gewählt wurde, sondern Träume eher illustrative Zwecke erfüllen. Darin un-terscheidet sich das vorliegende Buch von anderen Entwürfen.
5   Der Schlaf ist ein biorhythmischer Prozess, der mit einer Periodendauer von etwa 90 Minuten abläuft. Innerhalb dieser Zeit machen Schlafende eine (Schlaf-)Vertiefungsphase und eine (Schlaf))Aufstiegsphase durch, an die sich normalerweise eine Traumphase anschliesst. Kleitman hatte mit seinem Team die REM (rapid eye movements) alle 90 bis 100 Minuten beobachtet und festgestellt, dass Schlafende in dieser Phase nur schwer zu wecken sind. Das hing eng mit leb-haften Traumerlebnissen zusammen, bei denen sie nicht sofort auf Weckreize reagierten. In Traumphase ist Körper ausserordentlich stark erregt. Es entsteht der paradoxe Eindruck, dass der Mensch vegetativ und psychisch wach ist, obwohl das beobachtbare Erscheinungsbild tiefen Schlaf signalisiert (paradoxer Schlaf). Weitere Forschung zeigte, dass Menschen auch ausserhalb des REM-Schlafes träumen, wobei sich die Art dieser Träume unterscheidet. Vgl. dazu bes. Cartwright (1982), Strauch (1981) und die in einem Sammelband herausgegebenen Berichte aus »Psychologie heute« (Psychologie heute Redaktion 1988).
6   Das Literaturverzeichnis vermittelt einen repräsentativen Überblick, ohne dass Vollständigkeit erwünscht oder möglich war.
7   Vgl. dazu unten S. 69ff. und 103ff.

I.1. Traumreise nach Nordamerika (S. 17-20)

1   Vgl. dazu Freud/Jung (1974), Jones (1960) (1962), Eissler (1982), Eschenröder (1984)
2   Freud/Pfister (1909ff.), 22
3   »Widerstreit« ist die Übersetzung des französischen »le différend« (= Meinungsverschiedenheit, Streit, Streitsache), den Lyotard eingeführt hat, übersetzt wie im Titel (1987b).
4   Vgl. die kurze Zusammenfassung bei Runge (1988)
5   Meine Überlegungen stehen also von Anfang an im Zusammenhang jener Diskussion, die Lyo-tard mit seiner Beschreibung des postmodernen Wissens ausgelöst hat (vgl. v.a. Lyotard 1986, 1987 a,b; eine gute Einführung bietet Reese 1988). Diese Diskussion hat längst das Stadium des Provokativen und der vorurteilsgebundenen Kontroversen hinter sich gelassen, wie Welsch (1987, 1988) überzeugend nachweist. Ich werde mich allerdings nur punktuell auf die differen-zierte Debatte einlassen können, gebe aber gerne zu, dass mich insbesondere Lyotards Denken herausfordert, über eine Praktische Theologie im Kontext der Postmoderne nachzudenken.

I.2. Wunsch, Illusion und Religion: Sigmund Freud (S. 21-35)

1   Ich zitiere im folgenden nach der Studienausgabe, die von Mitscherlich u.a. herausgegeben wurde (angegeben als: Freud 1900). Sie ist die einzige kritische Ausgabe, in der die verschiedenen Stu-fen der inhaltlichen Weiterentwicklung der »Traumdeutung« ersichtlich sind, und ist in diesem Sinne aufschlussreicher als die Ausgabe der »Traumdeutung« in den Gesammelten Werken.
2   Vorwort zur dritten, überarbeiteten engl. Ausgabe, Freud (1900), 28; Übersetzung C.M.
3   Eine kurze Zusammenfassung der Traumlehre findet sich in der neuen Folge der Vorlesungen. Freud kann dort darauf verweisen, dass sich in der Lehre von der Traumdeutung eigentlich nicht mehr vieles verändert hat (Freud 1933). Eine ausführliche und systematische Zusammenstellung

wesentlicher Gedanken Freuds zur Traumpsychologie findet sich bei Nagera (1974), ein Vergleich der Traumtheorien Freuds und Jungs bei Landry (1984).

4   Freud (1900), 141, Anm.1

5   Die später herbeigezogenen ethnologischen und religionsgeschichtlichen Befunde Freuds sind auch nach seinem eigenen Urteil fragwürdig.

6   Den Prozess der Selbstanalyse und Fremdanalyse hat Freud eigentlich immer nebeneinander gesehen. Er geht davon aus, dass seine eigene Selbstanalyse in der Traumdeutung erfolgreich verlaufen ist, misstraut aber in gewisser Weise der Selbstanalyse anderer. Trotzdem hat Freud die Möglichkeit einer Selbstanalyse immer offengehalten, vor allem in Form der unendlichen Analyse, das heisst des nach einer Analyse weitergehenden (selbst)analytischen Prozesses.

7   Freud interpretiert diesen Traum wie andere zweimal, um seine Technik und Theorie zu verdeutlichen, zuerst in der Traumdeutung (1900, 402), dann als ersten Traum in den Vorlesungen zur Einführung in die Psychoanalyse (1916/17, 132).

8   Die folgenden Überlegungen lehnen sich weitgehend an die tiefdringende Analyse Marthe Roberts (1974) an.

9   Freud (1900), 205, Anm. 1

10   Vgl. z.B. Robert (1974), 193ff.

11   Beim anderen Werk handelt es sich um die »Drei Abhandlungen zur Sexualtheorie«. Die Neubearbeitungen der Traumdeutung ergaben entsprechende editorische Probleme: vgl. Editorische Einleitung in der Studienausgabe (Freud 1900, 13).

12   So Rank und Sachs, zit. nach Nagera (1974), 313; die Schrift wird von Freud in einem Zusatz zur Traumdeutung 1914 gelobt als »das Zutreffendste, was über diesen Gegenstand geäussert worden ist« (1900, 346, Anm. 1).

13   Der Einfluss der Traumdeutung in der Tradition der Freudschen Psychotherapie reduzierte sich, und die Traumdeutung erhielt durch theoretische Entwicklungen einen veränderten Stellenwert. Zu nennen sind die zunehmende Betonung der Dynamik von Übertragung und Gegenübertragung in der therapeutischen Analyse und die Strukturtheorie, die viele Differenzierungen möglich machte. Der Traum liess sich als Form einer Konfliktlösung zwischen den psychischen Instanzen verstehen; auch unangenehme Gefühle im Traum konnten so als Ausdruck innerpsychischer Spannungen besser erklärt werden. Die Neopsychoanalyse befasste sich stärker mit den Ich-Funktionen bei der Erklärung von Pathologie und bei der Therapie (z.B. Hartmann 1972, Schultz-Hencke 1949) und mit der Bedeutung der Selbst- und Identitätsentwicklung (Erikson 1955). Es kam zu Versuchen, den metapsychologischen Rahmen der Psychoanalyse neu zu formulieren, was auch auf die empirisch-kritische Erforschung von Träumen Auswirkungen hatte (Foulkes 1985). Der Traum und das Träumen, Traumtheorien und therapeutische Traumarbeit wurden stärker auch in ihrer Bezogenheit auf die jeweilige Gruppenzugehörigkeit und die geschichtlich-gesellschaftliche Lage verstanden. Viele dieser Entwicklungen werden im zweiten Teil dieses Buches aufgegriffen; vgl. unten S. 100ff.

I.3. Archetyp, Ganzheit und Religion: Carl Gustav Jung (S. 36-50)

1   Jung (1961), 291; im Original kursiv.

2   Vgl. dazu Hark (1988), 157ff.

3   Das Schicksal der Anima in dieser Traumserie zeigt eine weitere Besonderheit der Traumdeutung Jungs: die Unterscheidung von zwei unterschiedlichen Richtungen der Traumdeutung. In einer Traumdeutung auf der Objektstufe werden Personen und Situationen »objektiv« auf die äussere Realität bezogen. Bereits auf dieser Stufe sind allerdings subtile Unterschiede zwischen Traumbild und Wirklichkeit meist unübersehbar. Subjektives färbt die Traumbilder. Entweder nimmt dabei das Unbewusste genauer wahr als das Bewusste oder der Traum trifft eher die Beziehung zum Objekt und nicht das Objekt selber. Bei einer Traumdeutung auf Subjektstufe werden alle Traumfiguren als Abbilder innerpsychischer Faktoren und der subjektiven Befindlichkeit des Träumers selber angesehen.
Dieser Gedanke einer Subjektstufe der Traumdeutung erscheint - so Jung - unmittelbar meist unsympathisch, da jede Störung einer naiven Identifizierung von Imago und Objekt auf die Menschenklasse irritierend wirke. Zur subjektstufigen Deutung von Träume sah sich Jung aber gedrängt durch schwierige Fälle und durch die unerbittliche Nötigung, die therapeutischen Mittel zu vervollkommnen. Angemessen ist zuerst allerdings auch nach Jung die Deutung auf der Objektstufe. Nur wenn diese ins Leere läuft, soll eine Deutung auf der Subjektstufe versucht werden. Vgl. dazu Hark (1988), 155ff.

4   Jung kommentiert diesen Traum mehrmals: Jung (1944), 228ff., (1939) 47f.

5   Vgl. Wehr (1979), 82f.; der Brief war 1955 an Bernet gerichtet worden.

I.4. Existenz, paradoxes Sein und Religion: Medard Boss (S. 51-59)

1 Zur Einführung besonders empfehlenswert: Boss (1987), Pongratz (1990). Boss ist — gerade auch wegen der Bedeutung seiner Schriften für die therapeutische Praxis — besonders bekannt geworden, wurzelt aber mit seiner Konzeption fest in der Diskussion eines Kreises von Philosophen und Analytikern. Neben Boss sind vor allem zu nennen: Binswanger (1947), von Uslar (1964), von Gebsattel (1964a), Wyss (1988). Sie alle verbinden philosophische Fragestellungen mit einer Untersuchung des träumenden Subjekts. Zum Einfluss in den USA: Natterson (1980)

2 J.W.v. Goethe, Maximen und Reflexionen, Nr. 933, nach Boss (1975), 15

3 M. Heidegger, Bauen, Wohnen, Denken, zit. nach Boss (1953), 112f.

4 Vgl. die ausführliche Darstellung dieser Seinsmöglichkeiten in Boss (1953), 143ff. und (1975), 214ff.

5 Diese ontologische Fragestellung ist bis heute für die phänomenologische Traumdeutung kennzeichnend. Vgl. bes. von Uslar (1964), Wyss (1988)

6 Vgl. Boss (1974): Da das naturwissenschaftliche Vorstellen, dem alle tiefenpsychologischen Traumtheorien entspringen, seine Faszination und seinen Absolutheitsanspruch einbüsst, »wird es in Zukunft immer zahlreichere Analysanden geben, die sich nicht mehr gegen die Aporien abblenden lassen, die die bisher üblichen Traumlehren in sich bergen. Sie werden sich deshalb mehr und mehr gegen die ihnen aufgedrängten tiefenpsychologischen Traum-Umdeutungen wehren...« (246). Demgegenüber besitze die phänomenologische Methode den Vorteil der Einsichtigkeit und Nachvollziehbarkeit, was ihr auch eine entschieden grössere therapeutische Wirksamkeit verleihe.

7 Die phänomenologische Traumauslegung bildet damit ein Verbindungsglied zur Traumforschung, die nach der Entdeckung des REM-Schlafs einsetzte und der es mehr und mehr um die Traumerfahrung als solche ging.

I.5. Religiöse Bedeutung im Hexalog (S. 60-68)

1 Die Deutung bleibt zugleich lückenhaft; so ist die Problematik von Übertragung und Gegenübertragung nirgends angesprochen.

2 Mit Kramer et al. (1976), 778

3 Ich werde die theologischen Grundfragen, die mit diesen Axiomen verbunden sind, nochmals aufnehmen, vgl. S. 94ff.

4 Es bleibt darauf hinzuweisen, dass das Problem durchaus auch eine andere als eine hermeneutische Lösung im dargestellten Sinn finden kann: Eine Integration der verschiedenen Theorien auf der Ebene des Verhältnisses von Erfahrung und Theorie, Psychopathologie und therapeutischem Konzept kann angestrebt werden (Eckes-Lapp 1980, Landry 1984); Deutungsansätze werden aufgrund eines Körpergefühls, der subjektiven Evidenz des einzelnen gewichtet (Gendlin 1987); anstelle von Integration tritt Abgrenzung und Kritik. Ich werde später noch in die kritische Auseinandersetzung eintreten.

5 Ich kann den Ansatz hier nur in Umrissen wiedergeben; vgl. für Differenzierungen Seitz (1988), 16ff.

6 Fierz (1987), 32. Der Begriff der »Ästimation« geht auf Klaesi zurück.

7 Vgl. zur Diskussion dieses besonders sensiblen Aspekts des hermeneutischen Modells Seitz (1988), 20f.

8 Vgl. von Cranach (1980), Moskovici (1981); s. auch S. 83f.

I.6. Der religiöse Traum als soziales Phänomen (S. 69-80)

1 Es ist mir bewusst: Der Wert von Zahlen und empirisch-kritischen Analysen ist beschränkt, gerade in einem Bereich, der so vielschichtig, symbolgeladen und existentiell bedeutsam ist wie jener der Träume. Trotzdem trotzdem halte ich eine solche Analyse — nicht zuletzt auch aus wissenschaftstheoretischen Gründen — für sinnvoll; vgl. dazu S. 91ff.

2 Untersucht werden die verschiedensten Kategorien von Trauminhalten (Traumszenerien, Charaktere, Handlungen, Gefühle, Stimmungen). Als wiederkehrende Themen in Träumen nennen Hall/van de Castle (1966) zum Beispiel den Kampf der Reife gegen infantile Sicherheit, den Konflikt zwischen Vorstellungen von Gut und Böse und den Gegensatz von Integration und Desintegration. Solche Inhaltstypen werden oft in einen Zusammenhang mit Persönlichkeitszügen oder anderen sozialen Randbedingungen erklärt; vgl. auch Strauch (1981).194

3   Jung (1932), 362

4   Die pastoralpsychologische Literatur wurde in den Vergleich nicht miteinbezogen, da sie keine Relationen festzustellen erlaubt. Nicht mit einbezogen wurden allgemein-psychologische Publikationen, die ein spezielles Interesse für den religiösen Traum leitet. So nimmt Jung (1944) in seiner bereits dargestellten Analyse der Traumsymbole im Individuationsprozess von 422 Träumen eines Träumers 47 auf, die er in einem weiten Sinn als religiös qualifiziert. Von Uslar (1964) orientiert sich in seiner transzendentalphilosophischen Rekonstruktion der Traumwelt an einer Traumserie, die ebenfalls aus weit über 1000 Träumen ausgewählt waren und stark von religiösen Symbolen durchzogen sind, da ein entsprechender Modelltraum mit religiösem Inhalt diese Auswahl leitete. In dieser Traumserie sind über 50 % der mehr als 90 dargestellten Träume als religiöse Träume im hier definierten Sinn zu verstehen. Aufschlussreich ist auch der Vergleich mit einer persönlichen Traumserie, die ich im Pfarramt während eines Jahres geträumt hatte und die den weiteren Kapiteln des Buches zugrundeliegt: Etwa 25 % der 165 Träume sind als »religiöse« Träume zu verstehen. Es besteht also ein signifikanter Unterschied der Häufigkeit, in der religiöse Themen in den Träumen eines Pfarrers auftauchen (wenn ich davon ausgehe, dass meine Resultate generalisierbar sind, was wiederum nicht selbstverständlich ist) und in jener Literatur, die Träume vornehmlich aus der therapeutischen Arbeit enthält. Ich nehme an, dass die intensive Beschäftigung mit Fragen von Kirche, Glaube und Religion, die ein Pfarramt mit sich bringt, sich in dieser Häufung »religiöser« Träume niederschlägt.

5   Strauch (1981), 24. Laborträume und spontan erinnerte Träume unterscheiden sich inhaltlich aber nicht, wenn die Bedingungen der Aufzeichnung gleichgehalten werden.

6   In drei Fällen ist die Bestimmung des Geschlechts aufgrund der Angaben nicht möglich. Auch die folgenden Daten sind immer soweit vollständig, als eine sichere Angabe aufgrund der Quellen möglich war.

7   Zu den sexistischen Komponenten des Träumens und der Traumdeutung s. unten S. 103ff.

8   D.h. Autorinnen und Autoren geben im kommentierenden Text zum Traum deutlich zu verstehen, welchen Beitrag Träumende selber zur Deutung geliefert haben. Dies ist auch in anderen Fällen vorauszusetzen. Es ist aber bemerkenswert, wenn dies in der Interpretation nicht klar zum Ausdruck kommt.

9   Dieses Urteil bezieht sich auf die Form der Darstellung in der Literatur, trifft also nicht unbedingt auf die therapeutische Praxis zu. Immerhin ist anzunehmen, dass die Literatur doch einen Trend anzeigt, der auch praktisch wichtig ist.

10   Vgl. Berger/Luckmann (1972)

I.7. Gottes vergessene Sprache (S. 81-89)

1   Ich nehme hier Gedankengänge auf, die ich in Morgenthaler (1990) bereits entwickelt habe, differenziere und vertiefe aber meine Argumentation. Würde man alle in der Literatur dokumentierten »religiösen« Träume berücksichtigen, wäre das Übergewicht der Tiefenpsychologie noch ausgeprägter. Froboese-Thiele und Hark wurden nur in einer Zufallsauswahl berücksichtigt.

2   Ich stelle in diese Forschungstradition: Sandford (1966), Barz (1981), Froboese-Thiele (1957), Hall (1979), Hark (1980), (1981), (1982), (1987a), (1987b), Gunter (1983), Riess (1987), Taylor (1987) (1988), Wittmann (1987)

3   Die Qualität »erschütternd« wird insgesamt 23 mal bei einem Traum genannt; 20 dieser Träume stammen aus der tiefenpsychologischen Schule der Traumdeutung.

4   Fromm (1980) nennt sein Buch im Untertitel »Eine Einführung in das Verständnis einer vergessenen Sprache«.

5   Vgl. oben S. 43f. Sandford (1966), 161-175

6   Derselbe Prozess zeigt sich auch in der Reifizierung des religiösen Traums selber. Träume sind nur ein Element in einem therapeutischen Prozess, der Wandel bewirkt. Die Traumarbeit ist eingelagert in die Dynamik eines Gesprächs. Träume werden in der dargestellten Literatur aber meist losgelöst von der Dynamik von Übertragung und Gegenübertragung gedeutet. Ähnliche Tendenzen der Reifizierung können in der Tradition Freuds auch entdeckt werden (Moscovici 1961)

7   Vgl. Schmidtchen (1987), Tabelle S. 42ff.

8   Wie der Walter-Verlag, Olten/Freiburg i.B., der beinahe ein Monopol in der tiefenpsychologischen Literatur besitzt.

9   Schmidtchen (1987), 59; bei der Faktorenanalyse der Strukturen des Psychomarkts findet sich die Traumanalyse (zusammen mit Astrologie und Pendeln!) im Faktor 5: Deutung von Schicksalsschiffren (vgl. Schmidtchen 1987, Anhang Tab. A 14).

10   Vgl. dazu S. 94ff.

11   Vgl. dazu Matthes (1990), bes. S. 149ff.

12 Zur differenzierteren Sicht vgl. Seybold in Wagner-Simon/Benedetti (1984), 32ff.

II.1. Pastoralpsychologie, Theologie und Traum (S. 91-99)

1   Nolting/Paulus (1990) unterscheiden in ihrer Einleitung ins Studium der Psychologie verschiedene Zugänge zu psychologischen Problemen. Psychologie kann unter anderem verstanden werden von den genannten grundlegenden Tätigkeiten im Umgang mit psychologischen Fragen. Auffälligerweise fehlt unter diesen Tätigkeiten die Tätigkeit der Interpretation, das hermeneutische Bemühen um Verständigung und Sinn. Ich kann den Gründen dafür hier nicht ausführlich nachgehen. Ich meine aber, die Interpretation könne als Tätigkeit verstanden werden, die den anderen psychologischen Tätigkeiten zugrundeliegt. Wer menschliches Verhalten beschreiben, erklären, vorhersagen, verändern und bewerten will, interpretiert dabei immer neu. Was Interpretation bedeutet, wird andererseits von den verschiedenen Tätigkeiten sozusagen ausgelegt und erschlossen.

2   Eine Rhetorik der Forschung ist sowohl auf der Ebene der Theoriebildung wie der Konzeptualisierung des Gegenstands von Forschung wichtig. Die Annahme einer fixen Forschungslogik muss in dieser Sicht ersetzt werden durch ein Verständnis von Forschungs als kontinuierlicher Argumentation in den Disziplinen. Untersuchungen sind Netzwerke von Falldarstellungen, Geschichten, Metaphern, Messungen, Experimenten, Veranstaltungen und Publikationen. Entdeckung, Bedeutung, Überzeugungskunst sind in die wissenschaftliche Reflexion miteinzubeziehen. Eine Rhetorik der Forschung versucht die tatsächlich ablaufende Rhetorik in der wissenschaftlichen Argumentation auch wissenschaftstheoretisch ernst zu nehmen. Rhetorik gilt dabei als vernünftig und Vernunft immer auch als rhetorisch. Im Bereich der Gegenstandsbeschreibung einer so aufgeklärten Sozialwissenschaft wird wiederum das rhetorische Element hervorgehoben: Auch das soziale Leben besteht nicht unwesentlich aus einem Prozess der Argumentation (Terwee 1990 passim, z.B. 140f). Ich halte dies für eine wesentliche Erweiterung unseres Verständnisses von Psychologie und Pastoralpsychologie. Es versteht sich von selbst, dass innerhalb einer solchen Rhetorik der Forschung Träume ein gewichtiges Element werden können. Auch die Rhetorik der folgenden Darstellung lebt nicht unwesentlich aus der Rhetorik der Träume selber und ihrem rhetorischen Gebrauch. Vgl. dazu auch S. 148ff.

3   Vgl. Winnicott (1979)

4   Beispielsweise: Träume können ein wesentliches Medium der Selbstauslegung werden. — Religiöse Erfahrung und Selbstauslegung sind miteinander verbunden.— Religiöse Erfahrung hat kritische Funktion für die etablierte Theologie.

5   Auf meine Weise will ich also pastoralpsychologisch jenen Traum von einer neuen Theologie weiterträumen, den Barth in einem seiner letzten Worte umschrieben hat: den Traum einer Theologie, die beim dritten Artikel der "Regel des Glaubens", beim Geist des Lebens, einsetzt und das Anliegen Schleiermachers auf neue Weise verwirklicht. Vgl. Moltmann (1991b), 13

6   Der Begriff des Selbst bleibt in der folgenden Darstellung bewusst unbestimmt. Er enthält Verbindungen zu verschiedenen Traditionen, die wir kennengelernt haben: zum Selbstbegriff in der Tradition des Psychoanalyse, wie sie zum Beispiel von Kohut und Winnicott weitergeführt wird; zum Selbst in der Tradition Jungs; zum Selbst aber auch in der Tradition der Sozialpsychologie.

7   Vgl. dazu Gerkin (1989), 102ff.

8   Vgl. dazu z.B. Williams (1984), der einen ganzen Methodenkatalog zur Aktualisierung von Träumen entwickelt, Gendlin (1987), der mit seiner Methoden des Focusing einen eindrücklichen Weg zur Aktualisierung von Träumen weist, und Progoff (1975), der Traumarbeit im Rahmen schreibtherapeutischer Tagebucharbeit aufnimmt.

II.2. Symbolische Gewalt und Solidarität im religiösen Traum (S. 100-115)

1   Zitiert nach Sausgruber (1984), 43f.; dort findet sich eine ganze Sammlung von Texten mit zum Teil erstaunlichen Parallelen zur modernen Traumpsychologie.

2   Wer je einmal während längerer Zeit in einer Gruppe mit Träumen gearbeitet hat, kennt die eigenartige Erfahrung, dass der Traum des einen zum Traum der anderen werden kann.

3   Bei allen folgenden Träumen in Teil II wird ein Titel gesetzt, damit im jeweiligen Text ein klarer Bezug hergestellt werden kann. Das Setzen eines Titels ist zudem meist ein erster Schritt der Interpretation. Vgl. Faraday (1984)

4   Zuerst in: Ullman (1960); ausführlicher mit vielen Beispielen in Ullman/Zimmerman (1986)

5   Dabei geht es nach Ullman im Traum nicht primär um Kommunikation und Bedeutung. Der Traum ist Teil eines integralen Prozesses der Selbstkonfrontation, welcher nicht vor allem Ver-

ständlichkeit und referentielle Bedeutung, sondern eben die gefühlten Reaktionen auf eine Erfahrung ausdrücken will.

6   vgl. Goertz (1989), Lenk (1983)

7   Zur Geschichte vgl. Sausgruber (1984); Überblick: Yalom (1974)

8   Vgl. Ullman (1960), Cramer (1982), Tedlock (1987)

9   Den Zusammenhang zwischen Traumsymbolen und konkreter kultureller Umgebung haben viele Studien bestätigen können; vgl. Cartwright (1982) 65ff.

10   Eindrückliche Studien gibt es zu Träumen, die aus den Konzentrationslagern des Dritten Reiches oder überhaupt der Zeit des Nationalsozialismus überliefert wurden; vgl. Kosellek (1979). Grundsätzlich Burke (1973), Goertz (1989)

11   Ich tue dies noch aus weiteren Gründen. In diesem Buch sind Träume von Männern als Beispiele überrepräsentiert. Meine Mitarbeiterinnen sind Frauen. Frauenträume zeigen den Wandel der Geschlechtsrolle deutlicher als Männerträume der letzten 20 Jahre.

12   Einzelheiten dieser Inhaltsanalyse kann ich im folgenden nicht darstellen. Einige wesentliche Schritte seien kurz genannt: Aus zwei Zeiträumen (vor 1970, zwischen 1970 und 1989) wurden aus unserer Traumsammlung mit einem Zufallsverfahren je 20 Träume ausgewählt. Damit auch neuste Frauenträume berücksichtigt werden konnten, sammelten wir insgesamt 40 religiöse Frauenträume aus den Jahren 1989 - 1991. Aus diesen wurden mittels des Zufallsverfahrens weitere 20 Träume für die Analyse ausgewählt. Die selektionierten Träume wurden anhand von vorher bestimmten Kategorien inhaltsanalytisch untersucht. Es wurde also festgehalten, wie oft ein bestimmtes Motiv oder eine Konstellation von Motiven in den Träumen wiederkehrt. Die Zahlen in der Zusammenstellung auf S. 109 beruhen auf dieser Auswertung, die drei Personen vorgenommen haben. Die gewonnen Zahlen liessen sich auch inferenzstatistisch auswerten. Ich verzichte in diesem Zusammenhang darauf.

13   Scharfenberg formuliert hier im Anschluss an Barthes und Blumenberg; vgl. Scharfenberg (1988), 141f.

II.3. Religiöser Traum, Institution, Rolle und Selbst (S. 116-131)

1   Es sind im ganzen 22 Träume.

2   Dasselbe gilt übrigens auch für meinen Pfarrhaustraum. Auch er betrifft einen vitalen Aspekt des Protestantismus.

3   Es wurde ursprünglich am Tavistock Institute in London entwickelt und später auf die Analyse kirchlicher Systeme übertragen. Vgl. bes. De Board (1978), Reed (1991), Seiler (1991)

4   Vgl. auch Frenkle (1974), 78

5   Der Begriff stammt von Winnicott; vgl. dazu Davis/Wallbridge (1983), 79ff.

6   Ricœur hat diesen Prozess der Interpretation und Reinterpretation besonders eindringlich beschrieben. Vgl. auch Capps (1984), für den sich aus diesen Gesichtspunkten eine Theorie pastoralen Handelns ableiten lässt; s. auch S. 181ff.

7   Winnicott (1979)

8   Vgl. Rauchfleisch (1984)

9   Das Programm, das Fromm (1932) entwickelt hat, scheint mir immer noch gültig.

10   Vergleichbar sind diese Funktionen mit den Funktionen des Gruppentraums im Rahmen der Gruppenpsychotherapie. Vgl. Battegay (1971)

11   Goertz (1989) zeigt dies eindrücklich für die Auseinandersetzung von Exponenten der Reformation mit Traum und Träumern. Eine theologisch begründete Verachtung der Träume schlug letztlich um in die Vernichtung der Träumerinnen und Träumer. Die kirchenamtliche Massregelung Drewermanns zeigt eine ähnliche Dynamik; vgl. S. 167f.

II.4. Traum und religiöse Entwicklung (S.132-142)

1   Oser/Gmünder (1988); Fowler (1989); Kurze Darstellung: Schweitzer (1987)

2   Vgl. dazu: Foulkes (1985). Man kann in der neueren psychologischen Traumforschung geradezu von einer »kognitiven Wende« sprechen.

3   Foulkes (1979), 146; in der Ausgabe der »Traumdeutung« von 1911 setzt Freud hinzu: häufig sind Träume Wuncherfüllungen; 1925 formuliert er noch noch vorsichtiger.

4   Jung (1936ff.)

5   Vgl. bes. Oser/Gmünder (1984); überarbeitete Neuauflage (1988). Folgende Gründe haben mich zur Wahl bewogen: Es handelt sich um einen bekannten Ansatz, der empirisch differenziert abgestützt ist und sich an wichtige Traditionen der kognitiven Psychologie anschliesst. Die Problematik könnte in einem empirisch-kritisch reflektierten Untersuchungsdesign angegangen werden.

Wege dazu lassen sich durchaus vorstellen. Der erforderliche Arbeitsaufwand überstieg aber meine Möglichkeiten.

6 Der Bärengraben ist ein beliebtes Ausflugsziel in Bern, eine öffentliche Anlage, in der Bären beobachtet werden können.

7 Z. B. im bereits besprochenen Traum von der runden Kugel und dem grünen Geist; vgl. S. 44ff.

8 Es bliebe einer weiteren empirischen Erforschung dieser Zusammenhänge vorbehalten, genauer abzuklären, ob die Urteile, wie sie in religiösen Träumen zum Ausdruck kommen, in gleicher Weise altersspezifisch variieren, wie dies Oser/Gmünder anhand halbstandardisierter Interviews zu Dilemma-Geschichten nachzuweisen vermochten.

9 Vgl. Koukkou/Lehmann (1980), Antrobus (1979)

10 Vgl. Streib (1991)

11 Vgl. dazu und zu weiteren Einwänden Schweitzer (1987), 132ff.

II.5. Traum, poetisches Selbst und theologische Sprache (S. 143-155)

1 Besonders anregend fand ich in diesem Zusammenhang States (1988) und Lenk (1983). Früh hat bereits Sharpe (1937) auf den Zusammenhang von Rhetorik und Traum hingewiesen.

2 Es wäre eine interessante Arbeit, den Parallelen zwischen der »Traumdeutung« Freuds und anderen kreativen Umbrüchen um die Jahrhundertwende nachzugehen.

3 Vgl. zum folgenden Gerkin (1989) und das überzeugende Story-Konzept Ritschls (1988)

4 Vgl. die Darstellung auf den S. 46ff.

5 Vgl. Kast (1987), die den Automythos vollkommen unkritisch kolportiert.

6 States geht davon, dass dies die vier »master tropes« sind, die vier grundlegenden Redefiguren. Dies ist innerhalb der Rhetorik natürlich ein Gegenstand rhetorischer Auseinandersetzung; vgl. Bereits Quintilian: »Ein Tropus ist die kunstvolle Vertauschung der eigentlichen Bedeutung eines Wortes oder Ausdruckes mit einer anderen. Hierbei besteht ein unentwirrbares Ringen zwischen den Sprach- und Literaturlehrern untereinander sowie gegenüber den Philosophen über die Fragen, welche seine Gattungen, welches seine Arten sind, wie gross die Anzahl der Tropen sei und was unter die einzelnen Gruppen gestellt werden soll« (Quintilianus 1975, 217).

7 Vgl. nächstes Kapitel

8 Im Text sind aufgenommen: ein persönlicher Traum, ein Traum, den Hark (1982), 155ff. wiedergibt, Kafkas Erzählung »Von den Gleichnissen« (Kafka 1961, 328) und eine rabbinische Diskussion über Ezechiel 37 (b San 92b).

II.6. Hermeneutik des Traums (S. 156-170)

1 Der Traum konzentriert sich gleichsam auf den abstrakte Fluchtpunkt der vielfältigen paulinischen Argumentation in 1. Kor. 15. Fürchtet er ein Durcheinander von Metaphern? Wird damit ironisch das Thema der Auferstehung überspielt? Oder dramatisiert die leibliche Erscheinung der Mutter die Hoffnung auf die Auferstehung des Leibes?

2 Einen interessanten »Texttraum« Bismarcks und seine Deutung durch Sachs (1919) hat Freud in die »Traumdeutung« aufgenommen (Freud 1900, 371ff.). Wesentliche Grundgedanken zur wechselseitigen Erschliessung von Biographie, Text und Traum sind dort bereits implizit vorhanden.

3 Vgl. z.B. Froboese-Thiele (1957), 66f. (1. Kor. 3; Jesaja 48); 76 (2. Kor. 4,7); 96f. (Habakuk 3,4). Sandford (1966), 25,115,148 und Jung (1963), 246 zu 1. Mose 32,22-32 (Kampf Jakobs am Jabbok); allgemeiner Bezug: Faraday (1984), 204 (Bilder der Sintflut); Boss (1953), 223 (Segenswort), Hark (1987a), 48 (Ströme lebendigen Wassers). u.a.m.

4 Vgl. z.B. Spiegel (1972)

5 Das hermeneutische Modell, auf das ich mich beziehe, hat im wesentlichen Raguse (1986 a), (1986 b), (1990). entwickelt. Ich übertrage es hier auf den Traum und möchte seine Tragfähigkeit auch in diesem Zusammenhang ermitteln.

6 Nicht zu verwechseln mit dem historischen Autor, der zwar als Autor im Text wirkt, aber nicht einfach mit diesem identisch ist.

7 Der Ausdruck lässt sich kaum aus dem Dialekt übersetzen. Er drückt Verwunderung, Amüsement und Ärger zugleich aus.

8 Im Grunde genommen ist hier ein eigenes Forschungsprogramm angesprochen, das systematisch weiterentwickelt werden könnte.

9 Zur Trauminduktion vgl. Faraday (1984), Williams (1984), die experimentellen Studien Cartwrights (1988).

10 Es geht dabei nicht vor allem um den Text, der sich in vielem von der Q-Version unterscheidet, sondern um den Duktus der Argumentation.

11   Barnum-Effekt: Ein Phänomen der Selbstwahrnehmung: Menschen sind umso eher geneigt, Persönlichkeitsbeschreibungen auf sich selber anzuwenden, je allgemeiner diese formuliert und je vorteilhafter die Eigenschaften sind.

12   Vgl. Luz (1985), 165ff. zur Wirkungsgeschichte von Mt. 4,1-11.

13   Vgl. das Argument von Fritz Morgenthaler, das auf S. 123 referiert wurde.

14   Weitere kritische Argumente könnten entwickelt werden. Ich verzichte darauf; sie würden sich leicht als Waffen gegen Drewermann missbrauchen lassen. Dies ist keineswegs meine Absicht.

II.7. Traum-Handlung (S. 171-183)

1   Ullmans »Metaphern in Motion« (Ullman 1969) ist nur beschränkt relevant. Meltzer (1988) geht am weitesten in der hier vorgeschlagenen Richtung.

2   Lauken (1974), von Cranach et al. (1980)

3   Vgl. z.B. Wright (1974), Terwee (1990)

4   Die Traumhandlung selber betrachtete Freud allerdings eher als Resultat der sekundären Bearbeitung. Ricœur versucht, auch im Blick auf Freud die beiden Sprachen der Motivation in ihrer gegenseitigen Verschränkung zu interpretieren. Im Traumsymbol verbinden sich libidinöse Energie und Bedeutung. Daraus lässt sich die Valenz der Traumelemente erklären.

5   Zur Kritik an dieser eher revisionistischen Deutung Freuds vgl. Seitz (1988), 48ff.

6   Zusatzregeln legen fest, dass Interaktionen mit der Ursprungsfamilie als die tiefsten Strukturen Priorität haben. Auf der Ebene der Interaktionen und Motivstrukturen können zudem häufig Konflikte identifiziert werden.

7   Foulkes Traumgrammatik liefert dreierlei Traumstrukturen: 1. Tiefenstrukturen, genannt »motiv structures«, die mit der Traumbedeutung identisch sind, 2. intermediäre Strukturen — associative tissue — die die Transformation ermöglicht, 3. Oberflächenstrukturen, die den »interactive sentences« im Traumprodukt zuzuordnen sind. Kodiert wird auf der Satzebene. Die separat analysierten Sätze werden mittels eines pfadanalytischen Verfahrens miteinander verbunden und mathematisch verrechnet.

8   Mögliche Regeln, nach denen die assoziativen Gewebe des religiösen Traums strukturiert werden, haben wir bereits kennengelernt. Ich denke, dass das religiöse Urteil, wie es Oser/Gmünder (1988) beschreiben, ein Regelset beschreibt, mit dem die assoziativen Strukturen von religiösen Träumen erklärt werden können. Trotzdem bleibt die Frage offen: Vorletztes und Letztes, das »Schon jetzt« und das »Noch nicht« sind in Träumen einander nicht einfach statisch-begrifflich zugeordnet. Vielmehr ist es eben gerade das Wesen der Traum-Handlung, dass Letztes und Vorletztes in einem dramatischen Hin und Her handelnd aufeinander bezogen werden.

9   Das gilt auch für die Parabel vom Haus der Religionen und vom Hinterhof, der in sich zusammenstürzt und das Wunder der Auferstehung enthüllt.

Literaturliste

Die folgende Literaturliste dient als Nachweis und Anregung und ist auf grundlegende Arbeiten im jeweiligen Problembereich beschränkt. Im Text des Buches werden die in Klammern jeweils angegebenen Jahrzahlen als Verweis gebraucht. Bei Büchern, die vor 1950 erschienen sind, wird das Erscheinungsjahr der Erstauflage in Klammer gefügt, und Neuauflagen werden am Schluss der Literaturangabe vermerkt.

ANTROBUS, J. S. (1979): The Dream as Metaphor. An Information-Processing and Learning Modell. In: Journal of Mental Imagery Bd. 2/ 1979, S. 327-338

BARZ, H. (1981): Träume von der Kirche. Zuerst in: Schultz H.J. (Hrsg.): Was weiss man von den Träumen? Stuttgart 1972. Neu in: Barz, H., Selbsterfahrung, Tiefenpsychologie und christlicher Glaube. 3. Aufl., Kreuz: Stuttgart 1981, S. 81-94

BATTEGAY, R. (1971): Der Mensch in der Gruppe, Bd. II. Allgemeine und spezielle gruppenpsychotherapeutische Aspekte. 3., überarb. und erg. Aufl., Hans Huber: Bern etc. 1971

BATTEGAY, R./TRENKEL A. (Hrsg., 1987): Der Traum aus der Sicht verschiedener psychotherapeutischer Schulen. 2., rev. und erw. Aufl., Hans Huber: Bern etc. 1987

BERGER, P.L./LUCKMANN, TH. (1972): Die gesellschaftliche Konstruktion der Wirklichkeit. Eine Theorie der Wissenssoziologie. 3. Aufl., S. Fischer: Stuttgart 1972

BILLIG, M. (1987): Arguing and Thinking. A Rhetorical Approach to Social Psychology. Cambridge University Press: Cambridge 1987

BINSWANGER, L. (1947): Traum und Existenz. In: Ausgewählte Vorträge und Aufsätze Bd. 1. Francke: Bern 1947, S. 74-97

BOHREN, R. (1975): Dass Gott schön werde. Praktische Theologie als theologische Ästhetik. Kaiser: München 1975

BOSS, M. (1953): Der Traum und seine Auslegung. Zuerst: Hans Huber: Bern etc. 1953. Neu: 2. Aufl., Kindler: München 1974

BOSS, M. (1975): »Es träumte mir vergangene Nacht...«. Sehübungen im Bereiche des Träumens und Beispiele für die praktische Anwendung eines neuen Traumverständnisses. Hans Huber: Bern etc. 1975

BOSS, M. (1987): Das Träumen und das Geträumte in daseinsanalytischer Sicht. In: Battegay, R./ Trenkel, A. (Hrsg.): Der Traum aus der Sicht verschiedener psychotherapeutischer Schulen. 2. rev. u. erw. Aufl., Hans Huber: Bern etc. 1987, S. 60-77

BOURDIEU, P./PASSERON, J.-C. (1973): Grundlagen einer Theorie der symbolischen Gewalt. Suhrkamp: Frankfurt/M. 1973

BROCKMANN, D. (1991): Ganze Menschen — Ganze Götter. Kritik der Jung-Rezeption im Kontext feministisch-theologischer Theoriebildung. Schöningh: Paderborn 1991

BURKE, P. (1973): L'Histoire Sociale des Rêves. In: Annales, Economies, Sociétés, Civilisations, 28e Année 2/1973, S. 329-342

CAPPS, D. (1984): Pastoral Care and Hermeneutics. Fortress Press: Philadelphia 1984

CARTWRIGHT, R. D. (1982): Schlafen und Träumen. Eine Einführung in die experimentelle Schlafforschung. Kindler: München 1982

CARTWRIGHT, R. D. (1988): Die Werkstatt der Seele. In: Die Werkstatt der Seele. Thema: Träume. Hrsg.: Redaktion Psychologie heute. Beltz: Weinheim/Basel 1988, S. 31-44

CORRIERE, R./HART J. (1987): Lebendiges Träumen. Die Entdeckung des Durchbruchstraums. Fachbuchhandlung für Psychologie: Eschborn b. Frankfurt/M. 1987

CRAMER, G. (1982): Traumzeit im Dschungel. In: Psychologie heute 1/1982, S. 62-69

CRANACH VON, M. et al. (1980): Zielgerichtetes Handeln. Hans Huber: Bern etc.1980

CROSSAN, J. D. (1988): The Dark Interval. Towards a Theology of Story. Zuerst: Allan Texas 1975. Neu: Eagle Books: Sonoma, California 1988

DAVIS, M./ WALLBRIDGE, D. (1983): Eine Einführung in das Werk von D.W. Winnicott. Klett-Cotta: Stuttgart 1983

DE BOARD, R. (1978): Psychoanalysis of Organizations. Tavistock Publications: London 1978

DREWERMANN, E. (1984): Tiefenpsychologie und Exegese, Bd. I. Die Wahrheit der Formen. Traum, Mythos, Märchen, Sage und Legende. Walter: Olten 1984

DREWERMANN, E. (1987): Das Markusevangelium. Erster Teil: Mk 1,1 bis 9,13. Walter: Olten/ Freiburg i.B. 1987

DUBIED, P.-L. (1990): Le Pasteur: Un Interprète. Essai de Théologie Pastorale. Labor et Fides: Genf 1990

ECKES-LAPP, R. (1980): Psychoanalytische Traumtheorie und Trauminterpretation. Vandenhoeck & Ruprecht: Göttingen 1980

EISSLER, K. R. (1982): Psychologische Aspekte des Briefwechsels zwischen Freud und Jung. Frommann-Holzboog: Stuttgart-Bad Cannstadt 1982

ERIKSON, E. H. (1955): Das Traummuster der Psychoanalyse. In: Psyche VIII/1955, neu in: von Graevenitz, J. (Hrsg.): Bedeutung und Deutung des Traumes in der Psychotherapie. 2. Aufl., Wissenschaftliche Buchgesellschaft: Darmstadt 1990, S. 19- 74

ESCHENRÖDER, C. (1984): Die Traum-Reise nach Amerika. Psychologie heute 11/1984, S. 66-71

FARADAY, A. (1984): Deine Träume — Schlüssel zur Selbsterkenntnis. Ein psychologischer Ratgeber. Fischer Taschenbuch 3306: Frankfurt/M. 1984

FIERZ, K. H. (1987): Die Bedeutung des Traumes in der Analytischen Psychologie. In: Battegay, R./ Trenkel, A. (Hrsg., 1987): Der Traum aus der Sicht verschiedener psychotherapeutischer Schulen. 2., rev. und erw. Aufl., Hans Huber: Bern etc. 1987, S. 31-39

FISCHER, C. (1978): Der Traum in der Psychotherapie. Ein Vergleich Freud'scher und Jung'scher Patiententräume. Minerva: München 1978

FISCHER, C. (1988): Träumen Sie nach Freud oder Jung? In: Die Werkstatt der Seele. Thema: Träume. Hrsg.: Redaktion Psychologie heute. Beltz: Weinheim/Basel 1988, S.71-85

FOULKES, D. (1978): A Grammar of Dreams. Basic Books: New York 1978

FOULKES, D. (1979): Children's Dreams. In: Wolman, B.B. (Ed.): Handbook of Dreams. Van Nostrand: New York 1979, S. 131-167

FOULKES, D. (1985): Dreaming: A Cognitive-Psychological Analysis. Lawrence Erlbaum: Hillsdale/London 1985

FOULKES, D. (1988): Kinderträume: Spiegelbilder der Entwicklung. In: Die Werkstatt der Seele. Thema: Träume. Hrsg.:Redaktion Psychologie heute. Beltz: Weinheim/Basel 1988, S. 45-58

FOWLER, J. W. (1989): Glaubensentwicklung. Perspektiven für Seelsorge und kirchliche Bildungsarbeit. Kaiser: München 1989

FRENKLE, N. J. (1974): Der Traum — die Neurose — das religiöse Erlebnis. Konfessionalismus und Religion aus der Sicht einiger analytischer Prozesse. Benziger: Zürich etc. 1974

FREUD, S. (1887ff.): Briefe an Wilhelm Fliess 1887-1904. Hrsg.: Moussaieff Masson, J. Ungekürzte Ausgabe. Fischer: Frankfurt/M. 1986

FREUD, S. (1900): Die Traumdeutung. Studienausgabe Bd. 2 . Hrsg.: Mitscherlich, A. et al., S. Fischer: Frankfurt/M. 1972

FREUD, S.(1901): Über den Traum. GW 2/3, Imago: London 1948, S. 643-700

FREUD, S./JUNG, C. G.(1906ff.): Briefwechsel. Hrsg.: McGuire, W./Sauerländer, W.. Fischer: Frankfurt/M. 1974

FREUD, S./PFISTER, O. (1909ff.): Briefe 1909-1939. Fischer: Frankfurt/M. 1963

FREUD, S. (1911): Die Handhabung der Traumdeutung in der Psychoanalyse. Studienausgabe Ergänzungsband. Hrsg.: Mitscherlich, A. et al., S. Fischer: Frankfurt/M. 1975, S. 149-156

FREUD, S. (1912/13): Totem und Tabu. Studienausgabe Bd. 9. Hrsg.: Mitscherlich, A. et al., S. Fischer: Frankfurt/M. 1974, S. 287-444

FREUD, S. (1914): Zur Einführung des Narzismus. Studienausgabe Bd. 3. Hrsg.: Mitscherlich, A. et al., S. Fischer: Frankfurt/M. 1975, S. 37-68

FREUD, S. (1916/17): Vorlesungen zur Einführung in die Psychoanalyse. Studienausgabe Bd. 1. Hrsg.: Mitscherlich, A. et al., S. Fischer: Frankfurt/M. 1969, S. 34-445

FREUD, S. (1920): Über die Psychogenese eines Falles von weiblicher Homosexualität. Studienausgabe Bd. 7. Hrsg.: Mitscherlich, A. et al., S. Fischer: Frankfurt/M. 1973, S. 255-282

FREUD, S. (1923): Bemerkungen zur Theorie und Praxis der Traumdeutung. Studienausgabe Ergänzungsband. Hrsg.: Mitscherlich, A. et al., S. Fischer: Frankfurt/M. 1975, S. 257-270

FREUD, S. (1927): Die Zukunft einer Illusion. Studienausgabe Bd. 9. Hrsg.: Mitscherlich, A. et al., S. Fischer: Frankfurt/M. 1974, S. 135-189

FREUD, S. (1930): Das Unbehagen in der Kultur. Studienausgabe Bd. 9. Hrsg: Mitscherlich, A. et al., S. Fischer: Frankfurt/M. 1974, S. 191-270

FREUD, S. (1933): Neue Folge der Vorlesungen zur Einführung in die Psychoanalyse. Studienausgabe Bd. 1. Hrsg.: Mitscherlich, A. et al., S. Fischer: Frankfurt/M. 1969, S. 448-608

FREUD, S. (1939): Der Mann Moses und die monotheistische Religion (1939). Studienausgabe Bd. 9. Hrsg.: Mitscherlich, A. et al., S. Fischer: Frankfurt/M. 1974, S. 455-581

FRIEDEN, K. (1990): Freud's Dream of Interpretation. State University of New York Press: New York 1990

FROBOESE-THIELE, F. (1957): Träume eine Quelle religiöser Erfahrung? Mit einer theol. Einl. von O. Haendler, einer Vorrede von C.G. Jung und einem Vorwort von G. Frei. Vandenhoeck & Ruprecht: Göttingen 1957

FROMM, E./FRENCH, T. M. (1962): Formation and Evaluation of Hypotheses in Dream Interpretation. In: The Journal of Psychology 54/1962, S. 271-283

FROMM, E. (1932): Über Methode und Aufgabe einer analytischen Sozialpsychologie: Bemerkungen über Psychoanalyse und historischen Materialismus. In: Ders.: Analytisches Sozialpsychologie und Gesellschaftstheorie. 2. Aufl., Suhrkamp: Frankfurt/M. 1971

FROMM, E. (1980): Märchen, Mythen, Träume. Eine Einführung in das Verständnis einer vergessenen Sprache. Zuerst: Diana: Zürich 1957. Neu: Ex Libris: Zürich 1980

GARFIELD, P. (1983): Kreativ träumen. Ansata: Interlaken 1983

GARFIELD, P. (1988): Frauen träumen anders. Über die Wechselwirkung von Körper und Traum. Ein Führer durch die weibliche Traumwelt. Scherz: Bern etc. 1988

GEBSATTEL VON, V. E., Frh. (1964a): Traum und Symbol. In: ders.: Imago Hominis. Beiträge zu einer personalen Anthropologie. Verlag Neues Forum: Schweinfurt 1964, S. 96-123

GEBSATTEL VON, V. E., Frh. (1964b): Religion und Psychologie. Auseinandersetzung mit C.G. Jung. In: Ders.: Imago Hominis. Beiträge zu einer personalen Anthropologie. Verlag Neues Forum: Schweinfurt 1964, S. 240-270

GENDLIN, E.T. (1987): Dein Körper — Dein Traumdeuter. O. Müller: Salzburg 1987

GERGEN, K. (1980): Towards Intellectual Audacity in Social Psychology. In: Gilmour, R./Davies, K.E. (Eds.): The Development of Social psychology. Academic Press: London 1980, S. 239-270

GERKIN, C.V. (1989): The Living Human Document. Re-visioning Pastoral Counseling in a Hermeneutical Mode. 3. Aufl., Abington Press: Nashville 1989

GETSINGER, S. H. (1978): Dreaming, Religion and Health. In: Journal of Religion and Health 3/1978, S. 199ff.

GOERTZ, H.-J. (1989): Träume, Offenbarungen und Visionen in der Reformation. In: Postel, R./Kopitzsch, F. (Hrsg.): Reformation und Revolution. Festschrift für R. Wohlfeil. Stuttgart 1989, S. 171-192

GRAEVENITZ VON, J. (Hrsg., 1990): Bedeutung und Deutung des Traumes in der Psychotherapie. 2. Aufl., Wissenschaftliche Buchgesellschaft: Darmstadt 1990

GREENE, T. A. (1979): C.G. Jung's Theory of Dreams. In: Wolman, B.B. (Ed.): Handbook of Dreams. Van Nostrand: New York 1979, S. 298-317

GREENSON, R. R. (1973): Technik und Praxis der Psychoanalyse. Klett: Stuttgart 1973

GREIFFENHAGEN, M. (Hrsg., 1984): Das evangelische Pfarrhaus. Eine Kultur- und Sozialgeschichte. Kreuz: Stuttgart 1984

GRÖZINGER, A. (1989): Erzählen und Handeln. Studien zu einer trinitarischen Grundlegung der Praktischen Theologie. Kaiser: München 1989

GUNTER, P. R.(1983): Religious Dreaming. A Viewpoint. In: American Journal of Psychotherapy 37/ 1983, S. 411-427

HALL, C. S./VAN DE CASTLE, R. L. (1966): The Content Analysis of Dreams. Appleton-Century-Crifts: New York 1966

HALL, J. A. (1979): Religious Images in Dreams. In: Journal of Religion and Health 1979, S. 327-335

HALL, J. A. (1982): Arbeit mit Träumen in Klinik und Praxis. Junfermann: Paderborn 1982

HARK, H. (1980): Religiöse Traumsymbolik. Peter D. Lang: Frankfurt/M. etc. 1980

HARK, H.(1981): Die Arbeit mit Träumen in der pastoralpsychologischen Beratung. In: Wege zum Menschen 33/1981, S. 155-171

HARK, H. (1982): Der Traum als Gottes vergessene Sprache. Symbolpsychologische Deutung biblischer und heutiger Träume. Walter: Olten/Freiburg i.B. 1982

HARK, H. (1987a): Vom Kirchentraum zur Traum-Kirche. Träume tiefenpsychologisch gedeutet. Walter: Olten/Freiburg i.B. 1987

HARK, H. (1987b): Träume vom Tod. Trauerarbeit und seelische Wandlung. Kreuz: Stuttgart 1987

HARK, H. (Hrsg., 1988): Lexikon Jungscher Grundbegriffe. Mit Originaltexten von C. G. Jung. Walter: Olten 1988

HARTMANN, H. (1972): Ich-Psychologie. Studien zur psychoanalytischen Theorie. Klett: Stuttgart 1972

HERRMANN, W. (1983): Entfesselung — oder: Spiritualität als Widerstand. Eine politisch-meditative Collage. In: Wege zum Menschen 35/1983, S. 333-342

HILLMAN, J. (1983): Am Anfang war das Bild. Unsere Träume — Brücke der Seele zu den Mythen. Kösel: München 1983

HOBSON, J. A./MCCARLEY, R. W. (1977): The Brain as a Dream State Generator. An Activation-Synthesis Hypothesis of the Dream Process. In: The American Journal of Psychiatry 134/1977, S. 1335-1348

HÖRISCH, J. (1988): Die Wut des Verstehens. Zur Kritik der Hermeneutik. Suhrkamp: Frankfurt/M. 1988

HORNEY, K. (1974): Selbstanalyse. Kindler: München 1974

IGLEHART, H. (1987): Weibliche Spiritualität. Traumarbeit, Meditationen und Rituale. Kösel: München 1987

JACOBI, J. (1967): Vom Bilderreich der Seele. Wege und Umwege zu sich selbst. Walter: Olten/Freiburg i.B. 1967

JOHNSON, E. E. (1990): Expository Hermeneutics. An Introduction. Zondervan Publishing House: Grand Rapids, Michigan 1990

JONES, E. (1960): Das Leben und Werk von Sigmund Freud. Bd. I: Die Entwicklung zur Persönlichkeit und die grossen Entdeckungen 1856-1900. Hans Huber: Bern/Stuttgart 1960

JONES, E. (1962): Das Leben und Werk von Sigmund Freud. Bd. II: Jahre der Reife 1901-1919. Hans Huber: Bern/Stuttgart 1962

JONES, R. M. (1979): Dreams and Education. In: Wolman, B.B. (Ed.): Handbook of Dreams. Van Nostrand: New York, S. 421-437

JOSUTTIS, M. (1987): Der Pfarrer ist anders. Aspekte einer zeitgenössischen Pastoraltheologie. 3. Aufl., Kaiser: München 1987

JOSUTTIS, M. (1988): Der Traum des Theologen. Aspekte einer zeitgenössischen Pastoraltheologie 2. Kaiser: München 1988

JUNG, C. G. (1916): Allgemeine Gesichtspunkte zur Psychologie des Traumes. GW Bd. 8. Hrsg. Niehus-Jung, M. et al., 4. Aufl., Walter: Olten/Freiburg i.B. 1982, S. 263-308

JUNG, C. G. (1932): Über die Beziehung der Psychologie zur Seelsorge. GW 11.5. Hrsg. Niehus-Jung, M. et al., 4. Aufl., Walter: Olten/Freiburg i.B. 1983, S. 353-376

JUNG, C. G. (1936ff.): Seminare. Kinderträume. Hrsg.: Jung, L./Meyer-Grass, M., Walter: Olten/Freiburg i.B. 1987

JUNG, C. G. (1939): Zur Psychologie westlicher und östlicher Religion. GW Bd. 11.1. Hrsg.: Niehus-Jung, M. et al., 4. Aufl., Walter: Olten/Freiburg i.B. 1983

JUNG C. G. (1944): Psychologie und Alchemie. GW Bd. 12. Hrsg.: Jung-Merker, L./Ruf, E., 4. Aufl., Walter: Olten/Freiburg i.B. 1984

JUNG, C. G. (1945): Vom Wesen der Träume. GW Bd. 8. Hrsg.: Niehus-Jung, M. et al., 4. Aufl., Walter: Olten/Freiburg i.B. 1982, S. 309-327

JUNG, C. G. (1947): Die praktische Verwendbarkeit der Traumanalyse. GW Bd. 16. Hrsg.: Niehus-Jung, M. et al., 4. Aufl., Walter: Olten/Freiburg i.B. 1984, S. 148-171

JUNG, C. G. (1963): Erinnerungen, Träume, Gedanken von C. G. Jung. Aufgezeichnet und herausgegeben von A. Jaffé. Rascher: Zürich/Stuttgart 1963

JUNG, C. G. et al. (1979): Der Mensch und seine Symbole. Walter: Olten/Freiburg i.B. 1979

JÜNGEL, E. (1974): Metaphorische Wahrheit. Erwägungen zur theologischen Relevanz der Metapher als Beitrag zur Hermeneutik einer narrativen Theologie. In: Ricœur, P./Jüngel, E.(1974): Metapher. Zur Hermeneutik religiöser Sprache. Kaiser: München 1974, S. 49-92

JÜNGEL, E. (1978): Der Traum vom wachen Leben. In: Krauss, M. (Hrsg., 1978): Ich habe einen Traum. Visionen und Wirklichkeiten. Kreuz: Stuttgart 1978, S. 47-59

KAFKA, F. (1961): Die Erzählungen. S. Fischer: Frankfurt/M.1961

KAMLAH, E. (1967): Art. Geist. In: Coenen, L. et al. (Hrsg.), Theologisches Begriffslexikon zum Neuen Testament. Theologischer Verlag Rolf Brockhaus: Wuppertal 1967, S. 479-489

KAST, V. (1987): Traumbild Auto. Von unserem täglichen Unterwegssein. Walter: Olten/Freiburg i.B. 1987

KELSEY, M. T. (1982): Träume — ihre Bedeutung für den Christen. 2., erw. u. verb. Aufl., Franz: Metzingen/Württ. 1982

KIERKEGAARD, S. (1961): Über den Begriff der Ironie. Mit ständiger Rücksicht auf Sokrates. Diederichs: Düsseldorf/Köln 1961

KOUKKOU, M./LEHMANN, D. (1980): Psychophysiologie des Träumens und der Neurosentherapie. Das Zustands-Wechsel-Modell. Eine Synopsis. In: Fortschritte der Neurologie, Psychiatrie und ihrer Grenzgebiete 48/1980, S. 324-350

KOSELLECK, R. (1979): Terror und Traum. Methodologische Anmerkungen zu Zeiterfahrungen im Dritten Reich. In: Ders.: Vergangene Zukunft. Zur Semantik geschichtlicher Zeiten. Suhrkamp: Frankfurt/M. 1979, S. 178-198

KRAMER, M. et al. (1976): Do Dreams Have Meaning? An Empirical Inquiry. In: American Journal of Psychiatry 133/1976, S. 778-781

KRATTIGER, U. (1983): Die perlmutterne Mönchin. Eine Reise in eine weibliche Spiritualität. Kreuz: Zürich 1983

LANDRY, C. (1984): Ein Vergleich der Theorien von Freud und Jung anhand der Traumdeutung. Minerva: München 1984

LAUKEN, U. (1974): Naive Verhaltenstheorie. Klett: Stuttgart 1974

LEITHÄUSER, T./VOLMERG, B. (1979): Anleitung zur empirischen Hermeneutik. Psychoanalytische Textinterpretation als sozialwissenschaftliches Verfahren. Suhrkamp: Frankfurt/M. 1979

LENK, E. (1983): Die unbewusste Gesellschaft. Matthes und Seitz: München 1983

LINDIJER, C. H. (1990): Working with a Pastoral Dream Group. In: Journal of Pastoral Care XLIV/No. 4/1990, S. 373-377

LORENZER, A. (1970): Kritik des psychoanalytischen Symbolbegriffs. Suhrkamp: Frankfurt/M. 1970

LÜCKEL, K. (1981): Gestalttherapeutische Traumarbeit in der Seelsorgebegleitung sterbender Menschen. In: Wege zum Menschen 33/1981, S. 46-63

LUZ, U. (1985): Das Evangelium nach Matthäus. 1. Teilband Mt 1-7. EKK zum NT. Benziger/Neukirchener: Zürich etc. 1985

LYOTARD, J.-F. (1986): Das postmoderne Wissen. Ein Bericht. Vollst. überarb. Fassung. Zuerst: Editions de Minuit: Paris 1979. Dt. zuerst 1983: Theatro Machinarum: Wien. Neu: Böhlau: Graz/Wien 1986

LYOTARD, J.-F. (1987a): Postmoderne für Kinder. Briefe aus den Jahren 1982-1985. Zuerst: Galilée: Paris 1986). Dt. Passagen: Wien 1987

LYOTARD, J.-F. (1987b): Der Widerstreit. Zuerst: Editions Minuit: Paris 1983. Dt. Fink: München 1987

MAASS, H. (1981): Der Therapeut in uns. Walter: Olten 1981

MATT VON, P. (1972): Literaturwissenschaft und Psychoanalyse. Rombach: Freiburg i.B. 1972

MATTHES, J. (Hrsg., 1990): Kirchenmitgliedschaft im Wandel. Untersuchungen zur Realität der Volkskirche. Beiträge zur zweiten EKD-Umfrage »Was wird aus der Kirche?«. Gütersloher Verlagshaus G. Mohn: Gütersloh 1990

MCCLOSKEY, D.N. (1983): The Rhetoric of Economics. In: Journal of Economic Literature 21/1983, S. 481-517

MEIER, C. A (1985): Der Traum als Medizin. Antike Inkubation und moderne Psychotherapie. Daimon: Zürich 1985

MELTZER, D. (1988): Traumleben. Eine Überprüfung der psychoanalytischen Theorie und Technik. Internationale Psychoanalyse: München /Wien 1988

MOLTMANN, J. (1987): Gott in der Schöpfung. Ökologische Schöpfungslehre. 3. Aufl., Kaiser: München 1987

MOLTMANN, J. (1991a): In der Geschichte des dreieinigen Gottes. Beiträge zur trinitarischen Theologie. Kaiser: München 1991

MOLTMANN, J. (1991b): Der Geist des Lebens. Eine ganzheitliche Pneumatologie. Kaiser: München 1991

MORGENTHALER, C. (1979): Zur subjektiven Perspektive handelnder Personen. Unveröff. Diss. Universität Bern 1979

MORGENTHALER, C. (1990): Träume — Eine vergessene Sprache Gottes? Zur Metaphorik religiöser Erfahrung und Rede und ihrer praktisch-theologischen Bedeutung. In: Der Evangelische Erzieher 42/1990, S. 631-645

MORGENTHALER, F. (1986): Der Traum. Fragmente zur Theorie und Technik der Traumdeutung. Hrsg.: Parin, P. et al.. Qumran: Frankfurt/M./New York 1986

MOSCOVICI, S. (1961): La Psychoanalyse. Son Image et son Public. Presses Universitaires de France: Paris 1961

MOSCOVICI, S. (1981): On Social Representations. In: Forgas, J. P. (Ed.): Social Cognition: Perspectives on Everyday Understanding. Academic Press: London 1981

NAGERA, H. (Hrsg., 1974): Psychoanalytische Grundbegriffe. Eine Einführung in Sigmund Freuds Terminologie und Theoriebildung. Fischer: Frankfurt/M 1974

NATTERSON, J. M. (Ed., 1980): The Dream in Clinical Practice. Jason Aronson: New York 1980

NOLTING, H. P./PAULUS P. (1990): Psychologie lernen. Eine Einführung und Anleitung. 3 Aufl., Psychologie Verlags Union: München 1990

OEHNINGER, R.H. (1967): Die Bestattung des Oskar Lieberherr. Roman. 2. Aufl., Flamberg: Zürich 1967

OSER, F./GMÜNDER, P. (1988): Der Mensch — Stufen seiner religiösen Entwicklung. Ein struktur-genetischer Ansatz. Zuerst: Benziger: Zürich/Köln 1984. Neu: 2. Aufl., Gütersloher Verlagshaus G. Mohn: Gütersloh 1988

OTTO, G. (1988): Handlungsfelder der Praktischen Theologie. Kaiser: München 1988

OTTO, I. A. (1982): Der Traum als religiöse Erfahrung. Franz Steiner: Wiesbaden 1982

PALOMBO, S. R. (1978): Dreaming and Memory. A New Information-Processing Model. Basic Books: New York 1978

PALOMBO, S.R. (1980): The Cognitive Act in Dream Construction. In: Journal of the American Academy of Psychoanalysis 8/1980, S. 185-201

PANNENBERG, W. (1986): Christliche Spiritualität. Vandenhoeck & Ruprecht: Göttingen 1986

PETZOLD, H. (1977): Theorie und Praxis der Traumarbeit in der Integrativen Therapie. In: Integrative Therapie 3/4/1977, S. 147-175

PEUKERT, H. (1988): Wissenschaftstheorie, Handlungstheorie, Fundamentale Theologie. Analysen zu Ansatz und Status theologischer Theoriebildung. Zuerst: Patmos: Düsseldorf 1976. Neu: 2. Aufl., Suhrkamp: Frankfurt/M. 1988

PIAGET, J. (1975): Nachahmung, Spiel und Traum. Die Entwicklung der Symbolfunktion beim Kinde. Klett: Stuttgart 1975

PONGRATZ, L. J. (1990): Neue Modelle der Trauminterpretation. In: Institut für Psychotherapie und Tiefenpsychologie e.V. Stuttgart (Hrsg.): Angst und Aggression. Stuttgart 1963. Neu in: von Graevenitz, J. (Hrsg.): Bedeutung und Deutung des Traums in der Psychotherapie. 2. Aufl., Wissenschaftliche Buchgesellschaft: Darmstadt 1990, S.276-287

PROGOFF, I. (1975): At a Journal Workshop. The Basic Text and Guide for Using the Intensive Journal Process. Dialogue House Library: New York 1975

PSYCHOLOGIE HEUTE REDAKTION (Hrsg., 1988): Die Werkstatt der Seele. Thema: Träume. Beltz: Weinheim/Basel 1988

QUINTILIANUS, M.F. (1975): Ausbildung des Redners. Zwölf Bücher. Hrsg. und übersetzt von Rahn, H. Zweiter Teil, Buch VII-XII. Wissenschaftliche Buchgesellschaft: Darmstadt 1975

RAGUSE, H. (1990): Der Jubel der Erlösten über die Vernichtung der Ungläubigen. In: Wege zum Menschen 8/1990, S. 449-457

RAGUSE, H. (1986a): Gedanken zur psychoanalytischen Deutung von biblischen Texten. In: Wege zum Menschen 38/1986, S. 18-28

RAGUSE, H. (1986b): Lesevorgang und Übertragungsentwicklung. Zur angewandten Psychoanalyse. In: Bulletin der Schweizerischen Gesellschaft für Psychoanalyse 1986, S. 41-49

RAUCHFLEISCH, U. (1984): Verschiedene Deutungsaspekte des Traumes. In: Wagner-Simon, Th./ Benedetti, G. (Hrsg., 1984): Traum und Träumen. Traumanalysen in Wissenschaft, Religion und Kunst. Vandenhoeck: Göttingen 1984, S. 229-241

REED B. (1991): Die Aufgaben der Kirche und die Rolle ihrer Mitglieder. In: Wege zum Menschen 43/1991, S. 185-198

REESE, W. (1988): Lyotard zur Einführung. Junius Verlag: Hamburg 1988

RICŒUR, P. (1974a): Die Interpretation. Ein Versuch über Freud. Suhrkamp: Frankfurt/M. 1974

RICŒUR, P. (1974b): Stellung und Funktion der Metapher in der biblischen Sprache. In: Ders./Jüngel, E. (1974): Metapher. Zur Hermeneutik religiöser Sprache. Kaiser: München 1974, S. 15-48

RICŒUR, P./JÜNGEL E. (1974c): Metapher. Zur Hermeneutik religiöser Sprache. Kaiser: München 1974

RIESS, G. (1986): Traumbild Feuer. Von der elementaren Wandlungskraft. Walter: Olten/Freiburg i.B. 1986

RIESS, G. (1987): Träume — eine Quelle religiöser Erfahrung? In: Pastoraltheologie 76/1987, S. 363-377

RIESS, R. (Hrsg., 1979): Haus in der Zeit. Das evangelische Pfarrhaus heute. Kaiser: München 1979

RITSCHL, D. (1988): Zur Logik der Theologie. Kurze Darstellung der Zusammenhänge theologischer Grundgedanken. 2. Aufl., Kaiser: München 1988

ROBERT, M. (1974): D'Œdipe à Moise. Freud et la Conscience Juive. Calmann-Lévy: Paris 1974. Dt. Sigmund Freud — zwischen Mose und Ödipus. Die jüdischen Wurzeln der Psychoanalyse. Ullstein:Frankfurt/M. 1977

RUNGE, R. (1988): Wie die Meister selber träumten. In: Die Werkstatt der Seele. Thema: Träume, Hrsg.: Redaktion Psychologie heute. Beltz: Weinheim/Basel 1988, S. 87-90

SAMUELS, A. et al. (1989): Wörterbuch Jungscher Psychologie. Kösel: München 1989

SANDFORD, J. A. (1966): Gottes vergessene Sprache. Rascher: Zürich/Stuttgart 1966

SANDFORD, J. A. (1978): Dreams and Healing. Paulist Press: 1978

SAUSGRUBER, H. A. (1984): Traumdeutung in der Gruppe. Eine Methodenlegierung psychoanalytischer und gruppendynamischer Konzepte. Setting, Axiomatik, Historisches. Profil: München 1984

SCHARFENBERG, J. (1985): Einführung in die Pastoralpsychologie. Vandenhoeck & Ruprecht: Göttingen 1985

SCHARFENBERG, J. (1988): Pastoralpsychologie als Remythologisierung? In: Wege zum Menschen 40/1988, S.132-142

SCHELLING, W. A. (1978): Sprache, Bedeutung und Wunsch. Duncker & Humblot: Berlin 1978

SCHMIDT, R.(1980): Träume und Tagträume. Eine individualpsychologische Analyse. Kohlhammer: Stuttgart etc. 1980

SCHMIDTCHEN, G. (1987): Sekten und Psychokultur. Reichweite und Attraktivität von Jugendreligionen in der Bundesrepublik Deutschland. Herder: Freiburg i.B. etc. 1987

SCHÖNAU, W. (1991): Einführung in die psychoanalytische Literaturwissenschaft. Meltzer: Stuttgart 1991

SCHOTT, H. (1985): Zauberspiegel der Seele. Sigmund Freud und die Geschichte der Selbstanalyse. Vandenhoeck & Ruprecht: Göttingen 1985

SCHULTZ, H. J. (Hrsg., 1972): Was weiss man von den Träumen? Kreuz: Stuttgart/Berlin 1972

SCHULTZ-HENCKE, H. (1949): Lehrbuch der Traumanalyse. Thieme: Stuttgart 1968

SCHWEITZER, F. (1987): Lebensgeschichte und Religion. Religiöse Entwicklung und Erziehung im Kindes- und Jugendalter. Kaiser: München 1987

SEILER, D. (1991): Person — Rolle — Institution. In: Wege zum Menschen 43/1991, S. 199-215

SEITZ, R. (1988): Der Traum als Zeichen. Entwicklung und Anwendung eines semiotischen Modells zur Explikation von Traumbedeutung. Lang: Bern etc. 1988

SHARPE, E. F. (1984): Traumanalyse. Klett-Cotta: Stuttgart 1984

SPIEGEL, Y. (Hrsg., 1972): Psychoanalytische Interpretationen biblischer Texte. Kaiser: München 1972

SPIEGEL, Y. (1988): C.G. Jung unter den Theologen. Kritische Anfragen an die theologische Jung-Rezeption. In: Wege zum Menschen 40/1988, S. 157-162

STATES, B. (1988): The Rhetoric of Dreams. Cornell University Press: Ithaca/London 1988

STEIN, M. (1985): The Significance of Jung's Father in his Destiny as a Therapist of Christianity. National Conference of Jungian Analysts 1984. In: Quadrant 18/1985, S. 23-33

STOLLBERG, D. (1970): Therapeutische Seelsorge. Die amerikanische Seelsorgebewegung. Darstellung und Kritik. Kaiser: München 1970

STOLLBERG, D. (1987): Wünsche — Ängste — Offenbarung? Zur Phänomenologie, Interpretation und Problematik »religiöser Träume«. In: Pastoraltheologie 76/1987, S. 377-390

STRAUCH, I. (1981): Neue Ergebnisse der experimentellen Traumforschung. In: Baumann, U. et al. (Hrsg.): Klinische Psychologie. Trends in Forschung und Praxis. Bd. 4. Huber: Bern 1981, S. 22-47

STREIB, H. (1991): Hermeneutics of Metaphor. Symbol and Narrative in Faith Development Theory. P. Lang: Frankfurt/M. etc. 1991

TAYLOR, J. (1987): Working with Dreams in Pastoral Counseling. In: Pastoral Psychology 36/1987, S. 123-130

TAYLOR, J. (1988): Das innere Universum. Die schöpferische Kraft der Träume. Rowohlt: Reinbek b. Hamburg 1988

TEDLOCK, B. (1987): Dreaming. Anthropological and Psychological Interpretations. Cambridge University Press: Cambridge etc. 1987

TERWEE, S. J. (1990): Hermeneutics in Psychology & Psychoanalysis. 4. Aufl., Springer: New York 1990

THOLEY, P./UTECHT K. (1987): Schöpferisch träumen. Wie Sie im Schlaf das Leben meistern. Der Klartraum als Lebenshilfe. Falken: Niederhausen/Ts. 1987

ULLMAN, M. (1960): The Social Roots of the Dream. In: American Journal of Psychoanalysis 20/1960, S. 180-196

ULLMAN, M. (1969): Dreaming as a Metaphor in Motion. In: Archives of General Psychiatry 21/1969, S. 696-703

ULLMAN, M. (1979): The Experiential Dream Group. In: Wolman, B B. (Ed.): Handbook of Dreams. Van Nostrand: New York, S. 406-423

ULLMANN, M./ZIMMERMANN, N. (1986): Mit Träumen arbeiten. Klett-Cotta: Stuttgart 1986

ULLMAN, M. (1987): Variety of Dream Experiences. 2. Aufl., Continuum Publishing Company: 1987

USLAR VON, D. (1964): Der Traum als Welt. Untersuchungen zur Ontologie und Phänomenologie des Traums. Neske: Pfullingen 1964

VAN DER VEN, J. (1988): Practical Theology: From Applied to Empirical Theology. In: Journal of Empirical Theology 1/1988, S. 7-27

WAGNER-SIMON, T./BENEDETTI, G. (Hrsg., 1984): Traum und Träumen. Traumanalysen in Wissenschaft, Religion und Kunst. Vandenhoeck & Ruprecht: Göttingen 1984

WATZLAWICK, P. (1986): Die Möglichkeit des Andersseins. Zur Technik der therapeutischen Kommunikation. 3. Aufl., Hans Huber: Bern etc. 1986

WEHR, G. (1979): Zum Beispiel C. G. Jung. Die religiöse Position eines Pfarrersohnes. In: Riess, R. (Hrsg.): Haus in der Zeit. Das evangelische Pfarrhaus heute. Kaiser: München 1979, S. 79-89

WELSCH, W. (1987): Unsere postmoderne Moderne. VCH. Acta Humaniora: Weinheim 1987

WELSCH, W. (Hrsg., 1988): Wege aus der Moderne. Schlüsseltexte der Postmoderne-Diskussion. VCH. Acta Humaniora: Weinheim 1988

WILLIAMS, S. K. (1984): Durch Traumarbeit zum eigenen Selbst. Die Jung-Senoi-Methode. Ansata: Interlaken 1984

WINNICOTT, D. W. (1979): Vom Spiel zur Kreativität. 2. Aufl., Klett-Cotta: Stuttgart 1979

WINQUIST, C. E. (1990): Practical Hermeneutics. A Revised Agenda for the Ministry. Scholar Press: 1990

WISEMANN, A. S. (1987): Dreams as Metaphor. The Power of the Image. Ansayre Press: 1987

WITTMANN, D. (1987): Der Traum als Weg religiöser Erfahrung. Aspekte der Gotteserfahrung. In: Pastoraltheologie 76/1987, S. 348-363

WOLF, A./SCHWARTZ, E. K. (1962): Psychoanalysis in Groups. Grune and Stratton: New York/London 1962

WOLMAN, B. B. (Ed.): Handbook of Dreams. Research, Theories and Applications. Van Nostrand: New York 1979

VON WRIGHT, G.H. (1974): Erklären und Verstehen. Athenäum Fischer: Frankfurt/M. 1974

WULFF, D. M. (1991): Psychology of Religion. Classic and Contemporary Views. John Wiley & Sons: New York etc. 1991

WYSS, D. (1988): Traumbewusstsein? Grundzüge einer Ontologie des Traumbewusstseins. Vandenhoeck & Ruprecht: Göttingen 1988

YALOM, I. D. (1974): Gruppenpsychotherapie. Grundlagen und Methoden. Ein Handbuch. Kindler: München 1974